O CRIME PELO AVESSO

AVESSO

Gestão dos ilegalismos na cidade de São Paulo

Menção Honrosa no Concurso Capes de Teses 2013 – Área Sociologia

Menção Honrosa no Concurso Brasileiro ANPOCS de Teses Universitárias em Ciências Sociais de 2013

Menção Honrosa no Prêmio USP Destaque de 2013 – Área Ciências Humanas

Alessandra Teixeira

O CRIME PELO AVESSO

Gestão dos ilegalismos na cidade de São Paulo

alameda

Grafia atualizada segundo o Acordo Ortográfico da Língua Portuguesa de 1990, que entrou em vigor no Brasil em 2009.

Edição: Haroldo Ceravolo Sereza
Editora assistente: Cristina Terada Tamada
Projeto gráfico, diagramação e capa: Cristina Terada Tamada
Revisão: Júlia Barreto
Assistente acadêmica: Bruna Marques
Imagem da capa: <*pixabay.com*>

CIP-BRASIL. CATALOGAÇÃO NA PUBLICAÇÃO
SINDICATO NACIONAL DOS EDITORES DE LIVROS, RJ

T264c

Teixeira, Alessandra
O crime pelo avesso : gestão dos ilegalismos na cidade de São Paulo
Alessandra Teixeira. - 1. ed.
São Paulo: Alameda, 2016.
340 p.: il. ; 23 cm

Inclui bibliografia
ISBN 978-85-7939-378-5

1. Sociologia. I. Título.

16-30824 CDD: 306
CDU: 316.7

ALAMEDA CASA EDITORIAL
Rua Treze de Maio, 353 – Bela Vista
CEP 01327-000 – São Paulo – SP
Tel. (11) 3012-2403
www.alamedaeditorial.com.br

Para meu pai, Roberto.
Memória que o tempo só fortalece.

SUMÁRIO

PREFÁCIO

O livro de Alessandra Teixeira foi apresentado originalmente como tese de doutorado em sociologia na Faculdade de Filosofia, Letras e Ciências Humanas da Universidade de São Paulo. Participei da banca examinadora e não teria nenhuma dúvida em afirmar que este trabalho, felizmente publicado agora em forma de livro, se constitui uma das mais importantes contribuições das ciências sociais para a compreensão das dinâmicas que envolvem a criminalidade e as formas de atuação dos aparatos de controle e repressão ao longo do século XX e início do século XXI.

O reconhecimento do valor acadêmico deste trabalho já foi expresso pela Coordenadoria de Aperfeiçoamento de Pessoal de Nível Superior, com a outorga da *Menção Honrosa do Prêmio Capes de Tese 2013 da área de Sociologia*. E, também, pela Associação Nacional de Pós-graduação e Pesquisa em Ciências Sociais (Anpocs) que incluiu, em 2013, o trabalho nas *Menções Honrosas para Tese de Doutorado em Ciências Sociais*. Ter esse reconhecimento de duas importantes instâncias do meio científico brasileiro, dentre tantas teses produzidas hoje no Brasil, em diversas áreas e sobre os mais variados assuntos, indica a elevada qualidade do trabalho realizado pela autora.

A sua sólida formação acadêmica, no campo do direito e da sociologia, tornou possível a construção de uma análise refinada que se utilizou de uma orientação teórica inspirada em Michel Foucault. A instigante formulação de Foucault sobre a gestão diferencial dos ilegalismos, presente nas sociedades moderna e contemporânea, serviu de guia para a autora descortinar como se deram os arranjos locais, em São Paulo, envolvendo a atuação das polícias (e também do poder judiciário) em relação aos crimes e às contravenções. Para sustentar suas análises, identificou e combinou uma pluralidade de fontes utilizadas num trabalho exemplar de pesquisa em ciências sociais que muito foi auxiliado pelos positivos deslocamentos interdisciplinares que sua formação acadêmica proporcionou.

Apresento ao leitor alguns pontos, dentre muitos outros, que me parecem ilustrativos das qualidades do trabalho. Em primeiro lugar, ao se propor analisar as formas de gestão dos ilegalismos, ou seja, como os aparatos de controle e repressão conduzem suas ações em relação às práticas ilegais presentes na sociedade, a autora fez um percurso analítico de fôlego, retrocedendo historicamente à Primeira República para poder estabelecer um novo padrão de interpretação. Percorrer esse longo período, tendo sempre no horizonte as inquietações do presente, foi um dos maiores desafios enfrentados pela autora. Os obstáculos existentes mas análises de largos períodos temporais no Brasil se referem, por exemplo, à escassa literatura especializada, que se deteve, basicamente, em contextos muito limitados (a Primeira República, a redemocratização nos anos 1980), havendo lacunas consideráveis de estudos sobre a criminalidade e sobre os aparatos de controle e repressão para os anos 1940, 1950 e 1960. As dificuldades são ainda mais consideráveis em relação às fontes documentais que, é mais do que sabido, não são preservadas no Brasil, e quando disponíveis, não possuem a regularidade e a qualidade desejáveis para alicerçar uma reflexão de longo prazo.

Mesmo diante dessas dificuldades, o resultado alcançado por Alessandra Teixeira foi extraordinário, localizando dados e informações em relatórios da polícia, em documentos estatísticos, em artigos de jornal, não ainda tratados em análises acadêmicas. Essa "escavação" possibilitou à autora a realização de uma das mais instigantes reflexões sobre as formas de gestão diferencial dos ilegalismos na experiência brasileira, tendo como foco as chamadas "prisões correcionais" e as "prisões para averiguação". O acionamento desses recursos pelas forças policiais foi intenso, sem sustentação legal, mas era uma prática recorrente no controle sobre a criminalidade de uma forma geral e sobre as contravenções em particular. A autora traz uma análise que joga luz sobre como as forças policiais operavam a gestão dos ilegalismos desde a Primeira República, e nos permite melhor compreender as lógicas de funcionamento dos aparatos repressivos no Brasil, as conveniências e as acomodações de outras instâncias, inclusive do poder judiciário, diante de práticas de nebulosa legalidade. Nesse sentido, vai além do que a historiografia já tinha apontado, em relação às prisões correcionais, por exemplo, como recurso de gestão das desordens urbanas nas primeiras décadas do século XX. Ao acompanhar nas décadas seguintes as práticas das prisões para averiguação, sua análise refina o sentido e significado que elas possuíam na gestão diferencial dos ilegalismos e na construção da delinquência, seguindo as reflexões de Foucault.

Ao realizar esse exercício de análise, indico um outro ponto importante do livro, que é mostrar a articulação entre as dinâmicas da criminalidade (atividades, atores) com o funcionamento dos aparatos de controle e repressão. Isto é, com a sua reflexão é possível perceber os vínculos que colocam tais esferas (criminalidade e aparatos de repressão) não apenas em lugares antagônicos mas sobretudo como se articulam se relacionam, se influenciam. Não são universos paralelos, estão estreitamente associados. Ao analisar, na longa duração temporal, as "caixinhas", os "acertos", as prisões correcionais, as prisões para averiguação que faziam parte das relações entre a polícia e os contraventores e criminosos a autora nos mostra como se produziu a delinquência na experiência de São Paulo; como o Estado, por meio de seus agentes atuando nas *margens,* influencia, interfere, alimenta, ou não, as atividades ilegais, os ilegalismos a serem controlados ou tolerados.

Ao se colocar o desafio de olhar as questões numa perspectiva da sociologia histórica o livro traz uma contribuição fundamental para o debate em torno dos desafios contemporâneos da democracia no Brasil. Seu trabalho mostra que a violência institucional não está confinada aos períodos de vigência dos regimes autoritários. As prisões correcionais, depois as prisões para averiguação, sem respaldo legal, constituíam-se práticas de violência que atravessaram longos períodos. A partir do final dos anos 1960, os cenários urbanos, carioca e paulista passaram a ter a presença das execuções sumárias, com participação de policiais, potencializando as dimensões da violência institucional na lida com a criminalidade. O presente livro ajuda a compreender as raízes de uma situação contemporânea, já avançando na segunda década do século XXI, na qual continuam a enormes as dificuldades de redução da violência policial a contenção das endêmicas relações de barganha dos agentes que operam o aparato repressivo com os atores envolvidos nas várias atividades ilegais.

Uma outra contribuição fundamental da pesquisa de Alessandra Teixeira é mostrar a centralidade da prisão, do encarceramento nas últimas décadas na articulação da criminalidade. Ou seja, não havendo mais como praticar as prisões para averiguação sob o período que se segue à redemocratização do Brasil, a gestão dos ilegalismos vai se voltar principalmente para as atividades do mercado varejista das drogas. É ali que são alcançados pelo aparato repressivo os indivíduos que formarão uma massa de encarcerados e que, ao mesmo tempo, servirão de exército de reserva de mão de obra criminal, recrutados para essa e outras atividades ilegais, pelos grupos organizados.

Mais uma vez se destaca o papel do Estado (da ação policial, do aparato judiciário, do sistema prisional) naquilo que a autora denominou articulação da criminalidade. Se há um certo espanto com o crescimento da criminalidade, com a emergência de grupos criminosos organizados nas últimas décadas, é porque se desconhece como o próprio Estado parte essas dinâmicas, podendo alimentar esse crescimento e essa presença por meio de uma gestão de ilegalismos que encarcera os indivíduos que estão nas franjas do mercado varejista das drogas, nas atividades avulsas do roubo e do furto.

No curso da análise realizada pela autora ganha relevância, então, a participação dos adolescentes e jovens nos cenários urbanos, nos mercados criminais, como alvos do aparato repressivo. A emergência da chamada violência urbana e os discursos produzidos desde os anos 1970 sobre ela colocaram o então menor de rua, o *trombadinha*, o *pivete*, o adolescente infrator, dentre os principais atores responsáveis pela violência e pela insegurança nas cidades. Os dados recolhidos pela autora mostram que tais discursos são falaciosos e que há uma distorção enorme entre o número das infrações cometidas por adolescentes, sua efetiva gravidade e os sentimentos difundidos de temor e ódio que passaram a ser destilados contra os jovens, sobretudo aqueles das periferias das cidades.

A perversidade da forma de gestão dos ilegalismos na experiência brasileira, associada a um consequente encarceramento massivo, alcança adolescentes e jovens que estão nas funções mais periféricas do varejo das drogas ou aqueles que se envolvem com atividades avulsas e de pequena monta de furtos e roubos. Alessandra ainda reforçou suas análises sobre essa questão fazendo entrevistas com adolescente e nota que há um protagonismo assujeitado dos adolescentes, uma vez que, embora eles possam ter maior predileção pelo furto e roubo, acabam sendo cooptados, assujeitados no tráfico. De todo modo, inserir esses jovens no sistema socioeducativo e no sistema penal nada mais tem representado do que colocá-los à disposição de uma criminalidade mais articulada, inserindo-os em redes mais amplas e organizadas que operam os mercados criminais.

Um bom trabalho de pesquisa, além de proporcionar bons dados, boas informações, nos traz novidades no plano da metodologia, das análises e desperta também inquietações junto aos estudiosos da área. É isso que fez Alessandra Teixeira. Sua análise trouxe efetivamente novas contribuições explicativas para as ciências sociais em relação à temática da criminalidade e do funcionamento dos aparatos de controle e repressão. Deixou pistas para se avançar na pesquisa em torno da questão da crônica violência policial, presente mesmo em tempos de democracia. Num sentido mais amplo, não é possível entender os ditos "fracassos" das políticas de segurança pública nas últimas décadas no Brasil sem entender as dinâmicas sociais que atravessam o mundo da criminalidade, mas sobretudo as formas de gestão dos ilegalismos apresentadas aqui no livro por Alessandra Teixeira.

Fernando Salla, sociólogo, pesquisador do
Núcleo de Estudos da Violência da Universidade de São Paulo (NEV-USP)

PRÓLOGO

A noção de ilegalismo e seu potencial heurístico

Este estudo tem por proposta investigar o campo *poroso* em que se inscrevem as práticas ilícitas e sua gestão, tendo como referência as *economias criminais urbanas*[1] que se estabeleceram na cidade de São Paulo a partir da década de 30 do século XX.

Da economia da prostituição, constrita a ambiências sociais como a central Boca do Lixo, ao comércio varejista de drogas, territorializado nas periferias da cidade já anos 90, não foram apenas os *ilegalismos* e sua cartografia que se redesenharam, mas sobretudo os mecanismos de sua gestão diferencial, as relações fundantes estabelecidas com as forças de ordem que manejam esses ilegalismos e que são determinantes à sua inscrição como economias criminais urbanas.

Situar o problema de investigação no terreno no qual foi sedimentada, na experiência brasileira, a indeterminação das fronteiras entre os fatos criminais, de um lado, e seu controle e repressão pelos aparatos estatais, de outro, foi a aposta teórica e empírica na qual este estudo se baseou. Sustenta-se que tal porosidade foi e ainda é constitutiva de muitas das instituições do país (sobretudo as repressivas), bem como da tessitura das relações sociais que se estabelecem a partir e em torno delas.

Para além dessa indeterminação entre o legal e o ilegal estar inscrita nas práticas e no repertório das instituições, ela também foi sendo gradativamente assimilada no imaginário social, traduzindo-se por representações sociais muito arraigadas de legitimação de práticas ilegais que são, em última análise, constitutivas da própria porosidade desse terreno. De tal modo, tanto práticas extorsivas ou transações ilegais –

---

1 Apresento um conceito detalhado de economia criminal no capítulo 4 deste livro, que se volta a essa temática. Antes disso, contudo, já no capítulo 1 esboço referido conceito, ao tematizar a economia da prostituição que teria vigorado no cenário urbano da capital até meados dos anos 60.

popularizadas pelas expressões "caixinhas", "comissões", "acertos", "propinas" – foram sendo facilmente incorporadas à regular convivência societária, chegando até a serem dotadas, nos dizeres de Misse (2008), de um "sentido positivo", como também as ações de violência institucional, dos "corretivos policiais" às execuções sumárias, tenderam a adquirir ampla aceitação social.

Referida transitividade entre a lei e sua infração no contexto nacional marca uma forte ambivalência do Estado brasileiro que, nos dizeres de Teresa Caldeira (2003), definiriam o próprio modo de atuação das instituições de ordem no país. Por tal interpretação, a autora acaba por romper com uma perspectiva dualista que vê no atraso e na incompletude a matriz explicativa sobre o desenvolvimento histórico brasileiro. Michel Misse (2006, 2008) esmiuçou ainda mais a porosidade desses campos (do crime e sua repressão) ao perscrutar os processos sociais e as categorias que estariam na base de referida indeterminação. Para tanto, o autor elaborou dois conceitos-chave: o de *sujeição criminal*, como o resultado de "processos de incriminação" que incidem a priori sobre tipos sociais marcados pela cor, pela pobreza, pelo estilo de vida; e o de *mercadoria política*, para enunciar as trocas ilícitas que foram se estabelecendo, ao longo dos anos, em torno dos mercados criminais e das práticas de controle social e repressão.

É a partir de tais deslocamentos sugeridos às análises sobre a relação entre crime, controle, repressão, e entre lei e exceção na experiência nacional, que se estabeleceu o ponto de partida às questões que estão na base deste estudo. Questões essas que estiveram orientadas por inquietações precisas do presente: as configurações contemporâneas que o crime urbano e sua gestão têm adquirido na cidade de São Paulo.

Com relação ao crime, o cenário mais atual é marcado pelas mutações nos perfis e nos modos de configuração de uma delinquência urbana, que tendem, eles próprios, a reclassificar o fenômeno da criminalidade de massa operante hoje no também reconfigurado espaço da cidade. Com referência à gestão do crime, protagonizada pelas forças policiais *lato sensu*, primeiramente assinala-se a própria escolha pelo termo *gestão* em detrimento da noção de *repressão* por permitir desvelar a lógica do sistema penal, moderno e também contemporâneo,

> como um aparelho para gerir diferenciadamente os ilegalismos, não para suprimi-las a todas (FOUCAULT, 1975, p. 106).[2]

---

2 Todas as citações que serão encontradas neste trabalho da obra *Vigiar e punir* (*Surveiller et punir*) foram extraídas da edição original da Garamond, em francês, de 1975, e foram traduzidas pela autora. A opção pela citação a partir do original se deu pelo fato de que as sucessivas edições brasileiras da obra (realizadas pela Editora Vozes) substituiram o termo *illegalisme* (*ilegalismo*) pela pa-

No contexto mais atual, e no plano da cidade de São Paulo, essa gestão implica desde os modos formais e "legais" de atuação das forças policiais, representados essencialmente nas prisões em flagrante, até as dimensões mais "soterradas" da gestão, que revelam mecanismos a partir dos quais referidas forças se imiscuem não apenas nos crimes ordinários, mas sobretudo nas economias criminais que se operam e se reproduzem no âmbito da cidade.

A intenção deste estudo foi, tendo como referência a construção de uma história do presente,[3] acessar o conjunto de práticas, estratégias e lógicas que de algum modo estiveram implicadas na gênese dessa recorrente transitividade entre o Estado e o crime na experiência nacional, a partir de um percurso histórico. Com isso não se pretendeu, no entanto, realizar uma espécie de história da criminalidade urbana nem mesmo das ações repressivas ou das políticas criminais, na cidade de São Paulo, durante o século XX e parte do XXI.

Este estudo não pode, portanto, ser definido como historiográfico, nem tampouco como um trabalho sobre as figurações que o crime urbano foi adquirindo ao longo do período no contexto dessa cidade, e os modos de seu enfrentamento pelas forças de ordem. Isso remeteria a um empreendimento restrito ora a dirigir sua ênfase ao fenômeno criminal, ora ao repressivo, em detrimento de uma dimensão relacional de tais fenômenos e de sua mútua constituição.

Para dar conta dessa dimensão relacional e, dispôs-se da noção de *ilegalismo*, extraída da obra de Michel Foucault, como categoria analítica, pelo fato de que através dela foi possível colocar em perspectiva não o conceito jurídico de crime e de seu enfrentamento, mas o campo híbrido e reciprocamente constitutivo das práticas ilegais e de sua gestão, no contexto brasileiro.

Gilles Deleuze, em obra dedicada a Foucault, também identificou a noção de ilegalismo como um ponto nevrálgico em *Vigiar e punir*:

> Um dos temas mais profundos do livro de Foucault é o que consiste na oposição, demasiado grosseira, lei-ilegalidade, por uma correlação fina ilegalismos-lei. A lei é sempre uma composição de ilegalismos que ela diferencia, formalizando-os (DELEUZE, 1998, p. 52).

---

lavra *ilegalidade*, que guarda um sentido bastante distinto ao neologismo proposto por Foucault. Dada a centralidade que a noção de ilegalismo desempenha tanto na obra de Foucault quanto neste estudo, optou-se por realizar a tradução independente.

3 A referência aqui é explícita ao pensamento de Michel Foucault, sobretudo à abordagem por ele empregada para estudar o nascimento da prisão, que estaria fundada, nos dizeres de Paul Veyne (2011), numa *crítica histórica,* ou ainda, como o próprio Foucault definiria sua obra, a partir de *fragmentos filosóficos em canteiros históricos* (FOUCAULT, 2003, p. 336).

O próprio Foucault teria, em entrevista ao jornal *Le Monde*, em 21 de fevereiro de 1975, assim descrito referida noção:

> O ilegalismo não é um acidente, uma imperfeição mais ou menos inevitável... Em última análise eu diria que a lei não é feita para impedir este ou aquele tipo de comportamento, mas para diferenciar as maneiras de tornear a própria lei" (apud. DELEUZE, 1990 p.53).

Pierre Lascoumes, em um texto publicado em 1996, promoveu uma cuidadosa análise da noção de *ilegalismo*, cunhada por Michel Foucault na obra *Vigiar e punir*, reconhecendo através dela uma dupla ruptura: conceitual e histórica. *Ilegalismo*, argumenta Lascoumes, sempre a partir de Foucault,

> não designa somente um certo de tipo de comportamentos transgressores das normas em vigor, ele remete sobretudo ao conjunto de atividades de diferenciação, de categorização, de hierarquização e de gestão social das condutas definidas como indisciplinadas (LASCOUMES, 1996, p. 78-79).

Através dessa noção, portanto, realiza-se uma tripla *démarche*, em seus termos. Primeiro o rompimento com as categorias jurídicas penais clássicas, e a evidência de sua falsa neutralidade. Segundo, ao tomar como referência um momento de transformação histórica – o advento de uma nova economia política das penas e dos sistemas de controle que se instalava na Europa do século XVIII – Foucault teria identificado, com a requalificação dos ilegalismos e de seu controle, a emergência de um *dispositivo*[4] destinado a geri-los diferenciadamente, as disciplinas, e partir dele sua maquinaria mais excelente representada na prisão.

A primeira menção ao termo ilegalismo aparecerá no curso *La société punitive*, ministrado por Foucault entre 1972-1973 no Collège de France, curso que servirá de ponto

---

4 A noção de *dispositivo* ocupa uma posição estratégica na obra de Foucault, e embora o autor não tenha se demorado em defini-la, em algumas oportunidades (entrevistas e debates) ele ofereceu algumas pistas de sua formulação:

> é um conjunto realmente heterogêneo, que comporta discursos, instituições, arranjos arquiteturais, decisões regulamentadoras, leis, medidas administrativas, enunciados científicos, proposições filosóficas, morais, filantrópicas. Resumidamente: coisas ditas, assim como coisas não ditas. O dispositivo, ele mesmo, é uma rede que se estabelece entre esses elementos. Por dispositivo eu entendo, vamos dizer, uma espécie de formação que, num momento dado, teve por questão maior responder a uma urgência, uma questão urgente. O dispositivo tem então uma função estratégica dominante (FOUCAULT, 1994, p. 269).

de partida às reflexões que o autor desenvolverá dois anos depois na obra *Survellier et punir* (1975). A interrogação central do curso se voltou aos mecanismos que tornaram possível, na passagem do séc. XVIII para o séc. XIX, a emergência daquilo que Foucault vai chamar de *sociedade punitiva*, ou seja,

> uma sociedade na qual o aparelho judiciário do Estado desempenha, crescentemente, funções corretivas e penitenciárias (FOUCAULT, 2013, p. 143).

Dialogando sobretudo com a historiografia inglesa dos anos 70, Foucault questiona o papel central desempenhado pela *sedição popular*, no contexto da instalação do novo modo de produção capitalista no início do séc. XIX, para o crescimento de técnicas de vigilância dirigidas sobre uma plebe em vias de se proletarizar. Na conformação daquilo que o autor vai descrever como *sistema punitivo*, ele identificará

> um mecanismo mais profundo e mais extenso do que o simples controle da plebe sediciosa. [...] o que a burguesia demandou ao aparelho do Estado controlar pelo sistema penitenciário foi alguma coisa cuja sedição é somente um caso particular, e que é um fenômeno mais profundo e mais constante: *o ilegalismo popular* (FOUCAULT, 2013, p. 144).

O que Foucault identifica a partir desse momento é um redesenho na economia geral dos ilegalismos, o ilegalismo popular perdendo a funcionalidade e a utilidade que até então desempenhara aos demais ilegalismos (de *negócios*, de privilégios e do poder). Com o desenvolvimento da economia burguesa, sobretudo durante o século XIX, os ilegalismos populares perdem sua compatibilidade aos demais ilegalismos e mais ainda, desfaz-se o jogo que era até então estabelecido com a própria lei. Nesse momento, nos dizeres do autor, o ilegalismo burguês passará a não mais tolerar o funcionamento do ilegalismo popular, realizando a burguesia uma verdadeira requalificação dos ilegalismos, ao se apropriar do aparelho do Estado (até então aparelho administrativo a operar uma vigilância extrajudicial), transformando-o em aparelho judiciário, voltado precisamente à combater o ilegalismo popular.

A requalificação dos ilegalismos se operou, nesse preciso momento, através da partilha entre "o campo fecundo do ilegalismo dos direitos" (fraudes, evasões fiscais) e suas jurisdições atenuadas (multa, transações), reservado à burguesia, de um lado, e os ilegalismos populares, "o ilegalismo dos bens" (roubo e as insurgências populares) e a jurisdição ordinária e severa dos castigos (a prisão), de outro.

É, portanto, essa requalificação que conduzirá à terceira e última perspectiva: a de que essa nova economia vem a implicar, de modo mais amplo, numa questão de dominação social. Será assim a relação entre disciplina e uma teoria da dominação social, que animará, ao menos na França,[5] um campo importante de estudos sobre seletividade do sistema penal.

A punição, assim representada a partir desse momento pela prisão, não se apresentará como um instrumento para suprimir ilegalismos, mas para distribuí-los, distingui-los, investindo, contudo, apenas sobre uma espécie deles, que irá desempenhar um papel instrumental em relação às demais. O aparelho penal, a partir dessa economia diferencial, produzirá então a delinquência como forma de ilegalismo colonizado, controlado, construindo-a como um

> ilegalismo visível, marcado, irredutível a um certo nível e secretamente útil – rebelde e dócil ao mesmo tempo. Ela desenha, isola, sublinha uma forma de ilegalismo que parece resumir simbolicamente todas as outras, mas que permite deixar na sombra aquelas que se quer ou que se deve tolerar. Essa forma é a delinquência propriamente dita (FOUCAULT, 1975, p. 323).

Uma operação certamente política, que dissocia os ilegalismos e deles isola a delinquência, objetivando-a por trás das infrações. Desse modo, prossegue Foucault, se é possível falar em mecanismos de dominação social,[6] não é porque somente a lei e a justiça servam aos interesses de uma classe, mas é porque são dadas a operar por intermédio da penalidade, que realiza com eficácia a gestão diferencial das ilegalismos. Assim,

> se a oposição jurídica se dá entre legalidade e a prática ilegal, a oposição estratégica ocorre entre os ilegalismos e a delinquência (FOUCAULT, 1975, p. 323).

Assumir, portanto, que o sistema penal cumpre as finalidades às quais foi concebido, que em nada se assemelham ao projeto liberal de repressão e supressão do crime, esvazia o sentido da crítica "monótona" sempre a ele dirigida, e descortina uma série de procedimentos, mecanismos, estratégias que, enfim, revelam sua função mais profícua: gerir ilegalismos, produzindo delinquentes. Tal pressuposto conduz também a uma noção bastante redefinida, e bem menos canônica, do papel desempenhado pelo Estado no campo do con-

---

5 Lascoumes observa que o referido campo de estudo é bem menos fecundo nos países de língua francesa do que nos anglo-saxões e germânicos, nos quais desde o pós-guerra um intenso debate se instalou em torno do tema dos *white collar crimes*, sobretudo a partir do trabalho pioneiro de E. Sutherland.

6 Deve-se entender dominação social a partir da noção particular de *poder* que Foucault constrói em sua obra, tomada assim não "como uma propriedade adquirida pela classe dominante, mas como exercício actual da sua estratégia" (DELEUZE, 1998, p. 53).

trole e repressão às práticas ilegais, a partir de uma dimensão predominantemente relacional. Nela, tanto as práticas ilegais como sua gestão diferenciada se inscrevem, uma vez que mutuamente constitutivas e analiticamente inseparáveis (FISCHER; SPIRE, 2009).

Percursos de pesquisa, achados empíricos: das detenções correcionais à articulação criminal nas prisões

A partir de tais recortes teóricos e analíticos, a pergunta que se estabeleceu foi: *qual a relação existente entre as já citadas expressões contemporâneas do crime e de sua gestão na cidade de São Paulo e as formas longínquas de suspensão da lei pelo arbítrio e pela violência empregadas pelas forças de ordem no contexto brasileiro?*

Dessa precisa interrogação central, emergiram ainda as seguintes indagações: como as práticas institucionais que importaram em desativação da lei foram se constituindo e conformando o próprio campo do controle e da repressão ao crime no contexto nacional? Como essas práticas se conectaram a mercados criminais no mundo urbano ao longo das décadas e qual relação estabeleceram com seus atores? Em que medida a sobreposição das medidas de controle social às de repressão ao crime propriamente ditas, que vigoraram no cenário de atuação das instituições de ordem durante o século XIX e parte considerável do XX, teriam sido embrionárias do arbítrio e da violência institucional, estando ou não na base de sua recalcitrância no sistema repressivo contemporâneo?

Na busca pelas práticas, estratégias e relações implicadas na gênese desse peculiar processo de *gestão diferencial dos ilegalismos* na experiência brasileira, foi necessário empreender um percurso histórico para identificar os *acontecimentos*[7] que tornaram *singulares* essas mesmas práticas. Foi assim que se deparou com um instrumento extremamente difundido no sistema brasileiro de controle social e repressão criminal desde o Império,

7 É preciso entender por acontecimento não uma decisão, um tratado, um reino ou uma batalha, mas uma relação de forças que se inverte (...). As forças que se encontram em jogo na história não obedecem nem a uma destinação, nem a uma mecânica, mas ao acaso da luta. Elas não se manifestam como formas sucessivas de uma intenção primordial; como também não tem o aspecto do resultado. Elas aparecem sempre na álea singular do acontecimento (FOUCAULT, 2000, p. 28).

> O que se deve entender por acontecimentalização? Uma ruptura absolutamente evidente, em primeiro lugar. Ali, onde se estaria bastante tentado a se referir a uma constante histórica, ou a um traço antropológico imediato, ou ainda a uma evidência se impondo da mesma maneira para todos, trata-se de se fazer surgir uma "singularidade". Mostrar que "não era tão necessário assim" (...) Ruptura de evidências, essas evidências sobre as quais se apóiam nosso saber, nossos consentimentos, nossas práticas. (FOUCAULT, 2003, p. 339).

cujo uso esteve aparentemente voltado à manutenção da ordem pública pelas forças policiais: as detenções correcionais. A relevância desse instrumento, revelada, entre outras razões, por seu uso reiterado, foi notada por autores que estudaram as instituições policiais (HOLLOWAY, 1997; BRETAS, 1997; SOUZA, 2009; ROSEMBERG, 2010), e o cotidiano do crime e de sua repressão (FAUSTO, 2000) entre o Império e a Primeira República. Bretas (1997) e Fausto (2000) chegaram a apontar, inclusive, a imensa representatividade que tais detenções desempenhavam no conjunto do trabalho policial realizado no Rio de Janeiro e em São Paulo, respectivamente, superando em altos percentuais as prisões efetuadas por crimes.

Em todos esses estudos, conquanto as detenções correcionais sejam interpretadas como meios de controle social operantes no seio das classes populares, sua existência parece estar inscrita dentro de uma estrutura legal e jurídica, anti-igualitária, é certo, mas plenamente de acordo ao ordenamento normativo vigente. Por tais análises, as prisões correcionais inscreviam-se como instrumental de controle e repressão às contravenções penais, legalmente previsto, ou seja, como mecanismo oficialmente estabelecido para vigiar e controlar sobretudo os vadios e os desordeiros, sendo eles, decerto, pobres.

Partindo dessa percepção e da centralidade que ocupavam tais detenções no cenário das práticas policiais, procurei, a fim de contestar sua suposta legalidade, localizar os instrumentos legais e jurídicos que previam sua existência no período mencionado. Pude constatar que as principais codificações jurídico-criminais (os códigos penal e de processo penal, do Império e da República) não faziam qualquer menção a esse instrumento, e muito menos à sua regulamentação. Todas as leis vigentes no período, mesmo aquelas que foram aprovadas para conferir maiores poderes às forças policiais locais, não apenas não mencionavam esse tipo de detenção, como reafirmavam a previsão exclusiva das "prisões em flagrante delito" (efetuadas pela polícia em razão do cometimento de crime e contravenção, e sujeitas à apreciação judicial) e as decorrentes de "ordem escrita" (mandado judicial).

Uma vez não previstas nos sucessivos ordenamentos jurídicos do Império à República, as detenções correcionais, como práticas policiais autóctones, acabavam por se operacionalizar à margem dos termos legais, à revelia de uma acusação formal e sem a formação de um (devido) processo. Além do mais, elas também se confrontavam, em muitas hipóteses, com o próprio princípio da tipicidade, ou seja, a "justificar" essas práticas estavam também condutas que não eram classificadas como crimes ou contravenções pelas legislações vigentes, mas categorias atípicas, como no caso das "desordens", do motivo "escândalo" – muito comum na detenção de mulheres – ou da categoria "para averiguações", a mais frequente com o passar das décadas. Fui concluindo, portanto, que as detenções correcionais se tratavam de uma prática policial absolutamente arbitrária, embora plenamente difundida e incorporada à regular dinâmica social e à rotina das instituições, inclusive do poder judiciário.

O que torna, contudo, esse instrumento de controle uma experiência singular aos olhos de um pesquisador não é o fato em si de sua arbitrariedade, sobretudo porque, tomando como referência sua manifestação nos períodos mencionados (do Império à Primeira República), é certo que, àquele tempo, as próprias noções de legalidade, cidadania e democracia mal se encontravam dispostas numa sociedade profundamente marcada pela escravidão. Outras nações, cuja herança escravista permanecia também impressa na tessitura das relações sociais, dispuseram, do mesmo modo, de instrumentos de controle representados por medidas de constrição de liberdade a determinados grupos de indivíduos, como os Estados Unidos até as primeiras décadas do século XIX. Souza (1998), em uma pesquisa sobre a origem da polícia preventiva naquele país em referido período, identificou uma série de mecanismos voltados a restringir não só a liberdade, como diversos outros direitos a ex-escravos, como a propriedade e o voto, sujeitando-os ainda a penas mais severas do que aquelas aplicadas aos indivíduos brancos. É certo, contudo, que a prevalência naquele país de um sistema de vigilância e repressão essencialmente baseado na discricionariedade conferida a figuras que representavam a *lei* nas localidades[8] – os *sheriffs*, *marshalls*, entre outros – manteve-se demarcada historicamente, tendo como termo o período estudado por Souza, que antecede a formação de uma polícia preventiva, no início do século XIX (SOUZA, 1998).[9]

O que parece singularizar a experiência das prisões correcionais no Brasil, contudo, nessa sobreposição dos mecanismos de controle aos jurídico-penais, foi sua permanência como prática arbitrária durante praticamente todo o século XX. O que conferiu as de-

---

8 É certo que há imensas diferenças entre o modelo brasileiro e o norte-americano, a começar pelas tradições jurídicas de um e outro país. Nos EUA, o sistema do *common law* e a prevalência do pacto federativo permitiam, desde aquele tempo, a ampliação de poderes conferidos aos estados, inclusive para adotarem sua própria legislação criminal e processual, o que, somada ao princípio da soberania e da delegação populares, tende a relativizar uma visão mais formalista de legalidade como aquela adotada pela tradição jurídica europeia continental, da qual o Brasil é herdeiro.

9 O que não significa, por certo, que o sistema repressivo norte-americano opere desde então imune aos abusos e arbítrios ou não esteja sujeito também aos mecanismos de diferenciação da lei. O que não se detecta nesse modelo, contudo, é o lugar de destaque ocupado por uma prática ilegal como as detenções correcionais, ou seja, a centralidade que uma prática congênere estaria a desempenhar junto aos aparatos repressivos e às instituições encarregadas de aplicar a lei, como o que ocorreu na experiência nacional. De todo modo, para um panorama reflexivo sobre as tensões contemporâneas entre aplicação da lei e manutenção da ordem no âmbito das práticas policiais nos EUA, remeto o leitor para o estudo referência de SKOLNICK (2011), *Justice without Trial*, citado na bibliografia.

tenções correcionais sua força e sua recalcitrância foi, no prolongamento de seu arbítrio, a maneira como foram se reconfigurando, adequando-se às transformações políticas, sociais, econômicas e jurídicas ao longo das décadas, bem como contribuindo, em boa medida, a essas transformações.

Se o discurso oficial insistia em imprimir às detenções um caráter disciplinador e extremamente profilático (a ideia de que um "corretivo" que precedesse ao crime inibiria a delinquência futura), a realidade que emanava dessa prática apontava a um sentido muito diverso. As detenções correcionais revelavam-se, na experiência de sua apropriação pelas forças de ordem, como o principal instrumento da gestão dos ilegalismos, ou seja, como elemento de investida, pelas forças policiais, quer em mercados criminais que se constituíam na cidade – a confinada ambiência social da prostituição entre os anos 30 e 60, da qual a central Boca do Lixo consistiu o exemplo mais destacável –, quer junto à pequena criminalidade patrimonial representada essencialmente, à época, pelo *punguismo*.

O alto percentual de detenções correcionais, aliado à baixíssima atividade investigativa policial até os anos 60 – o ínfimo número de inquéritos instaurados, quer por delitos que se relacionavam diretamente aos mercados criminais, como o rufianismo e o jogo, quer pelos pequenos furtos e roubos, operava como uma senda aberta a conferir inteligibilidade ao percurso dos ilegalismos e sua gestão na cidade de São Paulo. Essa suposta defasagem entre o controle e a repressão tendia sobretudo a expor a trama de tolerâncias, extorsões e repressão que caracteriza essa gestão diferencial, bem como suas fraturas.

Com o avanço do processo de industrialização e urbanização na cidade, ao lado da explosão demográfica que se assistira sobretudo a partir dos anos 60, também os ilegalismos se reconfiguraram passo a passo aos dispositivos de sua gestão. Uma nova escala de transações se instauraria, impondo uma importante transformação junto ao padrão de sociabilidade existente entre a *malandragem* e as forças policiais. Esse padrão era, até então, característico e constitutivo dos espaços confinados e da ambiência social nos quais se enraizavam a economia da prostituição e as atividades que em torno dela orbitavam. A partir de meados dos anos 60, contudo, formas mais acintosas de se imiscuir nos mercados criminais, pelos agentes policiais, marcaram esse novo momento, com o que se difundiram práticas extorsivas como as *caixinhas*, as *digestas* e *congestas*, tendo como alvo os personagens da territorializada Boca do Lixo: as prostitutas, os *vigaristas* e os *punguistas*.

Acompanhando o redesenho da gestão dos ilegalismos, foram uma vez mais as detenções correcionais o dispositivo acionado para viabilizar esse novo modelo de transação de mercadorias políticas, readequando para isso sua configuração. A partir dos anos 60 e mais eloquentemente nos 70, a modalidade de detenção correcional *para averiguação* (popularizada ainda pelo nome *mofo*) crescerá em número e importância entre as práticas policiais, até se tornar a única expressão do longevo instrumento das detenções correcionais na cidade. Convertidas no elemento-chave para as trocas extorsivas e dando vazão a um arbítrio cada vez pungente por parte das forças policiais, as detenções correcionais, ou agora simplesmente *prisões para averiguação*, encontrariam no regime de exceção, instaurado com o golpe militar de 1964, respaldo para sua prevalência e para sua reinvenção no interior das práticas de gestão dos ilegalismos.

Em muito tributárias desses controles mais acirrados traduzidos pela escalada das *prisões para averiguação* e pela intensificação das práticas extorsivas, sobretudo na região da Boca do Lixo, as atividades criminais, antes constritas a esse território, acabaram por se pulverizar pelo espaço cada vez mais difuso da cidade, já na segunda metade da década de 60. Isso ocorria ao mesmo tempo em que a economia da prostituição entrava em declínio e o comércio de drogas começava lentamente a ganhar alguma referência como negócio criminal no plano da cidade, difundindo-se em múltiplos territórios e agenciamentos.

A criminalidade patrimonial urbana, assim como sua gestão, também vivenciou, no mesmo período, transformações importantes. No início da década de 70 emergia uma nova modalidade de pequena criminalidade patrimonial no espaço difuso da rua, para a qual uma vez mais esteve engajada a *menoridade* pobre, ocupando o lugar antes atinente ao *punguismo*: a *trombada*. Com a passagem assim da destreza do *punguismo* e dos roubos com escalada à truculência da *trombada* e do assalto à mão armada, desenha-se – como será discutido no curso deste trabalho – a passagem também da *boemia* e da *malandragem* para a *marginalidade* e a *delinquência urbana*.

Mas, cabe novamente anotar que esses processos não emergiram tão somente no interior quer da criminalidade, quer das ações pensadas para seu enfrentamento. Eles advieram deste campo poroso que aqui classificamos como a gestão dos ilegalismos, donde resultou, entre as décadas de 60 e 70, um gama de fenômenos que se convencionou reunir sob a designação de *violência urbana*. Na tentativa de extrair da criminalidade e mais precisamente da delinquência o sentido sinônimo à violência urbana ao qual lhe foi predominantemente atribuído, questionou-se neste estudo o papel que a violência institucional teria desempenhado no período para que fenômenos como a própria *delinquência urbana* emergissem.

De um modo geral, é certo que a violência institucional, na experiência nacional tomada aqui a partir do caso paulista, deve ser interpretada a partir do papel desempenhado por ela numa economia diferencial de ilegalismos, sendo um elemento de sua gestão e não o resultado de um enfrentamento mais heterodoxo do crime pelas forças policiais. Ao lado das práticas extorsivas, a violência institucional revelou-se um poderoso instrumento de investida nas economias criminais, tanto as em declínio (o jogo, a prostituição) como as em ascensão (o tráfico de drogas), o que uma análise mais cuidadosa sobre o caso Esquadrão da Morte viria inclusive confirmar (BICUDO, 2006).

Enquanto elemento da trama da gestão dos ilegalismos, a violência institucional desempenhou ainda um papel significativo à seleção, hierarquização e colonização de determinadas ilegalismos e sua conversão em delinquência. Foi assim entre o final da década de 60 e início de 70 que a delinquência urbana emergiu, na cidade de São Paulo, como expressão de uma criminalidade patrimonial de massa e de rua, bastante difusa e representada essencialmente pela figura do trombadinha. Sua emergência ocorre sobretudo como resultado de um processo extenuado e prolongado de sujeição da menoridade abandonada.

A emergência da delinquência urbana em São Paulo, durante a década de 70, aqui tratada, portanto, como resultado de um processo longínquo que implicou em formas particularíssimas de desativação da lei, transformações na gestão de ilegalismos, colonização de ilegalismos e violência institucional exacerbada, encerra a primeira parte deste trabalho. Mais do que obedecer a um encadeamento histórico, a proposta foi *seguir o filão complexo da proveniência* (FOUCAULT, 2000, p. 21), demarcando os fatos, as inflexões, o jogo de forças e os acontecimentos que estiveram implicados na emergência de um fenômeno que se forjou no seio mesmo da história dos ilegalismos, na cidade de São Paulo: a delinquência urbana.

Foi assim, enquanto empreendimento essencialmente genealógico,[10] que a segunda parte deste trabalho se inicia com a identificação de uma nova ruptura no curso da gestão contemporânea dos ilegalismos: a emergência de uma nova *economia criminal urbana* em expansão no plano da cidade de São Paulo, o mercado das drogas ilícitas.

Essa economia irá se enraizar em diferentes territórios da periferia da cidade e na Grande São Paulo, com maior ênfase a partir da década de 90, sob a forma de um expansivo e disputado comércio varejista de drogas ilícitas. Esse enraizamento se dará de forma

10 As referências aqui utilizadas às noções de *genealogia, proveniência* e *emergência* remetem ao texto de Foucault "Nietzsche, a genealogia e a história" (FOUCAULT, 2000). Nele, o autor discute o sentido da genealogia em Nietzsche e sua oposição à história tradicional, ou à pesquisa de origem, recusando o exagero metafísico que aparece na concepção de que no começo de todas as coisas se encontra o que de há de mais precioso e essencial, dispondo, ao contrário que o que se encontra no começo histórico das coisas não é a identidade ainda preservada da origem – é a discórdia entre as coisas, é o disparate (FOUCAULT, 2000, p. 18–19). Por proveniência se compreende uma análise que *permite reencontrar sob o aspecto único de um caráter ou de um conceito a proliferação dos acontecimentos através dos quais (graças aos quais, contra os quais) eles se formaram* (Ibidem, p. 20). A emergência designa *o ponto de surgimento. É o princípio e a lei singular de um aparecimento*. E ela *se produz sempre em um determinado estado de forças* (Ibidem, p. 23), traduzindo, aliás, ela própria a entrada em cena dessas forças.

especialmente violenta, tendo em vista uma conjunção de fatores históricos, sociais e políticos que contribuirão de modo importante à violência desse mercado.

No curso de uma nova economia criminal urbana que emerge nesse momento, a criminalidade patrimonial ao mesmo tempo em que permanece avulsa e difusa, se mantém em plena ascensão, cada vez mais dispersa, sobretudo pelas áreas centrais da cidade. O recrutamento sistemático através da prisão dessa criminalidade, notadamente avulsa e patrimonial, que já era intenso nas décadas precedentes, acentua-se sobremaneira entre as décadas de 90 e 2000, como resultado não apenas do aumento das taxas de crime, mas também do alinhamento das políticas penais nacionais a uma tendência de maior punitividade observada mundialmente (GARLAND, 2005; TEIXEIRA, 2009a), cuja consequência mais visível é o encarceramento em massa.

A ascensão gradativa e contínua das taxas de encarceramento no país e em especial no estado de São Paulo contribui, enquanto fornecimento de uma excedente *mão de obra criminal*, ao fenômeno que é definido neste estudo como *articulação da criminalidade*. Referido fenômeno se operacionaliza através do "recrutamento" de uma criminalidade avulsa, desterritorializada e primordialmente patrimonial à prisão, para, no seu interior, se converter, após recriar os códigos disciplinadores desse espaço, numa criminalidade mais engajada em carreiras criminais, articulada e *disponível* a atuar no agora consolidado varejo de drogas ilícitas nas periferias da cidade. É nesse momento que há a intersecção entre o fenômeno da articulação da criminalidade no espaço da prisão e a economia urbana da droga, já monopolizada e regulada, no curso dos anos 2000.

Não emprego o termo *crime organizado*, para descrever, neste estudo, os fenômenos que emergem entre os anos 90 e 2000 no contexto dos ilegalismos tratados aqui, e de sua gestão na cidade de São Paulo, sobretudo por entender ser esse conceito problemático, por demais identificado a uma categoria normativa, e profundamente apropriado por discursos e aparatos institucionais repressivos para reunir fenômenos e fatos díspares sob a mesma designação, prestando a fins sobretudo políticos. Anoto, ainda, que Misse (2006) do mesmo modo não adota o termo, até porque não reconhece, nos agrupamentos de presos que emergiram nas prisões cariocas nos anos 80 e de lá se capilarizaram para as favelas cariocas para atuar num oligopolizado e permanentemente disputado mercado de drogas, a dimensão de uma organização formal como a que se configurou, por exemplo, no jogo do bicho.

Impossível se furtar ao enfrentamento desse processo de articulação criminal que se deu no interior das prisões paulistas, a partir de meados dos anos 90, para situar as questões que foram fulcrais ao redesenho contemporâneo da gestão dos ilegalismos. O penúltimo capítulo trata assim de tal processo de *articulação da criminalidade a partir* do espaço da prisão, recomposto através das trajetórias de dois ex-presidiários e de um detento, dentro e fora sistema carcerário. Por seus testemunhos, acessou-se o universo prisional paulista nos últimos vinte anos, sua violência, os modos como se operaram e se redistribuíram as relações de poder, assim como as rupturas e os deslocamentos travados no curso das principais transformações vivenciadas no período. Por seus relatos ainda é possível identificar referido processo de emergência de uma *criminalidade articulada* de forma conectada a estratégias cada vez mais singulares adotadas pelos gestores dos ilegalismos, durante esse processo, agora também no interior das prisões.

O último capítulo deste livro tem como proposta apresentar um cenário mais contemporâneo da distribuição do crime e sua gestão na cidade de São Paulo, a partir de uma face extremamente decisiva: o recrutamento à prisão. Através dos dados sobre prisões em flagrante segundo o tipo de crime, o perfil de presos e por regiões da cidade, foi possível obter um primeiro esboço de como se opera a gestão diferencial do crime no plano da cidade, sua conexão a economias criminais, bem como estabelecer uma espécie de cartografia do crime urbano e de sua gestão, tomando como referência as noções (revisitadas) de centro e periferia.

O crescente número constatado de adolescentes envolvidos com o crime urbano e levados à prisão pelas forças policiais pode indicar o retorno do *menor* ao centro da cena delitiva e de sua gestão na cidade. Nesse retorno, o agora *adolescente infrator* ou *em conflito com a lei* está novamente a desempenhar, assim como o *menor de rua* das décadas anteriores, a paradoxal condição de protagonista assujeitado, multiplamente sujeito à violência dos operadores dos ilegalismos (os criminosos adultos) e de seus gestores (as forças de ordem), e ao mesmo tempo ocupando um lugar estratégico para a reprodução da trama dos ilegalismos e de sua gestão.

Como forma de testar os possíveis efeitos de deslocamentos profundos da forma de gerir a ordem contemporaneamente, da noção concreta e individualizada do *perigo* ao difuso e indeterminável conceito de *risco* (na exata acepção de CASTEL, 1983), este trabalho se encerra com a discussão de dois casos de atuação das forças de ordem na cidade de São Paulo.

A partir da análise dos casos *operação saturação* (ocupações militares em diferentes territórios da periferia) e *programa de proteção a pessoas em situação de risco* (forma de "intervenção" sobre populações em áreas centrais da capital), este trabalho é encerrado com a retomada da proposição da militarização como princípio organizador não somente à gestão dos ilegalismos, mas como sintomática de formas mais contemporâneas de *governamentalidade* (FOUCAULT, 2004).

Alguns apontamentos metodológicos, descrição crítica das fontes

Dada a multiplicidade de referenciais empíricos, e do mesmo modo de recortes analíticos, impõe-se uma discussão sobre as opções metodológicas, assim como um detalhamento crítico sobre as fontes consultadas.

A principal fonte de informação sobre o trabalho de gestão policial dos ilegalismos no período referente à Primeira República foram os relatórios dos chefes de polícia, produzidos anualmente e enviados ao secretário de estado responsável pela segurança pública. Empreendi minha busca a esses documentos produzidos após o período abarcado por aqueles estudos, e pude descobrir que tais relatórios continuaram a ser produzidos pelos chefes de polícia pelo menos até o final da década de 30, encaminhados ao Secretário de Negócios da Segurança Pública, e, após o Estado Novo, ao interventor do Estado.

No Arquivo do Estado de São Paulo (AESP) foi possível localizar apenas dois relatórios, ambos da década de 30, um de 1936,[11] e o outro já sob o Estado Novo, de 1939.[12] A riqueza de informações contidas nesses documentos, no entanto, tanto quantitativa quanto qualitativa, resolvia em parte o problema da cobertura do período retrospectivo, já que muitos dos dados produzidos e divulgados retroagiam a toda a década de 30, e, em alguns casos, até o final da década de 20.

O conteúdo desses relatórios versava sobre dados referentes a detenções correcionais e prisões por crimes, segundo delegacias especializadas e motivos/crimes, número de *queixas* por tipo de crime e número de inquéritos instaurados e remetidos à justiça. Por serem elaborados pela cúpula da Polícia Civil, havia uma preocupação em apresentar informações sobre a atividade de polícia judiciária, como diligências e perícias efetuadas segundo cada delegacia especializada, assim como em fornecer, atualizadamente, um quadro institucional e organizacional das instituições repressivas no período (reorganização da forças policiais, criação de delegacias, postos, situação de instituições correcionais, etc.). Apesar de se prestarem a uma espécie de relatório de gestão policial, ora exaltando ora se escusando da baixa produtividade investigativa (o baixíssimo número de inquéritos instaurados frente às queixas apresentadas e às detenções correcionais), esses documentos são repletos de discussões jurídicas, criminológicas e sobretudo das representações da cúpula da segurança pública do Estado, a respeito dos ilegalismos da época: a vadiagem, a prostituição, o jogo e o *punguismo*. Como forma de "tratar" essas "mazelas" sociais (como eram descritas as atividades adstritas à ambiência social da prostituição), as detenções correcionais aparecem, nesses

11 Relatório do Chefe de Polícia ao Secretário de Negócios da Segurança Pública – RELGAB 1936.

12 Relatório das Atividades da Polícia Civil no exercício de 1939, apresentado ao interventor do Estado pelo Chefe de Polícia – RCPPOLSP, 1939.

discursos, como o principal instrumental, não recebendo, contudo, o mesmo destaque que a retórica oficial do Estado Novo posteriormente lhes imprimiria.

Para a década de 1940, usou-se uma publicação concebida no coração do regime ditatorial de Vargas e publicada durante quase toda sua vigência (1937-1943), denominada *A estatística policial-criminal do Estado de São Paulo*. À época da minha pesquisa, referido material estava disponível apenas fisicamente junto à Fundação Seade (Fundação Sistema Estadual de Análise de Dados), encontrando-se hoje integralmente digitalizado e disponível no *site* da Fundação Seade.

O conteúdo dessa publicação expressa, para além de um relato sobre as atividades de controle e repressão desenvolvidas pelas agências de controle no período, o lugar estratégico ocupado pela estatística no modelo de estado intervencionista e autoritário que Vargas implantara. Em diferença aos relatórios dos chefes de polícia que eram circunscritos em última análise ao trabalho da Polícia Civil na sua gestão cotidiano dos ilegalismos, essa publicação se presta a outros fins, recebendo por isso novo estatuto, pelo qual é o Estado, ou antes, um *projeto* de Estado em uma dimensão totalizante, e não setorizada, que emerge do exercício cotidiano de controle e disciplina das classes populares. As atividades de polícia judiciária (inquéritos instaurados, diligências, perícias) desaparecem entre os dados divulgados, assim como a queixas ou comunicações de crimes efetuadas pelas vítimas. As detenções correcionais ganham pleno protagonismo no interior das práticas de higiene social e de controle e tratamento dos *comportamentos antissociais*, cuja desconexão com o crime ou mesmo com a contravenção penal se torna explícita. Há um esforço em justificar o crime e as desordens sociais a partir dos postulados consoantes aos ditames da criminologia positivista, da qual a ideologia do Estado Novo busca também se filiar. Os vícios, o uso do álcool, as habitações coletivas, enfim, os modos de vida das classes populares são todos eles associados à ideia de uma doença que aflige todo o corpo social e para a qual o *tratamento* policial e correcional tem uma função disciplinar, prognóstica, corretiva. Intensifica-se também uma preocupação, mais retórica do que efetiva, em controlar segmentos sociais como os *menores* e os *loucos*, transformando os primeiros pela primeira vez em objeto das detenções correcionais, segundo os mesmos motivos impingidos aos adultos. Quanto aos últimos, atribuídos como *dementes*, uma estatística meticulosa sobre sua internação passa a ser apresentada, embasada no tratamento tutelar.

Todo o esforço no qual esse tipo de documento se imbui, à apresentação de um Estado disciplinar, moralizante, corretivo, intolerante às desordens e aos pequenos delitos, confronta-se com a realidade retratada pela bibliografia colhida sobre o período, assim como com o material de imprensa tratado por tais estudos (BERNARDI, 2000; CISCATI, 2001; FELDMAN, 2010). O descompasso entre a retórica oficial impressa pelo

Estado Novo e a configuração do quadro de ilegalismos e de sua gestão no período, ancorados ambos em torno da economia da prostituição, encontra na senha das detenções correcionais (seu altos percentuais segundo precisos motivos) muito de seu vigor e de sua permanência.

Com o fim do Estado Novo, também a publicação *A estatística policial-criminal* se encerraria, os dados criminais passando a serem divulgados, praticamente sem qualquer tratamento analítico, junto às demais estatísticas do Estado, através do Anuário Estatístico. Novamente no AESP consegui consultar os anos de 1951, 1960, 1961, 1962, 1967 e 1968. Os anuários, nesse período, traziam informações mais concisas sobre a atividade policial-judiciária, apresentando número de inquéritos e processos judiciais por classes de crime (contra o patrimônio, contra a vida, etc.), e omitindo o número de *queixas* ou ocorrências,[13] o que inviabiliza o conhecimento do movimento da criminalidade e do desempenho policial nesse período. Nesse aspecto, manteve-se a orientação da publicação oficial do Estado Novo, não divulgando também as prisões por crimes, que inclusive não voltarão a ser divulgadas como o eram nos relatórios dos chefes de polícia, nem mesmo nos dias atuais, algo que será discutido ainda neste tópico. Já com relação às detenções correcionais, os dados contidos nesses anuários continuam a indicar sua importância no âmbito das práticas policiais, apresentando-se as informações segundo motivos de detenções, e, em alguns anos, por regiões da cidade, locais, horários e dias da semana.

De volta à Fundação Seade, localizei os anuários referentes à década de 70. A partir de 1977, os dados criminais passam a ser compilados e divulgados por essa fundação e incluirão finalmente as ocorrências criminais por tipo de crime, e não mais por classes de crimes. Observa-se a preocupação em imprimir um tratamento analítico de cunho mais técnico aos dados apresentados, apresentando correlações entre indicadores econômicos, taxas de desemprego, bem como os relacionando às principais questões e problemas urbanos. Para a consulta dos dados de ocorrências criminais a partir do ano de 1984, é possível simplesmente acessar o site da Fundação Seade, onde os respectivos anuários digitalizados encontram-se alocados.

---

13 Com o Código Penal (CP) de 1940 e o Código de Processo Penal (CPP) de 1941, a *queixa* passa a ser prevista apenas para os crimes de ação penal privada (como os contra a honra), sob o nome queixa-crime, e a de referir em verdade à peça inicial dessa ação, elaborada pela vítima. Para os demais crimes, os CP e CPP mencionam apenas a *comunicação do crime*, feita por qualquer pessoa à autoridade policial ou judicial, e que toma a forma de uma ocorrência criminal (cujo instrumento é o boletim de ocorrência). Não obstante essa previsão legal, apenas a partir de 1977 (com dados retroativos a 1976), as informações sobre ocorrências criminais passarão a ser divulgadas através dos anuários estatísticos e, depois, também pela própria Secretaria de Segurança Pública do Estado, como será aduzido adiante.

A partir de 1996, a Secretaria de Segurança Pública (SSP) passou a divulgar as estatísticas criminais trimestralmente, referentes às ocorrências criminais por tipo penal. Persistirão assim dois meios de divulgação de dados criminais no Estado: as estatísticas trimestrais pela SSP e o anuário estatístico pela Fundação Seade, a partir das informações fornecidas pela SSP e pela SAP (Secretaria de Administração Penitenciária). Persistente, também, será a omissão a respeito de dados mais qualificados acerca das prisões efetuadas pela polícia (em flagrante e por mandado) no âmbito da cidade.

Como compreender a ausência na produção dos dados sobre prisões pelas instâncias oficiais encarregadas das estatísticas policiais, uma vez que eles constituem uma evidente ferramenta não apenas a estudos sobre o crime, a violência e o mundo urbano, mas sobretudo à formulação de políticas públicas nessas áreas?

Uma possível explicação para essa omissão pode estar no próprio legado que as detenções correcionais deixaram no modelo de aprisionamento provisório no país. Isso porque, como será demonstrado neste estudo, toda a ênfase detentiva policial foi conferida, durante diversas décadas, a essa espécie híbrida e ilegal de prisão, divulgada oficialmente e propagada como sinônimo de bom desempenho policial pelas autoridades ao longo de décadas. Durante um prolongado período, que antecede à Primeira República e se estende até os anos 80 do século XX, as detenções correcionais superaram em número e importância as prisões "legais", ou seja, aquelas que decorriam de um flagrante ou de uma ordem judicial expedida em razão da atribuição de um crime.

Com o declínio gradativo das detenções correcionais até sua extinção como prática policial aceita pelo sistema de justiça, já nos anos 90, os dados que lhe diziam respeito passam também a arrefecerem-se dos anuários estatísticos. Não são as prisões em flagrante ou por mandado que tomam lugar. Toda a produção estatística irá se concentrar nos dados referentes às ocorrências policiais por modalidades delitivas, de um lado, e de outro, em dados gerais sobre a população prisional, elaborados respectivamente pela Secretaria de Segurança Pública (SSP) e pela Secretaria de Administração Penitenciária (SAP),[14] sistematizados e divulgados pela Fundação Seade a partir do final dos anos 70.

Embora as informações (estratificadas) sobre prisões provisórias não sejam produzidas sistematicamente e muito menos divulgadas, o fato é que a SSP dispõe de meios para seu tratamento e divulgação.

14 Até ser criada a SAP, em 1993, a gestão prisional era confiada a uma Coordenadoria de Estabelecimentos Penitenciários (COESPE), criada em 1979 e vinculada à Secretaria de Justiça (exceto pelo curto período entre 1991 e 1993, quando esteve subordinada à SSP). A respeito, consultar Adorno e Fisher (1987) e para o período mais recente Salla (2007) e Teixeira (2009a).

Em 1999, a Secretaria colocou em operação uma base de dados criminais georreferenciada denominada INFOCRIM, mas manteve seu acesso restrito.[15] Mesmo após o advento dessa base, a informação sobre as prisões em flagrante e por mandado executadas pelas PM e pela Polícia Civil manteve-se divulgada apenas em totais por trimestre, inexisindo qualquer outro dado mais preciso, quer segundo crimes e perfil dos presos, quer por regiões da cidade.

Supondo que o INFOCRIM dispusesse das informações georreferenciadas sobre prisões em flagrante, e segundo variáveis sociodemográficas, busquei contatar a SSP, em 2010, a fim de solicitar acesso ao banco de dados de prisões em flagrante para fins eminentemente acadêmicos, ou seja, seu tratamento neste trabalho. Houve concordância em conceder-me o banco de flagrantes relativo ao primeiro trimestre de 2009, de acordo com as variáveis solicitadas e por regiões da capital. Depois de receber o banco em estado bruto e iniciar seu processamento, notei que não se tratava exatamente de um banco de flagrantes, mas do mesmo banco de ocorrências criminais, no qual havia um campo referente à prisão em flagrante, que fora selecionado antes de me ser enviado. Essa constatação apenas reforçou minha percepção sobre o caráter acessório que a informação sobre prisões desempenha no conjunto das informações criminais produzidas pelo Estado, uma vez que esse dado só é coletado complementarmente àquele principal, a ocorrência criminal.

De todo modo, procedi ao processamento dos dados fornecidos, bem como ao seu georreferenciamento, distribuindo as prisões em flagrante segundo os tipos penais selecionados (furto, roubo e tráfico) através dos distritos policiais e administrativos da cidade, apresentando essa distribuição em quatro mapas construídos para tal fim. Meu objetivo nessa busca pelos dados, sua estratificação e seu georreferenciamento foi retratar uma dimensão importante do trabalho de gestão dos ilegalismos no plano da cidade, repondo e atualizando, em alguma medida, uma realidade que permanece sem divulgação há mais de setenta anos. Assim, mesmo reconhecendo os limites que dados referentes a um trimestre podem apresentar,[16] é certo que sua apresentação neste estudo importa

15 Apenas recentemente, a partir do primeiro trimestre de 2011, depois de ruidosas polêmicas envolvendo a venda irregular, para empresas privadas, de informações relativas a crimes patrimoniais em determinados bairros da capital, as informações georreferenciadas sobre ocorrências criminais passaram a ser divulgadas amplamente pela Secretaria de Segurança Pública, conjuntamente às estatísticas trimestrais. A respeito, "Sociólogo é investigado por violação de dados sigilosos". *Folha de S. Paulo*, 6 mar. 2011 e "Governo de SP diz que vai abrir dados sigilosos sobre violência" *Folha de S. Paulo*, 22 mar. 2011.

16 Como será discutido no capítulo 6, quando se dá a apresentação dos referidos dados, há uma consonância entre os totais de prisões em flagrante entre esse primeiro trimestre de 2009 e trimestres

na única informação estatística contemporânea produzida sobre prisões em flagrante na cidade de São Paulo, segundo, é certo, o tratamento empreendido.

A partir do período compreendido pelos anos 60, iniciei uma busca também pelo material de imprensa como fonte primária. Recorrer à imprensa como fonte de análise permite, além de recompor fatos, cenários e dados sobre períodos nem sempre disponíveis em outras fontes, conhecer as representações sociais predominantes segundo períodos históricos. Permite ainda identificar os discursos, os debates e as lutas travadas em torno de temas como a *violência urbana*, as *prisões*, a *criminalidade* e a *segurança pública*, sem perder de vista, é certo, os limites que essa fonte de dados implica.

Além do AESP e do Arquivo Folha, uma parte significativa do material de imprensa utilizado neste estudo, referente aos anos 60 e 80, me foi gentilmente disponibilizada pelo Núcleo de Estudos da Violência da USP (NEV/USP), tratando-se de um material coletado originalmente para a pesquisa *Construção das Políticas de Segurança Pública e o Sentido da Punição, São Paulo – 1822-2000*, realizada pela instituição. Do NEV também utilizei o *Banco de Dados da Imprensa sobre as graves violações de Direitos Humanos* NEV/USP, sobretudo para ilustrar os fenômenos associados à violência difusa (execuções sumárias, linchamentos e chacinas) que marcaram a cidade no período compreendido pela redemocratização (1978-1985) e também no início dos anos 90.

A partir de 1995, com o sistema de busca online nos jornais *Folha de S. Paulo* e *O Estado de S. Paulo,* foi possível localizar diversas matérias em tais periódicos segundo os temas pertinentes a este trabalho. Empreendi também um levantamento junto aos sítios oficiais do governo do Estado, da prefeitura da capital, da Secretaria de Segurança Pública, na busca de instrumentos normativos, notícias, discursos institucionais, dados, enfim, de materiais que integrassem os referenciais empíricos a partir dos quais aqueles temas foram tratados na segunda parte deste livro.

Além do levantamento e análise realizados junto à bibliografia especializada, as biografias de ex-detentos e personagens da *criminalidade* na cidade a partir dos anos 60 receberam um tratamento privilegiado neste estudo, sobretudo os relatos de Joanides (1977) sobre a extinta Boca do Lixo, e de Mendes (2001). A biografia de Luiz Alberto Mendes (2001), em especial, ocupou uma posição estratégica neste trabalho, sendo cuidadosamente tratada no capítulo 3, quando se discutiu o processo de emergência da *delinquência urbana* em São Paulo, entre as décadas de 60 e 70. A importância do relato de Mendes advém de diferentes fatores: por apresentar uma trajetória singular na história

---

anteriores e posteriores, o que contribui a considerar os dados apresentados como compatíveis com uma série histórica mais consistente.

dos ilegalismos e de sua gestão na cidade, tendo vivenciado as principais transformações da criminalidade e das forças de ordem justamente no período compreendido entre os anos 60 e 70; por ter sido ele próprio um protagonista do processo de extenuação da sujeição da *menoridade* pobre, testemunhando sua conversão em *delinquência*, por fim, por ter permanecido por mais de trinta anos encerrado no sistema prisional paulista, também num período profundas transformações, entre as décadas de 70 e 2000.

Egresso da prisão em 2004, Luiz Alberto Mendes tem mantido uma profusão de atividades profissionais que giram em torno de sua experiência literária na prisão e para além dela. Colunista de uma revista, membro de comissões e conselhos, ativista pela educação nas prisões, Luiz Mendes tem se colocado em cena no debate sobre o sistema carcerário, atraindo pesquisadores e militantes.

Por cerca de um ano e meio acompanhei parcialmente o percurso de Mendes no *mundão,*[17] o que me permitiu estender a compreensão sobre sua trajetória bem como sobre as questões que permeiam este trabalho. Esse acompanhamento foi finalizado com a concessão de uma entrevista, de mais de quatro horas, especialmente para este estudo.

Referida entrevista consistiu no ponto de partida para situar a ordem de questões propostas no capítulo 5, a respeito das transformações que implicaram na assunção da prisão hoje como o lócus privilegiado de articulação da criminalidade. Ao lado do relato de Mendes, busquei em duas outras trajetórias (de um detento e de um ex-detento) os insumos empíricos para descrever e resituar, não apenas aquelas transformações, mas as lógicas e os mecanismos operantes que colocaram o sistema prisional paulista, nas últimas décadas, no centro do redesenho contemporâneo dos ilegalismos e sua gestão.

A escolha pelos dois entrevistados atendeu à tipicidade de seus perfis e trajetórias, e também de sua assimetria. O primeiro deles, a quem eu atribuo o nome fictício de *Márcio,* se refere ao indivíduo que ingressou em 1996 no sistema prisional em razão de um crime grave pelo qual sua participação, embora indireta, lhe resultou uma pena alta, da qual ele cumpriu dois terços, regressando em liberdade em março de 2010. Portador de um perfil diverso ao da massa carcerária (não tivera contato anterior com o crime, possuía maior escolaridade, entre outros), é certo que Márcio manteve-se, durante os mais de treze anos em que esteve preso, desempenhando um papel identitário muito distinto ao dos demais presos. O período de sua prisão (1996-2010) corresponde exatamente aos momentos de emergência, expansão e por fim hegemonia da facção PCC (Primeiro Comando da Capital) no sistema prisional paulista. O fato de sua relação com o universo prisional ter sido marcada por um distanciamento interativo com os demais presos, favorecida ainda

17 Termo utilizado entre os presos e ex-presos para se referir ao mundo em liberdade.

pelas funções quase sempre desempenhadas por ele nos setores da administração e na "judiciária", lhe garantiu ocupar um *espaço simbólico* também diferenciado no contexto prisional. Seu testemunho, colhido para este estudo, está referido em suas percepções, ao longo dos treze anos de encarceramento, a respeito do processo que resultou na articulação da criminalidade antes dispersa e avulsa, a partir do espaço da prisão.

Conheci Márcio, bem como sua trajetória, por um relativo acaso. Chegou ao meu conhecimento que um indivíduo egresso da prisão, com um perfil diferenciado, que apresentava boa redação e razoável conhecimento jurídico, recém-aprovado no curso de Direito, estava à procura de um emprego junto ao meio jurídico. Aproximei-me dele, engajando-me nessa sua luta por um trabalho digno. Após a conquista do tão almejado emprego, e algumas conversas informais travadas, realizei, junto ao pesquisador Fernando Salla, uma entrevista semiestruturada de duas horas com Márcio, visando sobretudo recompor sua trajetória no mundo prisional.

Diametralmente oposto será o perfil e a trajetória de *Tadeu,*[18] cuja entrevista foi realizada dentro do CDP de Pinheiros, por intermédio do padre Valdir Silveira, da Pastoral Carcerária. Padre Valdir, sabedor de minha pesquisa e do meu interesse em entrevistar indivíduos que haviam pertencido a facções no sistema, identificou em Tadeu um personagem importante, mediando acesso a ele. Entrevistei-o em referido CDP no dia mesmo em que realizaria sua transferência a uma unidade prisional em Sorocaba, única no Estado existente para a "oposição neutra", ou seja, aos presos que, embora não filiados a qualquer facção prisional, se opõem ao PCC. Tadeu já havia sido filiado ao PCC, assim como a outras duas facções atuantes o sistema: o TCC (Terceiro Comando da Capital) fundando por seu padrinho, o também dissidente do PCC *Cesinha,* e a ADA (Amigos dos Amigos). Ostentando uma trajetória marcada por muitas mortes, dentro e fora da prisão, pelo conflituoso envolvimento com o tráfico de drogas na região de Osasco, pela luta desesperada para reproduzir o êxito do PCC junto às pouco significantes facções pelas quais passou, é certo que o testemunho de Tadeu oferece contrapontos importantes aos relatos de Mendes e Márcio. Do mesmo modo, sua percepção sobre o recente fenômeno da articulação criminosa também ocupa uma posição privilegiada, levando-se em conta o fato de que sua trajetória em muito é inscrita e decorrente desse mesmo fenômeno.

Referido capítulo é enriquecido ainda pelo depoimento do já mencionado padre Valdir João Silveira, colhido para este estudo. Padre Valdir, coordenador nacional da Pastoral Carcerária, tem sido uma figura por demais destacada no cenário das prisões ao

18 Nome fictício.

longo dos últimos anos, tanto no que toca uma atuação cotidiana (jurídica, assistencial e religiosa) como no âmbito de uma articulação política, em nível nacional. Com sua entrevista, pretendeu-se oferecer um outro olhar acerca dos fenômenos que têm caracterizado o sistema prisional nas últimas décadas, a partir da perspectiva de alguém que atua de forma qualificada e cotidiana sobre esse universo, sem ocupar, contudo, as posições pré-definidas do *preso* e do *Estado*.

Outras entrevistas foram realizadas neste estudo, de forma estruturada e segundo recortes específicos, com atores institucionais que protagonizaram mudanças em contextos específicos (como o juiz corregedor da polícia e dos distritos policiais à época da redemocratização). O recurso aos informantes também foi utilizado ao longo da pesquisa, em diferentes momentos.

Para retratar e discutir a gestão contemporânea do crime na cidade de São Paulo, (capítulo 6), recorreu-se, ao lado dos dados estatísticos sobre prisões, aos depoimentos daqueles que eu designo como *protagonistas assujeitados* dessa gestão: os *adolescentes infratores*. Para tanto, realizei dezenove entrevistas com tais adolescentes, nove delas com internados provisórios, aguardando o desfecho de seu processo na justiça infracional, e o restante já em cumprimento da medida de internação. Todas as entrevistas foram realizadas na Justiça Especial da Infância e Juventude, no fórum do Brás, na capital, entre os meses de maio e julho de 2010.

Partindo de um critério o mais aleatório possível na seleção dos entrevistados, meu objetivo foi acessar uma diversidade maior de perfis e trajetos desses adolescentes, que já ostentavam o fato em comum de terem sido recrutados à prisão pelas forças policiais, e acusados por atos criminais que autorizavam sua internação. Como na área da infância e juventude infracional e mesmo na prisional (adultos) interpõe-se a cada dia mais barreiras ao pesquisador social (e à pesquisa, de modo geral), tive que fazer escolhas a partir daquilo que me foi permitido conhecer como universo empírico. Uma vez que as instituições de internação de adolescentes em regra não têm permitido o ingresso de pesquisadores, busquei a Justiça Especial da Infância e Juventude infracional, que concentra todos os casos da cidade de São Paulo, em apenas quatro varas. No âmbito da Justiça, dirigi-me a uma das varas especiais, onde iniciei o trabalho de campo, a princípio assistindo às audiências e lendo os processos. Só depois de algumas semanas procedi às entrevistas junto aos adolescentes que respondiam processos na respectiva vara, quando compareciam a audiências de apresentação ou instrução naquele local. Estabeleci como critério solicitar a entrevista a todos os adolescentes que comparecessem à Vara (e a seus responsáveis, quando presentes), desde que internados provisoriamente, entrevista essa a ser efetuada em uma sala reservada. Durante três semanas, entre os adolescentes que concordaram em serem entrevistados (assentindo em todos os casos a Defensoria Pública), resultaram nove entrevistas.[19]

A segunda fase de entrevistas foi realizada no setor de serviço social e psicologia do fórum, cujo corpo profissional é destinado à avaliação de adolescentes em cumprimento de medida de internação, nos casos em que os juízes requerem uma complementação aos relatórios psicossociais apresentados pela Fundação Casa. A grande demanda daquele setor está voltada a adolescentes em vias de serem liberados pelo DEIJ (departamento judicial encarregado da execução da medida socioeducativa), daí a requisição dos juízes para sua avaliação pelas assistentes sociais e psicólogas das varas de infância, como requisito à decisão de liberação ou manutenção da internação. Durante o mês de julho de 2010, portanto, instalei-me nesse setor e sucessivamente fiz a leitura dos processos e procedi a entrevistas com os respectivos adolescentes. Ao todo realizei dez entrevistas com adolescentes nesse setor.

Nas duas situações de campo, minha relação com os entrevistados foi mediada por profissionais envolvidos diretamente quer no processo judicial (na primeira etapa, pelas defensoras públicas), quer por aqueles encarregados de uma avaliação do cumprimento da medida (as psicólogas e assistentes sociais, na segunda etapa). Minha expectativa era a de que os adolescentes me associassem a essas profissionais, e que esse fato condicionasse a postura dos jovens em relação à entrevista, tanto sua motivação, quanto o conteúdo do que seria declarado. Não foi esse, no entanto, o quadro com o qual me deparei; pelo contrário, houve um grande desembaraço apresentado pela maioria dos entrevistados para contar aspectos de sua biografia cujo conteúdo certamente lhes traria complicações jurídicas e "prognósticos psicossociais", caso fossem revelados aos profissionais da justiça e do setor psicossocial.

Pude observar ainda que mesmo esses jovens recorrendo, entre o respeitoso e o submisso, a "cacoetes institucionais" em sua postura corporal ou linguagem (ficar com as mãos para trás, mencionar *senhora* ao final da frase ao se dirigir a mim), sua assimilação a esses códigos disciplinadores era bem menos arraigada do que nos presos adultos, de modo que em poucos minutos a rigidez corporal se dissipava e, muito frequentemente, passavam com empolgação a discorrer sobre sua história. Ao me apresentar a eles, sempre esclarecia

19 A necessidade de assentimento da Defensoria Pública passou, em certo momento, a consistir num óbice importante para a realização das entrevistas. Quando a concordância e a disposição dos adolescentes em conceder-me entrevistas passou a se tornar gradativamente menor naquele local (sempre a mim comunicada, é certo, pelas defensoras públicas daquela vara), tomei a decisão de "mudar o campo" e abandonei a estratégia de acessá-los a partir daquelas varas encarregadas pelo processamento dos atos infracionais.

minha posição de pesquisadora, o que acabava não sendo muito bem compreendido, exigindo que eu associasse meu trabalho à universidade, à ideia de docência, para que então rapidamente minha figura se dissociasse do universo judicial e punitivo no qual estávamos fisicamente localizados.

Muito diversa é a postura dos adolescentes internados daquela apresentada pelos adultos encarcerados, o que é compreensível, é certo, pela própria condição de jovens que os primeiros ostentam. A institucionalização e antes dela ainda o contato precoce com o mundo do crime, não obstante tenham afetado diversos aspectos de sua personalidade, mantiveram praticamente intactas, na maioria das vezes, características muito próprias à adolescência, como a desenvoltura, a disposição para o testemunho, o exagero dos feitos, a inconsequência dos atos. Dessas características, intrínsecas aos entrevistados, resultaram depoimentos cuja riqueza desponta de sua verborragia, de sua eloquência e da profusão de informações que carregam.

*****

Minha inserção no mundo prisional remete ao início da minha trajetória profissional, quando, na qualidade de advogada de uma fundação pública, fui atuar em duas unidades prisionais na capital, na Penitenciária do Estado e no Hospital Central do Departamento de saúde do Sistema Penitenciário, unidade já extinta, criada para tratamento de presos com AIDS em estágio avançado, em meados dos anos 90. Foram alguns anos de postulação e defesa de direitos de indivíduos encarcerados, seguidos de mais alguns outros de atuação em projetos de promoção e educação em direitos, através de uma organização não governamental, dirigidos àquele mesmo público.

Em 2003, quando ingressei no mestrado em sociologia, fui redesenhando minha relação, e sobretudo meu "posto de observação" para com esse que se tornava, naquele momento, meu objeto de estudo: o sistema prisional. Os anos que se seguiram de pesquisa (acadêmica e aplicada) me distanciaram da natureza da inserção primeira que antes eu estabelecera com o universo prisional, assim como com seus representantes institucionais. Ao mesmo tempo, o sistema prisional paulista fechava-se à sociedade civil de modo gradativo, o que dificultava que eu, enquanto pesquisadora, ingressasse e estudasse esse sistema, o que me impunha um desafio latente, agora já quando do ingresso no doutorado.

Em março de 2007 recebi o convite de um defensor público para integrar o *Conselho da Comunidade*, recém-instalado na comarca da capital àquele momento. Os conselhos da comunidade são órgãos previstos pela lei de execução penal (LEP – Lei 7210/84) para, representando a sociedade, contribuir para uma política de reinserção social aos presos. País afora, contudo, a experiência de tais conselhos se mostrou exitosa apenas em pequenas comarcas, e, mesmo nesses casos, é o caráter assistencialista que marca sua atuação. Na comarca da capital de São Paulo, o conselho da comunidade demorou mais de vinte anos, a contar da edição da LEP, para ser criado e, quando assumi o posto de conselheira, ele se encontrava ainda em formação. Naquele momento, uma das estratégias que o órgão tentou adotar foi realizar visitas, de caráter fiscalizatório, às unidades prisionais da capital que se encontravam em situação mais caótica, sobre as quais além da superlotação, recaíam denúncias de tortura reiterada.

Ingressei então na *comissão de visitas* desse Conselho e, entre os anos de 2007 e 2009, realizei algumas visitas às unidades prisionais da cidade. Destaquei neste trabalho, através de trechos transcritos de meu diário de campo, as impressões registradas sobre dois CDPs (Centros de Detenção Provisória) visitados na capital, na abertura do capítulo 5. Recorri a esses registros pessoais como forma de apresentar ao leitor não apenas o cenário desolador da precariedade física do sistema, ainda que o agravamento contínuo desse cenário contribua para inscrever as prisões contemporâneas nas raias da barbárie. A intenção foi antes compartilhar os estranhamentos frente aos novos arranjos de poder que parecem emergir das estruturas cada vez mais amalgamadas que compõem hoje o universo das prisões paulistas, e que redefinem as relações sociais nele estabelecidas. Desses arranjos, que tendem a relativizar ainda mais as fronteiras entre o Estado e o criminoso, destaca-se uma mensagem aparentemente compartilhada, de uma nova gestão da ordem, fundada em preceitos um pouco mistificados e nunca definitivamente esclarecidos. Mas o ponto obscuro desses renovados arranjos é justamente o que lhes confere potência: o outro lado da *ordem*, representado na figura daqueles que não podem ser geridos.

No centro dessa engrenagem estabelecida hoje a partir da prisão está a força sempre recalcitrante dos ilegalismos. E referida força só existe devido à *capilaridade* dessa instituição, de onde advém, aliás, uma vez mais nos dizeres de Foucault, "seu formidável poder" (FOUCAULT, 2003, p. 147). Menos fortaleza, mais transitividade. Retornar ao universo prisional, desta feita, com quase dez anos de intervalo, me conduziu assim ao seu exterior. Em muito o problema de investigação se construiu a partir dessa recondução, assim como o objeto deste trabalho, a gestão diferencial dos ilegalismos, na cidade de São Paulo.

PRIMEIRA PARTE

Construir a delinquência

A constatação que a prisão fracassa em reduzir crimes deva talvez ser substituída pela hipótese de que a prisão conseguiu muito bem produzir a delinquência, tipo especificado, forma política ou economicamente menos perigosa – no limite utilizável – de ilegalismo; produzir os delinquentes, meio aparentemente marginalizado, mas centralmente controlado; produzir o delinquente como sujeito patologizado. O sucesso da prisão: na luta em torno da lei e dos ilegalismos, especificar uma "delinquência".

Michel Foucault, *Surveiller et punir*, p. *323*

CAPÍTULO I

Controle social x repressão ao crime: longevidade e permanência das prisões correcionais

As instituições de ordem no país carregam em sua tradição, desde raízes longínquas que remontam à própria colônia, um traço marcante que as caracterizam como aparelho de controle e vigilância de imensos contingentes populacionais marcados ora pela cor, ora pela (des)ocupação, ora pelo simples estatuto de pobreza, em detrimento de uma função propriamente jurídica de repressão ao crime. Essa é conclusão adotada por trabalhos que voltaram seu objeto ao crime e às forças policias e repressivas no país, do Império à Primeira República.

Boris Fausto (2000), ao estudar o crime e a criminalidade em São Paulo entre 1880 e 1924 a partir dos dados oficiais sobre as prisões efetuadas no período, constatou, primeiramente, a absoluta prevalência de contravenções no conjunto das detenções promovidas, chegando a representar 85% do total das prisões efetuadas entre 1912 e 1916 (FAUSTO, 2000). Em segundo lugar, notou que a imensa maioria das prisões por contravenções não resultava em inquéritos policiais instaurados e, numa proporção ainda menor, em processos judiciais. Do mesmo modo, também às prisões por crimes, embora muito menos representativas no conjunto das detenções, correspondia um número bastante reduzido de inquéritos e processos judiciais instaurados. Com relação às prisões por crimes, que em sua maioria se tratavam de pequenos furtos, o autor elabora duas hipóteses explicativas para o baixo número de investigações: primeiro, a pequena quantia furtada, e, segundo, indícios de corrupção da atividade policial.

Holloway (1993), estudando as instituições repressivas no Rio de Janeiro no período imperial, também observou a prevalência da atividade policial, arbitrária e violenta, voltada ao controle das classes populares, em detrimento da repressão ao crime. O autor atribui essa marca ao fato de que o processo de formação das forças policiais no país ter se caracterizado como uma transição de formas privadas de controle social, moldadas pelo regime escravista, o que explicaria ainda a centralidade e o excesso de poder conferido à polícia.

Bretas (1997), em seu trabalho sobre a história da polícia na cidade do Rio de Janeiro entre os anos de 1907 a 1930, também destacou, em consonância às conclusões de Fausto para o caso paulista no período, a prevalência de uma atividade policial voltada às detenções por contravenções, mormente aquelas por vadiagem, bem como a flagrante desproporção entre o número de tais detenções e o de inquéritos instaurados. Para o autor, a ênfase nessas detenções,[1] já designadas de *correcionais,* revelava o quanto a atividade policial estava voltada a operar medidas de "controle do comportamento urbano", que passavam, é certo, ao largo dos procedimentos judiciais.

> Uma noite na cadeia ou em alguns casos o assédio sistemático através de prisões contínuas funcionavam como um poderoso freio, sem necessidade de instaurar processos e envolver juízes quase sempre inclinados a absolver acusados em processos de vadiagem (BRETAS, 1997, p. 82).

Um olhar um pouco mais detalhado sobre a prevalência de instrumentos disciplinadores no cenário repressivo no país, não apenas nesses períodos como nas décadas posteriores, pode nos levar a interpretações e conclusões que complexificam ainda mais as hipóteses levantadas pelos autores. A inexatidão do fluxo crime/prisão/inquérito/processo/pena, representado pela discrepância entre o número de detenções, queixas e inquéritos/processos nos revela o campo intricado do crime e de sua gestão.

A proposta aqui é decifrar a desproporção desse fluxo, tomando como ponto de partida a análise à prática reiterada das *detenções correcionais* por parte do aparelho policial em São Paulo, prática essa que embora jamais prevista legal ou juridicamente, foi incorporada de modo tal à dinâmica das instituições de ordem a ponto de garantir sua sobrevivência em diferentes períodos, regimes e governos ao longo de quase dois séculos.

1 Bretas apresenta um dado que confere a dimensão do extenso volume de detenções correcionais efetuadas pela polícia carioca no período: 18.785 no ano de 1929 (BRETAS, 1996, p. 80), número que, como veremos, é bastante superior ao efetuado pela polícia paulistana em anos posteriores.

O sentido das prisões correcionais: prender sem motivo, prender sem processo[2]

As denominadas *prisões correcionais e por averiguação*, modalidade amplamente utilizada desde o período imperial até meados dos anos 80 do século XX, consistiam em detenções efetuadas pela polícia, não necessariamente conectadas a eventos delitivos ou mesmo contravencionais, realizadas sem ordem judicial ou situação de flagrante delito. Executadas sem nenhuma formalidade legal, centradas no arbítrio das forças policiais, as prisões correcionais se converteram no principal instrumento de gestão da lei pelo sistema repressivo no país, durante quase duzentos anos.

Dados oficiais e não oficiais[3] coletados para este estudo referentes à atividade criminal e repressiva na cidade de São Paulo a partir da década de 30 revelam que, até meados da década de 80, as detenções ditas correcionais não deixaram de ocupar posição de destaque, tendo inclusive se intensificado no cenário da atividade policial no Estado e na cidade de São Paulo ao longo dos anos.

Entender como tal prática, divulgada sem constrangimentos nas estatísticas criminais anuais e contando com a aquiescência do sistema de justiça, desempenhou um papel crucial no campo da gestão do delito em São Paulo é uma questão que desafia qualquer pesquisador que pretenda estudar a criminalidade e as políticas de segurança do século XX.

É possível dizer que em torno da permanência dessa prática remota de controle residiam os modos precisos de desativação da lei pelos quais o Estado realizava sua economia diferencial de ilegalismos. Pois era através dela que se elegiam desde as condutas, a maioria delas contravencionais (o *alcoolismo*, o *escândalo*), até os personagens (o *malandro*, a *prostituta*), que se pretendiam controlar, bem como que se perfazia o jogo contínuo de extorsões e transações pelo qual o aparelho policial imiscuía-se no campo poroso do ilegalismo.

---

2 Alusão às avessas ao lema de Washington Luís quando secretário de justiça de São Paulo, entre 1905 e 1907, que refletia os esforços do futuro presidente em tornar o controle penal mais efetivo, daí o sentido atribuído às reformas empreendidas junto ao sistema de identificação e registro na Polícia Civil. A frase correta é: "não prender sem motivo, não prender sem processo". A esse respeito consultar os trabalhos de Souza (2009) e Fausto (2001).

3 Os dados oficiais se referem aos Relatórios dos Chefes de Polícia ao Secretário de Negócios da Segurança Pública (RELGAB, 1936) e ao Interventor do Estado (RCPPOLSP, 1939) relativos às atividades da polícia nos anos de 1934 a 1939; a publicação estatística instituída durante a o Estado Novo "A Estatística Policial-Criminal do Estado de São Paulo" (período de 1938-1943) e os Anuários Estatísticos dos anos 50, 60, 70 produzidas pelo Departamento de Estatística do Estado até o final dos anos 70, e já nos anos 80 pela Fundação Seade. Entre os dados não oficiais estão o material de imprensa coletado a partir dos anos 60, entrevistas e consulta a biografias e estudos.

Mas, qual teria sido a origem desse instrumento, e depois, os mecanismos que garantiram seu prolongamento?

As prisões ou detenções correcionais, embora práticas institucionais amplamente difundidas desde o Império, jamais encontraram previsão nos diferentes ordenamentos legais vigentes. A primeira legislação processual brasileira, o Código de Processo Penal de 1832, que sucedeu as Ordenações Filipinas, consagrou uma orientação claramente liberal para a matéria, do mesmo modo que o Código Penal editado no mesmo ano, como demonstram Salla (1999) e Alvarez (2004). Tal legislação dispunha que a única prisão "sem culpa formada que pode ser executada sem ordem escripta" por qualquer um do povo, vinha a ser o flagrante (art. 131 a 133). E mesmo nessa hipótese, o detido deveria ser conduzido ao juiz de paz do distrito correspondente para que fosse ouvido e liberado caso o crime fosse afiançável. Nenhuma previsão havia sobre as detenções correcionais por parte da polícia no Código de 1832.

Holloway (1993), seguido por Caldeira (2003), reconhece a arbitrariedade da detenção correcional no Império, alegando, no entanto, que durante um certo período (de 1841 a 1871) ela teria sido incorporada ao ordenamento por uma legislação subsequente ao CPP que conferira poderes judiciais à polícia. No entanto, a legislação a que o autor se refere, que ficou difundida como a "lei de 3 de dezembro" (Lei nº 261 de 1841),[4] embora tenha de fato ampliado os poderes policiais, subtraindo dos juízes de paz atribuições judiciais – como concessão de fiança, oitivas de presos, formação de culpa – para entregá-los aos chefes de polícia e aos delegados, manteve as mesmas disposições do Código de Processo Penal no tocante às prisões provisórias. Ou seja, manteve-as dependentes de situação de flagrante ou de ordem escrita. Mais uma vez não se encontra qualquer menção ao instrumento das prisões correcionais e por averiguação como prerrogativa policial.

Em 1871, referida lei seria revogada pela Lei nº 2.033 de 20 de setembro, que devolveu aos juízes (de paz e de direito) as atribuições previstas no Código de 1832. Com relação às prisões antes da formação de culpa, foi ainda mais cautelosa do que o Código de Processo Penal, dispondo expressamente que:

> Art. 13, § 2º: À excepção de flagrante delicto, a prisão antes da culpa formada só pôde ter lugar nos crimes inafiançaveis, por mandado escripto do Juiz competente para a formação da culpa ou á sua requisição; neste caso precederá ao mandado ou á requisição declaração de duas testemunhas, que jurem de sciencia propria, ou prova documental de que resultem vehementes indicios contra o culpado ou declaração deste confessando o crime.

4 O jurista José Frederico Marques (cuja obra foi reeditada em 2000), recuperando discussões de juristas da época, faz menção detalhada à lei de 3 de dezembro.

Com o advento da República a matéria permaneceu disciplinada pela Lei de 1871, tendo a Constituição de 1891 dado ainda mais acento às garantias processuais como o *habeas corpus*. Mais uma vez, no plano legal, a prática disseminada das prisões correcionais não encontrava respaldo, não obstante a forte repressão da legislação criminal do período voltada às classes pobres, do que o processo de criminalização da vadiagem é o exemplo mais contundente. No entanto, a despeito de disporem de procedimentos legais para prisão de um imenso contingente de vadios, as forças policiais continuaram recorrendo às detenções correcionais para controlar (e não processar e reprimir) a vadiagem e as desordens no período.

A intensificação das prisões correcionais pela polícia e o aparente aumento de seu arbítrio durante a Primeira República deve ser inserida dentro de um quadro político maior que Leal (1978) designou como manutenção do "sistema de compromissos do coronelismo". Como forma de prolongar o mandonismo local, conferiu-se uma grande margem autonomia aos Estados, inclusive para legislar em matéria processual e definir sua organização judiciária. Como consequência, manteve-se e até acentuou-se o que o jurista Otavio Tarquínio de Souza (1937) chamou de "policialismo arbitrário" no processo penal, no qual "eram confiadas às autoridades policiais funções nitidamente judiciárias" (SOUZA, 1937, p. 235).

A Constituição de 1934, já sob o governo Vargas, passou a federalizar a competência legislativa em matéria processual, tendo o Código de Processo Penal de 1941, editado durante o Estado Novo, unificado as normas processuais penais e consagrado, ao menos no plano formal, o princípio acusatório[5] no processo penal brasileiro.

É importante observar que, embora elaborada em plena ditadura Vargas, essa legislação manteve a tradição liberal em matéria penal no Brasil, pese o traço autoritário de seu governo bem como sua identificação a doutrinas positivistas. Se no plano de uma legislação processual verificou-se esse aparente paroxismo, no âmbito das práticas repressivas, o controle e a perseguição às classes pobres ampliaram-se, dispondo-se agora de uma normativa específica para tratar as desordens do mundo popular, a Lei de Contravenções Penais, também de 1941. O conteúdo liberal no campo processual estava adstrito a garantias individuais, como a prisão em flagrante e por mandado, e os agentes policiais embora pudessem, como antes, dispor de recursos legais para detenção dos contraventores, continuaram lançando mão das detenções correcionais, de maneira ainda mais eloquente, como se verá quando da apresentação dos dados do período.

5 A respeito da prevalência até os dias de hoje do princípio inquisitório no processo penal brasileiro tomando por comparação ao *common law*, ver Kant de Lima (1989).

Ocorre que, nem diante das normas prescritas pelo novo Código de Processo Penal e pelo texto constitucional de 1946 (que reafirmaria as garantias processuais) a realidade se alterou. A prática de prender correcionalmente não apenas se manteve, como foi plenamente incorporada à rotina policial, seguindo relatada nos Livros de Registros de Custodiados e Correcionais[6] das delegacias do Estado, e chancelada, na maior parte das vezes, pelos juízes corregedores que vistoriavam periodicamente esses locais.

Em 1949, ao que tudo indica numa decisão inédita, embora bastante circunscrita, o juiz corregedor dos presídios de São Paulo concedeu por iniciativa própria um habeas corpus a dois presos recolhidos correcionalmente no Presídio Central, após ter visitado esse local para inspeção. A autoridade policial questionou o *habeas corpus* no Tribunal de Justiça, reclamando a legitimidade da prisão tendo em vista a conduta dos presos (a perturbação social) como autorizadora do recolhimento, sem a autuação em flagrante. O Tribunal confirmou a decisão do juiz de primeira instância, afirmando inclusive o abuso de autoridade por parte da polícia:

> O que se deve fazer, pois, em regra, é autuar os turbulentos em flagrante, instaurando-se inquérito ou o processo competente. Se o caso constitui crime em que o acusado deve prestar fiança para se livrar solto, ou se a turbulência escapa a qualquer definição legal do crime e da contravenção, o turbulento será admoestado. Se não quiser atender à admoestação, será posto em custódia, providenciando a autoridade no sentido de ser entregue a pessoa da família ou quem se interesse por ele, equiparando-se sua situação a dos ébrios e dos loucos. Tudo isso, porém, a de ficar consignado na folha de ocorrências. Não se trata de medidas dependentes do arbítrio policial, mas de atos disciplinados pelo direito. As raias do poder de polícia estão nitidamente estabelecidas pela lei, não pelo arbítrio. (HC 25.685, 13 de junho de 1949. *Revista dos Tribunais*, v. 181, fascículo nº 592, p. 569 a 576, setembro de 1949).

Embora tal decisão, por sua contundência, tenda a indicar um campo polêmico em torno do tema, e flagrar uma disputa entre lei e *norma*, o material recolhido referente ao

6 A existência dos livros estava prevista no art. 411 do Regulamento Policial do Estado, de 1928 e depois reafirmada pela Portaria nº32 da Secretaria de Segurança Pública, em 1965. Havia, em verdade, uma profusão de normas infralegais, expedidas pela Polícia Civil e depois pela Secretaria de Segurança Pública que pretensamente regulamentavam as prisões correcionais. A expedição dessas normas ocorria à margem de toda a legislação que a repudiava. Matéria do jornal *O Estado de S. Paulo* de 14/01/1972 fez menção a uma manifestação do Tribunal de Justiça proibindo os juízes de ratificarem tal prática avalizando os mencionados livros. À época, a celeuma foi provocada por um juiz do interior do Estado que denunciara a ilegalidade que já perdurava trinta anos. O assunto voltaria à pauta desse jornal por mais uma década. "Corregedoria impugna prisões correcionais" *O Estado de S. Paulo,* 14 jan. 1972.

período aponta ao contrário. Adstritas a casos concretos, tais intervenções consistiam em manifestações isoladas da justiça, sem traduzir uma orientação ou uma diretriz institucional do judiciário sobre a questão. Do mesmo modo, não provocavam qualquer repercussão junto à rotina policial e mesmo a judiciária, dado que a prática das prisões correcionais não apenas se estendeu como se intensificou, como veremos, até os anos 80.

Nesse sentido, as prisões correcionais devem ser pensadas para além de simples manifestações de um sistema notadamente policial, inquisitivo, afeto mais à *norma* que à *lei*. Tampouco podem ser definidas como o resultado de um jogo de forças que tem a lei, o marco constitucional de um lado, simbolizados pelo judiciário, e a ilegalidade e o abuso de outro, representados na atuação policial. Como já advertiu Caldeira (2004) em sua crítica às formulações dualistas para explicar a violência brasileira, aqui "a lei e os abusos são simultaneamente constitutivos das instituições de ordem, instituições que são elas próprias constituídas para funcionar com base em exceções e abusos" (CALDEIRA, 2004, p. 142).

Em verdade, a importância dessa prática remota de controle advém do fato de ela revelar dimensões mais profundas e *soterradas* de uma precisa economia diferencial da lei, através da qual é possível flagrar o intricado e poroso campo onde se inscrevem tanto os fenômenos da criminalidade como de sua repressão. Acessá-los por tais práticas possibilita primeiro desativar as fictícias fronteiras que separam esses fenômenos, e depois despi-los das categorias normativas e das representações que são sua armadura.

*****

A questão que se coloca é por que o aparelho policial, mesmo dispondo de todos os recursos legais e institucionais, ao longo das diversas legislações expedidas em extenso período, para prender seus alvos formalmente, preferia detê-los correcionalmente, à margem dos procedimentos previstos juridicamente?

As prisões correcionais constituíam precisamente a antítese do ritual da punição moderno, flagrado por Foucault, no advento das sociedades disciplinares. Na experiência nacional, a prática da detenção correcional se converteu no instrumental de controle através do qual o aparelho policial pôde gerir as ilegalismos, subtraindo do sistema de justiça essa prerrogativa. Para se imiscuir num campo em que se operavam desde as pequenas desordens urbanas até as economias criminais, não haveria as forças de ordem de percorrer o curso completo da justiça e da punição, consistindo as prisões correcionais exatamente no dispositivo que permitia a interrupção desse percurso.

Nesse sentido, há diferenças qualitativas que separam o processo de construção da delinquência identificado por Foucault, ao analisar as mudanças na economia das penas no século XVIII na Europa, e a experiência brasileira. Na análise de Foucault, a organização de um ilegalismo isolada e fechada na delinquência só foi possível através da prisão, ou dos aportes institucionais que um mundo predominantemente disciplinar viria a instaurar. Só com essas instituições totais teria sido possível aquilo que parecia pouco imaginável antes de seu advento, ou seja, o manejo de uma determinada ilegalismo, pelo seu controle, isolamento, diferenciação, de modo a reduzi-la à delinquência. "A vigilância policial fornece à prisão os infratores que ela transforma em delinquentes, alvo e auxiliares dos controles policiais que reenviam regularmente alguns deles à prisão" (FOUCAULT, 1975, p. 329).

A conversão em delinquência, na experiência nacional, é empiricamente diversa. Aqui, em diferença às sociedades disciplinares, os controles policiais e a incansável vigilância voltada aos alvos preferenciais podem ser inscritos como prolongamento de uma justiça privada, essencialmente baseada na violência e dominação que caracterizam o regime escravista, algo que Holloway já havia flagrado ao retratar a truculência e o arbítrio policiais no Brasil imperial.

Entre o Estado, representado nas forças de ordem, e o senhor de escravos há uma relação de continuidade, não de antagonismo ou superação. E a apropriação que um fazia da justiça se transfere pelo mesmo princípio ao outro, através de dispositivos de controle que atravessam longos períodos, e sobrevivem graças ao modo como se reconfiguram, adaptando-se às mudanças políticas, econômicas e até jurídicas que se impõem.

Fenômeno, aliás, que Victor Nunes Leal flagrou ao analisar o modo como persistiram, no advento da República, formas peculiares do exercício do poder privado no seio da estrutura do Estado, garantidas mesmo através de um sistema político representativo, e de uma estrutura agrária predominante. A esse fenômeno o autor cunhou o termo *coronelismo*. "Coronelismo é sobretudo um compromisso, uma troca de proveitos, entre o poder público, progressivamente fortalecido, e a decadente influência social dos chefes locais, notadamente os senhores de terras" (LEAL, 1975, p. 20).

Uma reinvenção, é disso que se trata, não a simples permanência de estruturas arcaicas. Sua singularidade advém exatamente desse rearranjo, das acomodações pelas quais um modelo ancorado na escravidão e na concentração da propriedade rural torna-se "moderno" e compatível a uma organização política ontologicamente a ele antagônica: a república.

Como corolários desse fenômeno de base advieram, entre outros, aquilo que Leal vai designar por *mandonismo*, como sendo o produto, o resultado das negociações entre o governo estadual e municipal, pelo qual o primeiro cedia uma dose confortável de poder ao segundo, representado pelos chefes locais, em troca de sustentação eleitoral (dos *cabos eleitorais*). Essa "reciprocidade" só foi possível em virtude, é certo, do extraordinário poder e da legitimidade que os coronéis gozavam em suas localidades, que remontam inclusive ao período colonial.

A esses chefes municipais concedia-se, assim, o poder que Leal atribui de "fazer o bem", ou seja, dispor (ou mais precisamente apropriar-se) de recursos transferidos pelo governo estadual para prestação dos serviços públicos. Mas nada disso seria viável sem o "trunfo decisivo", ainda nos dizeres do autor: o poder sobre a polícia estadual.

> Por outro lado, aquele que pode fazer o bem se torna mais poderoso quando está em condições de fazer o mal. E aqui o apoio do oficialismo estadual ao chefe do município seja por ação, seja por omissão, tem a máxima importância. Neste capítulo, assumem relevo especial as figuras do delegado e do subdelegado de polícia. A nomeação dessas autoridades é de sumo interesse para a situação dominante no município e constitui uma das mais valiosas prestações do Estado no acordo político com os chefes locais. (LEAL, 1975, p. 47).

O controle sobre o sistema policial consistiu na grande pedra de sustentação do poder local, produzindo uma ordem de efeitos que certamente extrapola as primeiras décadas da República. Além de ampliar extraordinariamente a força dos mandantes locais (uma espécie de personificação do "Estado"), esse jogo de forças traduzido na hipertrofia de poderes locais possibilitou que a noção de ordem fosse construída de modo intrinsecamente conectado a esses interesses privados e que as forças que o representassem[7] fossem do mesmo modo orientadas por tais interesses.

É nessa perspectiva que Koerner (2001) designa o modelo em que se inscrevem as práticas prisionais no Império como o "impossível panóptico tropical escravista". Se sua análise é válida para pensar o sistema dos castigos e das masmorras brasileiras e sua dissociação das técnicas de saber-poder presentes nas sociedades disciplinares, é ainda mais válida para se pensar os mecanismos de controle social que estiveram presentes na formação do modelo repressivo no país.

É sobretudo nesse contexto de uma justiça privatista e de um modelo policial ancorado nas forças políticas locais (na figura dos mandantes municipais, os *coronéis*) que práticas como as detenções correcionais e a permanente desproporção entre prisões e inquéritos/processos encontram sua gênese, e a partir de onde devem ser pensadas. Nem negligência, nem sintomas de atraso ou subdesenvolvimento. Antes, estratégias precisas

---

7 Koerner (1998) ao estudar ao papel do judiciário no advento da República, observa a fragilidade desse poder decorrente do altíssimo grau de dependência dos juízes aos interesses dos chefes locais, que até a década de 20 também possuíam a prerrogativa de indicá-los e nomeá-los aos respectivos cargos. Outro aspecto destacado por Koerner foi a forma pela qual se operou a organização judiciária estadual, que enfatizava, sobretudo na área criminal, os poderes conferidos à polícia em detrimento ao sistema de justiça e às garantias legais e jurídicas.

de poder, modos particularíssimos pelos quais o Estado brasileiro realizou a gestão diferencial dos ilegalismos, produzindo, entre outras coisas, o fenômeno multiforme que acostumamos chamar pelo nome de delinquência.

*****

A partir dos anos 50, como se verá quando da exposição dos dados do período, além do uso das detenções correcionais vir a se tornar mais eloquente, ele será também adaptado às economias criminais[8] que vão emergir, no plano da cidade, a partir do período. Não por acaso, corresponde a exatamente ao mesmo período identificado por Misse como o início do processo de acumulação social da violência no Rio de Janeiro.

Paulatinamente, as categorias contravencionais que correspondiam aos motivos das prisões correcionais desde a Primeira República (desordem, vadiagem, embriaguez) vão sendo substituídas pela modalidade que se tornará mais recorrente dos anos 60 a 80: a prisão *para averiguação.*

Durante a ditadura militar, impulsionado certamente pela centralidade e pelo poder de arbítrio conferidos às forças de ordem pelo regime, as prisões correcionais (na modalidade *para averiguação*) vão ganhar representatividade cada vez maior no conjunto das prisões realizadas em todo o Estado.

O que nos força a concluir que, quando a prática de prender correcionalmente foi realmente extinta em São Paulo, após embates com o poder judiciário que se tornarão mais incisivos a partir do processo de redemocratização de país, refletindo no campo penal uma mudança axiológica mais contundente (TEIXEIRA, 2009a), essa prática estava no auge de sua incidência. Para compreender o modo como foi se reconfigurando ao longo das décadas, uma importante pista a seguir é também a reconfiguração dos alvos de sua incidência.

A vadiagem como alvo simbólico das prisões correcionais

Como já demonstrado por Fausto (2000), a vadiagem constituiu o principal alvo de controle social a partir da Primeira República. Foi em torno e em direção a ela, ou de sua representação, que a política repressiva resumida aos instrumentais de controle materializados nas prisões correcionais e por averiguação eram dirigidos potencialmente.

8 Trabalharei mais detalhadamente sobre o conceito de economia criminal, mormente a urbana, na segunda parte deste livro, a partir do capítulo 4. Antes, contudo, ainda no presente capítulo apresentarei uma primeira noção do fenômeno ao descrever a economia da prostituição e o papel por ela desempenhado no plano da cidade.

O processo de criminalização da vadiagem[9] precede, em verdade, a promulgação do Código Penal de 1890 e se insere no contexto que levaria à abolição da escravatura em 1888.[10] Como alude Chalhoub (2001), o empreendimento político de repressão à ociosidade repercutia o medo das elites com a condição do liberto, ou seja, o medo da *desordem* que uma nova ordem (livre e não desejada) poderia representar.

A vadiagem correspondia exatamente à versão em negativo do projeto de nação moderna e ordeira que as elites, nesse momento, pretendiam ver construído, e para o qual o Estado de São Paulo estaria à frente. Denunciar, perseguir e controlar a vadiagem, além de se referir à modulação de comportamentos de categorias sociais alvos do controle social, também respondia a uma outra ordem de transformações pela qual o país atravessava, explicitada na emergência do trabalho livre na nova ordem econômica e no processo de urbanização. A disciplinarização das classes populares para o trabalho passava a constituir, na São Paulo do começo do século, assolada pelo rápido crescimento econômico, uma medida imperiosa e para a qual a noção de progresso concorria. Daí a necessidade e o empenho em agravar penas e criminalizar efetivamente a conduta do desocupado, objetivando nele de modo pioneiro a pena como regeneração moral.

No entanto, embora o discurso regenerador de matriz positivista estivesse fortemente presente tanto nas estruturas jurídicas e burocráticas do Estado (ALVAREZ, 2004) como nos projetos das instituições modelares criadas no período como o Instituto Disciplinar e a Penitenciária do Estado,[11] o controle das classes populares se realizava, como já

9 Poucos dias após a abolição da escravatura, em 1888, é apresentado, pelo então Ministro da Justiça Ferreira Vianna, à Câmara dos Deputados o *Projeto de repressão à ociosidade*" com a finalidade de agravar o controle e a penalização dos agora libertos. O Código Penal de 1890 recepcionou o espírito desse projeto, destinando aos agora "vadios e capoeiras" o recolhimento por um a três anos em "colônias penais que se fundarem em ilhas marítimas ou nas fronteiras do território nacional" (Código Penal de 1890, arts. 399 e 400). Com relação à capoeiragem, vale destacar que em São Paulo sua representatividade sempre foi muito menor do que no Rio de Janeiro, onde a perseguição às maltas de capoeiras remete a meados do século XIX, correspondendo, segundo Misse, à grande parte dos incriminados nesse Estado por vadiagem. Está na origem ainda de representações sobre a malandragem carioca (MISSE, 2006, p. 153).

10 Para além da experiência nacional, é certo que se vivenciava no plano internacional um momento de perseguição e criminalização da vadiagem desde meados do século XVIII, processo, aliás, que estará na origem da ascensão de dispositivos disciplinadores e de instituições internamento (*poor houses*).

11 O Instituto Disciplinar foi criado em 1901, já atendendo aos ditames positivistas do final do século XIX, para receber menores de 9 a 14 anos na condição de abandonados, pequenos vadios e viciosos, bem como aqueles que entre 14 e 21 anos houvessem sido condenados por vadiagem. O processo de concepção e criação da Penitenciária do Estado (que remonta também ao final do século XIX, não obstante sua inauguração ter ocorrido apenas em 1922) foi objeto de aprofundado estudo por Salla (1998). Ele demonstra como em torno desse projeto que representou o ideário

apontado, por outros mecanismos de gestão da lei, com o que as detenções correcionais eram mais significativas que o ciclo completo da punição.

Assim, embora em 1908, através da Lei nº 844, fosse criada em São Paulo a Colônia Correcional da Ilha dos Porcos – mais tarde designada Ilha de Anchieta – justamente para internar os vadios no intuito de discipliná-los para o trabalho, uma parcela relativamente pequena desses indivíduos era remetida a tal colônia. O relatório do Chefe de Polícia de 1939 relata que em 10 de outubro 1914, a Lei nº 1.845 transferiu referida colônia para Taubaté,[12] sob o argumento que a Colônia da Ilha dos Porcos não cumpria sua finalidade, uma vez que não obstante o custo de sua manutenção, "apenas 80 vadios lá se encontravam recolhidos".

Logo, embora o estatuto jurídico e a punição da vadiagem tenham se tornado mais severos, sua perseguição manteve-se adstrita ao espectro de controle cotidiano da atividade policial, consistindo no grande objeto das detenções correcionais, a despeito do baixíssimo percentual de inquéritos e processos instaurados irão demonstrar.[13]

No período correspondente à era Vargas a perseguição à vadiagem intensifica-se, assim como o aparato de controle e de repressão voltado às classes populares. Nota-se, contudo, que a profusão de trabalhos acadêmicos[14] sobre essa época, voltou seu objeto de estudo primordialmente à repressão política, caracterizando a atividade da polícia no período como essencialmente destinada à perseguição de comunistas, estrangeiros e opositores do regime (CANCELLI, 2001). Centrando sua atenção aos alvos políticos e ideológicos do regime, o que escapa a esses trabalhos é justamente a percepção dos impactos que a centralidade e a centralização do trabalho policial nos anos Vargas promo-

---

criminológico de regeneração de criminosos, confluíram *preocupações próprias da área policial--judiciária com as inquietações derivadas do meio político* à época (SALLA, 1999, p. 335).

12 Em 1928, pela Lei 2.347, esse estabelecimento retornará à Ilha dos Porcos, retomando sua designação original de colônia correcional. Em 1931, no início da era Vargas, o Decreto 5.080 de 26 de junho mudar-lhe-ia novamente a função para um presídio político. No entanto, já em 1933 o Decreto 6.245 de 29 de dezembro, que reorganizou a estrutura policial do Estado, lhe devolveu a destinação original de colônia correcional agrícola (Relatório das atividades da polícia civil no exercício de 1939 apresentado ao interventor do Estado pelo Chefe de Polícia – RCPPOLSP, 1939). Em 1941, como se verá no capítulo 3 deste trabalho, ela foi transformada em Instituto Correcional para receber perigosos adultos e menores e indisciplinados de todo o sistema. Em 20 de junho de 1952 será destruída e depois desativada após um violento motim, vindo a ser formalmente extinta em 1955.

13 No Rio de Janeiro, a situação era bastante similar. Segundo Bretas (1997), no ano de 1928, por exemplo, das 472 prisões por vadiagem na cidade do Rio de Janeiro apenas 61 delas resultaram em processos criminais.

14 O mais destacado é o de Elizabeth Cancelli (2001), cujo teor denunciativo é contundente, o que leva a autora a diversos momentos equiparar a repressão política da Era Vargas a regimes totalitários.

veram junto às classes populares. De modo subjacente, essas análises acabam por insistir na partilha entre criminosos políticos e criminosos comuns, o que obscurece a dimensão constitutiva que as políticas de ordem exercem sobre os últimos.

Exceção é o trabalho de Martins (1996), que se voltou especificamente à repressão à vadiagem na era Vargas, inserindo-a como resultado do acirramento da defesa do trabalho como elemento moralizador e afeito à ideologia do progresso. De fato, o governo Vargas será pautado pela normatização e regulamentação das relações trabalhistas e pela instituição do sistema previdenciário, o que em si já aponta à centralidade que o trabalho irá ocupar no conjunto de práticas e discursos nos anos de seu governo.

No plano econômico e urbano, é certo que a crise mundial vivenciada em 1929 produzirá seus efeitos no país a partir dos anos 30, prolongando-se até o Estado Novo, e que o número de pessoas sem emprego e ocupação crescerá consideravelmente. Ao mesmo tempo, a população da cidade de São Paulo também crescia a um ritmo importante, passando de 581.435 em 1920 para 1.060.120 em 1935 (REIS, 2004), resultado também de um afluxo contínuo de migrantes, o que, somado à crise econômica que se instalava, contribuía para um quadro de subempregos, desempregos e pobreza urbana (MARTINS, 1996).

Como resultado dessa intensificação na perseguição à vadiagem nos anos Vargas, haverá uma maior especialização no interior do aparelho policial com vistas a controlar esse contingente. Em 1935, a Delegacia de Vigilância e Capturas, que exercia desde 1926 subsidiariamente funções de capturas, terá sua competência efetivamente estendida pelo Dec. 7223 de 21 de junho para prender os menores e os mendigos,[15] separando-os entre falsos ou verdadeiros, sendo os falsos enviados à Delegacia de Repressão à Vadiagem para que fossem, em tese, processados.

E essa atividade parece ter sido levada bem a sério pelas forças policiais de então, tendo se procedido a nada menos que 2.228 detenções de mendigos no ano de 1935, dos quais 1.174 foram tidos como falsos e enviados para a Delegacia Especializada, e os demais distribuídos entre o abrigo de Vila Mascote e a colônia agrícola de Bussocaba, além dos poucos reenviados às suas famílias em outros estados. No ano de 1936, embora reduzidas pela metade, as detenções de mendigos ainda mantiveram um patamar elevado: 1.026 (RELGAB, 1936).

E a mesma determinação ostentada pela Delegacia de Repressão à vadiagem em perseguir e deter os mendigos pôde ser verificada em relação aos menores. O total de apreensões de menores no ano de 1935 na capital foi de 1.886, o que demonstra um especial empenho policial na sua perseguição (RELGAB, 1936).

15 *Desse modo, a antiga e pequena "turma de menores" transformou-se numa importante secção destinada ao policiamento de menores, vadios e abandonados...* (RELGAB, 1936, p. 13)

O resultado mais evidente desse contexto de maior perseguição à vadiagem pode ser verificado pelos dados de prisões correcionais efetuadas pela Delegacia de Repressão à Vadiagem nos anos de 1934, 1935, 1936 e 1939, segundo a tabela abaixo.

TABELA 1

Detenções correcionais efetuadas pela Delegacia de Repressão à vadiagem em números absolutos e segundo taxas por 100 mil hab. capital nos anos 1934, 1935, 1939

	Ano			
Detenções correcionais por vadiagem	1934	1935	1936	1939
Número absoluto	916	1.363	1.242	1.520
Taxa (por 100 milhabitantes)	86,2	123,1	107,9	118,5

Fonte: Relatório do Gabinete de Investigações relativo ao de 1936. Secretaria de Negócios da Segurança Pública (RELGAB de 1936); Relatório das atividades da Polícia Civil no exercício de 1939, apresentado pelo Chefe de Polícia ao interventor do Estado (RCPPOLSP, 1939) e CORDEIRO, 2005.

Nota-se um aumento importante das detenções por vadiagem realizadas pela delegacia especializada entre os anos de 1934 e 1935, quando a taxa de detidos saltará de 86,2 para 123,1, decrescendo em 1936 e fechando a década com a taxa de 118,5 detidos por 100 mil habitantes. De todo o modo, entre 1934 e 1939 o número de prisões por vadiagem aumentou 60%, ao passo que a população ao longo da década de 1930 teve um crescimento de 50%.

É certo, contudo, que referidos números de prisões por vadiagem nos anos mencionados não inclui as detenções de falsos mendigos realizadas pela Delegacia de Vigilância e Capturas, o que certamente subdimensiona o controle social voltado ao imenso contingente cunhado como vadio. Desse modo, se tomarmos a cifra de falsos mendigos presos pela delegacia de vigilância e capturas em 1935 (1.174) e somarmos com as detenções por vadiagem realizadas pela Delegacia Especializada no mesmo ano (1.363), tem-se uma ideia do quão elevada era a perseguição exercida aos vadios e como dela se ocupava a polícia, chegando a perfazer um total de 2.537 pessoas presas por vadiagem no ano de 1935, o que corresponde uma taxa de 229,2 por 100 mil habitantes.

Não obstante o alto número de detenções,[16] elas não prestavam a acionar a dinâmica judicial para o processamento dos indivíduos detidos, similarmente ao período analisado por Fausto, como se vê na tabela 2.

TABELA 2

Inquéritos instaurados e remettidos ao Fórum Criminal **pela Delegacia de Repressão à Vadiagem na capital – 1934 a 1936**

	Anos		
Motivo	1934	1935	1936
Art. 399 (vadiagem ou capoeiragem)	285	320	244
Art.400 (reincidência por vadiagem ou capoeiragem)	36	97	164
Estellionato	4	32	113
Furto	15	26	26
Expulsão	—	15	27
Damno, desordem embiaguez, etc	—	5	2
Outros	10	4	28
Total	350	504	604

Fonte: Relatório do Gabinete de Investigações relativo ao de 1936. Secretaria de Negócios da Segurança Pública (RELGAB de 1936).

16 Com referência às taxas por 100 mil habitantes que serão apresentadas a partir desse momento, deve-se tecer alguns esclarecimentos. De 1894 até a década de 70, a Fundação Seade disponibiliza, em seu sítio, informações demográficas por município, apenas por décadas, sendo só a partir de 1971 que os dados encontram-se dispostos anualmente. Até esse período, portanto, extraiu-se uma média anual para cada década, a fim de se obter as taxas apresentadas neste estudo. Contudo, inexistem dados disponíveis, no site da FSEADE ou mesmo do IBGE, referentes à população da cidade de São Paulo para a década de 30. Após uma busca junto à bibliografia especializada, localizei o estudo de Cordeiro (2005) no qual a autora apresenta um dado populacional para o ano de 1930 (887.810 habitantes), produzido a partir de informações constantes nos Anuários Demográficos do Estado e da Emplasa.

TABELA 3

Inquéritos remetidos ao Fórum Criminal pela Delegacia de Repressão à Vadiagem no ano 1939

Crime	Inquéritos
Estelionato	97
Apropriação indébita	9
Outros	16
Total	122

Fontes: Relatório das atividades da Polícia Civil no exercício de 1939, apresentado pelo Chefe de Polícia ao interventor do Estado (RCPPOLSP, 1939).

Já no ano de 1939, houve uma baixa ainda maior no número de inquéritos remetidos, 122, menos de 10% do total das prisões efetuadas pela delegacia especializada.

Para além, contudo, da massa de desvalidos cuja presença incomodava a urbes do progresso, este pautado ainda pelas políticas higienistas e pela moralidade do trabalho, se tomarmos os motivos das detenções correcionais relativos a 1939 (tabela 4, abaixo), observaremos nas detenções sob a rubrica vadiagem uma diversidade de perfis e condutas. Isso porque, a partir do período, a figura do vadio irá desdobrar-se em diferentes condutas e personagens, que continuarão a passar pela mendicância e pelos pequenos furtos, mas alcançarão uma caracterização a ponto de perfazer mais do que ações ou tipos sociais, para dizer respeito a uma verdadeira ambiência social no período.

TABELA 4

Detenções correcionais efetuadas pela Delegacia de Repressão à Vadiagem segundo motivo na capital (1939)

Motivos	Detenções
Para averiguação	975
Vigaristas	235
Punguistas	215
Micheiros	95
TOTAL	1.520

Fonte: Relatório das atividades da Polícia Civil no exercício de 1939 apresentado pelo Chefe de Polícia ao interventor do Estado (RCPPOLSP, 1939).

A grande maioria das prisões correcionais, como se depreende da tabela 4, já se referia à modalidade *por averiguação*, a subespécie mais explícita e também longínqua do arbítrio policial. Não por acaso, das 975 prisões por averiguação efetuadas pela Delegacia de Repressão à Vadiagem, não houve uma sequer que tenha resultado em instauração de inquérito policial.

Quanto aos demais motivos, aparecem o *vigarista*, correspondendo a 235 detenções, o *punguista*, a 215, e em menor representatividade o *micheiro*.[17] Observe-se que não são os crimes ou contravenções que dão nome às prisões, mas seus autores, já cunhados com a designação de seus personagens. E não é menos banal que tanto o vigarista como o punguista e o micheiro, embora encerrassem condutas tipificadas como crimes patrimoniais (o estelionato e o furto) constituam uma categoria à parte aos estelionatários e aos furtadores, não sendo contabilizadas suas prisões nas estatísticas das respectivas delegacias especializadas de Falsidades e de Furtos.

Na verdade, ambos os personagens caracterizavam tipos sociais que diziam respeito a um modo de vida, para além certamente de condutas criminais que praticavam, e, se eram vistos como ameaça à ordem, não é exatamente por essas condutas, mas por estarem implicados numa ambiência social, que podia ser a zona de meretrício, as casas de jogo, enfim, qualquer outro espaço em que se inscrevia a boêmia paulista do período.

O vigarista habitará ainda por muito tempo esse submundo da malandragem, mantendo-se muito afeito ao contexto dos jogos de azar, às falcatruas cotidianas (o conto do vigário, entre outros) e ao próprio rufianismo. Seus golpes teriam maior ou menor repercussão a depender das vítimas e dos valores subtraídos. De um modo geral o vigarista, embora admirado por sua astúcia, era também odiado entre seus pares do submundo, isso porque nem mesmo eles eram poupados dos golpes desse personagem, como relata Hiroito de Moraes Joanides (1977), em sua biografia sobre a Boca do Lixo.

O punguista, ou batedor de carteiras, é um personagem urbano à parte. O punguismo inaugura uma modalidade de crime patrimonial contra transeuntes, numa época em que tanto o roubo quanto o furto eram cometidos em residências, estabelecimentos comerciais ou visando automóveis. O punguismo nada carregava da violência que caracterizaria a *trombada* que viria a substituí-lo, em meados dos anos 70, como será abordado mais adiante. Ademais, exigia agilidade e habilidade acima de tudo, já que implicava em subtrair os pertences das vítimas em cerca de segundos sem elas se darem conta do furto.

---

17 *Micheiro* era o nome atribuído ao indivíduo que se especializava no furto ou roubo a residências e estabelecimentos comerciais mediante o uso de chaves falsas, as "michas".

Luiz Alberto Mendes (2001), em suas memórias, descreve com detalhes a cena do punguismo, modalidade que praticou quando *menor* nas ruas de São Paulo em meados dos anos 60:

> Eu e o Bidu já entrávamos na frente, o outro, já na passagem, abria a bolsa num toque sutil e até mágico, às vezes. Esperávamos os passos da vítima quase que como numa dança. Olhávamos dentro da bolsa para saber o conteúdo. Se houvesse carteira ou dinheiro, eu, por ser mais afoito e para provar que era bom na arte, já encostava. Fazia uma forquilha dos dedos, e, num átimo, apossava-se da carteira e deixava a vítima seguir, qual faz o toureiro ao dar a facada mortal no touro. Bidu vinha atrás de mim para ver se alguém me seguia. Se deixasse que eu continuasse, é porque estava limpo, ninguém percebera (...) Se me ultrapassasse já sabia que deveria correr o máximo que pudesse, e se me tocasse, deveria jogar a carteira no chão e correr mais ainda. Aplacava-se a ira da vítima devolvendo o produto do roubo (MENDES, 2001, p. 64).

A emergência do punguismo coincide com o próprio processo de urbanização da cidade, sobretudo a partir dos anos 30, e se estenderá como modalidade criminal de alta ocorrência até os anos 70. Como já mencionado, um perfil que se manterá altamente recrutável para o punguismo será o do menor, na maior parte das vezes associado em grupos (pois, como descrito no relato acima, favorecia sua execução), o que contribuirá ainda mais para a percepção desse crime como um problema grave de desordem social.

O punguismo será, para além, uma modalidade na qual o jogo de pequenas extorsões que podia implicar em achaques, "percentuais" a serem devidos como mercadoria política, até a prisão, irá configurar um modo específico de gestão da pequena criminalidade patrimonial pelas forças de ordem no contexto da cidade e que permanecerá de certa forma atual até hoje.

A ditadura Vargas e a profilaxia das detenções correcionais

O Estado Novo constitui um capítulo à parte na história das detenções correcionais no país. Primeiramente porque todo o aparato de segurança pública, não no que toca necessariamente à sua organização, mas sobretudo à sua lógica informadora, passará por transformações importantes de modo a adequá-lo, discursivamente, aos princípios moralizadores do modelo ditatorial de Vargas. O esforço para erigir o trabalho, a família e uma noção particularíssima de ordem no centro da dinâmica social impôs certamente um acento disciplinador e normalizador às práticas de controle que se refletiram na intensificação à perseguição das categorias que representavam o avesso desse projeto: a desocupação, a vadiagem, o ócio, enfim, a noção de desordem.

Os dispositivos de controle social destacaram-se, no interior desse novo modelo de ordem social, como instrumental ideal para dar suporte prático ao arcabouço ideológico que o sustentava, com o que as detenções correcionais não apenas são colocadas no centro desse projeto, mas ganham, também no âmbito discursivo, um grau maior de oficialidade e o estatuto de instrumental normalizador e profilático do regime.

Destaca-se, a partir de 1938, a robusta publicação do Serviço de Estatística do Estado, denominada *A estatística policial-criminal do Estado de São Paulo*, na qual o tom pessoal e por vezes crítico que se encontrava nos relatórios dos chefes de polícia será alterado por uma linguagem única, de exaltação aos princípios do Estado Novo e aos feitos das forças policiais, sempre em êxito no seu trabalho de manutenção da ordem. A antes constrangida declaração da desproporção entre queixas apresentadas e inquéritos instaurados dá lugar a uma nova formulação do dado, que, embora continue a se referir ao modesto número de inquéritos, é apresentado como o número de delitos por tipo penal (como veremos adiante), ocultado oportunamente o número de queixas.

Mas nada disso parece relevante, pois o que emerge como central, que inaugura inclusive a apresentação dos dados, é a importância cabal desempenhada pelas detenções correcionais na missão de promover a ordem pelos "órgãos garantidores da segurança social". É a primeira vez desde seu emprego no Império que o instituto "antijurídico" das prisões correcionais aparece tão oficialmente destacado, conceituado e qualificado, o que denota um empreendimento em dotá-lo de certa cientificidade, coadunando em alguma medida com os ditames positivistas de um pensamento criminológico que ainda repercutia nos desígnios da política varguista.

> Provenientes de práticas contrárias às normas morais que servem de princípios básicos orientadores, a um povo qualquer, em determinada época de sua evolução e originadas de contravenções de ordem social e jurídica reputadas de somenos importância pela falta de elementos seguros que puzessem em destaque seu volume e suas peculiaridades, as detenções policiais e correcionais muito pouco representavam no balanço estatístico das atividades contraprudecentes. Eram, mesmo, olhadas sem nenhum interesse, uma vez que se tratava de números sem valor aparente, ligados a fatos negativos motivados por causa de expressão quase nula.
>
> O Serviço de Estatística Policial do Estado de São Paulo, veiu, porém, modificar o conceito errôneo e sediço em que se enquadravam as detenções, apresentando apurações técnico-científicas de tais ocorrências. Viu-se, então, que as

> mesmas requeriam mais demorada e rigorosa apreciação da parte dos estudiosos, autoridades e poderes públicos, porquanto nos grupos detencionais é que se vão encontrar, com todas as probabilidades, surgindo e desenvolvendo-se, paulatinamente, os germes desmoralizadores do organismo social (A ESTATÍSTICA POLICIAL-CRIMINAL, 1940, p. 11).

As detenções correcionais eram definidas como uma "pequena" e primeira intervenção, visando atuar, profilaticamente, junto a indivíduos cujas condutas, atentatórias à moral pública, pudessem conduzi-lo a uma delinquência futura. Vemos que as noções de prognóstico e de periculosidade, que ganharão terreno normativo com o Código Penal de 1940 durante a era Vargas, já estão delineadas nesse momento a justificar a embasar o conteúdo político (e "científico") das prisões correcionais:

> Daí a importância que assumem, no conjunto das atividades policiais, as detenções correcionais. Dando ensejo ao que lhe seja aplicado o pequeno corretivo o indivíduo demonstra, de leve, a possibilidade de se tornar futuro delinquente, se a lição não alcançar as bases anímicas de sua formação, se não lograr a justas a estrutura ligeiramente estremecida de sua personalidade [...]
> Travado, desse modo, o contato inicial com os órgãos garantidores da segurança social, a alternativa está aberta para o ex-detido. Ou seguir o caminho do dever, ou enveredar pelas trilhas sombrias da delinqüência. O primeiro, o caminho do dever e do direito, será palmilhado si o corretivo policial refletir-se de uma convincente e apropriada lição que logre refletir nas profundezas anímicas do indivíduo [...](A ESTATÍSTICA POLICIAL-CRIMINAL, 1940, p. 11).

A opção profilática da detenção correcional como primeiro contato "da vida policial" e como mecanismo regulador da vida social, se externaria nesse momento com naturalidade através da prerrogativa que as forças de ordem se autoatribuem de prenderem *para averiguações* (uma das modalidades do gênero *detenções correcionais*), como se depreende do texto abaixo.

> As detenções policiais e correcionais são determinadas pela quebra do respeito à moral pública, marcando também o princípio da vida policial de qualquer cidadão, detido na maioria das vezes "para averiguações" (A ESTATÍSTICA POLICIAL-CRIMINAL, 1939, p. 11)

Embora a retórica do Estado Novo tenha insistido em dotar as prisões correcionais de um estatuto moral e corretivo, um instrumento disciplinador legítimo, o fato é que elas nunca deixaram de se revelar como dispositivo primordial apropriado pelas forças policiais para operarem a gestão diferencial dos ilegalismos. Na verdade, os próprios dados que apontam ao seu incremento em detrimento das atividades investigativas ou repressivas, bem como o baixo percentual de inquéritos instaurados – sobretudo no que toca às atividades criminais nodais à gestão diferencial pelas forças policiais, como o jogo e o lenocínio –, estão a indicar que as mudanças que se apresentaram foram sobretudo discursivas e que o aparato ideológico do Estado Novo não repercutiu junto à economia diferencial dos ilegalismos, da qual as prisões correcionais eram elemento indispensável, o que os dados abaixo vêm atestar.

TABELA 5
Detenções correcionais em números absolutos e segundo taxas por 100 mil hab. na capital (1937-1943)

	Ano						
Detenções correcionais	1937	1938	1939	1940	1941	1942	1943
Números absolutos	8.578	13.190	15.038	16.548	15.667	12.750	11.222
Taxa (por 100 mil hab.)	718,0	1.064,9	1.172,6	1.247,7	1.108,4	849,6	706,8

Fonte: *A Estatística policial-criminal do Estado de São Paulo, 1939, 1940, 1943.* Departamento Estadual de Estatística, Serviço de Estatística policial do Estado de São Paulo- Brasil; Cordeiro, (2005) e Fundação Sistema Estadual de Análises de Dados (FSEADE).

Quando se tomam os dados de detenções correcionais durante o período correspondente ao Estado Novo, vê-se a expressividade dessa medida de controle social, chegando, em 1940,[18] a corresponder a taxa de 1.247,7 detidos correcionalmente por 100 mil habitantes (tabela 5). Para se ter uma ideia da magnitude deste dado, nem mesmo os países com as mais altas taxas de encarceramento contemporaneamente apresentam

18 Note-se que quando tomada a integralidade das detenções correcionais no ano de 1939, elas superam exageradamente o número dessas prisões realizadas apenas pela Delegacia de Repressão à Vadiagem, no mesmo ano, verificada na tabela 1. Donde é possível supor que todas as delegacias efetuassem as detenções correcionais, e em patamares bastante elevados, o que o dado apresentado está a demonstrar.

cifras similares. No âmbito nacional, a taxa de encarceramento registrada em 2010 foi de 259,17 presos por 100 mil habitantes; no Estado de São Paulo, a taxa ostentada, há décadas superior à nacional, foi de 413 presos por 100 mil habitantes, em dezembro de 2010 (DEPEN/MJ).

É certo que as detenções correcionais não correspondiam a uma medida de constrição de liberdade prolongada como as prisões legais, mormente as que resultam em condenações. Elas indicavam o movimento "prende-solta" que caracterizava essa medida de arbítrio policial, o que vem a confirmar, em virtude da oficialidade dos percentuais divulgados, que essa prática era por demais reiterada e se voltava a uma parcela significativa do corpo social.

Entre os anos de 1941 e 1943 há uma ligeira diminuição tanto nos totais quanto nas taxas de detenções correcionais, permanecendo, contudo, em patamares bastante elevados. Mas será na comparação às prisões legais, isto é, aquelas realizadas através de auto em flagrante ou no cumprimento de mandado judicial, no mesmo período, que a importância das detenções correcionais desponta no seio mesmo da gestão dos ilegalismos, como demonstra a tabela abaixo:

TABELA 6

"Prisões legais" em números absolutos e segundo taxas por 100 mil hab. capital 1938-1943

	Ano					
Prisões "legais"	1938	1939	1940	1941	1942	1943
Números absolutos	599	790	807	890	615	705
Taxa (por 100 mil hab.)	48,4	61,6	60,8	63,0	41,0	44,4

Fonte: *A Estatística policial-criminal do Estado de São Paulo, 1939, 1940, 1943.* Departamento Estadual de Estatística, Serviço de Estatística policial do Estado de São Paulo; Brasil; Cordeiro (2005) e Estatísticas Vitais – Fundação Sistema Estadual de Análises de Dados (FSEADE).

A comparação entre as detenções correcionais e as prisões legais no período (tabelas 5 e 6) vem comprovar a centralidade das primeiras no conjunto do trabalho policial, denotando a irrelevância das tarefas que de fato seriam pertinentes à polícia judiciária desempenhar, por destinação legal, dado o risível número de prisões legais efetuadas (preventiva, flagrante, condenação). Essas prisões representavam, no período, em média menos de 5% das detenções correcionais, assim como as taxas de presos legalmente, em comparação aos detidos correcionalmente (tabelas 5 e 6).

TABELA 7

Total de crimes registrados na capital (1938, 1939, 1941, 1943)

Ano	1938	1939	1941	1943
Total de Crimes registrados	4.146	3.184	2.737	3.191

Fonte: *A Estatística policial-criminal do Estado de São Paulo, 1939, 1940, 1943*. Departamento Estadual de Estatística, Serviço de Estatística policial do Estado de São Paulo Brasil

Considerando o suposto total de crimes registrados e expostos na tabela 7 (ressalva-se que esse dado tenda a indicar o número de inquéritos e não de queixas, embora a publicação nada esclareça), observa-se como as "desordens sociais", ou seja, o pretenso alvo das detenções correcionais, superam em muito a própria criminalidade, chegando em 1943 a representar quase quatro vezes mais do que a incidência de crimes.

Será nesse período que se estabelecerá um rol de condutas motivadoras de detenção correcional, mais uma vez ao livre arbítrio das autoridades policiais e à margem da lei. A criação de pretensas causas justificadoras de uma prática que era ela própria estranha ao direito, traduzem em verdade um esforço por parte do Poder Executivo em enquadrá-la (a detenção correcional) numa moldura normativa.

TABELA 8

Detenções policiais e correcionais no Estado segundo principais motivos (1938, 1939, 1940 e 1943)

	Anos			
Motivos	1938	1939	1940	1943
Alcoolismo	11.853	12.598	12.281	3.147
Desordem	6.715	6.880	*	4.105
Vadiagem	1.378	1.376	933	815
Desobediência	796	863	*	1.040

* não informa

Fonte: *A Estatística policial-criminal do Estado de São Paulo, 1939, 1940, 1943*. Departamento Estadual de Estatística, Serviço de Estatística policial do Estado de São Paulo Brasil.

Definidos como "fatos de delinquência primária",[19] os motivos eleitos se referem a

19 Há diversas menções, nos relatórios que acompanham as estatísticas policiais, associando às detenções correcionais à profilaxia da delinquência primária e suas causas (os motivos que as ensejariam). *A Estatística Policial Criminal do Estado de São Paulo*, 1939, p. 17

categorias híbridas: alguns são contravenções penais – embora, nesse caso, as condutas não sejam as mesmas descritas pela lei –, outros são crimes, e outros não se referem nem a crimes nem a contravenções, ou seja, não são condutas sequer tipificadas. Sob essa rubrica, portanto, os detidos estariam submetidos a uma ordem ainda maior de arbítrio.

O fato de o aparelho policial designar condutas de modo arbitrário, sem correspondência direta ao texto legal, pode representar muito mais do que falta de precisão jurídica. Confere a dimensão que as detenções correcionais dirigiam-se antes a perfis, devidamente circunscritos no contexto da cidade, e não a condutas individualmente tomadas na impessoalidade da lei.

É o que se verifica, por exemplo, com a categoria *alcoolismo,* a maior motivadora das detenções correcionais da capital (e também no interior) entre 1938 e 1940, responsável por mais 50% dessas detenções. Observe que *alcoolismo* designa algo muito diferente do que seu congênere contravencional *embriaguez,* já que o primeiro se dirige a um perfil ou mais precisamente um estereotipo, e o segundo, a um estado anímico, temporário, provocado pela ingestão de bebidas alcoólicas.

Com referência ao alcoolismo, portanto, ao analisar o teor das explicações que acompanhavam a divulgação do dado, vê-se prevalecer um discurso profundamente moralizador e fortemente inspirado na criminologia positivista, atribuindo ao álcool a responsabilidade pelas mazelas sociais, dado seu caráter "degenerador" e sua "periculosidade", ou seja, a associação de seu uso ao (reiterado) cometimento de crimes.

> As estatísticas criminais de todos os países falam significativamente da inflúencia desastrosa que o alcool exerce. Tantas são suas responsabilidades na delinquencia, que hoje todos os meios são poucos para o combate a êsse grande flagelo degenerador do povo, corrompedor do caráter, inutilizado de raças, animalizador de homens. A periculosidade do álcool não se manifesta apenas quando o individuo está sob sua imediata ação, mas estende para muito mais distante a sua inflúencia. Daí supôr-se sempre muito maior o coeficiente das transgressões especificadas sob o título "Embriaguez" (A ESTATÍSTICA POLICIAL-CRIMINAL, 1939, p. 19).

Diante do fato de que já em 1943 a incidência do alcoolismo sofre uma drástica queda (cai de 12.281 casos em 1940 para 3.147 em 1943, queda esta que será mantida ao longo das décadas seguintes como veremos adiante), é de se supor que a rubrica *alcoolismo* operasse mais como uma classificação a posteriori de indivíduos alvo das detenções correcionais, do que uma motivação a priori. Assim, nos anos que se seguiriam, o *etos* moralizador em que se revestiam essas práticas de controle se deslocaria paulatinamente a outras categorias como a *desordem*, para enfim recair sobre aquela que melhor resumia o papel das detenções correcionais na gestão dos ilegalismos: as prisões para averiguação.

A urbanização redefine a cidade e seu controle

Os anos 50 marcam, no país, o início de um período de consolidação mais decisiva do processo de industrialização que, embora gestado desde os anos 30,[20] encontrará apenas no pós-guerra as condições para sua realização mais plena. É a partir dessa década que o modelo nacional-desenvolvimentista começa a ser implementado no Brasil em substituição ao nacionalismo da era Vargas, sintetizando, nos dizeres de Fausto (2009) "uma política econômica que tratava de combinar o Estado, a empresa privada nacional e o capital estrangeiro para promover o desenvolvimento, com ênfase na industrialização" (FAUSTO, 2009, p. 427).

Como consequência econômica mais imediata, o país assistiu, na segunda metade dos anos 50, a um crescimento significativo tanto do valor da produção industrial como do PIB, marcando ainda o início do que Francisco Oliveira (2000) denominaria *processo de predominância da estrutura produtiva de base urbano-industrial*.

Assim, ao lado de uma industrialização crescente, também o processo de urbanização se tornaria mais frenético, impactando em novos fluxos migratórios e no redesenho agrário-urbano do país. A cidade de São Paulo saltará de 1,3 milhão de habitantes em 1940 para 2,2 milhões em 1950, quase o dobro de habitantes em apenas uma década. Esse contexto implicará numa transformação e complexificação das relações sociais – estabelecidas até então em bases mais tradicionais e hierárquicas –, a exemplo do que aponta Misse para a capital carioca, com o que se desenharão novos padrões de conflituosidade social.

Também no âmbito da criminalidade propriamente dita assistir-se-á no período, ao lado do aumento das taxas de crimes patrimoniais urbanos, à emergência da violência urbana como um fenômeno que dirá respeito tanto à criminalidade como a seu enfretamento, o que será objeto de análise no próximo capítulo.

Além das medidas de caráter urbanístico, que importarão uma vez mais no deslocamento e remoção de populações indesejáveis das áreas objeto de intervenção política e econômica, também se verifica uma aparente expansão do controle às populações

---

20 Entre 1933 e 1939 a indústria apresentou importante crescimento, de 11,2%, havendo uma relativa diminuição durante o período da 2ª Guerra (1939-45), no qual cresceu na ordem de 5,5% (FAUSTO, 2009, p. 392). Apenas no final dos anos 40, já no pós-guerra, o processo de industrialização se intensificará no país.

pobres, o que as ainda altas cifras de detenções correcionais os anos insertos na tabela 9 demonstram.

TABELA 9

Detenções correcionais em números absolutos e segundo taxas por 100 mil hab. capital - 1951, 1960, 1961 e 1962

	Anos			
Detenções correcionais	1951	1960	1961	1962
Número absoluto	20.025	17.905	20.881	23.197
Taxa (por 100 mil hab.)	848,2	468,1	516,8	545,0

Fonte: Anuário estatístico do Estado de São Paulo, Departamento de Estatística do Estado, Polícia do Estado de São Paulo, anos 1951, 1960, 1961, 1962..

O período compreendido entre 1951 e 1960 é marcado por um forte crescimento populacional da cidade de São Paulo, havendo, em contrapartida, uma sensível diminuição nas taxas de detenções correcionais, que praticamente reduzirão pela metade em nove anos, chegando a corresponder a 468,1 detidos por 100 mil habitantes. Se compararmos com as exorbitantes taxas de detidos correcionalmente durante o Estado Novo, essa redução será ainda mais importante, na ordem de três a quatro vezes menor. Os anos de 1961 e 1962 já apresentam uma elevação (516,8 e 545,0 detidos correcionais por 100 mil habitantes, respectivamente), indicando possivelmente a retomada de uma tendência de alta até pelo menos o final da década.

Não se deve perder de vista, ainda, o contexto de intensas transformações que marcaram o período, já descritas acima, sendo instigante que as prisões correcionais tenham se mantido abundantes e representativas no conjunto das prisões realizadas, sobrepondo-se, assim como no período antecedente relativo à ditadura Vargas, a qualquer pretensa estratégia de combate à criminalidade. Assim, não obstante o crescimento do crime no plano da cidade, o número de prisões em flagrante e de mandados de prisão cumpridos mantinha-se ínfimo em relação à magnitude das detenções correcionais.

Para se ter uma ideia da importância que continuava a ser desempenhada por tais práticas no conjunto das atividades policiais voltadas ao controle e à repressão, em 1959 foram cumpridos na capital 2.997 mandados de prisão preventiva e por condenação,[21] ou seja, menos de 10% da média de detenções correcionais nos anos apresentados acima. E a proporção de detenções correcionais em relação ao total de prisões, sobretudo na mo-

21 "Atividades da Polícia de São Paulo no ano de 1959" *O Estado de S. Paulo*, 21 jan. 1960, p. 12.

dalidade *para averiguação*, irá se tornar ainda maior durante a década de 60 e 70, quando tais detenções chegarão a representar mais de 95% das prisões realizadas no Estado.

Durante os anos 50 e 60, a desvinculação entre prisões correcionais e o indiciamento/processamento dos detentos se tornará ainda mais explícita pelo aparelho policial, oficializada pelas instâncias encarregadas da segurança pública. As estatísticas policiais-criminais elaboradas pelo Departamento de Estatística do Estado passariam anualmente a constituir duas seções distintas de divulgação dos dados criminais uma com as detenções correcionais segundo condutas em geral contravencionais, não havendo sequer menção a prazos de detenção, procedimentos investigativos ou persecutórios, a outra, contendo informações sobre inquéritos instaurados segundo crimes previstos no Código Penal, não se fazendo agora menção às eventuais prisões por tais crimes, muito menos o total de queixas.

Observa-se ainda que a partir do período haverá uma espécie de generalização das detenções correcionais no plano geográfico da cidade, já que todos os distritos policiais, e não mais apenas os especializados, passam a realizar essas detenções, segundo suas respectivas circunscrições regionais. Registra-se nesse momento também uma preocupação, que já havia sido inaugurada durante a ditadura Vargas, em detalhar as informações georreferenciais sobre as detenções (faixa de horários e natureza do local, segundo motivo da detenção), o que indica um esforço não apenas em expandir o controle, mas torná-lo minucioso, esmiuçando ao máximo possíveis fatores endógenos e exógenos explicativos das desordens mais frequentes. No entanto, essa mesma empreitada criminológica não se verificava quanto aos crimes cometidos ou às prisões realizadas de autores desses crimes, que nem ao menos são divulgadas ou contabilizadas no período.

Mas é na análise quanto aos motivos (tabela 10) que justificam essas detenções que é possível visualizar com mais nitidez o redesenho da gestão dos ilegalismos na cidade no período.

TABELA 10

Detenções policiais e correcionais na capital segundo motivo (1943, 1951, 1960, 1961 e 1962)

Motivos	1943	1951	1960	1961	1962
Agressão	311	574	514	601	680
Alcoolismo	3.147	5.329	5.611	6.174	7.081
Averiguação	789	2.409	7.114	7.395	8.286
Desobediência	109	670	334	290	1.040

Desordem	6.076	6.966	2.853	3.637	4.105
Escândalo	108	1.134	240	1.270	534
Insulto e provocações	223	761	195	558	337
Jogo	___	___	___	___	___
Mendicidade	344	1.708	148	169	154
Ócio ou vadiagem	105	365	848	426	815
Pequeno furto	11	67	34	332	123
Outros motivos		42	14	29	42
TOTAL	11.222	20.025	17.905	20.881	23.197

Fonte: Anuário estatístico do Estado de São Paulo, Departamento de Estatística do Estado, Polícia do Estado de São Paulo, anos 1951, 1960, 1961, 1962.

E é justamente sob a categoria atípica *desordem* que se encontram grande parte dos casos nas décadas de 40 e 50: 6.043 em 1943 e 6.966 detenções em 1951, a maior causa nos dois anos. Dada a sua representatividade no total das prisões correcionais, supõe-se que ela tenha ocupado, justamente por sua generalidade, o papel simbólico antes destinado à *vadiagem* e aos personagens que dela se desdobravam já nos anos 30, uma vez que, nos anos apresentados, o percentual de vadios detidos é pequeno em relação a outros motivos. Observa-se também que ela vai perdendo gradativamente sua importância com o fim da era Vargas, havendo já em 1951 uma estabilidade de incidência em relação a 1943 e a partir da década de 60 uma crescente diminuição.

Já o *alcoolismo*, motivo de maior incidência no final da década de 30, manterá importância entre as detenções correcionais durante as décadas seguintes até os anos 60. Mas a primazia será paulatinamente conquistada pela categoria prisão *para averiguação,* que se converterá ao longo dos anos 70 e 80 na única causa de recolhimento correcional, englobando todas as outras categorias sob sua designação. De 789 casos em 1943, as prisões *para averiguação* chegarão a 8.226 em 1962.

A diminuição das prisões por *desordem* e *desobediência* é a principal razão de um decréscimo não só do total como também da taxa de detenções correcionais entre 1951 e 1960, uma vez que, embora a população saltasse de 2,2 milhões para 3,7 milhões de habitantes, a cifra de prisões correcionais reduziu, nesse mesmo período, de 20.025 para 17.905.

O *alcoolismo*, cuja designação prevista na Lei de Contravenções Penais é *embriaguez*, mantém um patamar elevado entre os motivos, acompanhando as taxas de crescimento populacional. Representará a segunda categoria de maior incidência, e assim como o *escândalo* e o *insulto* (que também não correspondem às designações legais), sua incidência pode ser pensada como um desdobramento da categoria *desordem*.

Retomando as considerações sobre o fato de que os motivos arbitrariamente elencados como causas às detenções correcionais dirigirem-se sobretudo a perfis e não a condutas, estão as categorias *escândalo, insulto e ofensas,* que dizem muito mais sobre as personagens das ambiências e dos espaços de ilegalismos populares na cidade, do que *perturbação a tranquilidade* e *vias de fato,* que são as contravenções previstas na lei. Referem-se, sobretudo, aos modos de vida das "mulheres públicas" nesse período, ou seja, das mulheres pobres que ocupavam o espaço da cidade, e que, comercializando ou não o corpo, eram representadas como a antítese da "mulher honesta" adstrita à esfera da vida privada (PERROT, 1998).

TABELA 11

Total de detenções correcionais segundo sexo na capital (1951 e 1961)

Anos	Masculino	Feminino	Total
1951	16.030	3.995	20.025
1961	17.203	3.678	20.881

Fonte: Anuário estatístico do Estado de São Paulo, Departamento de Estatística do Estado, Polícia do Estado de São Paulo, anos 1951, 1960, 1961, 1962

TABELA 12

Detenções correcionais pelo motivo escândalo segundo sexo na capital (1951 e 1961)

Anos	Masculino	Feminino	Total
1951	318	816	1.134
1961	237	1.033	1.270

Fonte: Anuário estatístico do Estado de São Paulo, Departamento de Estatística do Estado, Polícia do Estado de São Paulo, anos 1951, 1960, 1961, 1962.

Desse modo, embora o percentual de mulheres detidas correcionalmente girasse em torno de 10% em relação ao total de detidos (ainda assim o dobro do percentual de mulheres presas por crimes na atualidade), quando se toma o motivo *escândalo*, há uma sobrerrepresentação feminina, consistindo na absoluta maioria entre os detidos, correspondendo a mais de 90% dos casos (tabelas 11 e 12).

Além das contravenções e de condutas atípicas, também a crimes se referiam às prisões correcionais do período, como é o caso dos motivos *agressão* e *pequenos furtos*. O fato de o aparelho policial proceder à detenção temporária em detrimento da investigação, indiciamento e processamento dos possíveis autores desses crimes indica com mais precisão a existência de mecanismos informais de gestão de ilegalismos, oficialmente tomados, embora à margem da lei.

Com relação ao *pequeno furto,* cabem algumas ponderações. Assim como a lesão corporal, o furto sempre foi previsto na legislação como crime, embora o Código Penal de 1890 definisse sua gravidade em função do valor subtraído, o que pode explicar a tradição de registrar o pequeno furto como uma infração à parte. Essa mesma tradição, como será abordado no próximo capítulo, levava à polícia, ainda nos anos 30, a investigar somente os grandes furtos, restando aos pequenos a "solução" correcional. Em parte isso explica a manutenção, ainda nos anos 60, do furto como motivo desse tipo de detenção. Além do mais, acredita-se que grande parte desses pequenos furtadores se referisse a punguistas, modalidade que estava em plena ascensão à época e para quem o controle correcional também era habitual.

Quanto ao *jogo*, embora previsto como um motivo, não foi responsável por uma só prisão no período, o que é absolutamente paradoxal frente à importância de sua ocorrência nesse momento, relatada inclusive em periódicos da época, o que merece uma análise mais detalhada.

O jogo era definido como contravenção penal desde o Código Penal de 1890, no que foi acompanhado pela Lei de Contravenções Penais de 1940. Em torno dele, o discurso oficial moralizador que atravessou a Primeira República, os anos Vargas e até meados da década de 60, sempre tratou de inseri-lo, ao lado da prostituição, num quadro de "degenerescência moral".

> Trata-se de um dos mais graves males sociaes. Furtivo e solapador, elle corrompe os melhores estímulos moraes; com suas allucinantes seducções, attinge indivíduos de todas as condições sociaes e os abarca na voragem do vicio, roubando-os ao trabalho e a familia (RELGAB, 1936, p. 20).

Embora o tom dos relatórios oficiais fosse de reprovação moral, a repressão ao jogo mantinha-se inexpressiva. O número de inquéritos organizados pela Delegacia de Jogos nos anos de 1934, 1935 e 1936 foi respectivamente de 13, 10 e 7, o que certamente não corresponde à centralidade ocupada pela atividade no período. Por outro lado, contrastam com o número elevado de diligências efetuadas pela polícia no ano de 1936 a esses locais, que chegou a 973, sugerindo que, embora a presença das forças de ordem fosse inconteste e até ostensiva, ela dizia respeito a uma economia específica de ilegalismos, no qual prevaleciam mecanismos de negociação à margem do sistema oficial.

Da década de 40 até meados dos anos 60, o jogo esteve fortemente implicado no contexto das zonas de meretrício, ambiências sociais de grande evidência por alocarem a malandragem e criminalidade no período. Em meados dos anos 50 o jogo do bicho passaria a ganhar evidência no plano da cidade, compondo de modo destacado o cenário da boêmia. Assim, pese o estardalhaço que a imprensa desferia contra o jogo no período (CISCATI, 2001), a completa inexistência de prisões correcionais por esse motivo nos anos de 1951, 1960, 1961 e 1962 pode evidenciar muito sobre a gestão das ilegalismos no período.

Ambiência social e economia criminal em torno da prostituição: malandragem e os modos de sua gestão

É possível afirmar que, a partir dos anos 30 até meados dos 60, a gestão cotidiana dos ilegalismos na cidade produzia e reproduzia espaços e personagens que, delimitados territorialmente, diziam respeito antes a um submundo a partir do qual os papéis iam se perfilando, e para além das condutas individualmente tomadas, era a condição de pertencente a esse espaço que lhes definia o status de à *margem da lei*.

Nesse contexto, há uma indistinção evidente entre o crime e os modos de vida dos ocupantes do dito *submundo*, da mesma maneira que entre o criminoso e o malandro.[22] É sobre essa indistinção, sobretudo, que as ditas políticas de ordem foram moldando suas ações e seu programa. E numa espécie de estigmatização contínua, foram contribuindo para o alastramento desses espaços e para que da indistinção entre seus personagens e suas condutas fosse se consolidando padrões de violência mais acentuados com o que a criminalidade urbana travestida de delinquência irá se apresentar já a partir dos anos 50.

Nas biografias que Ciscati (2001) recolheu sobre o cenário da boêmia paulista de 1930 a 1950, o período que vai da década de 50 até o início dos anos 60 é definido como o ápice da manifestação do fenômeno da malandragem na cidade. Com proximidades

22 Ciscati (2001) defende a autêntica configuração de uma malandragem paulista, a despeito de uma percepção bastante difundida que a malandragem fosse um fenômeno primordialmente carioca. No mesmo sentido, nos diferentes documentos coletados e consultados para este trabalho (relatórios oficiais, artigos da imprensa), a referência inclusive nominal ao malandro é recorrente. É certo que sua configuração se dará segundo o contexto específico da boêmia e da criminalidade paulistas, guardando diferenças importantes em relação ao congênere carioca, mais consagrado, sobretudo em razão das representações positivas que lhe atribuíam a literatura e compositores do período. A respeito do malandro carioca e suas diferentes representações, consultar Misse (1999, 2006).

ao similar carioca, também em São Paulo a malandragem nesse momento foi retratada como uma expressão da cultura popular, inscrita num contexto relacionado à música, ao samba, aos jogos de tiririca e ao próprio carnaval. Como Noel Rosa e mais tarde Cartola consagraram em suas músicas a figura do malandro carioca com glamour para além de sua associação ao vadio, Adoriran Barbosa também cantou uma malandragem paulista que não era definida como um problema social a priori, mas como um "modo de vida", valorizada por sua irreverência, representada antes como um estilo que primava pela liberdade e pela solidariedade.

Há, nesse período, um ponto de contato que dificulta a separação nítida entre o malandro vadio (a malandragem do crime), de um lado, e a malandragem, por assim dizer, artística, a malandragem boêmia, de outro. Essa dificuldade se instala sobretudo no campo das representações, e se refere a uma sociedade ainda fortemente moralizada e hierarquizada pelo trabalho e pelo ideário da ordem, que de repente se vê assolada por manifestações culturais que põem em questão as relações tradicionais até então predominantes, vindo a reboque do frenético processo de urbanização vivenciado no período.

E essa indistinção é também muito datada no plano da cidade, configurando-se com bastante precisão durante toda a década de 50 até o começo dos anos 60. Do mesmo modo atravessa personagens e ambiências, prorrogando o jogo de configurações e relações que caracterizaram a malandragem desde os anos 30, mas trazendo novos arranjos e outras implicações que vão gradativamente desestabilizar e recompor a gestão dos ilegalismos.

*****

Foi sobretudo em torno da prostituição, das casas de meretrício, que fervilhavam desde condutas criminais como o lenocínio, o punguismo, o estelionato e, mais tarde, o tráfico de drogas, até simplesmente os modos de vida e a sociabilidade da boêmia, o jogo, a vadiagem. Nesse sentido, pode-se afirmar que até meados dos anos 60, constituía a prostituição, ou ainda o conjunto de atividades que a partir dela se estabeleciam, a economia criminal urbana por excelência no contexto da cidade.

O que não quer dizer que não existisse, como hoje, a criminalidade avulsa, patrimonial e em expansão na cidade. Mas o que se destaca é que ela não constituía, como até hoje não constitui, uma economia criminal propriamente dita, que promove agenciamentos, mobiliza e transfere recursos, aciona mercadorias políticas e atua com alguma articulação no plano local. Quando o mercado da droga, na sua expressão varejista, passou a desenvolver-se como atividade criminal ao ponto de ocupar esse papel no contexto da cidade, a partir dos anos 70, essa economia mudou de escala, implicando para isso também um redimensionamento de sua gestão por parte do Estado.

De todo o modo, até os anos 60, eram as atividades que orbitavam em torno da prostituição e também do jogo aquelas que ocupavam, em alguma medida, a dimensão de uma economia criminal urbana, pese a existência de atividades criminosas mais organizadas, como o contrabando, mas que não operavam diretamente no plano da cidade e de seus atores.

Na trama de tolerâncias, extorsões e repressão que caracteriza a gestão dos ilegalismos, foi paulatinamente se desenhando, por parte do discurso oficial e da política de segurança pública propriamente dita, uma estratégia aberta de "confinamento" territorial desse mundo social relativo à prostituição, de modo que ele pudesse ser melhor controlado e gerido, "limpando-se" as demais regiões da cidade, sobretudo as mais abastadas, dos seus inconvenientes. A ideia de confinamento territorial será bastante profícua para caracterizar o tratamento dado pelas políticas repressivas e o jogo que se estabelecerá entre o tolerado, o permitido e reprimido a esses lócus de ilegalismos das classes populares sobretudo entre meados dos anos 30 e até o início dos 60.

O empreendimento estatal de guetificação da prostituição ocorre durante toda a década de 30, sendo oficialmente decretado no ano de 1940. O relatório do chefe de polícia de 1936 dava conta das preocupações e das medidas que já se esboçavam. Segundo referido documento, o problema da prostituição havia se agravado em 1930, com a "revolução", quando a zona do meretrício fora expulsa da região central para a periferia de então e espalhara-se por todas as regiões da cidade. A solução que vinha se esboçando por parte do poder público era eufemisticamente chamada de "localização", ou seja, o encerramento da "zona de meretrício" e de sua população em uma região específica da cidade.

> O problema não é dos mais fáceis. Trata-se de uma população muito superior a 10.008 (esse é o número de meretrizes que já se acham promptuariadas), cuja localização deverá ser feita em locaes que attendam a varios interesses – o da propriedade particular, o da família e o da esthetica – sem deixar-se se levar na devida conta o interesse econômico (...) A localização offerece, sem dúvida, vantagens innumeras: ella circunscreve o mal a determinadas zonas, facilita o policiamento das mesmas, concorre para que o trabalho do Serviço Sanitário seja feito com maior somma de efficiencia, evitem que familias por ellas transitem e soffram vexames, anulla as conseqüências funestas da promiscuidade e, enfim, com tal medida, se furta á vista dos menores o espetaculo deprimente e desmoralizante do meretrício (RELGAB, 1936, p. 26).

Assim, já em 1940, através de uma portaria do então interventor federal em São Paulo, Adhemar de Barros, a zona de meretrício viria a ser confinada à região do Bom Retiro, ocupando toda a extensão das ruas Itaboca, Aimorés e suas travessas, ali permanecendo até 1953 quando um novo decreto fecharia as casas de tolerância, desabrigando milhares de prostitutas.

De todo o modo, pela portaria de 1940 a prostituição, que já vinha sendo regulada pelo poder público (as prostitutas eram cadastradas pela polícia) passa a ser constrita a um território fortemente controlado, cuja preocupação higienista e vigilante claramente se sobrepõe à repressão criminal, não da prostituição propriamente dita que seguia descriminalizada, mas das atividades a ela relacionada como o lenocínio (FELDMAN, 2010).

Isso porque, muito embora o alarmado quadro de expansão da prostituição acima descrito pelas autoridades, a repressão ao lenocínio, a exemplo do jogo, permanecia em baixos percentuais. A Delegacia de Costumes remeteu à Justiça em 1936 apenas 16 inquéritos por lenocínio, não realizando uma só prisão por esse crime. Entre 1938, remeteu 9 inquéritos, em 1939 foram 15, em 1940 subiram ligeiramente para 49, em 1941 ficaram em 11 e em 1942, nenhum. Nesse último ano, apenas 4 inquéritos foram remetidos à Justiça por rufianismo (A ESTATÍSTICA POLICIAL-CRIMINAL, 1939, 1940, 1943).

Nos anos 50 e 60 as estatísticas criminais referentes a inquéritos instaurados não especificarão, no caso dos crimes contra os costumes, os tipos penais, mas dado o aumento de casos de estupro e atentado violento ao pudor no período, acredita-se que o percentual de repressão ao lenocínio tenha se mantido em níveis irrisórios, o que relatos da época corroboram.

Em 1953, por decreto, o então governador do estado Lucas Nogueira Garcez revogou a portaria expedida por Adhemar de Barros que instituíra a zona de confinamento do meretrício de 1940. Depois de treze anos adstritas às ruas do bairro do Bom Retiro, o então governador decidiu fechar as casas de tolerância da região, e mediante intensa repressão, expulsar as prostitutas que exerciam a profissão no local. Numa truculenta ação que mobilizou soldados da Força Pública, centenas de mulheres foram retiradas à força dessas casas, tendo muitas delas resistido vigorosamente à ação, em vão.

A "expulsão" das prostitutas precisa ser compreendida dentro do contexto econômico e político que marcou decisivamente os rumos da cidade a partir dos anos 50. Impulsionada pelo rápido desenvolvimento econômico que São Paulo atravessava, uma série de medidas de reurbanização foram adotadas, sobretudo durante a gestão de Prestes Maia, como a abertura de grandes vias, a construção de arranha-céus e outras ações de embelezamento da região central,[23] visando, uma vez mais, conferir à cidade uma imagem austera na qual o progresso é ainda a palavra de ordem.

Ciscati (2001), ao recuperar trechos dos noticiários da época descrevendo a operação de remoção das prostitutas, revela o quanto a medida se inscreveu nessa perspectiva, como um esforço de construir uma imagem da cidade que aliasse progresso, moralidade e embelezamento urbano, literalmente removendo os empecilhos a esse projeto.

Mas como Joanides (1977), protagonista da criminalidade e malandragem do período, observou, a medida logrou extinguir apenas a área de confinamento, não a prostituição em si. E como tem sido recorrente na história da gestão dos ilegalismos, essa ação desempenhou um papel decisivo para a constituição da delinquência urbana na cidade, nos anos que se seguiram.

Impedidas de exercer a profissão no território antes lhes imposto, as prostitutas, bem como todo conjunto de atividades lícitas e ilícitas que em torno delas se constituía, migraram para outra região da cidade, o que acabou por expandir em muito a área do submundo.

De um pequeno conjunto de ruas, agora essa ambiência social estendia-se, gradativamente, primeiro às ruas Vitória, Aurora, Triunfo, Gusmões, Andradas, Santa Efigênia, depois para a Barão de Limeira, Barão de Campinas, Guaianases e Timbiras. Finalmente alcançou as avenidas Duque de Caxias, Rio Branco e parte da São João. Formara-se a "Boca do Lixo", ou o "Quadrilátero do Pecado".

> Bares, hotéis e pseudocasas-de-cômodos, restaurantes, salões de beleza surgiam da noite para o dia, amontoando-se pelos quarteirões, para atender ao reclamo de atendimento de um milhar de prostitutas e do número vinte vezes maior da freguesia [...] Assim, e com isso, ao número de marginais que de alguma forma tinham seus meios de vida ligados à prostituição (rufiões, exploradores do lenocínio, etc), em breve veio-se juntar a leva de delinquentes, afetivamente ligados às damas do pecado, passando a pulular na área a mais variada gama de criminosos e vadios (JOANIDES, 1977, p. 24).

A Boca de Lixo consistiu num marco importante às relações entre os ilegalismos advindos de sua ambiência, ainda muito circunscritos à economia criminal da prostituição, e sua gestão pelas forças de ordem do período. Para além das relações marcadas ora pela camaradagem ora pela violência, apreendidas pelos relatos de protagonistas da boêmia

23 O prefeito de São Paulo à época, Prestes Maia, representou o ícone desse movimento. Entre suas medidas, destacou-se o Plano Avenidas, que promoveu demolições em série de imóveis populares na região central para a construção da malha viária da cidade.

antes mesmo do advento da "Boca" (CISCATI, 2001), há uma mudança importante de padrão e escala no jogo de extorsões e tolerâncias que as caracterizavam.

Como já mencionado, à Boca do Lixo convergiam diferentes perfis e constituíam-se sociabilidades, que não necessariamente passavam pelo crime, mas que diziam respeito à própria boêmia no período, sobretudo durante a década de 50. Entre os frequentadores dos bares e dos *inferninhos*, encontravam-se não apenas os personagens do submundo, mas trabalhadores, estudantes, jornalistas e agentes das forças de ordem. Ciscati (2001) ilustra, com os depoimentos que colheu, as aproximações entre o mundo policial e esses espaços de boêmia e malandragem na região na década de 50. Já Joanides (1977) relata que havia bares na Boca cuja frequência era maior de guardas civis, outros de policiais da Força Pública, e outros ainda de membros da Polícia Marítima, existente à época.

Assim, embora o discurso oficial de combate e repressão à vadiagem continuasse intenso, procedendo-se com frequência às rotineiras detenções correcionais, havia no plano das práticas policiais uma relação de ambiguidade com o "submundo". Tal ambiguidade advinha do fato de os próprios agentes policiais integrarem a ambiência social que caracterizava esses espaços, dada suas eventuais condições de usuários dos serviços da Boca, ou apenas uma certa relação de camaradagem que estabeleciam com seus personagens. Essa dinâmica social não necessariamente era caracterizada pela corrupção ou pela extorsão, mas se inseria mais nos termos de uma tolerância, de um modo específico de gerir diferenciadamente os ilegalismos, no qual as forças de ordem imiscuíam-se nesse universo. Desse modo, podiam não reprimir o jogo e até mesmo beneficiar-se dele; recorrer frequentemente aos préstimos das prostitutas, embora detivessem correcionalmente, vez por outra, uma mais "escandalosa" para ser solta no dia seguinte; fazer vista grossa com habitualidade para os vigaristas; prender ocasionalmente alguns punguistas; e assim por diante. E foi assim até o final da década de 50, aproximadamente.

> Até por volta de 1959, a "Boca" do ponto de vista dos desajustados sociais, era um local relativamente seguro. A presença policial tinha escopo meramente intimidativo (...) Não havia ainda, pelo menos não de modo generalizado, a tal ação preventiva, isso de se prender pra evitar. Apenas nas sextas-feiras, é que o DI e o 3º Distrito Policial saíam às ruas da Boca, em caravanas com aqueles enormes carros de presos percebíveis a quilômetros de distância, para recolher aos xadrezes, até segunda-feira, de preferência as mulheres mais baderneiras, os tipos mais arruaceiros, visando com isso proporcionar um sábado e domingo – dias em que o pedaço ia ferver em sua movimentação – mais pacíficos e ordeiros, com menos ocorrências policiais. Naqueles tempos, apenas nesses

> chamados "dias de ronda" é que os malandros sem mais nem menos podiam vir ali a ser presos (JOANIDES, 1977, p. 96).

Mas, a partir do final do final dos anos 50 e início dos 60, há de fato uma mudança nesse padrão da atividade policial, notadamente da Polícia Civil, reconfigurando-se, a partir de então, em muito a gestão dos ilegalismos no plano da cidade. Entram em cena renovados mecanismos de extorsão e também em renovada escala, produzindo, como efeito mais visível junto à criminalidade urbana, sua expansão para além da zona de seu confinamento.

"Caixinhas", "sugesta/congesta", "acerto": o papel das prisões para averiguação na gestão dos ilegalismos

Entre 1951 e 1960, as detenções correcionais na cidade de São Paulo na modalidade *para averiguação* saltaram de 2.409 para 7.114, mantendo-se em contínua ascensão, chegando a registrar 8.286 casos em 1962. Para se ter uma ideia da representatividade desse dado, ele correspondia a 20% de todas as detenções correcionais realizadas, e a quatro vezes o número total de mandados de prisão (preventiva ou referente à condenação) cumpridos na capital (tomando como referência o dado de mandados cumpridos em 1959).

A que se deveu esse aumento importante das prisões *para averiguação* na cidade justamente no começo dos anos 60? Primeiramente é preciso mapear onde essa modalidade de detenção correcional ocorreu com primazia. Os dados produzidos à época nos permitem aduzir que elas se concentravam justamente na região central da cidade, com especial destaque para a área correspondente à Boca do Lixo. Em 1960, das 7.114 prisões por averiguação, 2.836 foram realizadas entre a 1ª a 4ª Delegacias Circunscricionais, e em 1962, das 8.286 prisões por averiguação, 3.010 também se referiam a tais delegacias, ou seja, a área relativa à "Boca do Lixo".

Mas não consistiam elas o único mecanismo de extorsão policial que se instala com mais eloquência a partir dos anos 60. Elas se convertem apenas na forma mais frequente do aparelho policial exercer controle sobre os ilegalismos e, de modo mais incisivo, transacionar suas "mercadorias políticas".

Embora as práticas de extorsão e corrupção fossem longínquas na história do controle em São Paulo, o fato é que no começo da década de 60, ao que tudo indica, elas se tornam mais eloquentes, se instalando com bastante precisão na região da Boca do Lixo. Em 1963 o secretário de Segurança Pública vem a público reconhecer a prática de extorsão a prostitutas e marginais, as denominadas "caixinhas" mensais, justamente pelos policiais da 3ª DP, local que abrigava a Boca.

> Meretrício: reconhece o sec de segurança a existência de caixinha
> O general Aldevio Barbosa Lemos, secretário de segurança pública fez ontem à imprensa séria denúncia, a existência de uma "caixinha" organizada no trecho policiado pela 3ª Delegacia Circunscricional, para proteger marginais, principalmente daqueles que atuem na área outrora conhecida como zona do meretrício. Acrescentou verbalmente o general que, somente as mulheres que exercem sua infeliz atividade naquele setor da cidade recolhem semanalmente quatro milhões de cruzeiros. Aduziu que nessa arrecadação criminosa estão envolvidos policiais e jornalistas, de cuja ação a Secretaria de Segurança está procurando colher provas concretas. (O Estado de S. Paulo, 14 nov. 1963, p.18).

O assunto continuou na pauta do jornal, nas semanas seguintes, cobrando-se apurações que resvalassem na cúpula do sistema de segurança, dada a vultuosa quantia extorquida:

> Polícia sob suspeita
> Depois da denúncia que formulou de que, no trecho policiado pela 3ª Delegacia Circunscricional, conhecido por boca do crime, há uma quadrilha formada por elementos ligados à Polícia e a jornais desta capital, que arrecada cerca de dezesseis milhões de cruzeiros por mês, para dispensar proteção a marginais e garantir livre ação a pobres e infelizes mulheres, está o general Aldevio Barbosa Lemos obrigado a vir a público apresentar os responsáveis por essa criminosa atividade [...] Afinal, dezesseis milhões doze vezes por ano constituem uma "verba" que não haverá de ficar nas mãos apenas dos membros da "gang" que procedem às arrecadações, deve haver gente importante repartindo a quantia (O Estado de S. Paulo, 24 nov. 1963, p. 22).

Ainda em mais uma oportunidade o jornal denunciou a leniência do secretário que, embora viesse a público reconhecer a prática de extorsão, não havia tomado providências no sentido de sequer afastar os policiais da 3ª DP.[24]

Essa questão não pode ser descolada de um contexto de transformação das forças de ordem no período, das tensões entre a Polícia Civil, a Força Pública e a Guarda Civil, e da crise de legitimidade que recairá sobre a primeira, animada pelas denúncias de corrupção, tortura e violência dirigidas contra ela nesse período. Desse cenário advirão transformações importantes no aparato repressivo do Estado, representadas sobretudo pela militarização aguda que irá nele se instalar com a criação da Polícia Militar em 1970, em contexto de plena ditadura e repressão militar. Ainda fruto dessa crise e recomposi-

24 "Degradação Policial", O Estado de S.Paulo, 29 nov. 1963.

ção de forças, insere-se o fenômeno que marcará para sempre não somente a história da Polícia Civil como da própria segurança pública no estado: o Esquadrão da Morte. A reestruturação das forças de ordem no Estado de São Paulo, ocorrida no final da década de 60, será detalhadamente abordada no próximo capítulo por consistir num elemento crucial para a compreensão da recomposição da gestão dos ilegalismos e da emergência da violência urbana no plano da cidade. Contudo, ela vem mencionada neste momento para que se dimensione que a mudança de patamar das práticas de extorsão, pela Polícia Civil, que se instalou com maior precisão no começo dos anos 60 a princípio na região da Boca do Lixo, não é manifestação descolada de um contexto mais amplo que marcou a segurança pública nesse momento.

Tal investida mais contundente dos agentes policiais junto aos personagens do submundo, cristalizada em 1963 pela denúncia das "caixinhas", pode ser detectada no relato de um desses personagens do período:

> Mas, veio o progresso e as coisas mudaram. A polícia foi se aperfeiçoando, vieram as "Rudis", as "Rones", as "Operações Arrastão", "Pente-Fino", "Coração-de--Mãe", "Limpeza", e outras novidades mais, todas nascidas e imbuídas daquela nova filosofia de "ação preventiva". E todas as noites da "Boca" passaram a ser sexta-feira... Não se tinha mais sossego. A nova palavra de ordem passava a ser "encana-se" todo sujeito que se saiba vadio ou malandro, onde quer que esteja e ainda que nada ele esteja fazendo de ilegal [...] Com isso, malandros, prostitutas e vadios, que não são bobos, foram se afastando do miolo... passando mais para as cabeceiras... Porém, com a escassez de "caça" no "miolo" da "Boca", também a Polícia expandiu seu raio de ação, o que veio a forçar seus habitantes a afastarem-se mais ainda para escapar do arrojo policial, do que resultou no estabelecimento dos pontos, domicílios e antros de prostituição e delinqüentes, quarteirões além do observado pelos usos e costumes [...] E assim, uma porção de "boquinhas" estavam criadas. (JOANIDES, 1977, p. 99)

Primeiramente o autor, sem mencionar diretamente a extorsão policial, destaca a intensificação do controle a partir de uma ação que ele chama de "preventiva". A menção à presença de rondas e operações visando prisões correcionais em massa revela uma estratégia de atuação da Polícia Civil junto ao local que destoava, já à época, de suas atribuições funcionais, predominantemente investigativas.[25] Isso porque as funções de policiamento os-

25 Pese, contudo, como aponta Batibugli (2010), a polícia civil reunir outras atribuições que não policiais, como assistência social a mendigos, presos, serviços de trânsito, etc. O policiamento ostensivo, contudo, não lhe competia primordialmente.

tensivo competiam no interior do estado à Força Pública e na capital predominantemente à Guarda Civil, subordinando-se ambas ao delegado de polícia como autoridade policial.[26]

Ocorre que, como Batibugli (2010) demonstra, como o efetivo das duas corporações era muito superior ao da Polícia Civil, um número bastante reduzido de guardas civis realizava realmente o policiamento na cidade a essa época, o que em parte ajuda a explicar o baixíssimo número de prisões em flagrante. A Polícia Civil, em contrapartida, embora contasse com um efetivo três vezes menor que a Força Pública e quase duas vezes menor que a Guarda Civil (BATIBUGLI, 2010), não chegou jamais a renunciar expressamente a atividade de policiamento ostensivo,[27] com o que a existência das citadas RONE (Ronda Noturna Especial), RUDI (Rondas Unificadas do Departamento de Investigações) e RUPA (Rondas Unificadas da Primeira Auxiliar) a atuar na cidade no período descrito. Acredita-se que, nesse momento, as rondas consistiram num importante mecanismo utilizado pelo Polícia Civil para barganhar a tão preciosa mercadoria política *proteção* com atores desse submundo, já que o resultado de tais operações consistia na prisão correcional em massa de prostitutas, vadios e marginais, sobretudo na modalidade *para averiguação*. Os dados da tabela 13, abaixo, referentes às detenções correcionais realizadas na Grande São Paulo[28] e relativas ao ano 1968, são em parte ilustrativas:

TABELA 13

Detenções policiais e correcionais na Grande São Paulo segundo motivo 1968

Motivos	Totais
Agressão	734
Alcoolismo	16.127
Averiguação	13.871
Desobediência	712
Desordem	3.565
Escândalo	881
Insulto e provocações	265
Jogo	—

26 Segundo o Regulamento Policial de 1928, norma definidora do sistema de segurança em São Paulo, que vigorou até 1968.

27 Até 1969, quando o Decreto-lei 667 militarizou a segurança pública conferindo às Polícias Militares dos estados, subordinadas ao Exército à exclusividade no patrulhamento ostensivo.

28 Nos anos de 1967 e 1968 os dados de prisões da capital foram agrupados à região da Grande São Paulo, não havendo nos anuários estatísticos consultados dados desagregados para a capital.

Mendicidade	211
Ócio ou vadiagem	1.413
Pequeno furto	282
Outros motivos	17
TOTAL	38.078

Fonte: Anuário Estatístico do Estado de São Paulo, Departamento de Estatística do Estado, Polícia do Estado de São Paulo, ano de 1968.

Embora ostentando a segunda posição como maior motivo de detenção correcional, perdendo apenas para o alcoolismo, as prisões *para averiguação* acompanham o crescimento geral das correcionais, passando de 8.286 em 1962 para 13.871 em 1968, ganhando gradativa centralidade dentre as modalidades correcionais. Mas o dado mais marcante é a representatividade crescente que esse tipo de detenção adquire no conjunto das prisões realizadas, como se depreende da tabela abaixo.

TABELA 14
Prisões na Grande São Paulo segundo a natureza (1967)

Natureza	Grande São Paulo
Administrativa	64
Flagrante	799
Preventiva	1.427
Pronúncia	518
Por Condenação	2.682
Correcionais	38.078
TOTAL	43.568

Fonte: Anuário Estatístico do Estado de São Paulo , Departamento de Estatística do Estado, Polícia do Estado de São Paulo, ano de 1967.

As prisões "legais", ou seja, aquelas provenientes de situação de flagrante ou de mandados judiciais somam 5.490 (tabela 14),[29] representando menos de 15% do total de detenções correcionais. Considerando o baixíssimo percentual de flagrantes, nesse momento muito inferior ainda às prisões por mandado, é de se concluir que a atividade po-

29 Embora o dado seja relativo à Grande São Paulo, é de se registrar a imensa representatividade das prisões efetuadas na capital em relação à Grande São Paulo neste momento, sendo que das 5.490 prisões não correcionais efetuadas na Grande São Paulo, 3.806 foram na capital, ou seja, 70% delas.

licial quer repressiva ou preventiva, estava totalmente voltada a operar, a partir da própria ilegalidade, a gestão diferenciada dos ilegalismos, que se traduzia, entre outros aspectos, na dinâmica arbitrária e suspeita das detenções correcionais em detrimento, é certo, de uma atuação repressiva à criminalidade.

O segundo ponto que merece destaque no relato de Joanides é o fato de que a partir do controle ostensivo e mais incisivo por parte dos agentes policiais, as atividades, antes circunscritas ao território da Boca do Lixo, expandiram-se a fim de fugir justamente desse controle. Mas ao mesmo tempo em que prostitutas, rufiões, vigaristas, punguistas foram se espalhando a diferentes pontos da cidade, as atividades criminais também foram se transformando, de modo que é a economia criminal urbana começa a se reconfigurar, da mesma forma que sua gestão.

O comércio de tóxicos (como se denominava à época) começa a ganhar importância como negócio criminal, e passa a se difundir pelo espaço da cidade. Antes adstrita a quartinhos de hotéis e casas abandonadas, geralmente situadas no submundo, a traficância vai ganhando novos territórios e agenciamentos. O crime patrimonial também passa a mudar de escala e de configuração, como será abordado no próximo capítulo, substituindo-se a destreza do punguismo e das escaladas do roubo pela truculência da trombada e do assalto à mão armada. Desenha-se, assim, a passagem da *malandragem* e da *boemia* para a *marginalidade* e a *delinquência urbana*.

*****

Nessa nova escala do crime e de sua gestão, os mecanismos de tolerância/extorsão, por parte do aparato policial, mantêm-se pungentes e em gradativa ascensão, do mesmo modo que a violência no enfrentamento à criminalidade.

Em 1972, em plena ditadura militar, o jornal *O Estado de S. Paulo* voltava a denunciar as práticas de corrupção e de truculência policial e, mais ainda, sugerir o quanto policiais e criminosos estariam imersos numa mesma cultura, em que as práticas de ambos convergiam, de modo a embaralhar as fronteiras entre o criminoso e as forças de ordem:

> Sugesta, congesta
> A pressão imposta por maus policiais é bem entendida dentro do linguajar desses elementos, delinqüentes ou investigadores. Trata-se do dar uma dura ou então a já tradicional sugesta,[30] corruptela de sugestão, insinuação policial

30 O termo *sugesta*, no jargão criminal da época, também designava uma encenação com vistas a amedrontar o opositor, geralmente tomada pelo falso valente. Recebia também o nome de "sapo"

> para o pagamento do suborno. Há casos, entretanto, que o comportamento do agente é outro, acintosamente mais agressivo, abusivamente violento, o que para eles, é a congesta. Uma das congestas freqüentes nas delegacias é a intimação sem razões justificadas – as intimações frias – ocasião em que o infrator atende a qualquer insinuação ou exigência, para se ver livre da detenção ou inquérito. Por isso mesmo os corregedores de justiça, há um bom tempo, vêm proibindo as prisões para averiguação (o mofo) que, muitas vezes servem para atender circunstâncias criadas para a prática de corrupção. [...] A figura do arreglo ou do acerto já é por demais conhecida. Entretanto, observa-se que em inúmeras circunstâncias, o infrator já se sente na obrigação de comparecer em determinado local previamente estabelecido, para o pagamento desse acerto, que é comum entre os vigaristas e os punguistas. Esse encontro é chamado de aponte ou apontamento. Os bicheiros e os estelionatários, como os batedores de carteira e os "contadores de história" temem, por outro lado, as detenções das sextas-feiras (o bookmaker). Esses delinqüentes, na maior parte das vezes, levam maior quantidade de dinheiro consigo... (O Estado de S. Paulo, 3 set. 1972, p. 41).

A matéria descreve com bastante nitidez mecanismos já consolidados a esse momento de corrupção, extorsão e violência policiais já amplamente recorrentes na dinâmica de gestão do crime na cidade à época. O que chama a atenção, contudo, é que pela primeira vez a imprensa consegue perceber o papel desempenhado pelas *detenções correcionais*, mormente as *para averiguação* (apelidadas de "mofo"), como principal instrumental no jogo de transações ilícitas do aparelho policial. É certo que contribuiu a essa percepção, nesse momento, o fato de que o judiciário começava a enfrentar um pouco mais sistematicamente a prática ilegal das prisões correcionais, ainda que os resultados permanecessem tímidos.

Ainda em 1972, alguns meses antes da matéria denunciando a sugesta/congesta, um juiz corregedor da comarca de Vargem Grande do Sul, interior do estado, numa decisão inédita, ordenava o encerramento do Livro de Registro de Custodiados e Correcionais da comarca e assim a liberação daqueles que se encontravam nessa situação.

Para se ter uma ideia da generalização e da oficialidade das prisões correcionais nesse momento, a Polícia Civil reagiu com grande indignação frente à decisão judicial, já que a prática, segundo a corporação, estava respaldada em sua normativa interna, ou seja, o Regulamento Policial do estado. Com base em tal argumento, o delegado diretor do DERIN solicitou que a Corregedoria Geral de Justiça revisse a decisão. E então, de modo também

(JOANIDES, 1977). Muito provavelmente o jargão policial tenha sido forjado a partir de seu emprego no meio criminal.

inédito, a cúpula do judiciário paulista representada pelo citado órgão posicionou-se institucionalmente contra essa prática, através de um parecer que repetia os textos legais, que seguiam violados, desde o Império: as detenções correcionais eram ilegais e a autoridade policial só poderia prender indivíduos em situação de flagrante ou mediante ordem judicial, sob pena de estar cometendo o crime de abuso de autoridade.[31]

Pese a clareza dessa orientação, a prática de prender correcionalmente *para averiguação*, manteve-se em contínua ascensão, ganhando cada vez mais representatividade no conjunto das prisões realizadas no estado de São Paulo, como demonstra o dado de 1977:

TABELA 15

Prisões realizadas Estado de São Paulo ano de 1977 segundo tipo de prisão

Modalidade prisão	Totais
Correcional (inclui *para averiguação*)	148.683
Flagrante	4.974
Preventiva e administrativa	1.826
Total	155.483

Fonte: *O Estado de S. Paulo* 2 jan. 1978.

Representando 96% do total das detenções[32] no Estado, a modalidade *para averiguação* convertia-se no grande mecanismo, durante a ditadura militar, para controlar, extorquir e, enfim, gerir a criminalidade comum e as classes pobres de maneira geral (tabela 15). Já nesse momento, convém lembrar, as atividades de ronda estavam a cargo da recém-criada Polícia Militar, seu famoso destacamento ROTA (Rondas Ostensivas Tobias Aguiar). Além do destacamento ter se caracterizado como o protagonista das execuções sumárias de civis nos anos 70 e 80 (BARCELOS, 2010), também um grande volume das *prisões para averiguação* passa a ser realizado pela ROTA. Como demonstra Pinheiro (1981), embora a ROTA contasse apenas com 720 homens no ano de 1981, foi

31 O inteiro teor do parecer, assim como a notícia da decisão do juiz de Vargem Grande, foram divulgados também pelo jornal *O Estado de S. Paulo*, em matéria intitulada "Corregedoria impugna prisões correcionais", 16 jan. 1972.

32 Ressalva-se que esse número não correspondia certamente à população encarcerada no estado, que girava em torno de 6 mil indivíduos. As 148.683 detenções correcionais por ano no estado indicam o movimento "prende-solta" característico das prisões *para averiguação*, no qual o indivíduo ficava na carceragem do Distrito Policial ou cadeia pública por alguns dias, sem acusação formal, e à mercê do arbítrio policial.

responsável por prender *para averiguação* 5.327 pessoas na capital, das quais apenas 71 foram processadas (PINHEIRO, 1981, p. 77).

Durante o processo de redemocratização, tanto por parte da imprensa como do judiciário, começa a se evidenciar a percepção de que havia forte associação entre a violência policial, que gradativamente vinha recebendo destaque, e a persistência das prisões correcionais. O judiciário, através de suas instâncias responsáveis pela fiscalização das prisões, passa também a recriminar mais abertamente essa prática.

Em 1978, o jornal *O Estado de S. Paulo* noticiou um "encontro sigiloso" entre o então juiz corregedor dos presídios e da polícia judiciária da capital e o delegado diretor do DEIC neste momento, Sérgio Paranhos Fleury, para tratar as ilegalidades e abusos da polícia. Eleita como a maior causa dos "abusos mais frequentes" estava, nos dizeres da corregedoria, "a prisão correcional, em que a pessoa fica presa ilegalmente para averiguações".[33]

Um ano depois, em 1979, o mesmo juiz corregedor reunia-se com o secretário de segurança à época, Otavio Gonzaga Júnior, trazendo novamente à tona os dois grandes problemas da atuação policial: a violência e as prisões para averiguação. Por parte do secretário, a promessa de conter os abusos e impedir as prisões correcionais e de "humanizar o aparelho policial".[34] Neste momento, houve certamente uma mudança de patamar no enfrentamento da prática das prisões correcionais pelo poder público, já que era a primeira vez que o mais alto membro da cúpula da segurança pública do Estado se posicionava abertamente contra essa espécie de prisão, reconhecendo sua ilegalidade.

É certo que o momento histórico pelo qual o país atravessava finalmente sugeria uma mudança no quadro geral das ilegalidades do aparelho repressor do Estado. Quanto mais o processo de abertura política avançava, também as práticas altamente arbitrárias tão caras ao regime passavam a perder o respaldo oficial. As denúncias contra a violência brutal cometida pelo aparato de controle e repressão do Estado começavam a ganhar vulto, adquirindo espaço no debate público com a reconquista gradual da liberdade de imprensa.

É também nesse momento que, concernente à questão criminal, o debate sobre a reforma do sistema penal e a humanização das penas ganhava institucionalidade, com a CPI do Sistema Penitenciário em 1976, que levará à reforma do Código Penal e à edição da Lei de Execuções Penais, ambos em 1984 (TEIXEIRA, 2009a). Nesse sentido, práticas arbitrárias longevas como as detenções correcionais tornavam-se cada vez mais anacrônicas frente ao horizonte democrático que se desenhava, e difíceis de serem defendidas pelas estruturas burocráticas desse Estado em transformação.

---

33 "Corregedor chama Fleury para tentar humanizar a polícia". *O Estado de S. Paulo*, 10 ago. 1978.

34 "Secretário nega comandos de juízes nas delegacias", *O Estado de S. Paulo*, 13 set. 1979.

Se práticas como as prisões correcionais e a violência policial e institucional perdiam respaldo no discurso oficial das agências de controle e repressão, não é certo, contudo, que perdiam força ou espaço no âmbito das práticas e dos saberes apropriados pelos agentes encarregados de sua execução (policiais, agentes prisionais). Incrustadas na cultura institucional das organizações policiais e prisionais, o embate para a superação de tais práticas nunca foi vencido, atravessando até hoje diferentes gestões que se inclinam ora mais, ora menos, à sua defesa.

Durante a redemocratização esse embate esteve bastante evidente, dado a força das resistências advindas não apenas dos agentes policiais, como da própria sociedade, em seu quase repúdio à efetivação e a universalização dos direitos individuais (CALDEIRA, 2003; ADORNO, 1996). O centro do argumento contrário às mudanças consistia em associar o "afrouxamento" no enfrentamento da criminalidade, ou seja, o fim da truculência policial e das prisões ilegais, a um descontrole do crime. Nesse contexto, o aumento dos delitos patrimoniais no período e da consequente percepção de insegurança acabava por fortalecer referida perspectiva.

Uma declaração do então deputado federal Erasmo Dias, ex-secretário de Segurança Pública, criticando abertamente seu sucessor, Gonzaga Jr., em 1979, reflete bem essa tendência:

> Erasmo Dias defende ação enérgica contra o crime
> O deputado Erasmo Dias disse ontem, ao falar perante a Comissão de Segurança da Câmara dos Deputados, que está havendo uma "psicose de direitos humanos, sem que ninguém se preocupe com os direitos das vítimas dos bandidos, ladrões e terroristas". Após defender o ponto de vista de que a violência às vezes é necessária, ele observou que é necessário não confundir violência com violência policial, porque aquela reflete a violência da própria sociedade. Erasmo Dias disse, ainda, que "tem pena de São Paulo, com este negócio de se exigir mandado para colocar bandido na cadeia" (O ESTADO DE S. PAULO, 13 set. 1979, p. 21).

Nos anos correspondentes ao governo Montoro, as posições relativas à segurança pública e à questão carcerária estiveram ainda mais acirradas (GÓES, 1991 e 1999; CALDEIRA, 2003; SALLA, 2007), de modo que a gama de conflituosidade delas decorrente foi responsável por comprometer em muito a efetivação dos dispositivos legais recém-aprovados, abrindo margem a espaços ainda maiores de arbítrio e de exceção nos anos que se sucederiam (TEIXEIRA, 2009a).

É certo, assim, que durante o governo Montoro não cessariam as arbitrariedades ou mesmo a violência policial, como será abordado no próximo capítulo, pese a orientação em sentido contrário por sua gestão. Quanto ao judiciário, durante a primeira metade do mandato de Montoro houve um alinhamento de posições com o Executivo, sobretudo na capital, enquanto esteve à frente da corregedoria dos presídios e da polícia judiciária o juiz José Gaspar Gonzaga Franceschini.[35] Durante esse período (1982-84), referido juiz e sua equipe realizaram diversas visitas correcionais aos distritos policiais da capital, nas quais se constatava, ainda com eloquência, presos correcionais para averiguação.

Franceschini, hoje desembargador do Tribunal de Justiça, em entrevista concedida para este estudo, assim descreveu a política de visitas em distritos policiais empreendida no período:

> Primeiro tentamos estabelecer visita aos presídios, estabelecemos que cada semana um ia visitar os estabelecimentos, toda a semana, sem avisar, de surpresa. Atendíamos os presos, anotávamos as reclamações, queixas, mas a maioria eram questões judiciais sem procedência, [...] Muitos casos de tortura; nos presídios nem tanto, eram mais frequentes em delegacias. [...]
> Começou a haver muita repercussão das nossas visitas, dos mutirões. Muitas vezes tive conhecimento que quando eu ia fazer visitas em delegacias, os presos irregulares saíam correndo pelas portas dos fundos. Sim, eu fiquei sabendo que eles eram soltos pelas portas dos fundos (*José Gaspar Gonzaga Franceschini*[36]).

Em 1984, o jornal *Folha de S. Paulo* descrevia uma visita surpresa do juiz Franceschini e sua equipe ao 3º DP, em que se constatava trinta presos em situação irregular, entre eles os correcionais "para averiguação", havendo o juiz colocado imediatamente em liberdade quinze deles.[37]

> Os presos por averiguação na maioria das vezes não tinham nenhum registro; a justificativa dos delegados era que eles eram muito perigosos, perniciosos à sociedade, mas não apresentavam nada, nenhum mandado, nada. (...) Era uma praxe consentida (as prisões por averiguação). Por isso que causou uma celeuma, essas medidas de determinar a soltura desses presos, houve uma repercussão muito grande, saíam charges nos jornais comentando, alguns criticando, na época ficou muito dividida a coisa na sociedade, muitos não admitiam meu trabalho, outros sim. (*José Franceschini*)

35 A segunda metade seria marcada pelo protagonismo do juiz Haroldo Luz (que substituiria José Franceschini na corregedoria dos presídios) à derrocada da política de humanização dos presídios, em razão de suas denúncias jamais comprovadas sobre uma suposta organização criminosa, os *serpentes negras*, nas prisões em SP àquele tempo. A respeito, Góes, 1991.

36 Trecho de entrevista realizada pela autora com o desembargador José Gaspar Gonzaga Franceschini

37 "Juiz corregedor visita o 3º DP, ouve denúncias e libera 15". *Folha de S. Paulo,* 24 mar. 1984, p. 29.

É difícil precisar quando as prisões correcionais *para averiguação* deixaram definitivamente de serem adotadas como prática policial. É possível aduzir que com a entrada em vigor da lei que instituiu a "prisão temporária", em 1989, tornou desnecessária a detenção ilegal para averiguação.[38] A prisão temporária, no entanto, não se iguala nem em procedimento nem em finalidade à prisão correcional, já que essa última era centrada em puro arbítrio da autoridade policial. A prisão temporária, ao contrário, não prescinde da autorização judicial para sua concessão, apenas desburocratiza em parte o procedimento para seu requerimento por parte da autoridade policial.[39]

Não parece muito plausível que as prisões correcionais, em qualquer de suas modalidades, tenham simplesmente sido extintas do repertório das práticas ilegais por parte do aparato repressivo do Estado brasileiro. Uma vez integrando esse repertório, ao lado de tantas outras que jamais perderam representatividade, como a tortura, é possível pensar que elas apenas tenham deixado de se configurar na sua plena integralidade, tendo seu conteúdo, sua lógica, dispersado em muitos outros procedimentos que prolongam o arbítrio das forças de ordem. Das ocupações militares em favelas e territórios da periferia nas grandes cidades às invasões de domicílio nesses mesmos locais para efetuar prisões sem mandado, lavradas, contudo, como flagrantes formais, multiplicam-se as formas de violência e ilegalidade do aparato policial, estando subjacentes a todas, modos precisos de gerir os ilegalismos.

38 Em conversa informal com o jurista Alberto Silva Franco, ele relatou que, durante toda a década de 80, na qualidade de desembargador do Tribunal de Justiça à época, julgara pedidos de *habeas corpus* contra *prisões por averiguação,* o que aponta à persistência do instrumento durante os anos 80. A hipótese sobre a inflexão dessa prática após o advento da prisão temporária também foi por ele levantada, em referida conversa.

39 A prisão temporária de suspeitos por cinco dias, prorrogáveis por igual período, foi uma modalidade criada pela Lei nº 70.960/89 a título de preservar a investigação policial. Mais tarde, com a lei dos crimes hediondos de 1990, seu prazo foi estendido em até trinta dias para os crimes sob a classificação da lei. Na prática, no entanto, a prisão temporária acabava se convertendo, por determinação judicial durante seu curso, em prisão preventiva, sem prazo definido.

CAPÍTULO II

A emergência da violência urbana em São Paulo

> (...) a primeira lei, a que protege corpo e vida insubstituíveis, é a de que não matarás. Ela é a minha maior garantia: assim não me matam, porque eu não quero morrer, e assim não me deixam matar, porque ter matado será a escuridão para mim. Esta é a lei. Mas há alguma coisa que, se me fez ouvir o primeiro e o segundo tiro com um alívio de segurança, no terceiro me deixa alerta, no quarto desassossegada, o quinto e o sexto me cobrem de vergonha, o sétimo e o oitavo eu ouço com o coração batendo de horror, no nono e no décimo minha boca está trêmula, no décimo primeiro digo em espanto o nome de Deus, no décimo segundo chamo meu irmão. O décimo terceiro tiro me assassina - porque eu sou o outro. Porque eu quero ser o outro.
>
> Clarice Lispector, *Mineirinho,* 1978[1]

No presente estudo, uma das hipóteses levantadas é a de que, no plano da cidade de São Paulo, a partir de meados dos anos 60, mudanças no modo de gerir os ilegalismos pelas forças de ordem (discutidas no capítulo anterior) levaram à emergência de novas economias criminais e à mudança nos padrões desses ilegalismos, tanto no que diz respeito à natureza dos crimes e aos seus modos de cometimento, como em sua pretensa repressão. Essas transformações estiveram profundamente implicadas na emergência do fenômeno que se cunhou, sobretudo a partir desse momento, com o nome de violência urbana.

---

1 Clarice Lispector escreveu essa crônica após a morte, em 1962, do assaltante conhecido por "Mineirinho", no Rio de Janeiro. Desarmado, sem oferecer resistência, foi morto por treze tiros disparados pelo grupo de policiais civis liderado por Milton Le Cocq, os mesmos que dois anos mais tarde estariam associados ao Esquadrão da Morte carioca. A íntegra dessa impactante crônica de Clarice Lispector está anexada ao final deste livro.

Neste capítulo, pretende-se justamente flagrar a dinâmica presente na constituição da representação social da violência no contexto da cidade de São Paulo a partir dos anos 60, recusando uma perspectiva que a encerre como um fato social estritamente decorrente da criminalidade.

Antes, contudo, se impõe enfrentar, nas raias do debate acadêmico brasileiro, o percurso dessa pseudocategoria ao longos das últimas décadas, e os impasses que até hoje em torno dela permanecem.

O percurso da violência urbana no debate acadêmico brasileiro

Diferentes autores têm atentado criticamente para teorias ou perspectivas que veem na *violência*, mormente a urbana, um fenômeno homogêneo, uma categoria atemporal e frequentemente associada a comportamentos criminalizáveis nas sociedades contemporâneas. Ao travesti-la em um conceito, a falsa universalidade que a ela se atribui acaba por ocultar assim seu caráter normativo e, do mesmo modo, sua deficiência como categoria de análise (MISSE, 2008; MACHADO DA SILVA, 1995). Como consequência, esse "método" de interpretação nos colocaria, nos dizeres de Misse, num estado sempre *fora* da violência, o que evidenciaria um caráter meramente denunciatório nesse tipo de análise. Ao contrário de tomá-la como um conceito, o que ela não é de fato, a proposta está em apreender a ordem de representações a partir da qual a *violência urbana* se constitui, segundo contextos sociais, políticos e históricos específicos.

Mucchielli (2010) em um recente artigo procurou desmistificar a perspectiva unificadora da violência opondo dois pressupostos essenciais: a heterogeneidade dos atos violentos e a instabilidade do seu status legal e moral. Respondendo negativamente à questão que dá título ao seu artigo "Vivemos numa sociedade mais violenta?", o autor conclui que não é a violência que aumenta na França, mas a sociedade francesa que estaria menos tolerante ao fenômeno, resultado de um processo que tem levado à contínua *estigmatização* e *deslegitimação* dos comportamentos violentos nessa sociedade. Tal processo, que Mucchielli designa por *pacificação social*,[2] estaria ainda em curso na França, embora reconheça que concorram a ele desde o declínio do *welfare state*, fatores que lhe são antagônicos, como os crescentes mecanismos de segregação econômica, social e espacial, a expansão do consumismo, entre outros.

2 Mucchielli (2010) emprega o conceito de *pacificação social* no lugar de "processo civilizador" cunhado por Norbert Elias, por entender no conceito de "civilização" algo normativo, além de destacar que Elias deu pouca atenção aos fatores socioeconômicos, os quais parecem ter definitivamente desempenhado um crescente papel no desenvolvimento do comportamento violento (MUCCIELLI, 2010, p. 825).

Ao demonstrar, a partir das estatísticas criminais e pesquisas de vitimização, que os crimes violentos decrescem ou estabilizam-se no país há décadas, Mucchielli lança sua maior crítica aos sociólogos que têm interpretado o aumento, em diferentes sociedades contemporâneas, das taxas de delitos violentos na década de 90 como sintomático de um fenômeno de "reversão" do "processo civilizador" ao qual assistiriam. O conceito de *processo civilizador*, já bem conhecido, é extraído da obra de Norbert Elias e foi concebido para denominar os diferentes mecanismos e fatores atinentes a mudanças nas formas de sociabilidade que levaram à inflexão na economia da violência na Europa, a partir do final da Idade Média. Sua apropriação às avessas, sessenta anos depois, para explicar o aumento da violência criminal em países ocidentais, se já era discutível nos anos 90, segundo Mucchielli, teria se tornado indefensável nos dias atuais diante da prevalência do processo de pacificação social, ainda em curso, nesses mesmos países.

A questão levantada por Mucchielli, antes de qualquer coisa, parece dizer respeito ao universo de representações que a violência, em dadas sociedades, pode adquirir, pelo que ela estaria referida antes a *sentimentos* e *suscetibilidades sociais* (variáveis certamente segundo contextos socioeconômicos e políticos), do que a fatos sociais empiricamente recortados, como a criminalidade, ou a capacidade do Estado em reprimi-los.

Assim, a violência, ou melhor, sua percepção, estaria diretamente conectada ao estatuto que dada sociedade, segundo determinado contexto histórico e político, lhe atribui.

Adorno (1996) ao discutir a tese central de Dahrendorf em *Law and Order* (1990), sobre a erosão da lei e da autoridade nas sociedades contemporâneas em razão da frouxidão do sistema de sanções e sua incapacidade em punir os crimes sistematicamente, observa que as demandas sociais por punição conectam-se menos à experiência do crime e mais a esses sentimentos generalizados de medo e insegurança, cuja origem é difusa. Segundo o autor,

> o sentimento de insegurança e medo diante do crime e o desejo de mais punições, em especial punições mais rigorosas, parecem responder por outras inquietações que vão além do domínio da delinqüência (ADORNO, 1996, p. 17).

Se é enquanto representação social que a violência se apresenta, como colocar a questão de sua emergência no contexto urbano no Brasil apenas em meados de anos 60 do século XX, já que tem desempenhado na sociedade brasileira um protagonismo nas relações sociais desde a colonização, atravessando diferentes regimes e processos históricos? A violência, em suas múltiplas formas, segundo Adorno (1996), permaneceu no país "enraizada como modo costumeiro, institucionalizado e positivamente valorizado de solução de conflitos, [...] atravessando todo o tecido social, penetrando em seus espaços mais recônditos e se instalando nas instituições sociais e políticas" (ADORNO, 1996, p. 51). Essa multiplicidade de atores, formas e espaços institucionais que a caracterizam, engendram aquilo que o autor designa por "subjetividade autoritária na sociedade brasileira", e, assim como O Donnel (1986) e Pinheiro (1991), Adorno reconhece nessa característica a fonte para a tradição de um modelo de Estado autoritário que prevalece no país, remanescente mesmo em períodos democráticos.

Embora a violência possua uma matriz longínqua e se apresente o tempo há muito de forma difusa na sociedade brasileira, sua emergência, no contexto urbano, é situada apenas a partir dos últimos cinquenta anos. A que se deve essa demarcação? A partir de meados dos anos 60, pese a deficiência das estatísticas oficiais em medir a criminalidade nesse período,[3] houve uma percepção social generalizada sobre o aumento do crime de roubo, bem como sobre uma mudança nos seus padrões de ocorrência.

Comprovar estatisticamente essa tendência de crescimento, de modo rigoroso, é praticamente impossível até o ano de 1977, quando a Secretaria de Segurança Pública finalmente passará a divulgar os dados de ocorrências criminais por tipo de crime (roubo, furto, homicídio, etc), e não apenas de inquéritos policiais por classe de crime (patrimoniais, contra a vida, etc). No entanto, um extenso material de imprensa referente ao período (anos 60 a 80) coletado para este estudo dá conta da percepção social sobre tal aumento e, mais precisamente, das formas tipicamente urbanas em que ele irá se apresentar: a *trombada* e o *assalto à mão armada*.

Embora imersa num contexto de intensa repressão política imposta pela ditadura militar, e restringida drasticamente em sua liberdade de expressão, a sociedade no período tendeu a eleger o roubo como a grande causa de insegurança coletiva na cidade de São Paulo, o que uma pesquisa de opinião[4] realizada em 1978 pôde constatar.[5]

---

3 Conforme já mencionado na introdução, a partir da década de 50 os dados criminais passam a ser divulgados através do Anuário Estatístico do Estado, sem um tratamento analítico, como ocorria com os relatórios dos chefes de polícia e com a publicação *A estatística policial-criminal* do Estado Novo. A forma de compilação e apresentação também se altera, e não mais são divulgados números de queixas, mas somente o de inquéritos instaurados, ausente assim um dado mais fidedigno para medição de ocorrências criminais. Outro problema é que as informações passam também a se referirem a classes de crimes (contra o patrimônio, contra a vida, etc), perdendo a especificidade do tipo de crime, o que inviabiliza uma série histórica que possa aferir o crescimento do roubo, por exemplo, entre os anos 50 até 1977. Voltaremos a essa questão adiante.

4 "A situação da violência social em São Paulo", pesquisa de opinião realizada entre junho e julho de 1978 pelo Instituto Gallup de Opinião Pública, sob encomenda da Associação dos Advogados de São Paulo (INSTITUTO GALLUP, 1980).

5 Conclusões semelhantes irão apontar duas outras pesquisas de vitimização, uma de abrangência

Intitulado "a situação de violência na cidade", tal levantamento revelou que, embora entre 13% a 19% da população relatasse ter sido vítima de "assalto" em São Paulo nos últimos cinco anos, 75% acreditava que esse crime aumentava na cidade, chegando a 80% entre as classes A e B.

A violência institucional no período, intensificada pela militarização aguda das forças de ordem, não foi, contudo, sequer levantada como causa concorrente para a percepção de insegurança, sendo ao contrário suscitada como opção eficaz de enfrentamento à criminalidade, na modalidade "pena de morte" por 55% dos entrevistados em 1978, chegando a alcançar junto à classe A 60% nos entrevistados. Apesar da opção pela execução formal de criminosos, e também do intenso apoio popular que os esquadrões da morte recebiam no período, 50% dos entrevistados construíam sua autoimagem como "muito pacíficos", 19% como "pacíficos" e 22% como "relativamente pacíficos", recaindo sobre o *outro*, sobretudo na figura do migrante nordestino, o estereótipo de "muito violento" (34%).[6] O que conduz a uma autodefinição no mínimo curiosa da população de São Paulo do período, algo como: "somos pacíficos, mas vivemos numa sociedade violenta".

Se a opinião pública elegia o assaltante como a representação máxima da violência urbana, através dos mais diversos tipos sociais que ele poderia encarnar, é certo que a produção acadêmica do período se estabeleceu a partir de um referencial decisivamente crítico a essa percepção social.

Nos anos 70, o tema da violência urbana recebeu um enquadramento teórico e analítico, sobretudo no campo da sociologia, a partir dos estudos sobre marginalidade social. O debate sobre o crime, a violência e seus atores não se descolava do contexto de extrema exploração a que eram submetidas as classes populares, do processo de *espoliação urbana* (nos termos de Lucio Kowarick) a que os trabalhadores da metrópole eram impingidos, como a outra face da acumulação cada vez mais vigorosa da riqueza social nas mãos das classes dominantes.

O produto desse processo de expropriação refletia-se nas categorias sociais forjadas nesse contexto, designadas como *populações marginalizadas*, que

---

nacional realizada pelo IBGE e divulgada em 1990 e outra realizada no Rio de Janeiro, pela Unicri (U. N. Interregional Crime anda Justice Research Institute) e coordenada pelo sociólogo José Arthur Rios, cuja divulgação data de 1995. No caso da segunda, uma das mais importantes conclusões foi a de que os *crimes contra a propriedade afligiam mais as pessoas do que os contra a vida* (ZALUAR, 2002, p. 59). Ambas as pesquisas foram discutidas por Zaluar (2002).

6 Já nos anos 80, Caldeira (1989) e Pierucci (1999) demonstrariam a forte presença desses esteriótipos nas falas de moradores da cidade de São Paulo, flagrando as representações num momento inclusive de grande polarização política.

> não o são por sua essência ou caracterização, mas pelo grau de inserção que os posiciona numa sociedade regida pelo sistema capitalista caracterizado pela dependência estrutural e pelo barateamento da reprodução da força de trabalho (FERREIRA, 1979, p. 60).

Para a produção acadêmica do período, a categoria "marginalidade social" se revelava não como produtora de um tipo criminal, mas como o subproduto de um modelo de desenvolvimento "superexcludente", que se caracterizava pela *fraca potencialidade em integrar a força de trabalho em relações de produção de cunho moderno* (KOWARICK, 1975, p. 80). É certo que haverá, pelo senso comum, a apropriação em negativo desse tipo social (o marginalizado social), para convertê-lo em um tipo criminal (o marginal) cuja significação será em tudo diversa. A *marginalidade* construída pelo senso comum será a própria representação da delinquência, erigida como a causa per si da violência e insegurança urbana. O "menor de rua" será o grande personagem dessa marginalidade, e, embora percebido como problema social, animará sentimentos coletivos de vingança social, do linchamento popular às execuções sumárias pelos órgãos da repressão, como será discutido adiante.

De todo o modo, se as percepções sociais construíam a imagem do marginal como o "outro" que encarnava a violência que assolava a cidade, a reflexão acadêmica dirigia seu olhar ao processo social que circundava e produzia a marginalidade.[7] Esse é o sentido de diversos trabalhos do período dos quais cita-se o de Paoli (*Desenvolvimento e marginalidade*, 1974), Ferreira (*Meninos de Rua, valores e expectativas de menores marginalizados em São Paulo*, 1979), Perlman (*O mito da marginalidade*, 1977), Marques (*Marginalização, menor e criminalidade*, 1976) e de Kowarick (*Capitalismo e marginalidade social na América Latina*, 1977 e *A espoliação urbana*, 1979). Nota-se que tais estudos antes de delimitarem um campo temático autônomo sobre violência e criminalidade, acessavam a temática a partir da sociologia urbana, econômica e política, âmbitos em que se inscreviam.

A criminologia e o próprio direito penal do período tomariam emprestado das ciências sociais o conceito de marginalidade social para compreender o movimento do crime e da criminalidade nos anos 70, e com isso imprimir novos rumos à peno-

---

7 Vale anotar aqui a crítica elaborada por Alvarez (1989) ao revisar a produção acadêmica sobre o *menor* em sua dissertação de mestrado. Ele observa que em relação aos estudos sobre marginalidade social, em geral, esteve ausente uma problematização do processo histórico de construção social do próprio conceito de marginalidade social, assim como da associação entre pauperismo e marginalização, tratada como evidência por tais estudos.

logia contemporânea. Assim, foi com o tema "A marginalidade social e a justiça" que o IX Congresso Internacional de Defesa Social se realizaria em Caracas no ano de 1976, desferindo sua mais contundente crítica ao direito penal e à justiça criminal, que, distribuídos desigualmente, operavam reforçando processos de marginalização social voltados às classes populares.[8]

É intrigante, contudo, que enquanto a sociologia já tendia a abandonar a perspectiva da marginalização social como fonte de análise da violência urbana no país, no começo dos anos 80 esse debate ganharia mais força no plano jurídico e normativo, se institucionalizando a ponto de orientar as reformas na legislação criminal de 1984 e imprimir novas orientações ao sentido da pena de prisão (TEIXEIRA, 2009a).

A partir da redemocratização, um campo mais consolidado de estudos sobre a violência irá se constituir no âmbito das ciências sociais e humanas, de modo geral. Referido campo, embora não homogêneo e construído por objetos diversos e recortes específicos,[9] se constituirá como uma área temática autônoma nas ciências sociais. E, nesse processo, duas abordagens irão se desenhar.

A primeira perspectiva, majoritária, irá centrar-se na definição da violência urbana como um fenômeno atinente ao incremento da criminalidade violenta nas grandes cidades, excluindo a pobreza urbana como matriz ou sequer fator explicativo para o fenômeno. Nesse sentido, os trabalhos de Coelho (1987a, 1987b), Paixão (1987, 1990) e Zaluar (1983, 1985, 1998, 2002, 2004) são os que mais se destacam no propósito de apartar pobreza e desigualdade social do fenômeno do crime e da violência urbana.

Sob o argumento de que a associação entre crime e pobreza conduziria a uma interpretação por demais reducionista e mesmo positivista dos fenômenos, a ênfase conferida passa a ser sobretudo da ação individual, ou antes, as configurações que a ação criminosa apresentaria em seu núcleo, encerradas em formas específicas de individualismo, traduzidas como *sociabilidade violenta* (MACHADO DA SILVA, 2004) *desnormalização do individualismo* (MISSE, 1999), ou pelo *etos masculino* ou *guerreiro* (ZALUAR, 1998, 2002).[10]

---

8 Relatório oficial apresentado ao IX Congresso de Defesa Social, Caracas, 1976.

9 Como constatam Kant de Lima, Misse e Miranda (2000) na revisão bibliográfica que elaboraram sobre violência, segurança pública e justiça criminal no Brasil.

10 Indiscutível o fato de que tais conceitos, desenvolvidos sobretudo para explicar a violência decorrente do tráfico de drogas no Rio de Janeiro, entre os jovens moradores das favelas onde o comércio varejista se instala a partir da década de 90, remetem a uma miríade de teorias e reflexões que não vamos enfrentar neste momento. Nos capítulo 4 e 6 debaterei as implicações sociais e culturais do fenômeno do tráfico de drogas em São Paulo em período mais recente.

A partir dos anos 90, a emergência do tráfico de drogas no Rio de Janeiro e em São Paulo e sua atribuição como "organização social do crime" ou "crime organizado" contribuiram decisivamente para que entre *violência urbana* e criminalidade se constituísse uma espécie de sinonímia, de modo que quer a gramática da marginalidade social, quer qualquer outra centrada em aspectos de desigualdade social para explicar a violência, perdessem potência no interior desses estudos.

É certo que Michel Misse, já no final dos anos 90, ao trazer à análise da violência urbana no Rio de Janeiro a noção de *mercadoria política*, relativizou o acento colocado à criminalidade urbana nesse campo de estudos sobre violência urbana. Através desse conceito, ele propõe uma espécie de deciframento sobre o processo de acumulação da violência no contexto carioca, pela ideia de uma sobreposição de dois mercados ilícitos na cidade, o do narcotráfico e aquele em que o Estado transaciona suas mercadorias políticas, o que conferiria a explosividade da experiência da violência urbana no Rio de Janeiro (MISSE, 2006). O mesmo autor tem advertido para a dificuldade de tratar fenômenos como a *violência urbana* e o crime como categorias de análise, havendo neles, aliás, um conteúdo notadamente normativo ou acusatorial. Como ressalva o autor, eles são manejáveis enquanto categorias nativas, usadas para descrever, antes de tudo, representações sociais (MISSE, 2008).

Em período mais recente, a violência tem voltado a figurar como objeto "acidental" em estudos atinentes à sociologia e antropologia urbanas, vindo esses a oferecer uma espécie de contraponto às abordagens até então prevalecentes na temática da violência urbana. É o caso dos trabalhos de Telles e Hirata (2007), Feltran (2008) e Hirata (2010). Em etnografias realizadas nas periferias da cidade de São Paulo, os pesquisadores se deparam com formas de sociabilidade e estratégias de sobrevivência, de trabalho e de mobilidade que extravasam as "binaridades fundantes" da sociologia como legal/ilegal, inclusão/exclusão, revelando todas elas um intricado e reconfigurado mundo social que dificulta as abordagens mais consolidadas sobre crime, justiça e violência.[11]

A outra abordagem que se desenhou desde os anos 80 sobre a temática da *violência urbana* é aquela que reconhece a violência institucional como categoria fundamental à compreensão do fenômeno da *violência urbana*. A produção mais incisiva dessa corrente data do início dos anos 80, quando a violência institucional no contexto da transição

11 Essa perspectiva em parte vem sendo adotada em recentes estudos sobre economias criminais ou "subterrâneas" que propõem colocar a cidade como ponto de partida, no centro de uma reflexão que prioriza trabalhos etnográficos, sobretudo na França e na Itália (KOKOREFF et all, 2007). Voltarei a essa coletânea na segunda parte do livro.

democrática passa a ser tematizada como uma espécie de transposição ou extensão da ideologia da segurança nacional para a segurança pública.

Os trabalhos de Pinheiro (1981, 1982, 1983, 1986, 1991, 1998) são os mais emblemáticos, sobretudo por demonstrarem como práticas recalcitrantes de violência institucional se conectavam ao próprio funcionamento das instituições e, antes de serem lidos como excessos condicionados à própria violência do crime, revelavam diretamente a permanência autoritária no modelo de segurança pública do país. Nessa perspectiva se inserem trabalhos de Caldeira (1991, 2004), Adorno (1996) e Adorno e Cardia (1997).

Não obstante, a violência institucional tem sido tematizada nos trabalhos acadêmicos nos períodos democráticos, sobretudo o mais recente, a partir de objetos tomados com relativa autonomia no conjunto do aparato repressor (a tortura, a violência policial, etc), perdendo força, no interior desse campo de estudos, análises mais sistêmicas que conduzam à reflexão sobre a interconexão das diversas formas que a violência do Estado adquire no interior das instituições e de suas práticas.

De um modo geral, tomando como referência o período mais recente dos estudos sobre violência urbana, é possível afirmar que tem prevalecido uma perspectiva de interpretação baseada na premissa de que, em períodos democráticos, pese os vícios e deficiências do aparato jurídico penal, ou mesmo sua matriz inquisitorial (para usar os termos da reflexão de Kant de Lima, 1989), a violência urbana fincar-se-ia, em última análise, nos limites da problemática da criminalidade comum ou organizada. Em alguma medida tal perspectiva tem contribuído para obscurecer o papel que o aparato estatal de controle e repressão ao crime mantém desempenhando na emergência e na permanência daquilo que se cunhou como *violência urbana*.

A perspectiva adotada por este estudo é a de que a violência institucional não se inscreve apenas, quer num continuum de práticas atinentes a um Estado autoritário, quer como abusivas e ilegais a um Estado democrático. Ela tem representado, ao lado da corrupção e da extorsão, um só mecanismo, uma mesma ferramenta através da qual se constrói, às vezes de modo particularíssimo como na experiência brasileira, a delinquência. Ela se refere também a toda uma forma de gerir ilegalismos, de diferenciá-las e colonizá-las (nos termos de Foucault), pelo que ela se comunica profundamente com o fenômeno massivo que chamamos de criminalidade, e não apenas é decorrente dele. Interpretar a violência institucional como resultado de um enfrentamento mais heterodoxo da criminalidade subtrai a força positiva que esse fenômeno representa à delinquência.

Inserindo a violência institucional como consequência (ainda que indesejada), o que cabe a ela é sempre a porção do excesso, daquilo que pode ser corrigido, controlado, e levado ao patamar mínimo ao de uma "nação civilizada". Mas o processo histórico tem revelado que ela não é controlada, reduzida, e persiste, no caso brasileiro, através das práticas que se incrustam na dinâmica de funcionamento das instituições, se manifestando ou mesmo se intensificando nos regimes democráticos, nos momentos de estabilidade econômica, e até no interior dos programas bem intencionados das agências de controle que aderem à contemporânea gramática da "segurança cidadã". Sua persistência desafia assim interpretações que não lhe reclamem centralidade, um papel de destaque na economia diferencial da lei. É desse exercício que este capítulo se presta.

O papel da violência institucional na gestão dos ilegalismos

Como já mencionado, a análise sobre a emergência da violência urbana na cidade de São Paulo, a partir de meados dos anos 60, é a empreendida neste estudo, tomando como referência sua conexão às mudanças nos modos de gerir ilegalismos e se inserir em economias criminais pelas forças de ordem, no mesmo período.

Para tanto, reconhece-se expressamente, como já aduzido, que foi a diferenciação e a colonização de certas ilegalismos pelo aparato repressor, e sua conversão em delinquência, o que esteve na base de uma reorganização, quer das atividades criminais, quer das instituições policiais a partir do período.

E no que consistiu essa mudança no modo de gerir ilegalismos?

De um lado, o padrão e a escala de relações do aparato policial com os operadores dos ilegalismos àquele momento, ou seja, um renovado jogo de tolerâncias e extorsões se instala a partir dos meados dos anos 60, como foi demonstrado no capítulo anterior. Extorsões mais sistemáticas, uma quase institucionalização das modalidades *caixinhas, apontamentos, congestas,* além do recurso mais intenso às prisões correcionais *para averiguação* pela polícia civil. Ao lado dessa nova escala de transações de "mercadorias políticas", também práticas mais regulares e renovadas de violência institucional começam a incidir mais diretamente na gestão das ilegalismos.

A tortura já começa a se revelar como prática privilegiada adotada pelo aparelho policial, quer como "técnica investigativa", quer simplesmente incorporada à rotina de violência brutal nas carceragens das delegacias e instituições de custódia. Isso ocorrerá antes mesmo da ditadura militar vir a elegê-la como mecanismo excelente e polivalente, utilizado largamente tanto para a repressão política quanto à criminalidade comum.

Em 1961, o jornal *O Estado de S. Paulo* já registrava, a partir de um episódio que resultaria na morte de um suspeito de latrocínio dentro de dependências do Departamento de Investigação, a prática da tortura como recorrente nas atividades persecutórias e de custódia pelo aparato repressor àquele momento.

> A polícia é ré
> Entre incrédula e escandalizada, tomou a população conhecimento da morte de Laércio Luongo, suspeito da autoria do crime do Morumbi, a que faleceu (segundo atestado médico), de bronco-pneumonia num hospital em São Bernardo do Campo. Entre incrédula e aterrorizada, repetimos. Incrédula, porque ninguém acredita na versão oficial da morte do detento. E escandalizada, porque tudo indica que dentro da Polícia ainda existam indivíduos desalmados que espancam suas vítimas até perceber que elas chegaram ao fim. (*O Estado de S. Paulo*, 1° ago. 1961, p. 14).

Mesmo tendo como origem um crime bastante violento, supostamente um latrocínio, a morte do principal suspeito dentro das dependências policiais provocou grande indignação junto à opinião pública, em tempos ainda democráticos. Em razão do episódio, membros do Poder Legislativo chegaram a interpelar o titular da pasta de Segurança pelo fechamento do Departamento de Investigações da Polícia Civil e o presidente do Tribunal de Justiça pelo afastamento do juiz corregedor dos presídios.

> Assembléia: pedida a convocação do titular da Segurança Pública
> A morte, em circunstâncias que determinaram, da parte do governo, a adoção de uma série de medidas, de Laércio Pascoal Luengo, suspeito de assassinato do cineasta Geraldo Junqueira, deu origem a alguns discursos na sessão de ontem na Assembléia Legislativa. (...) No grande expediente, o sr. Hilário Torloni ocupou-se longamente do problema, propiciando debates. Exibiu pequena máquina de eletrochoque, afirmando que elas existem às dezenas no D.I. Antigamente estavam sob a guarda de delegados. Hoje, cada grupo de dois ou três investigadores, principalmente da Delegacia de Roubos, dispõe de um aparelho para o seu trabalho, disse ele. Mais adiante, depois de declarar que "só neste ano de 1961 já morreram 17 pessoas no Departamento de Investigação, inclusive um indivíduo retirado da Delegacia de Roubos já morto, levado por investigadores e enterrado nas proximidades da capital", pediu as seguintes providências: "ao Judiciário o afastamento do corregedor geral dos presídios" e ao Secretário de Segurança Pública "o fechamento do Departamento de Investigações". (O ESTADO DE S. PAULO, 3 ago. 1961, p. 4).

Vê-se, por referido depoimento, a importância que a tortura e a violência policial já desempenhavam no cenário da atividade policial no "controle" e repressão ao crime, e o quanto já estavam incorporados à rotina do trabalho policial. O fato de dezessete suspeitos serem mortos apenas num departamento da polícia até o mês de agosto correspondia a mais de duas execuções policiais por mês, num momento em que o crime de roubo ainda não chegara a um patamar tão elevado de incidência, nem mesmo se perfazia em modalidades difusas como a partir de meados da década de 70. Conclui-se, assim, que antes mesmo do roubo ser tachado como a representação máxima de violência na cidade, as ações policiais concebidas em tese para conter sua pretensa violência, acabavam por promovê-la de um modo ainda mais contundente.

Do mesmo modo, revela que também antes de as execuções sumárias de civis efetuadas por policiais se "institucionalizarem" e ganharem vulto com o fenômeno do Esquadrão da Morte em São Paulo no final da década de 60, já se encontravam modos de sua expressão no proceder cotidiano da Polícia Civil na capital, há quase dez anos, ainda sob regimes formalmente democráticos. Isso obviamente porque a violência institucional em São Paulo não surge com o Esquadrão da Morte, como também não é tributária apenas do contexto de intensa repressão que marcou a ditadura militar. Ela apenas encontrou no interior do regime condições mais favoráveis para se intensificar e se estabelecer como *modus operandi* por excelência no controle e repressão da criminalidade comum.

A imprensa da época, retratada aqui pelo influente jornal *O Estado de S. Paulo*, se posicionou sobre o referido episódio da morte de um suspeito nas dependências do DI através de um contundente editorial elaborado em 5 de agosto de 1961. Por ele, o jornal colocou lado a lado as práticas de violência e de extorsão policiais, ambas como sintomáticas da expressão de crise pela qual a instituição policial estaria atravessando no período. A crise aqui é lida eminentemente pelo aspecto moral, organizacional e não necessariamente político, já que a crítica é elaborada, pelo menos nesse momento, aos maus policiais e a problemas de gestão, como se depreende do trecho abaixo:

> Duas polícias
> Os gravíssimos episódios ultimamente divulgados, sobre a forma por que na Delegacia de Homicídios são realizadas determinadas investigações, ou sobre o modo por que são tratados certos acusados, autorizam a conclusão de que, além da polícia que todos conhecem, organização defensora da ordem constituída, dirigida pelo Secretário da Segurança Pública – uma outra entidade existe, subterrânea, que funciona subordinada a uma secreta hierarquia, e da qual somente um pequeno grupo de iniciados tem ciência.[...] Explicam-se assim certos fatos verdadeiramente estranhos: em meio de autoridades de exemplar conduta, de ilibada reputação, subsistem impunemente indivíduos da pior espécie. Não estamos exagerando. Os exploradores de mulheres da Delegacia de Costumes são conhecidos e não são incomodados. Os arrecadadores de dinheiro dos banqueiros e cambistas do "jogo do bicho" não são

> arredados da Delegacia de Jogos. Os associados de certos ladrões, com seus dedos carregados de anéis de brilhantes, permanecem firmes na Delegacia de Furtos e de Roubos, sem que ninguém consiga eliminá-los [...].

O jornal consegue estabelecer uma importante conexão entre o episódio de extremada violência e as práticas rotineiras de corrupção, estas últimas plenamente incorporadas à dinâmica de funcionamento da organização policial. Nesses modos de gestão, marcados pela extorsão direta pelo aparato repressivo (na figura das delegacias especializadas) junto às principais atividades criminais à época (prostituição, jogo, roubo), a violência também ocupava um lugar cativo e de destaque. E também ela já se apresentava como remota na história da Polícia Civil, como demonstra o jornal ao recuperar um episódio de desfecho semelhante ao que motivara o editorial, ocorrido em 1946:

> [...] Em princípios de 1946, por causa da morte do suspeito do furto de um rádio, verificada no xadrez da Delegacia de Roubos, o então corregedor do Departamento de Investigações realizou uma sindicância rigorosa (a única até hoje feita) denunciando a existência desse segundo grupo dirigente da Secretaria de Segurança Pública. O trabalho do magistrado, porém, foi abafado na Corregedoria Geral de Justiça, onde os respectivos autos ficaram retidos até os primeiros dias de 1948. Daí por diante, por omissão do judiciário, o "underground" ficou mais fortalecido. (O ESTADO DE S. PAULO, 5 ago 1946, p. 3).

Aqui cabe uma consideração sobre a longevidade da violência institucional, mormente a policial, na história do sistema repressivo brasileiro. Para se ater apenas à República e ao século XX, Salla (1998) já havia demonstrado diversos exemplos de espancamentos, torturas e maus tratos infligidos cotidianamente aos indivíduos recolhidos na Casa de Correção, tanto em São Paulo como no Rio de Janeiro. Bernardi (2000) ao estudar a trajetória de Gino Meneghetti entre as décadas de 10 e 70, revelou como desde sua primeira passagem policial, presenciou torturas realizadas com o fim de obter confissão dos acusados, promovidas pelo próprio delegado do Departamento de Investigações. Isso sem falar da violência brutal e por vezes letal promovida por agentes policiais nos presídios e estabelecimentos para recolhimento de presos como a Penitenciária do Estado, o presídio político Maria Zélia durante a era Vargas, o Presídio do Hipódromo, o Presídio da Ilha de Anchieta, e, claro, os xadrezes do Departamento de Investigações (SALLA; ALVAREZ, 2006).

Há de se concluir que a violência policial não é evidentemente inaugurada no final dos 50 e início dos 60, sendo sua emergência, contudo, percebida no contexto da violência urbana nesse período. Salla, Alvarez e Souza (2010), pesquisando as políticas de segurança em São Paulo nos períodos de transição, também constataram que foi justamente no início dos anos 60 que a violência policial começou a ganhar maior representatividade no debate público. Eles demonstram como entre 1960 e 1963 tanto a imprensa como os deputados estaduais passam a levar a público numerosas notícias de tortura realizada nas divisões policiais, onde se recorria a técnicas que se consagrariam como "pau de arara", "choque elétrico", com a finalidade primordial de obter confissões.

Por isso mesmo a interpretação elaborada pelo jornal *O Estado de S. Paulo* no referido editorial, sobre a prevalência de práticas de corrupção e violência policiais como evidências da existência de um grupo *underground* na corporação é uma leitura parcial e até certo ponto ingênua dos fenômenos. Além de conduzir a uma proposição de permanente reforma das instituições, inclusive no que toca ao Judiciário (que é aqui definido por sua conivência frente a tais desvios) essa interpretação não situa esses fenômenos no contexto histórico e político que lhe conferem inteligibilidade.

Se a violência policial se mostrava longínqua no Estado, a questão é compreender por que nesse momento, no início dos anos 60, ela passa a ganhar maior repercussão no meio político e na opinião pública. Em alguma medida porque ela começa a ganhar um outro estatuto do que o até aqui desempenhado, alinhado muito mais junto a outros fenômenos como extorsão policial, aos novos modos de gerir os ilegalismos e às novas economias criminais em transformação. A violência policial no período também está situada num outro contexto de transformações, o das forças de ordem do período, assim como de grande instabilidade política pelo qual o país atravessava e que culminaria no golpe militar de 1964.

Transformações nas forças de ordem nos anos 60: a militarização se agudiza

Durante a década de 60, o país vivenciaria uma das mais profundas transformações na organização de suas forças de ordem, desde sua reestruturação na Primeira República.

É certo que antes desse período, durante a ditadura Vargas (1937-1945), mudanças importantes haviam sido impostas à segurança pública no sentido de adequá-la ao projeto político centralizador do Estado Novo. Embora a estrutura básica da organização policial paulista tenha sido mantida (as corporações Polícia Civil, Força Pública e Guarda Civil),[12] suas funções foram em parte alteradas, afetando sobretudo a Força Pública

12 Embora se destaque a criação da Polícia Especial em 1935, cujos fins notoriamente serviam à repressão política, a atividade de repressão à criminalidade comum nos anos Vargas manteve-se estruturalmente a mesma desenhada pela Primeira República.

que perdera, no período, sua potência como força militar estadual para se submeter mais diretamente às Forças Armadas.

Convém lembrar que na base da criação da Força Pública,[13] em 1901, esteve desde o início um "processo de militarização controlado pelo poder civil e colocado a seu serviço" (FERNANDES, 1973, p. 156) ou, mais precisamente, a serviço dos interesses políticos das elites paulistas, o que a caracterizava como um mini- exército estadual. Com o insucesso da Revolução Constitucionalista de 1932, deu-se o processo de submissão da Força Pública ao poder federal das Forças Armadas, tendo se reduzido seu aporte e sua capacidade bélica (BATTIBUGLI, 2010) durante a era Vargas. Seu controle, ademais, era realizado também pelas forças civis estaduais, ou seja, a FP subordinava-se ao Interventor do Estado na figura do Secretário de Segurança Pública, e, em última análise, também à Polícia Civil.

Nem mesmo com a Constituição democrática de 1946 haveria alteração na estrutura policial dos Estados, contrariando expectativas tanto daqueles que propugnavam pela oportunidade de desmilitarização efetiva da força policial,[14] como daqueles que postulavam, em sentido contrário, sua maior autonomia e desvinculação dos governos estaduais civis. Essa última pretensão, a de desligar a Força Pública do governo estadual e, sobretudo, de equipará-la hierarquicamente à Polícia Civil, a qual era em verdade subordinada, consistia na principal reivindicação daquela instituição, que se intensificou a partir da década de 50. Em torno dessa demanda consistiu o ponto nevrálgico das rivalidades e conflitos entre as duas corporações, pautando ainda a instabilidade na área de segurança pública no período.

Battibugli (2010) demonstra como os diferentes governos do Estado entre 1946 e 1964 conduziram a crise entre as instituições policiais de modo bastante demagógico, ora tendendo a beneficiar uma ou outra corporação em razão de interesses puramente eleitoreiros.

A partir de 1953, quando a Força Pública apresenta seu primeiro projeto na Assembleia Legislativa visando à equiparação dos soldados a autoridades policiais, inclusive a

13 A Força Pública sucederá a Brigada Policial, que por sua vez substituíra, em 1897, o antigo Corpo Policial Permanente, força repressiva do Império. Na ocasião foram mantidas as Guardas Cívicas, mas já em 1898 elas adquirem caráter militarista, passando a se subordinar não mais ao Chefe de Polícia, mas diretamente à Brigada. Em 1906, já criada a Força Pública, a Guarda Cívica é a ela incorporada. Em 1924 será finalmente extinta. Em 1926 será criada a Guarda Civil, como auxiliar da Força, sem caráter militar, que dividirá com ela atividade de policiamento, sobretudo na capital (FERNANDES, 1973).

14 Nesse sentido o jurista Pontes de Miranda (1953) lançou sua contundente crítica à CF de 1946 por ter perdido a oportunidade de pôr fim, nos seus dizeres no "ditatorialismo estadual" inaugurado com a criação da Força Pública em 1901 (MIRANDA apud BATTIBUGLI, 2010).

fim de acumular funções de delegado de carreira, as relações entre as duas corporações só se agravou. A Polícia Civil não aceitaria perder sua posição na hierarquia policial, assim como abrir mão de uma competência que lhe era muito cara e que acabou por consistir num importante elemento de disputa: o patrulhamento na cidade.

Como já discutido no capítulo anterior, embora o patrulhamento coubesse, por disposição normativa, à Guarda Civil na capital e à Força Pública no interior, ambas subordinadas às autoridades policiais (civis), é certo que a Polícia Civil jamais renunciou às atividades de patrulhamento. Isso porque era através dele que se instalava com mais precisão o jogo de extorsões, tolerâncias e negociações que faziam dessa corporação a principal operadora da economia dos ilegalismos. Através das diferentes operações de Ronda que se instalaram sobretudo a partir do final dos anos 50 e início dos 60, a Polícia Civil acessava o grande mercado em que transacionava suas "mercadorias políticas", participando dos lucros das economias criminais que pretensamente deveria combater.

No centro do conflito entre as duas instituições, como se vê, estavam interesses absolutamente corporativos lado a lado, que diziam respeito à equivalência de funções, poderes e vencimentos (lícitos ou ilícitos). O debate sobre militarização das forças policiais, que poderia revelar uma matriz mais ideológica, jamais foi travado, orbitando a rivalidade entre a FP e a PC em torno das disputas políticas e dos conflitos de competência. Até porque, vale retomar, o sentido da militarização que esteve na base do processo de criação da FP transborda essa instituição em particular para dizer respeito a formas longínquas de "gerir populações" pelo Estado brasileiro.

Segundo Martins (2010), as raízes do *militarismo à brasileira* remetem à origem da colonização portuguesa, que, ao contrário de se caracterizar pela constituição de uma força militar destinada a garantir a proteção do território e a servir na guerra contra um inimigo externo, esteve desde sempre destinado a *servir* às forças econômicas e políticas internas dominantes, das elites agrárias[15] às urbanas, do poder imperial ao republicano. *Militarismo atávico*, é como o autor denomina a experiência brasileira, no qual a "guerra" sempre empenhada é aquela contra seu próprio povo, uma espécie de genocídio doméstico permanente (MARTINS, 2010, p. 2).

15 Martins (2010) recupera um termo de Raymundo Faoro ao pensar esse processo; segundo ele, tratar-se-ia antes de um *agrarismo* do que um militarismo o que estaria na base do processo de formação política brasileiro. Nesse sentido, aliás, há o já citado trabalho de Leal (1975) sobre o papel desempenhado pelo fenômeno do mandonismo local (decorrente do coronelismo) à subsunção dos poderes do Estado (inclusive policiais) aos desígnios dos chefes locais, refletindo o espúrio "casamento" entre as forças estaduais e municipais, ancorado na prevalecente estrutura agrária.

A FP foi criada assim como um segmento notoriamente militar, armado, ostensivo, num contexto de transformações sociais e políticas impostas com a República, para atender à necessidade de gerir não mais um contingente de escravos e desordeiros dispersos, mas uma nova ordem urbana, que na fenda aberta pelo trabalho livre, instaurava formas de relações sociais modificadas e complexas e, potencialmente, de conflitos. E sua criação não ocorreu em relação de oposição a uma instituição civil já existente, a Polícia Civil, mas numa espécie de composição, já que ambas se inseriram, desde a origem, nesse particularíssimo processo de militarização nacional.

Até 1964, o posicionamento oficial das autoridades civis foi contrário às pretensões da Força Pública, alegando "o absurdo que representaria haver no Estado duas polícias diferentes, agindo com autonomia para o mesmo fim".[16] A imprensa, por seu turno, também revelava-se oscilante, havendo veículos que tendiam ora para defesa de uma ou de outra instituição (BATTIBUGLI, 2010).

Indiscutível, no entanto, era a crise de legitimidade que recaía nesse momento sobre a Polícia Civil, o que as diferentes matérias do jornal *O Estado de S. Paulo* ajudam a compreender. Imersa em denúncias sobre práticas de violência e corrupção, sobretudo durante os primeiros anos da década de 60, a imagem dessa corporação como a principal instituição policial do Estado ruía gradativamente.

E esse foi o contexto que precedeu ao golpe militar em 1964. Com a ditadura militar, é certo que as instituições policiais foram totalmente cooptadas ao aparelho repressivo político do Estado autoritário, inclusive divisões específicas da Polícia Civil que atuariam como um braço importante da ditadura. A Força Pública, por se tratar já de um destacamento militar, teve uma aproximação mais natural ao Exército e um contínuo fortalecimento de suas funções,[17] até o Decreto-lei 667 de 1969 vir efetivamente militarizar a segurança pública em nível nacional.

A ditadura militar acabou assim por promover uma reorganização de forças e poderes no âmbito da segurança pública, que levaram a um processo de contínuo enfraquecimento da Polícia Civil, que se assiste até os dias de hoje. Isso porque, a ditadura não se limitou a conferir às forças militares a competência para a repressão apenas política (nos termos da ideologia de "segurança nacional"), mas também de enfrentamento à criminalidade comum "numa atuação competitiva com a Polícia Civil e praticamente autônoma ao Poder Judiciário" (PINHEIRO, 1981, p. 65).

16 "Teor do depoimento de autoridades da Secretaria de Segurança Pública". *Folha da Tarde*, 11 jun. 1959. Arquivo Folha.

17 Em 6 de maio de 1967 uma matéria no jornal *O Estado de S. Paulo* intitulada "FP em emergência é assim" exaltava a prontidão da Força Pública, enquanto destacamento militar do Estado, ao atuar na repressão das manifestações de rua, "agitações sociais" nos termos da matéria.

No Estado de São Paulo, essa reorganização começa a ser promovida antes mesmo da criação das PMs e de sua centralização ao Exército em 1969. Em 1968 foi editada a nova lei orgânica da Polícia (Lei nº 10.123), que conferiu à Força Pública maiores poderes, autonomia frente às autoridades policiais e o controle da Rádio Patrulha. As reações à lei e sua regulamentação foram instantâneas, versando sobre esse último ponto a principal polêmica entre as corporações, como se vê na notícia abaixo:

> Decreto define funções da Força Pública, PC e GC
> O ponto mais discutido do decreto, ontem à noite, nos meios policiais, era este: a entrega dos serviços de Radio Patrulha para a Força Pública. A Força Pública aplaudiu a medida. Na Polícia Civil, entretanto, muitos se manifestaram contrários a ela[...] Policiais experimentados previram uma crise na Polícia de São Paulo por causa do decreto, especialmente no que diz respeito aos serviços de Rádio Patrulha pela Força Pública. Comentário de um delegado: "o decreto favorece muito a Força Pública e reduz bastante as atividades da Polícia Civil". Pronunciamento de um oficial da Força Pública: "O Decreto é justo e o governador está certo em entregar a Rádio Patrulha para nossa corporação". (FOLHA DE S. PAULO, 3 set. 1968).

Em 2 de julho de 1969, a ditadura militar daria seu passo decisivo à militarização das forças de ordem no país, algo que marcaria profundamente a experiência nacional, subsistindo para além do próprio regime. Com o Decreto-lei Federal nº 667, criaram-se polícias militares em todas as unidades de federação, submetidas ao Exército nacional e cumulando funções de manutenção da "segurança interna" (leia-se doutrina da segurança nacional) e ordem pública (segurança pública). O rol extenso de suas atribuições exclusivas ia desde funções como combate à luta armada até policiamento ostensivo armado, preventivo e repressivo.

Como Pinheiro alude, com a criação das PMs o que estava em curso não era somente uma "política de combate ao crime, mas uma concepção de Estado e da sociedade" (PINHEIRO, 1982, p. 65). Sua criação anuncia, nos seus dizeres, a *politização*, ou *sobrepolitização* das polícias militares pelo aparelho do Estado.

Com a criação das PMs a militarização se agudizou no país a ponto de dizer respeito a toda uma forma de governo, de gerir não apenas o crime, a criminalidade, mas também a população de modo geral. Houve um espraiamento, tanto ideológico como material, das forças militares representadas pela PM para diversas funções do Estado. Não apenas o policiamento ostensivo, mas as funções de guarda interna e também de administração de instituições totais e órgãos públicos ficariam a cargo das polícias militares. Até hoje, diversos estados da federação ainda delegam a gestão de unidades prisionais a policiais militares.

As consequências desse estado de coisas foram e ainda são diversas. Pinheiro (1982) menciona sobre a prevalência do *vigilitantismo*[18] na atuação policial, que, embora não inaugurado com a criação das PMs em 1969, alcança um novo padrão com ele. O autor designa por vigilantismo a percepção por parte dos organismos policiais sobre a ausência ou frouxidão de controles legais ou mesmo o encorajamento de abusos, notadamente por parte de um regime autoritário. A violência policial e institucional, de modo geral, que se agravam sobremaneira no período, se inscreveriam nessa lógica.

Se o vigilantismo se instaura como um padrão de atuação policial a partir da ditadura militar, é certo que ele não se encerra no proceder da Polícia Militar. Como já mencionado, o militarismo nunca constituiu, na experiência brasileira, um ponto de distinção entre as forças policiais civis e militares. Assim, a Polícia Civil de São Paulo, que já vinha sofrendo desgaste em sua imagem desde o final dos anos 50, desprestigiada pela valorização da PM com o golpe militar, recorre nesse momento justamente a uma dose exagerada de vigilitantismo, leia-se, à exacerbação da violência e corrupção de modo institucionalizado, sendo o fenômeno do Esquadrão da Morte sua mais contundente expressão.

A importância do Esquadrão da Morte na emergência da violência urbana

O fenômeno Esquadrão da Morte no estado de São Paulo, que consistiu na execução de civis de modo brutal e quase ritualizado por policiais civis entre os anos de 1968 e 1971, não pode ser compreendido dissociadamente de toda uma história de violência,[19]

18 O termo vigilitantismo é usado na literatura norte-americana para designar tanto a atuação de grupos do Estado (policiais) de modo extralegal, sentido, aliás, acolhido por Pinheiro neste trabalho, como para se referir à atuação de grupos privados, visando exterminar ou neutralizar oponentes, do mesmo modo à margem da lei. Huggins (1992) estudou manifestações do vigilitantismo na América Latina, onde, segundo ela, o fenômeno se expressava na forma de esquadrões da morte, forças paramilitares, violência policial e linchamentos.

19 Salla e Alvarez (2006) identificam uma primeira expressão do fenômeno Esquadrão da Morte na figura do emblemático tenente Galinha, líder da escolta de capturas no interior do estado entre o fim do século XIX e início do XX. Nas localidades por onde passava, ele deixava, segundo os autores, "um rastro de terror", promovendo violência física e sexual não só contra os suspeitos que depois executava, como também contra quaisquer pessoas a eles relacionadas. "Em certo sentido, o Tenente Galinha e sua equipe formavam, na passagem do século XIX para o XX um esquadrão da morte avant lettre" *(*SALLA; ALVAREZ, p. 285*)* A respeito, também o trabalho de Figueiredo, de 1965 *(Tenente Galinha, caçador de homens: Eu sou a lei)* que atribui ao personagem a polivalente função de ser "a lei, o juiz e o carrasco".

abusos e corrupção por parte das forças policiais em São Paulo. Do mesmo modo, impossível analisá-lo sem levar em conta os padrões de gerir ilegalismos (da extorsão à violência fatal) que se instalam com mais precisão no começo dos anos 60, ou seja, das novas formas do aparelho policial se inserir junto às economias criminais, tanto aquelas em colapso como as em emergência.

É certo que a manifestação desse fenômeno está profundamente relacionada também ao contexto político, ou seja, a legitimação contínua que a violência institucional ganhara dentro de um modelo autoritário militar, prevalecendo o que Pinheiro denominou de vigilitantismo por parte das forças de ordem. Contudo, inserir o Esquadrão da Morte apenas como tributário desse contexto, subtrai uma importante dimensão do fenômeno, que vem a ser o papel por ele desempenhado numa economia diferencial de ilegalismos.

A interpretação de Helio Bicudo (2002) de que o Esquadrão resultaria de uma tentativa, por parte da Polícia Civil, em provar sua "eficiência" frente ao contínuo desprestígio impingido pelo fortalecimento da PM tem sido a mais difundida para explicar sua emergência, pelo menos no caso paulista. Ela leva em conta essencialmente o contexto político imediato que circunda o fenômeno, a militarização crescente e a ameaça que ela teria imposto à instituição Polícia Civil. Curiosamente, é o próprio autor o primeiro a denunciar as conexões entre o Esquadrão paulista e o tráfico de entorpecentes, ou seja, a interpretar as execuções sumárias como parte das relações espúrias entre os agentes policiais e as economias criminais, colocando-se lado a lado mais uma vez violência institucional e corrupção.

Enquanto procurador de justiça designado em 1970 para investigar os crimes do Esquadrão paulista, Helio Bicudo conseguiu detectar o principal mote das execuções promovidas pelo grupo: suas relações diretas com o tráfico de drogas. Assim, as mortes se inseriam quer como parte do trabalho de proteção que tais policiais conferiam a quadrilhas de traficantes, na execução assim de seus rivais, quer como "queima de arquivo", ou seja, a eliminação de colaboradores que já não mais lhes interessavam, pois "sabiam demais" sobre seu envolvimento com o mundo do crime.

Percival de Souza (1978), à época um combativo jornalista policial do *Jornal da Tarde*, se notabilizou no período pela intensa cobertura realizada sobre as execuções do Esquadrão. O jornalista observou que entre o discurso de moralização e de combate feroz ao crime proferido pelo Esquadrão e sua prática havia um abismo que podia ser aferido pelo perfil de suas vítimas, uma vez que em sua imensa maioria se referiam a traficantes de tóxicos, sendo o restante composto por "ladrões sem importância" (SOUZA, 1978, p. 48). Na verdade, afora a primeira execução realizada pelo Esquadrão, em suposta vingança a um investigador morto por um bandido de nome *Saponga* num tiroteio,[20] as execuções promovidas pelo Esquadrão atendiam uma economia certa, a um cálculo em que nem a vingança nem o combate ao crime estavam presentes, mas uma lógica bastante coordenada e absolutamente pertinente às relações que mantinham com a economia criminal do tráfico de drogas e à prostituição.

Helio Bicudo foi além ao conseguir demonstrar que as execuções do Esquadrão integravam um repertório extenso de práticas e relações com o mundo do crime que iam da extorsão, da participação direta nos lucros do tráfico ou da prostituição, até a torturas e enfim a execução sumária, e no qual estava implicada a cúpula da Polícia Civil, representada pelo delegado do DEIC, Sérgio Paranhos Fleury. O fato de o delegado Fleury ter estado à frente do Esquadrão da Morte em São Paulo representou a própria institucionalização desse grupo de extermínio pelo Estado, já que ele desempenhava um papel de destaque na estrutura de funcionamento do regime, simbolizando o perfeito casamento ente forças civis e militares no projeto repressivo nos anos da ditadura. Fleury não era apenas um alto representante da Polícia Civil, mas a peça-chave no estado de São Paulo a operar a mais bárbara repressão infligida quer a presos políticos (o que o exemplo dos DOPS e DOI-CODI que dirigiu estão a demonstrar) quer de presos e criminosos comuns, o que o caso do Esquadrão da Morte é ponto mais extremo.

Assim, o repetido apoio, por vezes implícito, por outras explicitamente, conferido pelo Secretário de Segurança (Hely Lopes Meirelles), pelo governador nomeado do estado (Abreu Sodré) e pelas forças militares federais ao Esquadrão paulista, que culminariam na perseguição e afastamento de Helio Bicudo das investigações, somente pode ser entendido se o compreendermos como expressões da institucionalização do Esquadrão pelo Estado.

Também no Rio de Janeiro, onde a primeira expressão do fenômeno Esquadrão da Morte surgiu, no final dos anos 50 e início dos 60, as ligações diretas com economias criminais, no caso o jogo do bicho, a prostituição e também o tráfico de entorpecentes, se fizeram pungentes. As semelhanças entre os esquadrões carioca e paulista não se encerram apenas nas conexões com as atividades criminosas que ambos estabeleceram. Nos

---

20 Na ocasião, em dezembro de 1968, após a morte do investigador Davi Romeiro Parré, policiais do DEIC juraram a morte de *Saponga* e pronunciaram a sentença que marcaria o grupo: "para cada policial morto, dez bandidos hão de morrer". Para tanto, executaram quatro pessoas no dia seguinte, nenhuma delas comprovadamente envolvidas na morte do investigador. Outra execução por suposta vingança, dessa vez pela morte do investigador Agostinho Gonçalves de Carvalho, também num tiroteio, foi do jovem ladrão *Guri*, morto com 150 tiros depois de uma caçada cinematográfica de alguns dias e intensa cobertura jornalística (SOUZA, 1978).

dois casos, a constituição do grupo é referida num contexto de vingança pela morte de policiais, em que a caçada implacável ao bandido narra o feito heróico de sua eliminação, e oculta o papel desempenhado pelo esquadrão numa economia diferencial de ilegalismos. Daí por diante, a rotina se estabelecia pela execução sistemática de suspeitos e presos, segundo procedimentos determinados: sequestro, espancamento, tortura, seguidos por rajadas de tiros, por vezes dezenas, em muitos casos desferidos pelas costas. O ritual se encerrava com o corpo sendo abandonado (mas não ocultado) em locais ermos e um telefonema dado por um agente "relações públicas" da polícia à imprensa comunicando a execução, que se autodesignava por singelas denominações como "rosa vermelha" no Rio, "lírio branco" em São Paulo.

Há um outro ponto de aproximação entre os dois esquadrões da morte que se refere à institucionalização promovida junto a tais grupos de extermínio pelo próprio Estado. Também no Rio de Janeiro, foi o próprio *establishment* que propiciaria as condições para sua criação ou sua manutenção, erigindo, em última análise, seus procedimentos a uma autêntica política de Estado.

No Rio de Janeiro essa institucionalização está inclusive na base de constituição do Esquadrão. O primeiro ato data de 1958 quando o então chefe da polícia do Distrito Federal, o temido general Rogério Mont Karp, criaria o Serviço de Diligências Especiais – SDI –, em resposta a uma onda de roubos a lojistas e taxistas na cidade. Conhecido tanto por seus métodos fatais de enfrentamento ao crime como por seu envolvimento no jogo do bicho, tráfico de entorpecentes e clínicas de aborto, Mont Karp prometeu à população resposta imediata no combate aos assaltantes, dispondo que o SDI realizasse, se necessário "o extermínio puro e simples dos malfeitores" (VENTURA, 1994; RIBEIRO, 1977). E deu-se início à matança de diversos suspeitos,[21] apoiada por grande parte da população à época.

Sete anos depois, em 1964, após a morte do policial civil Milton Le Cocq por um criminoso conhecido como "Cara de Cavalo", uma "caçada" empreendida pelos policiais ligados a Le Cocq e sua execução sangrenta marcariam o início de uma pretensa sociedade de seus seguidores, a Scuderie Le Cocq, que traria as iniciais EM escritas sobre uma caveira, como seu símbolo[22] (MISSE, 2008). Após esse episódio, têm início de modo

---

21 *Esquadrão faz 800 mortos e age na impunidade.* Jornal do Brasil, 7 jun. 1970; "Esquadrão, suas execuções e seus homens". *Correio da Manhã*, 2 abr. 1970. Apenas no início dos anos 70 é que viriam a público as denúncias contra Mont Karp.

22 Tanto Le Cocq como muitos de seus subordinados eram egressos da extinta Polícia Especial, vigente na era Vargas, especificamente do seu Esquadrão Motorizado, daí a justificativa dos membros da Scuderie usarem as iniciais EM, em alusão, segundo eles, não ao Esquadrão da Morte e sim ao

mais contundente as execuções sumárias segundo o ritual adotado pelo Esquadrão, na capital e na Baixada Fluminense. Mas o grande passo rumo à verdadeira institucionalização desse grupo foi dado pelo próprio Estado, através da alta cúpula da Segurança Pública do Rio de Janeiro, que em 1969 criaria novamente uma divisão com poderes extraordinários para dispor sobre a vida e a morte de pretensos suspeitos, motivada oficialmente para acabar com o assalto a taxistas, "os bandeiras 2".

Criava-se assim o grupo intitulado "Os doze homens de ouro", cujos membros, em sua grande maioria, correspondiam exatamente aos policiais ligados a Le Cocq, fundadores da Scuderie, e que atuaram na caçada a Cara de Cavalo, incluindo o próprio secretário de segurança pública Sergio Rodrigues, que em 1964 chefiara, como delegado, a operação que resultaria na perseguição e execução do assaltante (RIBEIRO, 1977). Com expressa carta branca do Estado para "limpar a cidade" dos assaltantes, o grupo foi responsável pela morte de mais mil pessoas, sob o lema criado a partir da frase célebre de um de seus membros: *bandido bom é bandido morto*.[23]

"Doze homens de ouro" passou a ser o nome oficial, institucionalizado, que o estado carioca conferiu ao seu Esquadrão da Morte. Mais do que o apoio implícito, as execuções sumárias promovidas pelo Esquadrão se convertiam na própria política de segurança pública do Estado. Ironicamente, não foi a barbárie de seus atos que conduziria a seu declínio, mas a disputa travada internamente na própria polícia carioca, provocada pelo fato do "grupo de elite" invadir competências e jurisdições de outros agentes (RIBEIRO, 1977). A organização policial, ressentida do prestígio conferido a apenas doze homens da corporação, levaria a opinião pública a conhecer aquilo que estava verdadeiramente na base da formação do grupo: suas conexões com banqueiros do jogo do bicho, falsificadores, traficantes de drogas e uma miríade de ilegalismos que gerenciava.

*****

Assim, a imagem de eficiência no enfrentamento ao crime pelo justiçamento e "limpeza" social de bandidos perigosos que os Esquadrões de Morte procuraram estabelecer desde sua origem, ocultava, desde o início, sua verdadeira dimensão constitutiva: mais uma estratégia de atuação policial junto a economias criminais. Só que para essa até então

---

extinto destacamento motorizado. A esse respeito, "Policiais acusam colegas de compor Esquadrão da Morte". Jornal do Brasil, 10 mar. 1970, e também Ribeiro (1977) e Misse (2008).

23 Trata-se de José Guilherme Godinho Ferreira, o *Sivuca*, que exerceu quatro mandatos como deputado estadual do Rio de Janeiro, recorrendo sempre ao jargão que criou "bandido bom é bandido morto", título inclusive de uma autobiografia por ele publicada.

nova estratégia não se recorreu às formas mais "ortodoxas" da gestão de ilegalismos até então conhecidas como o arbítrio da detenção ilegal, a intimidação do achaque, a rotina das *caixinhas* ou mesmo a violência calculada da tortura.

Com o Esquadrão da Morte a violência alcançou patamares até então desconhecidos, tanto por parte dos aparatos policiais como também da criminalidade. Por isso ele desempenha um papel ímpar para a emergência da violência urbana, porque diferentemente de como se convencionou tratar, o fenômeno não acabou por repercutir o fenômeno da violência criminal, mas, em certa medida, em constituí-la.

A emergência do roubo como causa de insegurança social

Michel Misse (2006, 2008) ao tratar do processo de acumulação social da violência no Rio de Janeiro, chama a atenção para uma não casual coincidência cronológica. Teria sido no final dos anos 50 e início dos 60 o momento em que ele situou *o início da violência urbana brasileira, exatamente no mesmo período em que surgem os esquadrões da morte no Rio de Janeiro* (2008, p. 375).

Ainda segundo Misse, a partir de meados dos anos 50 teria havido uma mudança no padrão da criminalidade nas grandes cidades, com a introdução da modalidade assalto à mão armada realizado em residências, bancos ou contra taxistas. Teria sido a partir desse momento que a violência, antes prevalecente nos crimes passionais e ligados à honra, começa a se deslocar para os crimes impessoais, os patrimoniais, antes cometidos sem violência e agora representados nas modalidades anteriormente citadas.

E, prossegue o autor, é *nesse contexto que o chefe de polícia decide criar oficialmente o "Grupo de Diligências Oficiais"* (MISSE, 2008, p. 377), grupo esse que, como já mencionado, será comandado por Milton Le Cocq, e cujos desdobramentos resultarão na formação do Esquadrão da Morte carioca. O surgimento do Esquadrão se inscreveu, assim, nos termos de Misse como *uma forma de resolução de problemas que depois se tornou mundialmente conhecida e até adotada com o mesmo nome* (MISSE, 2000, p. 374), "problemas" aqui referentes essencialmente aos novos padrões de criminalidade patrimonial emergentes àquele momento. Para o "sucesso" e a reprodução do fenômeno do Esquadrão da Morte foram decisivas ainda a herança que recebeu de tradições longínquas de justiçamento incrustadas na cultura local, a impunidade que o regime militar lhe conferiu e o considerável apoio popular que gozava à época.

Embora Misse faça menção também a outras grandes cidades, seu estudo atém-se sobretudo ao Rio de Janeiro. De todo o modo, o autor conclui, assim como grande parte da literatura especializada (COELHO, 1987a; PAIXÃO, 1987), que foi a mudança dos padrões do crime de roubo, o recurso à força física e o emprego da arma de fogo, o que implicou na démarche da violência urbana nas grandes cidades a partir de meados dos 50. Mas também é certo que Misse complexifica um pouco mais essa proposição ao identificar, na forma de enfrentamento a esses novos padrões de criminalidade adotada pelo aparato repressivo, ou seja, os fenômenos de violência institucional representados pelos esquadrões da morte, marcos concorrentes ao processo de acumulação social da violência no Rio de Janeiro, assim como decorrentes de *uma concepção de incriminação baseada na sujeição criminal* (MISSE, 2008, P. 382).

Reconhecer tal proposição como válida implica tomar como certos dois pressupostos. O primeiro é que o crime patrimonial tenha se tornado efetivamente mais violento em tal período, e que essa mudança de padrão tenha de certo modo precedido à formação dos esquadrões. A segunda, em parte decorrente da primeira, diz respeito à lógica informadora de constituição e atuação dos esquadrões da morte, ou seja, implica aceitar que tais grupos agiam no combate, violento e ilegal, ao crime, e não já como *partes,* à época, das economias criminais que pretensamente enfrentavam.

Com relação ao primeiro pressuposto, a mudança no padrão do crime de roubo a partir dos anos 60, ou seja, sua apresentação por formas mais violentas, a proposta é testar a validade dessa proposição para o caso da cidade de São Paulo. Para tanto, é preciso retomar novamente o contexto de reconfigurações pelo qual os ilegalismos e sua gestão atravessavam, justamente nos anos 60, e o período que as antecede.

As mutações do crime de roubo e de sua gestão

A questão que se coloca é em que momento o roubo emergiu como a categoria criminal responsável pela crescente sensação de insegurança na cidade, ou seja, quando por sua escala e seu padrão de cometimento ele se tornará fortemente associado ao fenômeno da violência urbana em São Paulo? Em que momento o roubo deixará de apresentar o estatuto de um crime de menor incidência e de atentar essencialmente à propriedade para ameaçar e atingir a integridade física das vítimas?

A proposta aqui é retratar o comportamento do crime de roubo em períodos que precederam à sua potencial emergência, analisando estatísticas criminais em séries históricas produzidas a partir de 1927,[24] além de materiais de imprensa e biografias de diferentes períodos.

24 Até a década de 40, as informações criminais encontravam-se dispostas nos relatórios dos chefes de polícia, e referiam-se às atividades policiais das delegacias especializadas, apresentando, entre outros, dados relativos ao número de queixas registradas e de inquéritos instaurados por tipo de crime (roubo, furto, etc). Essa forma de consolidar e divulgar os dados criminais foi alterada na década de

TABELA 16

Queixas de homicídio e agressão, roubo e furto segundo taxas por 100 mil hab. na capital – 1927 a 1939

Ano	Taxas de homicídio e agressão	Taxas de roubo	Taxas de furto
1927	170,9	63,0	*
1928	44,9	29,3	*
1929	52,2	14,0	274,0
1930	164,4	22,3	324,2
1931	127,9	27,8	379,4
1932	94,6	53,8	473,0
1933	81,7	35,9	230,3
1934	141,9	49,3	372,2
1935	41,3	49,6	325,1
1936	63,7	57,8	358,9
1939	98,0	63,9	245,1

* dado não informado

Fontes: Relatório do Gabinete de Investigações relativo ao ano de 1936. Secretaria de Negócios da Segurança Pública (RELGAB, 1936); Relatório das atividades da Polícia Civil no exercício de 1939 apresentado pelo Chefe de Polícia ao interventor do Estado (RCPPOLSP, 1939). In: Fundação Sistema Estadual de Análises de Dados (FSEADE) e Cordeiro (2005).

Vemos que entre 1927 e 1939, o crime de roubo apresentou uma pequena taxa de queixas, tanto em relação ao furto como aos crimes contra a pessoa, violentos por definição (tabela 16). Embora as taxas de queixas apresentadas sofressem grandes variações, mesmo dentro de cada categoria delitiva, e ano a ano, é certo que o roubo permaneceu com taxas risíveis se comparadas às do furto, e, para a maioria dos anos, também inferiores aos crimes contra a pessoa, esses últimos soberbamente representados pelas agressões. É possível aduzir, de todo o modo, a grande representatividade que o furto, um crime

50, quando então passariam a ser divulgados pelo Departamento de Estatística do Estado, através do Anuário Estatístico do Estado, como já aludido na introdução deste trabalho. As informações passaram a se referir somente aos inquéritos instaurados por classe de crimes (patrimonial, contra a vida, etc), omitindo-se, via de regra, tanto os dados das queixas/ocorrências, bem como os tipos de delitos especificadamente. Apenas a partir de 1977 serão apresentados dados de ocorrências criminais por classe de crime, e três anos depois, em 1980, eles voltariam a ser desagregados por tipo de crime, no que se mantém até hoje.

patrimonial sem violência,[25] desempenhava no contexto delitivo da cidade, representatividade essa que poderia ser ainda maior se levada em conta a alta subnotificação que esse tipo de crime apresenta.

TABELA 17

Queixas registradas por pequenos furtos na capital (1934 a 1936)

Ano	Pequenos furtos	Total de furtos
1934	2.544	3.957
1935	2.430	3.599
1936	2.430	4.131

Fonte: Relatório do Gabinete de Investigações relativo ao ano de 1936. Secretaria de Negócios da Segurança Pública (RELGAB, 1936); Relatório das atividades da Polícia Civil no exercício de 1939 apresentado pelo Chefe de Polícia ao interventor do Estado (RCPPOLSP, 1939).

No universo dos furtos, os pequenos furtos, como se vê, prevalecem entre os crimes patrimoniais (tabela 17), dado que, acrescido ao baixíssimo número de inquéritos instaurados (em média menos de 10% do total de queixas apresentadas, como se depreende da tabela 18, em seguida), nos dá a dimensão dos limites em que se processava sua gestão.

TABELA 18

Queixas/ Inquéritos por furto na capital (1929 a 1939)

Anos	Queixas	Inquéritos
1929	2.348	153
1930	2.878	109
1931	3.535	283
1932	4.615	232
1933	2.348	119
1934	3.957	244
1935	3.599	975

25 A grande diferença entre o furto e roubo estabelece-se no requisito *violência* ou *grave ameaça*. O Código Penal de 1890, vigente a esse tempo, classificava o furto apenas como um crime "contra a propriedade publica ou particular" (art. 330 – *subtrahir, para si ou para outrem, cousa alheia móvel contra a vontade de seu dono*) e o roubo, ao lado das extorsões, como um crime "contra a pessoa e a propriedade" (art. 356 - *subtrahir, para si ou para outrem, cousa alheia móvel, fazendo violência á pessoa ou empregando força contra a cousa*). O CP de 1940 (nessa parte até hoje vigente) mantém o núcleo dessa definição.

1936	4.131	___
1937	4.144	290
1938	3.767	457
1939	3.143	459

Fonte: Relatório do Gabinete de Investigações relativo ao de 1936. Secretaria de Negócios da Segurança Pública (RELGAB, 1936); Relatório das atividades da Polícia Civil no exercício de 1939 apresentado pelo Chefe de Polícia ao interventor do Estado (RCPPOLSP, 1939)

Uma vez não acionando a dinâmica investigativa e judicial, o controle dos furtos se perfazia nos marcos exatos de uma gestão diferencial, restando aos seus atores, que transitavam entre esse tipo de crime e a vadiagem, as prisões correcionais.

A criminalidade patrimonial era assim caracterizada primordialmente por atentar aos bens, e não às pessoas. Isso porque, além de prevalecerem os pequenos furtos no universo delitivo, também os roubos não correspondiam exatamente a uma caracterização de violência pessoal, dado que pode ser aferido se levarmos em conta dois aspectos sobre sua ocorrência e gestão nesse momento.

Um deles diz respeito ao critério balizador de investigação policial para os crimes contra o patrimônio, que vinha a ser o valor econômico subtraído das vítimas, havendo destaque dos relatórios da época ao trabalho de recuperação dessas quantias, algo que foi se desconstituindo ao longo das décadas posteriores. Esse critério era inclusive assumido pelas autoridades policiais da época, como se depreende do relatório do chefe de polícia referente ao ano de 1936, que destaca que todas as queixas por furto cujo valor da quantia furtada era inferior a 40 mil réis não foram investigadas (RELGAB, 1936).[26] Do mesmo modo procedia-se em relação ao roubo, havendo no relatório de 1939 uma menção expressa a esse critério na investigação de apenas 308 das 820 queixas apresentadas naquele ano, das quais somente 132 resultaram em inquéritos policiais (RCPPOLSP, 1939)

O delegado da Delegacia Especializada de Roubos, corroborado pelo então chefe de polícia, esclarece que

> as queixas que, dada a insignificancia de seus valores e as relativas a menores pelas suas idades irresponsáveis, não comportavam por isso mesmo a abertura de inquérito foram resolvidas sumariamente (RCPPOLSP, 1939, p.505).

26 O chefe de polícia, constrangido com essa informação, reconheceu ser mesmo *recriminável uma organização de caráter policial, especializada, ao invez de olhar o facto criminoso, em si, o encare atravez do valor que elle representa* (RELGAB, 1936, p. 33), justificando a escassez de pessoal como causa dessa "seleção" de casos investigados.

Remanescia sem esclarecimento, contudo, quais teriam sido as saídas sumárias para os casos, dado que ausentes respostas jurídicas alternativas na legislação da época (e da atual) para o enfrentamento desse tipo de crime.

Aqui, o que chama a atenção é o fato de que, em diferença ao furto, o roubo recorria à violência ou grave ameaça no seu cometimento, sendo ainda menos plausível o argumento do pequeno valor subtraído como causa de baixa atividade investigativa. Nem mesmo a legislação da época definia a gravidade do crime de roubo pelo valor subtraído, diferente mais uma vez do que ocorria com o furto.

O fato de se investigar apenas os roubos de grande quantia contribui assim para a hipótese de que esse crime fosse percebido à época como um delito que atingia primordialmente a propriedade e não a integridade física, muito aproximado ao furto.

O outro fator importante para que esse crime não fosse associado à violência à época decorre do fato de que, na sua maioria, ele era cometido em residências e em menor proporção em estabelecimentos comerciais, sendo uma parcela muito pouco significativa (menos de 10% do total) cometida em vias públicas, ou seja, contra transeuntes (tabela acima). Do mesmo modo, eram raros os casos de roubo associado à violência física e à morte.

TABELA 19

Natureza das propriedades assaltadas na capital (1934, 1935, 1936 e 1939)

	Ano			
Natureza do local	1934	1935	1936	1939
Casas particulares	337	408	432	429
Casas commerciaes	114	86	116	288
Outros (igrejas, escolas)	31	20	72	44
Via pública	—	35	45	64
Totais	454	549	665	825

Fonte: Relatório do Gabinete de Investigações relativo ao de 1936. Secretaria de Negócios da Segurança Pública (RELGAB; 1936); Relatório das atividades da Polícia Civil no exercício de 1939, apresentado pelo Chefe de Polícia ao interventor do Estado (RCPPOLSP, 1939).

Cometido sobretudo em residências (tabela 19), o roubo requeria ainda primordialmente habilidades específicas de seus autores, como abrir portões (micheiro), ou atribuições físicas, como a capacidade de escalar muros, a agilidade para fugir de perseguições, etc. Por tais características, observa-se que, mesmo juridicamente, o roubo se aproximava muito do furto, o que, como já mencionado, contribuía para uma representação oficial de que esse crime atentava sobretudo ao patrimônio de uma população mais abastada.

Isso não significa, contudo, que o roubo contasse com uma ampla aceitação social no período, muito pelo contrário. Bernardi (2000) demonstra, a partir dos arquivos da imprensa, como as elites, representadas nos jornais e diários da época, bradavam contra o aumento da criminalidade, notadamente os roubos a propriedades nos bairros mais nobres da cidade. A grande imprensa chegava a cunhar a cidade como "paraíso dos ladrões" e exigir um policiamento mais eficaz, o que por vezes correspondia a críticas ferozes à política de segurança. Mas eram os vultuosos assaltos a residência que estavam na mira desses órgãos de imprensa, aqueles nos quais grandes quantias de jóias e dinheiro eram subtraídas, e que, embora cunhados como roubos, muitas vezes se referiam a furtos.

Gino Amleto Meneghetti, consagrado como *homem gato*, foi o mais famoso e destacado representante dessa criminalidade no período. Sua carreira se inicia ainda na primeira década do século XX e é marcada pela sucessão de roubos e furtos a residências, nos quais suas habilidades de saltador (daí a alcunha) eram memoráveis, e lhe garantiam não apenas adentrar os locais, mas principalmente o sucesso nas fugas (BERNARDI, 2000). Representado como um "gatuno elegante", heroicizou-se como um ladrão que roubava residências mais abastadas e, sem atentar contra suas vítimas, subtraía bens e empreendia fugas homéricas, desafiando o sistema repressivo, do aparato policial ao carcerário.[27]

Bernardi (2000) dedicou seu trabalho a estudar as representações da imprensa sobre esse personagem, demonstrando como foi ambígua e oscilante a imagem que lhe foi atribuída. Ora reforçando a lenda de bandido célebre, equiparado a Lampião, ora como um ladrão cruel a quem se imputa a responsabilidade pela onda de roubos cometidos na cidade, o fato é que a cobertura incessante da imprensa também contribuiu para a construção de um mito, intensificando a ira policial e sua perseguição, que não se encerrariam nem mesmo com sua prisão em 1926.[28]

---

27 Em 13 de julho de 1915, Meneghetti conseguiu fugir da Casa de Detenção de São Paulo em sua primeira prisão, fato que ganhou grande repercussão na imprensa da época, evidenciando as precariedades do sistema carcerário de então (BERNARDI, 2000).

28 Após ser preso e condenado em 1926, Meneghetti permaneceria dezoito anos trancafiado na Penitenciária do Estado, sua trajetória nesse presídio não passou despercebida por Salla (1999), que apontou como as reiteradas torturas e o brutal isolamento a ele impostos punham por terra a imagem, cuidadosamente construída por autoridades e elites da época, da Penitenciária do Estado como um estabelecimento modelo e regenerador. Ademais, é certo que a violência prolongada desferida contra Meneghetti pelo aparato repressivo, além de sintomática ao sistema, não deixava de importar numa espécie de vingança reiterada infligida não ao homem Meneghetti, mas ao papel por ele desempenhado ou não desempenhado numa economia diferencial dos ilegalismos.

É verdade, contudo, que Meneghetti, por sua trajetória e seus atributos, não representava a média dos assaltantes de seu tempo, e por isso mesmo ele constitui um personagem à parte, irreproduzível como um tipo social, para pensar nos termos propostos por Misse (2006). No entanto, não deixa de refletir um certo perfil de criminalidade patrimonial que em alguma medida foi prevalecente até os anos 40 e para o qual, como já dito, era imprescindível a reunião de certas habilidades e saberes específicos, no lugar do emprego de padrões de violência contra as vítimas. É desse padrão que, já nos anos 50 e 60, a imprensa irá se mostrar nostálgica, saudosa dos "bons ladrões" e de sua elegância representados na figura de Meneghetti, (BERNARDI, 2000) que mais uma vez mais seria reconfigurada, agora o acompanhando, juntamente à contínua perseguição policial, até sua morte nos anos 70.

Enfim, o ilegalismo se converte em delinquência

Entre as décadas de 40 e 60, com o confinamento do mundo do crime em regiões atinentes à economia do lenocínio, a violência na cidade era percebida como pertencente a esses territórios e pertinente muito mais a padrões de sociabilidade entre seus personagens do que necessariamente às atividades criminais que animavam esses mercados.

As carreiras criminais, pautadas no trânsito entre as modalidades lenocínio, punguismo e tráfico de tóxicos, dependiam, como apontou Joanides (1977), em sua imensa maioria do atributo "valentia", que se referia antes a uma reputação construída no mundo do crime do que ao recurso efetivo à violência. Do mesmo modo as relações com as forças de ordem, como já exposto no capítulo anterior, não eram pautadas em padrões de violência e enfrentamento, havendo uma intricada rede de comportamentos que alternava camaradagem e controle, pelo menos até o início dos anos 60.

O crime patrimonial urbano, por excelência, cometido no espaço de circulação e convivência, seguia sendo o furto na modalidade punguismo. O punguista representava assim o verdadeiro personagem criminal urbano e sua repressão, também como já mencionado, se dava por meio de uma precisa gestão diferencial na qual as forças de ordem transacionavam, à margem da lei, a liberdade desse personagem, recorrendo com ênfase às detenções correcionais.

Contribuía a essa configuração também o fato de que a arma de fogo ainda não consistia num recurso privilegiado no contexto dos ilegalismos e de sua gestão. Joanides (1977), tendo desempenhado o papel de *valente* no submundo da Boca do Lixo, narra que o revólver não foi popular na Boca, ao menos durante seus tempos áureos, sendo a navalha e o punhal os "instrumentos" de trabalho amplamente utilizados, inclusive pelas prostitutas em defesa própria.

Mas se no início dos anos 60 mudanças na gestão dos ilegalismos implicarão em uma miríade de transformações na dinâmica do crime e de sua repressão, também a cidade atravessava profundas mudanças socioeconômicas. Como já discutido, São Paulo vivia, já a partir dos 50 e mais freneticamente nos 60, um acelerado crescimento econômico, resultado de processos de industrialização e urbanização mais consolidados, com o que o afluxo imigratório também se intensificara, aumentando o contingente populacional da cidade de 2.198.096 habitantes em 1950 para 3.781.446 habitantes em 1960.

A grande massa de trabalhadores atraídos a São Paulo pelos empregos gerados na indústria vivia o lado nefasto de uma economia que se reestruturava crescia rapidamente, mas não se traduzia em melhoria de vida a amplos segmentos sociais. Como resultado mais evidente do "milagre econômico" nos anos de ditadura militar, houve uma crescente concentração de renda decorrente do acirramento da exploração do trabalho, que se refletia em múltiplas formas de precarização dos meios de vida de imensos contingentes de trabalhadores urbanos, num fenômeno que Lúcio Kowarick denominou de "espoliação urbana".

As favelas, que surgiram na cidade a partir dos anos 40, difundiriam-se a partir da década de 50 como uma opção precária de habitação para os trabalhadores pauperizados, despejados e migrantes recém-chegados à capital, que resistiam a se afastar dos locais próximos à oferta de trabalho. Segundo Bonduki (2004), em 1957 a cidade já contava com "141 núcleos de favela, totalizando 8,5 mil barracos e 50 mil pessoas" (BONDUKI, 2004, p. 262).

Ao mesmo tempo, assistia-se à gradativa generalização de uma forma de urbanização precária, traduzida pela autoconstrução em áreas de ocupação irregular nas mais longínquas periferias da cidade. Assim, entre 1940 e 1970 o número de domicílios "próprios", ou seja, não alugados, mais que dobraria na cidade, saltando de 25% para 54%. Além das favelas e das habitações autoconstruídas nas periferias, desprovidas de equipamentos básicos de infraestrutura urbana, o número de cortiços na região central também se alastrava, chegando, em 1968, a representar a moradia de 8% da população paulistana (BONDUKI, 2004).

Logo, a cidade começa a se expandir e, sem planejamento, a se desenvolver economicamente à custa de uma precarização crescente da população de baixa renda – ou seja, pelo alto custo de reprodução da força de trabalho –, definindo assim um quadro que animará os estudos sobre marginalidade social, que prevalecerão no campo de estudos sociológicos nos anos 70 e 80.

É esse o contexto, portanto, de uma cidade reconfigurada, no qual novas relações sociais emanam também uma renovada gama de conflituosidade, ao mesmo tempo em que a militarização se instala no centro do Estado brasileiro, na gestão não apenas da ordem como da vida cotidiana das populações, onde a violência urbana começa a emergir.

O crime de roubo, contudo, não assumirá de pronto a representação social da violência urbana por excelência. Tomando como referência tanto os números oficiais como a percepção social, constatamos que o crescimento do roubo e sua mutação em modalidades mais violentas ocorrem somente a partir de meados dos anos 70.

TABELA 20

Inquéritos policiais de crimes e contravenções na capital segundo categoria de crimes em números absolutos (1957 a 1961, 1967,1972 e 1976 a 1979)

Anos	Contra a Pessoa	Contra o patrimônio	Contra os costumes	Contra a incolumidade pública (tráfico)	Contravenções
1957	10.463	5.114	597	244	926
1958	9.812	6.230	1.317	359	663
1959	9.712	6.021	1.059	298	817
1960	9.528	5.910	1.103	314	938
1961	10.891	4.381	1.398	260	1.927
1967	12.118	4.576	1.225	363	822
1972	16.787	13.111	1.287	952	1.821
1976	20.603	19.535	1.335	178	___
1977	25.320	20.811	1.306	223	___
1978	34.657	22.681	1.465	239	___
1979	36.610	20.996	1.384	310	___

Fonte: Anuários Estatísticos do Estado de São Paulo. Departamento de Estatística do Estado, Polícia do Estado de São Paulo, anos 1959, 1962, 1967, 1972; e Anuário Estatístico do Estado de São Paulo. Fundação Sistema Estadual de Análise de Dados (SEADE), 1979.

TABELA 21

Inquéritos policiais de crimes contra a pessoa e o patrimônio segundo taxa por 100 mil hab. na capital (1957 a 1961, 1967,1972 e 1976 a 1979)

Ano	Contra a Pessoa	Contra o patrimônio
1957	313,5	153,2
1958	280,4	178,0
1959	265,2	164,4
1960	249,1	154,5
1961	269,5	108,4
1967	227,2	85,8
1972	264,1	206,3
1976	280,0	265,5
1977	332,3	273,1
1978	439,4	287,6
1979	448,9	257,4

Fonte: Anuário Estatístico do Estado de São Paulo. Departamento de Estatística do Estado, Polícia do Estado de São Paulo, anos 1959, 1962, 1967, 1972; Anuário Estatístico do Estado de São Paulo. Fundação Sistema Estadual de Análise de Dados - SEADE.

Pelos dados referentes ao número de inquéritos instaurados por natureza de delito (a única espécie de dado disponível para o período), observamos que entre os anos de 1957 e 1960 os crimes patrimoniais mantêm-se num nível estável (tabela 20). Se considerarmos as taxas de inquéritos concluídos de crimes patrimoniais por 100 mil habitantes (tabela 21), veremos que nos anos de 1961 e 1967 há uma redução brusca, o que pode ser tributado menos devido à incidência real desses delitos que, ao que tudo indica, permanecia alta sobretudo para o furto, e mais a questões pertinentes ao trabalho policial.

De todo o modo, observamos que até a década de 60 o número de inquéritos instaurados de crimes patrimoniais correspondia ainda à metade dos crimes contra a vida (homicídios e lesões corporais). É na virada da década de 60 para a de 70 que essa realidade começa a se alterar, praticamente dobrando a taxa de inquéritos concluídos por delitos patrimoniais frente às décadas anteriores, mas ainda mantendo-se abaixo dos pessoais até o final da década de 70 (tabela 21).

Deve-se levar conta, ademais, que a maioria dos delitos patrimoniais correspondia ao furto, um delito patrimonial não violento, que prolongará sua importância na cena urbana da cidade, sobretudo na categoria *punguismo*.

Não apenas as estatísticas, como também as representações sociais contidas nos discursos da imprensa e nas biografias do período conduzem a essa percepção de que o roubo em sua manifestação mais violenta (sobretudo à mão armada) não ocupava ainda centralidade no contexto urbano, mesmo durante toda a década de 60.

A ideia de uma cidade violenta, na qual célebres assaltantes trocam tiros com policiais nos morros e nas ruas – como o Rio de Janeiro começava a ser retratado à época – não correspondia ao cenário da cidade de São Paulo nos anos 60. Os *malandros* já estavam adquirindo a alcunha de *marginais*, mas sua representação ainda era muito circunscrita ao território guetificado de ilegalismos que a Boca do Lixo encarnava. Embora os assaltos a residências[29] e ao comércio em geral já fossem frequentes, não havia um padrão, por parte de seus autores, quer de violência exagerada, quer de enfrentamento às forças de ordem, como no Rio de Janeiro.

Donde é possível aduzir que a violência institucional, que se agrava em São Paulo no começo dos anos 60, chegando ao ponto extremo de sua manifestação no final da década com o fenômeno do Esquadrão da Morte, é relativamente anterior ao real crescimento do roubo e de suas mutações em formas mais violentas e difusas, o que aponta a uma cronologia diversa ao Rio de Janeiro. Talvez por essa razão o fenômeno do Esquadrão no estado carioca possa ser lido, com menos controvérsia, numa perspectiva de enfrentamento à criminalidade violenta.

Daí a interpretação, por parte da imprensa, da importância desempenhada pelo Esquadrão na emergência da violência urbana em São Paulo, tal como se depreende da matéria escrita por Percival de Souza para o *Jornal da Tarde* em 24 de julho de 1970:

> Se os marginais estão mais violentos, os policiais mais experientes sabem por que: culpa do Esquadrão. Antes de 1968, quando o Esquadrão começou a matar, era muito difícil um marginal atirar num policial ou num carro da Polícia. Agora, depois de mais de 150 execuções, eles nunca sabem por quem estão sendo presos. E raciocinam: já que vou morrer, levo um comigo [...] O

29 O período conheceu um assaltante que se tornou célebre exatamente por escapar a uma representação média dos criminosos de seu tempo. João Acácio Pereira da Costa, o "Bandido da Luz Vermelha" se notabilizou, em sua brevíssima carreira criminosa de apenas três meses, pela ousadia dos roubos a grandes mansões, nos quais usava uma lanterna com luz vermelha para adentrar as residências e subtrair os objetos de maior valor após cortar a energia desses locais. Silva (2001) demonstra como através da intensa cobertura da imprensa, o assaltante ingressa num jogo identitário em que buscou mais do que dinheiro: buscou a fama de seu personagem, sendo acusado de matar e estuprar suas vítimas, o que contribuiu ao rápido fim de sua carreira criminosa, com sua pirotécnica prisão, em agosto de 1967, e seu encerramento na Penitenciária do Estado por trinta anos.

> primeiro policial morto na história da Polícia foi o comissário Dória, há muitos anos atrás num tiroteio para a prisão do ladrão Meneghetti. Mas como Gino Meneghetti nunca foi de atirar na Polícia, considera-se certo que Dória foi morto pelos próprios policiais que fizeram o cerco. Em toda a história da Polícia paulista, menos de 50 policiais foram mortos, o que serve para demonstrar que a violência dos marginais aumentou quando o Esquadrão surgiu (SOUZA, 1977, p. 47 – 48).

*****

Com a gradativa desagregação da Boca do Lixo como epicentro das ilegalismos, a difusão de seus atores e suas atividades pela cidade, o declínio da prostituição como economia criminal[30] e, sobretudo, com a intensificação da violência do estado, a criminalidade patrimonial se tornará, paulatinamente, muito mais difusa e também mais violenta. Esse processo irá ocorrer durante toda a década de 60, acompanhando as instabilidades políticas que o país atravessava, mas se perfazerá apenas nos anos 70, desempenhando ainda a reestruturação das forças de ordem um papel da maior importância para essa reestruturação também do crime na cidade.

TABELA 22

Ocorrências policiais de crimes patrimoniais em números absolutos e segundo taxas por 100 mil hab. capital – 1976-1979

	Crimes Patrimoniais	
Anos	Números Absolutos	Taxas
1976	65.046	883,9
1977	70.200	921,2
1978	89.476	1.134,6
1979	110.301	1.352,4

Fonte: Anuário Estatístico do Estado de São Paulo. Fundação Sistema Estadual de Análise de Dados (FSEADIE), 1979.

30 Ao mesmo tempo, o comércio de tóxicos foi lentamente se fixando como uma economia criminal, agenciando atores do mundo do crime e fora dele, conectando-se com outras modalidades delitivas e, principalmente, redesenhando a escala de relações com as forças de ordem e suas "mercadorias políticas".

TABELA 23
Ocorrências policiais na Grande São Paulo segundo o tipo de crime patrimonial para o ano de 1977

Total patrimoniais	Roubo	Furto e estelionato	Furto de automóveis
81.081	18.310	67.290	6.218

Fonte: "Em primeiro lugar na estatística, crime contra o patrimônio". *O Estado de S. Paulo*, 29 jan. 1978.

De fato observa-se um aumento importante dos crimes patrimoniais na segunda metade da década de 70 (tabela 22), mas quando se toma o dado desmembrado por tipo de crime, para a Grande São Paulo no ano de 1977 (tabela 23),[31] vê-se que o furto ainda permanece como a maior incidência patrimonial, responsável por mais de 80% dos crimes patrimoniais. O roubo, embora cresça de modo significativo, não superará o furto, nem mesmo até os dias atuais. Muito provavelmente a alta do furto na segunda metade dos anos 70, como também a do roubo, aconteceu de modo simultâneo a uma diminuição das ocorrências de lesões corporais, hipótese que poderá ser melhor testada no confronto aos dados da década de 80,[32] objeto de análise do próximo capítulo.

*****

Os anos 70 representam, assim, o final de um período no qual foi sendo forjada, gradativamente, uma criminalidade patrimonial a que se atribuirá o nome de violenta, formada sobretudo por parcelas humanas *marginalizadas*, para usar a gramática daquele momento. Esses contingentes humanos vão se caracterizar pela construção de carreiras criminais e institucionais, ou mais especificamente pelo fato de se converterem ao mesmo tempo em elemento e resultado do circuito polícia e prisão, numa espécie de fenômeno a que Foucault deu o nome de delinquência.

A delinquência urbana, que se perfaz nesse momento na cidade, consiste na verdade numa categoria complexa, forjada por diferentes processos e atores, e para a qual a atri-

31 É preciso ressalvar que esse é o único dado apresentado neste capítulo referente a uma unidade geográfica de maior abrangência que a capital, no caso a Grande São Paulo. Optou-se por apresentá-lo, apesar da diferença geográfica, por se tratar do único registro encontrado para a década de 70 de ocorrências segundo tipo de crime patrimonial, permitindo uma análise comparativa entre as modalidades *roubo* e *furto*.

32 Apenas na década de 80 os dados por tipo de crime passam a ser desmembrados e então divulgados nas estatísticas oficiais.

buição da sinonímia criminalidade violenta não encerra seu fenômeno. Ela terá, nesse momento, no personagem urbano *trombadinha,* em geral um menino *de rua*, um *menor abandonado*, sua representação mais ideal.

Será em torno desse personagem que toda uma economia diferencial da lei se armará, compreendendo desde cotidianas extorsões e castigos policiais até a tortura generalizada nas instituições correcionais. Ao mesmo tempo o *menor* será o grande alvo de uma política de extermínio, que se refletirá nas execuções sumárias em regra cometidas pelas forças policiais, justiceiros e matadores locais, e também dos linchamentos na cidade, promovidos entre os anos 70 e 80, como se verá no próximo capítulo.

CAPÍTULO III

O lugar da delinquência urbana na gestão diferencial dos ilegalismos

A criação de uma delinquência que constitua como que um ilegalismo fechado apresenta de fato um certo número de vantagens... É possível orientar essa delinquência fechada em si mesma para as formas de ilegalismo que são menos perigosas: mantidos pela pressão dos controles nos limites da sociedade, reduzida a precárias condições de existência, sem ligação com uma população que poderia sustentá-la (como se fazia outrora para os contrabandistas ou para certas formas de banditismo), os delinquentes se atiram fatalmente a uma criminalidade localizada, sem poder de atração, politicamente sem perigo e economicamente sem consequência. Mas esse ilegalismo concentrado, controlado e desarmado é diretamente útil. Ele o pode ser em relação a outros ilegalismos: isolado entre eles, voltado para suas próprias organizações internas, fadado a uma criminalidade violenta cujas classes pobres são frequentemente as primeiras vitimas, acossado de todos os lados pela polícia, exposto a longas penas de prisão, depois de uma vida definitivamente "especializada", a delinquência, esse outro mundo, perigoso e com frequência hostil, bloqueando ou ao menos mantendo a um nível muito baixo as práticas ilegais correntes (pequenos roubos, pequenas violências, recusas ou formas cotidianas de contornar a lei), ele as impede de irromper sob formas amplas e manifestas, um pouco como se o efeito que se demandava outrora da ostentação dos suplícios se encontrasse hoje menos no rigor das punições, que na existência visível, marcada, da delinquência ela própria: se diferenciando dos outros ilegalismos populares, ela pesa sobre eles.

(Michel Foucault, 1975, p. 324-325).

Será no curso nos anos 70 que a criminalidade urbana, no contexto da cidade de São Paulo, se tornará um fenômeno difuso, de massa, caracterizado pelo crime patrimonial de rua, convertendo-se assim na representação da violência urbana por excelência, para onde convergem os sentimentos difusos de insegurança social. Essa criminalidade, notadamente dispersa, desarticulada e desconectada a uma economia criminal propriamente dita estará representada primordialmente por um personagem urbano que desde há muito habitara tanto o cenário dos ilegalismos, como das políticas repressivas e tutelares: o menor abandonado.

Esse personagem agora se apresentará na figura do *trombadinha*, um tipo social que encarna com mais vigor a expressão da "violência" do que seu congênere *punguista*, que predominou a cena criminal urbana a partir dos anos 40. Embora mais agressiva do que o *punguismo*, é certo que a *trombada* jamais se caracterizou por formas marcadamente violentas de roubo, como é caso do *assalto à mão armada*, modalidade já recorrente desde antes de seu surgimento. Não obstante, será em torno do *trombadinha* que os discursos tanto oficiais como do senso comum armarão o *problema* da criminalidade e da violência nos anos 70 e 80, inspirando, como reação ao medo difuso que esse personagem suscitou, formas ainda mais violentas de seu enfrentamento e sua *solução,* do linchamento às execuções sumárias.

Erigido como algoz, principal responsável pela escalada da violência urbana e ao mesmo tempo como principal "vítima" de um processo de exclusão, marginalização e extermínio, o *menor* novamente estará no epicentro da desordem urbana, só que dessa vez será a extenuação de seu processo de sujeição[1] que o converterá na figura potencial ou acabada do delinquente.

Nesse processo de emergência de uma "nova" criminalidade urbana ou de conversão de um ilegalismo à delinquência,[2] as instituições totais desempenharam, ao lado, é claro,

1 A referência maior para os conceitos de *sujeição e assujeitamento* está na obra de Michel Foucault, na qual ele mobiliza tais noções para descrever os processos de construção do sujeito ocidental, tendo como referência a importância que o *poder pastoral* desempenhou para a construção de "um sujeito assujeitado nas redes contínuas de obediência, e que é subjetivado pela extração de verdade que a ele se impõe" (FOUCAULT, 2004, p. 188). Mais especificamente, contudo, ao falar do *menor*, são encontradas referências no trabalho de Alvarez (1989), no qual ele alega ter sido na condição de *assujeitado* que o *menor* emerge como categoria jurídica e institucional no Código de Menores de 1927, tutelado por "um dispositivo legal de poder", "sem responsabilidades, mas também sem diretos". Adorno (1993) também recorre à noção para descrever o processo de criminalização que converte as crianças em *menores*, pelo qual "abandonam a condição de sujeito para se tornarem objeto da história dos outros, dos homens 'de bem', da 'sociedade educada', das instituições de controle" (ADORNO, 1993, p. 183-184).

2 É certo que os termos *delinquência* e *delinquente* já eram usados com frequência, pelo menos desde a Primeira República, para designar criminosos comuns, inclusive *menores*. Seu emprego neste

das forças policiais, um papel central. Reconfigurando os modos de sujeição impostos aos atores dessa "nova" criminalidade a partir da brutalidade dos regimes carcerário e de internação de menores infratores que marcaram os anos 70, de um lado, e intensificando a truculência das agências de controle, de outro, atuará a violência institucional decisivamente no processo que resultou na construção da delinquência urbana em São Paulo.

Será através do *dispositivo geminado polícia-prisão*,[3] e sobretudo pela forma peculiar com que, na experiência nacional, esse dispositivo combina violência e extorsão, que a delinquência urbana emergirá em São Paulo, traduzindo-se como

> o efeito direto de uma penalidade que, para gerir os ilegalismos, investe alguns deles num mecanismo "punição-reprodução" cujo aprisionamento formaria uma das peças principais (FOUCAULT, 1975, p. 325).

Antes, contudo, de descrever e analisar esse processo, que se perfaz com bastante precisão nos anos 70, cumpre recuperar parte da história de sujeições do *menor*[4] na trama dos ilegalismos e sua gestão na cidade de São Paulo, ao longo do século XX.

O "MENOR" E A GESTÃO DOS ILEGALISMOS: UMA LONGA HISTÓRIA DE SUJEIÇÕES

Para compreender como a criança e o adolescente passam a ocupar um lugar de destaque nas políticas de controle e repressão e nos discursos normalizadores, ou seja, na história da gestão dos ilegalismos em São Paulo, um caminho profícuo é indagar quando e de que forma esses atores, ou melhor, a "infância abandonada" se constituiu como um *problema*. Esse foi o ponto de partida adotado por Alvarez (1989), para elucidar a historicidade do *menor* enquanto categoria jurídica e institucional, quando do advento do Código de Menores em 1927.

---

trabalho, contudo, é feito levando em conta a noção de sua emergência, no contexto da cidade de São Paulo, apenas a partir dos anos 70, como uma categoria advinda de um processo extenuado de gestão diferencial dos ilegalismos, do qual a delinquência emerge como categoria "manejável" do sistema "polícia-prisão", nos termos do que nos propõe Foucault. Ademais, a delinquência é aqui tomada por sua expressão como fenômeno criminal urbano de massa, manifesta através do crime patrimonial de rua, e pelas características extrínsecas já mencionadas.

3 Conforme expressão utilizada por Foucault (1975, p. 325).

4 A utilização do termo *menor* se dará a partir desse momento neste estudo não como categoria de análise, mas sim enquanto construção social, o que será devidamente discutido adiante. Desse modo, ele sempre será empregado em itálico, posto sua utilização crítica traduzida no esforço em desvelar os discursos e as estratégias que mobilizaram seu emprego como categoria normativa desde o início do século XX.

Uma primeira indagação deve se referir à construção do conceito de menoridade, ou seja, o processo pelo qual a infância e adolescência converteram-se em *menoridade*. Corrêa (1982), em um consagrado estudo, localiza a construção da categoria *menor* no Brasil, a partir da confluência entre medicina legal e direito, no final do século XIX, para designar a infância pobre, destituída de laços familiares ou vínculos socialmente reconhecíveis. *Transformado de adjetivo em substantivo* (CORRÊA, 1982, p. 62), o *menor abandonado* emerge, nas primeiras décadas do século XX, como categoria socialmente produzida, resultado da incorporação contundente dos postulados "sociobiológicos" do pensamento de Nina Rodrigues e de seus discípulos na experiência social brasileira.

É nesse momento, como descreve Alvarez (2004), que os criminologistas no Brasil da *nova escola penal* irão se ocupar de modo mais acurado das categorias sociais a exigir *tratamento jurídico diferenciado*,[5] entre elas o *menor* que se tornará o mais destacado objeto de uma retórica que converterá o combate à infância abandonada no verdadeiro projeto civilizador à nação.

Desse empreendimento resultará o Código de Menores de 1927, um dispositivo disciplinar e de controle, nos termos de Alvarez (1989), voltado a

> um segmento da população que antes parecia ainda indiferenciado, disperso entre as figuras dos expostos, enjeitados, infantes trabalhadores, crianças pobres em geral, que, a partir do Código de 1927, passarão a girar em torno de uma categoria discursiva e institucional única – o menor. Este, assujeitado por um novo projeto de institucionalização, definido pela lei, e que articulava de modo elaborado a ação de instituições estatais e de instituições privadas, passa a ser sujeito de uma nova trajetória jurídica e institucional, que hoje já conhecemos bastante. Este sujeito, partindo das classes pobres, terá no seu horizonte o trabalho ou a delinqüência. Para garantir essa trajetória, a lei concebe os parâmetros gerais, e as instituições garantem a reprodução concreta do processo de sujeição (ALVAREZ, 1989, p. 148).

Embora convertido numa categoria institucionalizável, é certo que o *menor*, enquanto um dos alvos preferenciais do aparato repressivo, manteve-se também objeto das práticas policiais de controle soberbamente representadas pelas detenções correcionais. Como já amplamente discutido no capítulo 1 deste trabalho, a gestão diferencial da lei em terras pátrias enfatizou o controle das classes populares através de práticas ilegais de

5 As demais categorias seriam os *loucos e as mulheres*, como recupera Alvarez (2004) a partir da proposição de Tobias Barreto.

detenção temporária e cotidiana, em detrimento do ciclo completo da punição e do encerramento institucional de caráter disciplinar.

Desse modo, embora na base da criação do Instituto Disciplinar, em 1901,[6] já estivessem os anseios em segregar a infância abandonada e vadia do espaço da cidade, para então "recuperá-la", sua função jamais foi efetivamente atendida. Do mesmo modo do que ocorrera com a Colônia Correcional da Ilha dos Porcos, a espécime institucional para adultos vadios, apenas uma parcela ínfima de *menores* era remetida ao Instituto Disciplinar. Fausto (2000) constatou, ao menos até 1924, que o Instituto abrigou "apenas uma dezena de meninos" (p. 97), prevalecendo, de outro lado, o alto percentual de *menores* detidos "sem processo", em sua maioria por contravenções e pequenos delitos patrimoniais.

A entrada em vigência do Código de 1927 não alteraria essa realidade, tendo havido, na verdade, uma intensificação das "apreensões" de *menores* a partir dos anos 30. Através dos dados coletados para este estudo, é possível concluir que tais apreensões redundavam no mesmo ciclo detenção-soltura que caracterizava as prisões correcionais de adultos, se referindo, em parte, ao mesmo dispositivo de gestão diferencial da lei por parte do aparelho policial.

Em muito o maior controle dirigido aos *menores* a partir da década 30 se insere no mesmo contexto que levou ao acirramento da perseguição à vadiagem no período. Como já mencionado, em 1935 o aparelho policial foi em parte reestruturado para ampliar as atividades de controle às classes populares, estendendo-se à Delegacia de Vigilância a competência de prender *mendigos e menores*, pelo que ela passaria a se designar Delegacia de Vigilância e *Capturas*.

O relatório de 1936 chama a atenção para um dado que merece destaque: o número de *menores* apreendidos no estado saltou de apenas 70 no ano de 1926 para 2.155[7] em 1935, sendo a imensa maioria deles – 1.886 – apreendidos na capital. O chefe de polícia atribui essa alta a dois fatores. O primeiro seria justamente o já citado reaparelhamento das forças policiais através do Dec. 7.223 de 21 de junho de 1935, pelo qual se criou uma

6 Como já mencionado, o Instituto Disciplinar foi criado em 1901 para reclusão dos *menores abandonados* e aqueles condenados por vadiagem, sendo que dos 9 a 14 anos receberia apenas os abandonados, pequenos vadios e viciosos, e entre os 14 e 21 anos aqueles condenados por vadiagem.

7 Esse número se refere à apreensão de *menores abandonados* e tachados como vadios. Embora o relatório não esclareça de modo expresso, estão provavelmente excluídos desse contingente os infratores (os acusados de cometerem crimes). É certo que entre os infratores e não infratores há uma tênue linha, já que os dispositivos de controle a essa população são norteados pela noção de ilegalismo e sua gestão, e não pelas categorias jurídicas e criminais.

Seção de Menores e Desapparecidos junto à Delegacia de Vigilância e Capturas, seção essa destacada especialmente

> para exercer vigilância entre os menores apprehendendo-os nas vias publicas ou logares impróprios, quando abandonados ou viciosos, remettendo-os, immediatamente ao respectivo Juízo... (RELGAB, 1936, p. 13).

O segundo fator levantado no relatório como causa de aumento de apreensão de menores se referiria à sua participação crescente nos crimes patrimoniais na cidade. Nesse ponto, embora não apresentando eventuais dados que pudessem comprovar a afirmativa, fica claro como a percepção social, aqui traduzida por um documento oficial, já se delineia no sentido de atribuir ao *menor* as causas não apenas de desordens sociais, mas de delitos que atentem contra a propriedade.

Num trecho elucidativo do Relatório de 1936, o Delegado de Investigações de Furto está a exigir uma vigilância ainda mais estreita sobre os *menores*, atribuindo a eles e aos empregados domésticos a responsabilidade pelo suposto aumento de furtos cometidos na cidade:

> Julgo de meu dever, suggerir a conveniência de um entendimento entre a alta direcção da policia e os poderes e repartições competentes, com referencia à necessidade, cada vez maior, de uma vigilancia constante sobre os menores abandonados e pervertidos e sobre os empregados domésticos, porque uns e outros têm contribuído extraordinariamente para a elevação suprehendente do nosso coefficiente de criminalidade, com relação aos delictos contra a propriedade (RELGAB, 1936, p. 15).

Percebido como um problema social, o *menor* na sua condição de abandonado, a quem se impingia atributos morais, legais ou não, de "vicioso", "transviado" ou "pervertido", é visto nesse momento como um potencial protagonista da criminalidade patrimonial. Seu controle, no entanto, como das populações-alvo em geral, permanece circunscrito às apreensões cotidianas e ilegais, mas essa detenção transitória angustiava as autoridades que se ressentiam da ausência de um projeto disciplinador de maior permanência, ou seja, de instituições totais que, em cumprimento ao Código de 1927, dessem conta do *menor* enquanto "problema social", através de seu internamento vindouro, como se depreende do trecho abaixo:

> Quanto aos menores, os institutos destinados á sua reeducação, de tão transcendente função social, não se acham devidamente aparelhados, segundo se

> deprehende das constantes reincidencias dos mesmos na criminalidade e no abandono, depois de serem remettidos ao Juizo competente o qual acaba de dirigir á Delegacia de Vigilancia e Capturas um officio, que nos deixa em situação extremamente embaraçosa, de vez que, não podendo, por expressa disposição de lei e de accordo com ordens superiores, conservar detidos, á nossa ordem, os menores aprehendidos, tambem não podemos encaminhal-os ao MMo. Dr. Juiz de Menores [...] (RCPPOLSP, 1939, p. 15).

O relatório se referia a um ofício encaminhado pelo Juízo de Menores à Delegacia de Vigilância e Capturas, em 1937, proibindo o envio maciço de *menores* àquele órgão, já que, diante da ausência de vagas nas parcas instituições existentes para esse fim, eram sistematicamente devolvidos às ruas. Para se ter uma idéia, no ano de 1936 o chefe de polícia informou que dos 1.203 *menores* apreendidos na capital, 583 quase metade deles, correspondiam efetivamente a abandonados, e por isso foram enviados ao Juízo de Menores, sendo 469 entregues às famílias, 90 a outras delegacias e o restante encaminhado ao interior de São Paulo ou a outros estados (RELGAB, 1936).

O chefe de polícia se ressente do fato de que as duas instituições públicas existentes para "acolher" *menores* abandonados, o Abrigo de Menores e o Reformatório Modelo,[8] já se encontravam àquela época superlotados, pese, segundo ele, a recém-criada Assistência Social do Estado, em 1934, ter destinado auxílio financeiro e "amparo à infância abandonada" (REGAB, 1936, p. 14). E, embora não apresentando dados que atestem sua afirmativa, estabelece uma associação entre ausência de institucionalização e participação crescente de *menores* nos crimes de roubo na cidade:

> O Abrigo e o Reformatório já se acham superlotados, enquanto que os menores transviados continuam a agir na cidade, contra a propriedade, numa porcentagem de mais de 10 por cem, como acaba de accentuar a autoridade de Roubos (RELGAB 1936, p. 15).

O que está presente na ordem discursiva em relação ao *menor* é a ideia de que sua condição de abandono, pobreza e ausência de laços institucionais permanentes já traz em si a potencialidade do crime, algo que, embora não se inaugure nesse momento, se

8 No relatório faz-se menção a entidades privadas, que inclusive receberiam recursos do Estado, embora não sejam apresentados quer seu número, quer a quantidade de *menores* que abrigaria. Destacava-se, já a essa época, a importância das entidades religiosas, em especial a Liga das Senhoras Católicas, junto a esse mercado. Até a década de 50, as entidades religiosas, com destacamento para as católicas, representavam 50% das instituições existentes para abrigamento de *menores*, segundo relatório do CEBRAP (1972).

perfaz com mais nitidez a partir de então. Mais intensamente do que ocorria com a vadiagem, a *menoridade*, enquanto categoria forjada pelo discurso médico e jurídico, será o resultado mais acabado da articulação entre *abandono* e *delinqu*ência, como observou Alvarez (1989).[9] Isso possibilitou que em torno do *menor* se estabelecessem estratégias mais acintosas de gestão diferencial da lei por parte do Estado, passando pelas detenções ilegais, extorsões mais sistemáticas até a violência institucional, no contexto da cidade ao longo do século XX.

Apreensões correcionais e a meta institucional: a incorporação da noção de periculosidade

Durante o Estado Novo, como já mencionado no capítulo 1, estratégias de controle social amplamente representadas nas detenções correcionais não apenas ganharam força como foram respaldadas e legitimadas no centro mesmo do aparato do Estado, alicerçadas pelo discurso moralizador como um braço do regime autoritário. E será a partir desse momento, portanto, que tais práticas passarão a alcançar, nominalmente, também os *menores*, impondo-lhes a apreensão correcional, segundo os mesmos *motivos* extralegais atribuídos aos adultos (averiguações, desordem, etc). Com isso, explicita-se a partir de então a infância abandonada como um dos principais alvos não apenas das táticas de controle social, como e sobretudo da gestão diferencial dos ilegalismos.

TABELA 24

Total de apreensões "correcionais" de menores no interior, capital e estado (1938 -1943)

Ano	1938	1939	1940	1941	1942	1943
Interior	1.473	1.373	1.333	1.318	1.344	1.228
Capital	241	209	684	255	286	303
Estado	1.714	1.582	2.017	1.573	1.630	1.531

Fonte: *A estatística policial-criminal do Estado de São Paulo, 1938, 1939, 1940, 1943.* Departamento Estadual de Estatística, Serviço de Estatística policial do Estado de São Paulo – Brasil.

É digna de nota a superioridade absoluta apresentada pelo interior do estado no conjunto das apreensões correcionais de *menores*, dado que contrasta com a realidade dos maiores, na qual a capital ostentou sempre uma posição de destaque. As razões para tal

9 "[...] o complemento necessário de todas as categorias vistas até agora, e que articula todo o mecanismo de produção da clientela menor, sendo o resultado possível de todas as situações de abandono, é a categoria do menor delinquente" (ALVAREZ, 1989, p. 108).

fenômeno são informadas no próprio documento oficial, que faz menção a uma "Campanha de Saneamento Social" no interior do estado, que teria visado justamente promover seus fins *por meio da apreensão dos meninos abandonados ou em via de perder-se* (A Estatística policial-criminal, 1942, p. 85). Assim, em nome de uma verdadeira cruzada em prol da infância moralmente saudável, o Estado prendeu maciçamente milhares de *menores*, segundo o mesmo instrumento e as mesmas motivações ilegais utilizadas para os adultos, como veremos adiante.

De todo o modo, o alto percentual de detidos no interior ainda contraria a própria retórica oficial à época, fortemente higienista, que insistia em imprimir uma visão deletéria às cidades, atribuindo à urbanização a grande causa das "enfermidades morais" junto aos *menores* oriundos das "classes proletárias", precocemente ingressados no mercado de trabalho e no ambiente "promíscuo" da pobreza urbana:

> A inconveniência da habitação em promiscuidade
> Este fator negativo de formação do caráter de nossos menores diz mais respeito à capital, onde enxameiam as habitações coletivas. Na maioria das classes pobres, operárias, habita por necessidade uma família inteira um só cômodo (...)
> Não se acuse, porém, tão só a promiscuidade de costumes, de hábitos, de condutas, no turbilhão das fábricas e das ruas. As famílias menos favorecidas de sorte, nesta capital de superpopulação, tão procurada por levas e levas de gente saída do interior, algumas saídas das fazendas, em busca ilusoria de melhor sorte, essas famílias têm que enfrentar, como o mais tremendo de seus inimigos, a carência de acomodações adequadas. Além de um poderoso fator de enfermidades físicas pela falta de higiêne, os porões são a séde de enfermidades morais, contaminando os adolescentes de um e de outro sexo. O reflexo vem aparecer nas ruas, nas condutas públicas, com o seu término na Polícia (A Estatística policial-criminal, 1942, p. 83).

É fortemente recorrente, nesse momento, a associação entre o espaço da rua e o risco à degenerescência moral, sobretudo no tocante às categorias sociais diferenciáveis, segundo Tobias Barreto (as *mulheres*, os *menores* e os agora designados "dementes"). É certo que sobre *as menores* incidia uma espécie de duplo controle, o que é comprovado não apenas por sua alta representatividade no conjunto das apreensões correcionais (quadro abaixo), como pelo discurso moralizador do aparato repressivo que via no acesso das meninas ao espaço público da rua ou mesmo da fábrica o iminente risco do meretrício.

TABELA 25

Apreensões correcionais de menores na capital segundo o sexo (1938-1943)

Anos	Sexo masculino	Sexo feminino	Total
1938	182	59	241
1939	137	72	209
1940	146	88	234
1941	164	91	255
1942	208	78	286
1943	208	100	308

Fonte: *A estatística policial-criminal do Estado de São Paulo, 1938, 1939, 1940, 1943*. Departamento Estadual de Estatística, Serviço de Estatística policial do Estado de São Paulo – Brasil.

Do total de *menores* apreendidos correcionalmente, as meninas representavam entre 20% a 35%, o que denota um controle ainda mais acentuado com as *menores* do que com as mulheres adultas, que correspondiam a 10% do total de presos correcionais, ou seja, metade das detenções de *menores* do sexo feminino. Do mesmo modo essa cifra é mais alta do que o percentual de mulheres acusadas criminalmente, no mesmo período, que oscilava entre 8% e 10% (nos dias atuais essa cifra corresponde a 5%).

TABELA 26

Apreensões "correcionais" de menores no estado segundo motivos preponderantes de 1938 a 1943

Motivos	1938	1939	1940	1941	1942	1943
Alcoolismo	158	112	143	133	129	134
Desordem	174	258	277	290	239	242
Averiguações	701	543	542	468	703	467
Juiz e outras autoridades	104	160	213	253	72	168

Fonte: *A estatística policial-criminal do Estado de São Paulo, 1938, 1939, 1940, 1943*. Departamento Estadual de Estatística. Serviço de Estatística policial do Estado de São Paulo – Brasil.

TABELA 27

Apreensões "correcionais" de menores na capital segundo motivo no ano 1943

Motivo	Número
Desordem	207
Alcoolismo	35
Averiguações	20
Insultos, ofensas e provocações	16
Ócio e vadiagem	10
Outros motivos	15
Total	303

Fonte: *A estatística policial-criminal do Estado de São Paulo, 1943*. Departamento Estadual de Estatística, Serviço de Estatística policial do Estado de São Paulo – Brasil.

Como se vê, o mesmo rol de motivos atípicos (não criminais) e contravencionais estabelecido para as detenções correcionais de adultos era aplicado a justificar as apreensões de *menores*. No estado, a categoria *para averiguações* liderava isoladamente entre os motivos correcionais, antecipando uma realidade que se observaria aos adultos somente a partir dos anos 60. Na capital, a categoria *desordem* é a mais representativa, a exemplo do que ocorria com os maiores nesse mesmo período.

*****

À parte os prevalecentes mecanismos de controle que seguiam seu ritmo frequente, no plano da institucionalização, alguns dispositivos legais introduzidos durante a ditadura Vargas alterariam de modo importante o tratamento jurídico imposto ao *menor*. Com a legislação penal de 1940 – o Código Penal e a Lei de Contravenções Penais – pese a inclinação de Vargas ao positivismo, foi-se paradoxalmente mantida a tradição liberal dos códigos criminais no país, havendo, contudo, a previsão de um elemento que destoava dessa matriz: o conceito de *periculosidade*. Referida legislação condicionou a ideia de culpa e de proporcionalidade da pena à noção de imputabilidade, cujo significado foi cuidadosamente tecido de modo a construir seu avesso na noção de *periculosidade*.[10]

10 A construção do conceito de periculosidade, vale registrar, encontra sua origem junto à nascente criminologia do século XIX, e se situa originalmente no pensamento de Garofalo, filiado à escola Positiva italiana. Para uma detalhada discussão do emprego da noção de periculosidade no discurso jurídico brasileiro, ver Matsuda (2009).

A periculosidade, e mais precisamente sua presunção,[11] foi a peça de articulação de um projeto disciplinador cujo fim era a segregação de categorias *socialmente perigosas*, excluindo-as das garantias previstas nas disposições liberais do Código Penal. Assim, aos *socialmente perigosos* (vadios, mendigos, ébrios, prostitutas, reincidentes), uma vez atribuído o estatuto da periculosidade, era aplicada a "universalidade" da pena (o castigo legal, com seu termo), mas também a "profilaxia" da medida de segurança[12] (o campo profícuo da disciplina, com sua indeterminação).

Mas será em torno dos *menores* que se verificará a confluência perfeita desse duplo dispositivo, lei e norma, estendendo os mecanismos de sujeição a limites muito mais largos. Embora nem o Código Penal nem a Lei de Contravenções Penais pudessem ser aplicados aos *menores*, havendo previsão expressa no primeiro sobre a necessidade de se remeter a uma legislação especial em caso de *menoridade* delitiva, um decreto visando regulamentar as prescrições do Código Penal dispôs sobre a aplicação da periculosidade presumida aos *menores* abandonados, pese tal decreto não consistir em uma legislação especial e, por estar abaixo dela na hierarquia legal, não ter o poder de revogá-la. Assim, o Decreto 6.026 de 24 de novembro de 1943 constituiria o momento decisivo para que a *periculosidade* passasse a designar ostensivamente a infância pobre e abandonada e a operar como princípio norteador de sua institucionalização.

Foi através desse decreto que se consagrou, no plano jurídico, a divisão entre a infância e a juventude, de um lado, e a *menoridade*, atribuída como *perigosa*, de outro. De

11 O Código Penal de 1940 dispunha ser a periculosidade presumida nos casos de reincidência, quando o agente estivesse "em estado de embriaguez pelo álcool ou substâncias de efeitos análogos, quando habitual a embriaguez", e quando se trata de inimputáveis (ou loucos-criminosos) (art. 78). A Lei de Contravenções Penais (Decreto-lei 3668/41) elencava as possibilidades em que a periculosidade deveria ser presumida: aos condenados por vadiagem, mendicância e os reincidentes em jogo de azar e jogo do bicho (art. 14).

12 O Código Penal de 1940 consagrou o modelo duplo-binário pelo qual a determinadas categorias de indivíduos poderia ser aplicada pena e medida de segurança sucessivamente, como se nesses sujeitos se perfizesse uma figuração híbrida, algo como *imputáveis, porém perigosos*. Já aos *loucos criminosos* estava excluída a imputabilidade, só se aplicando a medida de segurança. A medida de segurança não é definida como uma pena, mas como modalidade de tratamento, não apresentando prazo de duração, nem termo máximo, já que a princípio sua vinculação não é ao crime, e sim a um estado de periculosidade apresentado pelo autor do fato. A reforma da parte geral do Código Penal em 1984 alteraria esse modelo, consagrando um regime chamado vicariante, pelo qual apenas aos inimputáveis é possível a aplicação de medida de segurança, eliminando, ao menos parcialmente, a imputação da categoria *periculosidade* para os penalmente imputáveis. Sobre a prevalência da noção de periculosidade em outros institutos jurídicos penais conferir Fry e Carrara (1986) e Matsuda (2009).

acordo com suas disposições, a um jovem entre 14 e 18 anos que cometesse um crime, mas não apresentasse periculosidade, destinava-se um tratamento educativo (manutenção com os pais ou eventual envio à entidade profissionalizante ou reeducativa). Já a um *menor* infrator *perigoso* destinava-se o rigor de uma internação em estabelecimentos "adequados" até que cessasse sua condição de periculosidade,[13] utilizando-se das mesmas expressões contidas no Código Penal para designar a periculosidade presumida.

A incorporação ilegal da construção jurídica *periculosidade*, prevista originalmente no Código Penal, para o tratamento da infância abandonada abriu um precedente para um novo padrão de categorização e institucionalização do *menor*. Primeiramente por ter deixado ainda mais claro a quem se destinava o controle policial e a institucionalização: ao *menor* abandonado, pobre, em geral negro,[14] sem vínculos familiares ou institucionais reconhecidos. Em segundo lugar, tornou nítida a percepção da periculosidade como condição imanente à *menoridade* abandonada, o que viabilizou um nível ainda maior de sujeição do *menor*, produzindo, no que toca a um projeto disciplinador, consequências diversas.

Na base dos novos instrumentos legais e do renovado tratamento jurídico dispensado ao *menor*, estava uma política nacional que pretendia estabelecer em torno da *menoridade* um programa institucionalizador[15] de maior monta e permanência. Era visando acrescer novos controles ao percurso dos *menores* detidos nas ruas até os anos 40, caracterizado sinteticamente pelo ciclo "apreensão/Juizado/liberdade", que essa política e seus aportes institucionais estavam dirigidos.

Para tanto era necessário, primeiro, isolar a *menoridade* infratora, presumidamente perigosa, da *menoridade* abandonada, apenas potencialmente perigosa, acabando com uma espécie de indistinção que os controles policiais e a institucionalização incompleta

13 Na hipótese da condição de periculosidade não se cessar até os 21 anos, abria-se a possibilidade de uma internação *ad infinitum,* através da transferência do *menor* a uma colônia agrícola ou estabelecimento congênere, segundo Decreto-Lei 3.914/41. Veja-se que o mesmo dispositivo usado até hoje para o prolongamento de inimputáveis na condição de loucos de todo o gênero já era previsto para a segregação do *menor perigoso*.

14 Os dados de detenções correcionais entre os anos 1937-1943, estratificados por cor, apontam a uma sobrerrepresentação de negros e pardos entre os *menores* detidos, ainda maior quando se tratava de *menores* do sexo feminino.

15 O Rio de Janeiro, capital federal à época, sairia à frente nesse projeto, tendo criado logo em 1941 o SAM – Serviço de Assistência ao Menor – para dar assistência aos "menores desvalidos e infratores das leis penais". O órgão, subordinado ao Ministério da Justiça, já indicava em sua criação tratar-se de um aparato voltado mais à segurança pública do que à assistência social, antecipando o tratamento da questão do *menor* nas raias de um problema de polícia.

estabeleciam entre elas. Como se depreende dos relatos dos chefes de polícia nos anos 30, as apreensões de *menores* abandonados, viciosos ou infratores, e o eventual encaminhamento a instituições de internação eram realizados sem qualquer especificidade em relação ao infrator, seu prognóstico e tratamento "diferenciado".

Era necessário, então, tomar o crime, ou melhor, a *menoridade* infratora perigosa como categoria jurídica e política, para que em torno dela se delineasse uma vigilância especializada e uma gama de novos saberes, tendo como referência um percurso institucional mais definido.

Não obstante tais transformações terem ganhado o plano da cidade apenas no começo dos 50, o *menor* abandonado infrator, enquanto categoria socialmente perigosa, ingressava, já nos anos 40, nos desígnios de uma política prisional que pretendia seu isolamento e disciplinarização. Pelo Decreto-lei 12.924 de 04/09/1942 criava-se o Instituto Correcional da Ilha Anchieta,[16] com a finalidade de operar como modelo de excelência disciplinar no sistema penitenciário. Regulamentado em 12 de janeiro de 1943 pelo Decreto 13.182, apresentava entre suas funções precípuas internar os adultos sujeitos à medida de segurança detentiva, ou seja, os *socialmente perigosos*, e aqueles que eram enviados pela Penitenciária do Estado para cumprir sanções disciplinares. Além desse público-alvo, também se instituía nesse mesmo complexo prisional o Educandário Anchieta, cuja função era internar

> os menores que tenham completado 16 anos de idade e se mostrem perigosos pelo seu estado de perversão moral, ou seja, os socialmente perigosos menores (Decreto 13.182/43).[17]

A partir de 1955, a Casa de Custódia e Tratamento de Taubaté, que passará a assumir, entre outras finalidades, as do extinto Presídio da Ilha Anchieta, terá entre suas destinações a previsão de receber *menores* entre 16 e 21 anos *presumidamente perigosos*, juntamente com os adultos na mesma condição, além de inimputáveis, situação essa que se prolongará até os anos 80 (CPI DO SISTEMA PENITENCIÁRIO, 2001; PINHEIRO E BRAUN,1986).

Já no contexto da cidade de São Paulo, os anos 50 irão assinalar o momento em que a política esboçada com a normativa dos anos 40 irá ganhar um plano de maior concretu-

16 Conforme nota 11 e 12 do cap. 1, esse estabelecimento foi fundado originalmente em 1908 como Colônia Correcional da Ilha dos Porcos, tendo se transformado em presídio político no início da era Vargas e depois em colônia correcional agrícola.

17 Note-se que o mesmo decreto que instituiu a aplicação aos *menores* da categoria periculosidade (Dec. 6.026/43) previu a possibilidade de "em casos excepcionais" o *menor* vir a ser internado em estabelecimentos de custódia para adultos, até que cessasse sua periculosidade (art. 2°, parágrafo 1°).

de. Será o Judiciário o primeiro a dar um passo nesse sentido ao criar em 1953 o Serviço de Abrigo e Triagem (SAT), subordinado ao Juizado de Menores, que se destinava a além de um primeiro recolhimento institucional, às atividades de classificação de *menores*, marcando um dos momentos de ingresso de saberes especializados como a psicologia no interior da justiça em São Paulo.[18]

Luiz Alberto Mendes (2001) narra sua passagem pelo SAT quando, aos doze anos de idade, fora recolhido por perambular as ruas da cidade ao estilo de um "um menor abandonado", no início da década de 60. Seu depoimento dá conta dos arranjos que se estabeleciam em suposta resposta a uma aparente precariedade organizacional, mas que na verdade operavam de modo a difundir a violência entre os próprios *menores*, a partir da lógica de funcionamento do local:

> Conduziram-me para um enorme alojamento, cheio de beliches. Era o plantão do SAT, local onde eram recolhidos os menores de rua com menos de quatorze anos que viviam de pequenos roubos na cidade. [...] Os maiores que tomavam conta de nós batiam à menor falha. Havia garotos débeis mentais, e esses apanhavam mais pois não entendiam as ordens. [...] Havia os maiores que eram chamados de bocas de fogo. Explicavam, eles "comiam" os meninos mais bobos, principalmente os débeis [...] Esses garotos maiores eram do Instituto Modelo, um prédio próximo. Crianças sem pai que o governo criava desde o berçário. Trabalhavam ali, tomando conta de nós, para pagar o pão que comiam. (MENDES, 2001, p. 15).

No ano seguinte, em 1954, o Poder Executivo, em consonância ao SAM carioca, criava o Recolhimento Provisório de Menores (RPM) destinado fundamentalmente aos *menores* infratores entre 14 e 18 anos do sexo masculino, e o Centro de Observação Feminina (COF), destinado às infratoras do sexo feminino.[19] A criação do RPM e do COF

18 Segundo o material de divulgação de um vídeo produzido pelo Conselho Regional de Psicologia para narrar a história da psicologia em São Paulo (*Entre o direito e a lei: uma história da psicologia jurídica em São Paulo*), teria sido "nos anos 1950, que os psicólogos começaram a se inserir em equipes dos Tribunais de Justiça e passaram a integrar as equipes de alguns serviços ligados ao Juizado de Menores, como o Serviço de Abrigo e Triagem"(www.narrativaum.com.br Acessado em 19 maio 2011).

19 O RPM e o COF nascem vinculados à Secretaria Estadual de Bem Estar Social, e sujeitos à fiscalização do Juizado de Menores diante da centralidade que esse órgão desempenhava na estrutura normativa prevista pelo Código de Menores. Eles permanecerão vinculados à referida Secretaria até 1975; em 1973 é criada a Fundação Paulista de Promoção Social Menor (PRÓ-MENOR), segundo as diretrizes da PNBEM, e no ano seguinte a FEBEM – Fundação Estadual de Bem Estar do Menor (PASSETTI, 1999).

marca o momento, no plano da cidade, em que a *menoridade* criminosa ingressa definitivamente nos desígnios de uma política de segurança pública e em que a suposta questão social que nela ainda se embutia se dilui.

Marca também o momento de consolidação de um modo de tratar o *menor* abandonado infrator que se balizará pela mesma lógica que pautara, desde há muito, o sistema repressivo no país, sobretudo no que se refere à exacerbada violência institucional e à corrupção endêmica. Em diferença aos abrigos e reformatórios que recebiam, até os anos 40, o grande contingente de *menores* abandonados, eventualmente infratores, no modelo de aprisionamento que o RPM consolida, a única finalidade que sobressai é a contenção, o isolamento, marcados pela mesma lógica dos estabelecimentos prisionais. Esse modelo encerrará assim o circuito ruas/ crime/ reincidência, empurrando o *menor* abandonado gradativamente para as raias da delinquência.

Aparatos policiais e instituições totais: juntos na fabricação da delinquência

> Queriam proteger a sociedade de nós, mas talvez a solução fosse nos proteger da proteção social. Daí era para perguntar se éramos animais, como queriam, ou se éramos animalizados, como nos faziam. Marginais e criminosos, ou "marginalizados" e "criminalizados"? O resultado se observaria no estrago, na devastação que retribuiríamos, no futuro, à sociedade.
>
> (MENDES, 2001, p. 146)

Enquanto os discursos e as práticas se rearticulavam em torno do *menor* para lhe imporem caracteres mais ou menos criminógenos, tendo como horizonte uma institucionalização que seguia ainda incompleta, os controles cotidianos a ele impostos permaneciam intensos. Embora a criação do SAT e do RPM no início dos anos 50 traduzisse, em alguma medida, o esforço de uma prisionalização dos *menores* infratores, é certo que a gestão diferencial da lei pelos aparatos policiais continuou a incidir sobre a *menoridade*, estabelecendo-se inclusive como peça central nessa economia geral de ilegalismos. Tal protagonismo às avessas contribuiu, inclusive, para que o *menor*, enquanto personagem urbano, se imiscuísse nas ambiências sociais que marcaram o contexto dos ilegalismos urbanos, sobretudo entre as décadas de 50 e 60.

Joanides (1977) faz menção em seu relato a *menores* que habitavam a Boca do Lixo, geralmente fugidos do juizado de menores para desempenhar funções acessórias aos malandros do local (uma espécie de *office boys*, segundo o autor), mas sobretudo na condição de punguistas.

O *punguismo*, como já descrito, consistiu numa modalidade de furto que mobilizou em sua grande maioria *menores*, durante as décadas em que foi prevalecente no contexto urbano. Por reunirem habilidades necessárias para a sutileza desse tipo de furto, bem como pelo caráter associativo (de grupo) que ele requeria, os *menores* estiveram profundamente implicados nessa categoria de delito patrimonial que ocorria no espaço público, mais precisamente nas ruas da cidade.

Além do mais, também como já mencionado, o punguismo revelar-se-ia num tipo de ilegalismo no qual o jogo preciso de sua gestão diferencial, pelas forças policiais, perfazia-se com bastante nitidez, numa escala pouca diferenciada de negociações que implicavam na violência, o mais grosseiro achaque, e eventualmente a prisão.

Mendes[20] (2001) descreve as relações com os policiais no primeiro período de sua carreira delinquencial, quando, em meados dos anos 60, praticava o punguismo ao lado de outro *menor* na região central da cidade:

> Nos levaram para um reservado na administração da estação. Deram uns tapas na cara, sem querer machucar. Mas sabiam que era melhor baterem pra valer, o rosto era uma questão de honra. Mas ficou claro que não queriam nos prender de verdade [...] A maneira um tanto quanto amistosa já revelava suas intenções. Já havíamos subornado um monte de policiais em nossas andanças, quando eles não nos assaltavam. Bidu, mais experiente, foi logo expondo que ganhávamos bastante dinheiro ali na estação [...] Depois de tomar tudo o que tínhamos, deram mais uns tapas, um pontapé na bunda de cada um, e nos soltaram (MENDES, 2001, p. 65).

À diferença das negociações com os malandros adultos que habitavam o submundo do crime à época, aqui o jogo com as forças de ordem parecia menos mediado e por isso

20 Luiz Alberto Mendes constitui, por sua trajetória no mundo do crime e nas instituições de custódia do período, um caso notável para se compreender as mutações pelas quais o crime patrimonial e sua gestão vivenciaram na passagem dos anos 60 para os 70 em São Paulo. Ademais, Luiz protagonizou em sua carreira criminal justamente o momento de emergência do roubo como modalidade para a qual convergem não apenas a violência urbana, mas também os dispositivos que permitem um plano de funcionamento tanto aos ilegalismos como a sua gestão. Por isso sua biografia, que já vinha sendo citada anteriormente, ganhará maior centralidade neste tópico e voltará a ser analisada em outros momentos, juntamente a trechos da entrevista que realizei com o autor, para este trabalho, em outubro de 2008.

mesmo com um repertório mais reduzido, redundando a pura apreensão do dinheiro furtado na verdadeira moeda de troca para a não efetivação da prisão dos punguistas. E essa percepção não lhes escapava, restando-lhes assim a tarefa de "trabalhar dobrado", para embutir no valor furtado o custo do risco de ser "assaltado" pela polícia, nos termos do autor.

> Na maioria das vezes tomavam nosso dinheiro e nos soltavam. Quando não, nos prendiam uns dias na delegacia e logo nos soltavam. Na rua, éramos lucrativos para a polícia. Presos, não poderíamos produzir dinheiro para que nos assaltassem com suas carteirinhas de policiais. Éramos tipo galinhas de ovos de ouro, para eles (MENDES, 2001, p. 108).

O trecho acima, além de revelar o papel de reprodução que as forças de ordem exerciam para a ocorrência desse crime patrimonial e para o engajamento da *menoridade* numa carreira delitiva, evidencia ainda o papel de destaque que as detenções correcionais continuavam a ocupar nesse contexto. A exemplo do ocorria com os maiores, era em torno das prisões ilegais, como já mencionado, que as forças de ordem estabeleciam a economia diferencial do crime, fazendo investir sobre seus atores, aqui representados nos *menores* punguistas, um dispositivo a mais de poder.

Também é nesse sentido que se pode compreender a conclusão do autor, a de que o encerramento institucional dos *menores* engajados na criminalidade patrimonial não interessava ao aparato policial. Nessa perspectiva, é possível aduzir que a institucionalização demorada acabava por subtrair a força de trabalho delitiva do espaço da cidade, e com ela o produto que era apropriado pelos agentes policiais, através da prática contínua da extorsão. Desse modo, ainda mais explicitamente do que com os maiores, não interessava aos gestores dos ilegalismos punir os criminosos, expressando as apreensões correcionais, sobretudo *para averiguação,*[21] o principal instrumental de oposição ao encerramento institucional.

As detenções correcionais permitiam ainda, às forças de ordem, reconstruir o fluxo do crime patrimonial na cidade, recorrendo para isso ao principal "método investigativo": a tortura policial, à época já incorporada à rotina das delegacias de polícia. Ao se deter ou apreender alguém correcionalmente, liberavam-se assim os agentes policiais

21 Nos anos de 1960 e 1961, os dados divulgados apenas para o interior do estado revelam a modalidade de detenção correcional *para averiguações* largamente prevalecente entre as demais, chegando a representar 50% das causas de apreensão. Era seguida pelo *alcoolismo* e pela *desordem*, que ocupavam ambas posição de destaque, a exemplo do que ocorria como os adultos (Anuário Estatístico do Estado de São Paulo de 1960 e 1961).

das exigências legais (justificativa e prazo da prisão), submetendo o corpo e a mente do indivíduo preso a um grau potencialmente ilimitado de sujeição.

Mendes (2001) dá conta de uma dessas apreensões após tentar roubar a bolsa de uma senhora e ser quase linchado na região central da cidade, em 1965, quando tinha apenas treze anos de idade. Uma vez levado à delegacia, a descoberta de sua participação num furto de residência ocorrido meses antes desencadeou uma série de sessões de tortura cuidadosamente programadas e prolongadas nos dias em que permaneceu recolhido na carceragem policial. Mendes relata detalhadamente os procedimentos eleitos pelos policiais civis para torturá-lo (sobretudo o "pau de arara", o cano de ferro, e os choques elétricos, além da violência física habitual), os mesmos que já eram utilizados pela ditadura militar (recém-instaurada) à repressão política, mas que aqui eram desferidos pretensamente à repressão ao crime comum.

A violência que Mendes narra, aqui apresentada como "técnica investigativa", buscava, também a exemplo dos procedimentos usados à repressão política, a "extração da verdade", mas uma verdade muito particular e bastante cara aos gestores dos ilegalismos: a identidade dos receptadores, os "intrujões" na linguagem policial e criminal da época.

Eram esses personagens os mais "valiosos" na mecânica do crime urbano, e se as forças policiais os miravam não era para enfim atacar o suporte da criminalidade patrimonial à época[22] e com isso combatê-la, mas para imiscuir-se ainda mais em sua dinâmica, transacionando suas mercadorias políticas num preço muito mais vantajoso. Detendo os "chorros" (punguistas) e os "gomeiros" (arrombadores) chegava-se enfim aos receptadores, o principal elo da cadeia delitiva patrimonial.

Os *menores* desempenhavam assim, nessa crescente espiral do crime urbano, um papel estratégico do ponto de vista dos ilegalismos e sua gestão, mas extremamente periférico do ponto de vista de um protagonismo delitivo. Extorquido, agredido e torturado pelas forças policiais, roubado pelos ladrões adultos, explorado pelos receptadores, traficantes e rufiões, o *menor* revelava-se uma espécie de *sub-personagem* na dinâmica do crime na cidade, útil para sua reprodução, mas assujeitado pelas múltiplas formas e fontes de poder e violência que sobre ele incidiam.

22 Cumpre assinalar a atualidade desse quadro, ou seja, a função primordial desempenhada pelos receptadores das mercadorias furtadas e roubadas nas ruas e residências da cidade e a aparente inoperância das forças policiais em visar esse importante ponto de apoio e reprodução da cadeia delitiva. Abordarei esse tema no capítulo 6, quando discutirei a dinâmica contemporânea do crime urbano em São Paulo, tendo em vista o relato dos adolescentes infratores e os dados estatísticos sobre prisões em flagrante.

De que modo, portanto, esse sub-personagem dos ilegalismos emerge no início dos anos 70 como a representação máxima da violência urbana na cidade?[23]

Há diferentes fatores que concorrem para sua emergência ou, em todo o caso, à emergência dessa representação social. Mudanças na economia dos ilegalismos no início dos 60, derrocadas e ascensões de economias criminais, difusão do crime patrimonial pelo espaço da cidade, espaço esse cada vez mais múltiplo e reconfigurado e por fim as transformações nas forças de ordem impulsionadas com o golpe militar de 1964.

Nesse último ponto, traduzido sobretudo pela peculiar e intensa militarização que tomará conta de diferentes domínios da vida social, a questão da violência policial e do encerramento institucional emergem como centrais. Uma ordem de múltiplas sujeições se instaurará, quer no contexto da já habitual violência policial – concorrendo agora a essa "tarefa" um novo ator, a Polícia Militar –, quer no âmbito das instituições de recolhimento e internação de *menores* e prisionais de um modo geral.

Essa ordem de múltiplas sujeições decorrerá de padrões mais acentuados de violência, tortura e extorsões derivados enfim da lógica que Pinheiro denominou *vigilitantismo,* que se instalarão com mais precisão a partir do final dos anos 60 nas instituições de ordem, e na atividade repressiva do Estado de modo geral. Tais práticas e as sujeições que delas decorriam acabaram assim por conduzir aqueles que caíam na malha do sistema repressivo a uma trajetória criminal mais consolidada, para a qual a *menoridade* corresponderá ao primeiro estágio, o "estágio necessário", de uma carreira delinquencial potencialmente mais violenta, imersa agora de modo contundente na trama de sua incontornabilidade.

Adorno (1991), numa pesquisa pioneira na qual buscou compreender os fatores preponderantes à reincidência no sistema prisional paulista entre as décadas de 70 e 80, já havia concluído que mais diferenças dos reincidentes e não reincidentes não estavam seus atributos pessoais, sociais ou jurídicos, mas sim "as práticas de segurança e disciplina que

23 No Rio de Janeiro, as inquietações com a "delinquência juvenil" antecederam em parte a emergência dessas percepções em São Paulo. A pioneira pesquisa "Delinqüência juvenil na Guanabara" (CAVALLIERI et al., 1973) empreendida no ano de 1971 junto ao Juizado de Menores da Guanabara (da qual o sociólogo Michel Misse integrou a equipe de pesquisadores) retratou, entre outros aspectos, o aumento significativo da participação de *menores* no cenário delitivo entre os anos de 1960 a 1971, concluindo ainda pela absoluta preponderância dos crimes patrimoniais, que chegavam no final do período estudado a representar 82,8% do total de delitos praticados por *menores* (CAVALLIERI el al., 1973, p. 86). Não obstante que o período corresponda justamente àquele da emergência da violência urbana no contexto carioca, assim como da mudança do padrão de violência da criminalidade patrimonial (MISSE, 2008), os resultados da pesquisa apontaram à manutenção da absoluta prevalência do furto entre os delitos praticados por *menores*, variando no período de 32% a 48% enquanto o roubo variou de 3% a 8% (ibidem, p. 93), o que relativiza, ao menos até o início dos anos 70, a contribuição nodal dos *menores* ao incremento da violência urbana naquele estado.

abrem espaço à construção subjetiva de identidades e carreiras delinquenciais" (ADORNO, 1991, p. 29). Seria, portanto, no que ele vai denominar "entrecruzamanto entre biografias e instituições" que residiria a explicação à persistência no crime, à trajetória reincidente e na "assimetria das relações de poder e na distribuição da justiça criminal" o que tornaria "possível a reprodução da delinquência" (ibidem, p.36).

Instituições de internação de menores: "fábrica de bandidos"[24]

O intenso processo de militarização do Estado após o golpe de 1964 agravaria ainda mais as concepções sobre contenção no *tratamento* ao *menor*, que haviam se instalado nos anos 50. A partir de 1964, o funcionamento do Recolhimento Provisório de Menores (RPM), bem como das demais instituições de recolhimento e internação de infratores no Estado passaria a ser referenciado pela Política Nacional de Bem Estar do Menor (PNBEM),[25] concebida pelo regime militar a partir da doutrina de segurança nacional. As ações da FUNABEM – Fundação Nacional de Bem Estar do Menor, órgão responsável por formular e executar a política nacional, traduziam a orientação que seria dada à agora nomeada *menoridade marginalizada*, definindo-a sobretudo pelo atributo socioeconômico (a pobreza) como gerador, ao lado da *desestruturação familiar* de uma *conduta antissocial* desse *menor*. Definido assim pelo Estado militar "o problema do menor" (PASSETTI, 1999), a proposta de seu enfrentamento revelar-se-ia num repertório de ações visando prevenir e "corrigir" suas condutas, ancorado na brutal repressão das forças policiais e das instituições de internação, braço do regime autoritário.

Em outras palavras, o processo de militarização trazido com o golpe de 1964 contribuiria em muito à intensificação da violência institucional nesses locais de recolhimento de *menores*. A militarização entrava pela porta da frente do sistema, cabendo às forças de ordem representadas pelas Polícias Militares, não apenas a guarda, mas efetivamente a política e a administração de grande parte das instituições de custódia no país.[26]

---

24 Expressão cunhada em matéria publicada pelo *Jornal da Tarde*, de 1° de junho de 1973. "O Recolhimento de Menores, uma fábrica de bandidos", coletada por Frontana, 1999.

25 Referida política é introduzida no país pela Lei 4.513 de 1° de dezembro de 1964.

26 Passetti (1999) recupera um importante trecho do discurso de Mario Altenfelder, então secretário de Promoção Social em 1974, não apenas justificando o fato da PM estar à frente das instituições de *menores*, como exaltando seu trabalho: "deve-se aos bravos integrantes da Polícia Militar o controle de uma situação que seria explosiva em quaisquer outras mãos. Eles aguentaram por todos nós uma responsabilidade que era apenas parcialmente deles. A Polícia Militar junta-se a nós para um trabalho integrado que devolverá a essa corporação seu papel promocional do menor e não a manutenção da falsa qualidade carcereira" (PASSETTI, 1999, p. 166)

E novamente a trajetória de Luiz Alberto Mendes é ilustrativa para ajudar a compreender, não apenas da brutalidade do regime que era imposto nessas instituições no período, mas a lógica de produção e reprodução da delinquência a que se prestavam. Seu depoimento sobre o tempo em que esteve internado no RPM e no Instituto de Menores de Mogi Mirim, no final dos anos 60,[27] é um retrato pungente da barbárie desses "depósitos humanos", bem como de seus impactos sobre a subjetividade dos indivíduos a eles submetidos, e sobre as identidades que nesses locais foram forjadas.

Primeiramente, vale observar o próprio contexto que finalmente levou Mendes ao encerramento institucional, no final dos anos 60, depois de anos transacionando com os gestores dos ilegalismos e ocupando esporadicamente os xadrezes da capital. O autor foi detido por policiais e recolhido ao RPM quando "se picava" com *pervitin* (droga que era largamente utilizada no submundo do crime à época) no centro da cidade. A "opção" pelo recolhimento institucional pelos agentes policiais não foi precedida de achaques, violência ou apreensão correcional na delegacia, embora sua conduta, o uso de entorpecente, fosse a menos gravosa até agora exibida pelo então *menor* Luiz Mendes. Sua condição, contudo, de maltrapilho, drogado e bêbado estava a indicar que teria ele pouco a transacionar, naquele momento, numa economia geral de ilegalismos.

> Estava tomando uma picada à luz do poste quando a polícia chegou. Nem corri, parecia que queria ser preso [...] Na delegacia, nem quiseram conversar comigo. No mesmo dia o delegado me encaminhou para o RPM, o Recolhimento Provisório de Menores. Não conhecia, só ouvira falar do lugar. Agora ia saber ao vivo (MENDES, 2001, p. 109).

A violência que imperava no RPM era de diferentes ordens (física, psicológica, sexual), estruturante, difusa e cuidadosamente conduzida pelos agentes custodiadores daquele local: os policiais militares. Havia vários expedientes de tortura física, mas o mais comum e rotineiro consistia na aplicação sistemática de "bolos" – golpes na palma das mãos e na sola dos pés (onde não deixariam marcas) através de cabos de borracha. Em casos de resistência, as chicotadas alcançavam a cabeça, os braços, as pernas, produzindo ferimentos mais aparentes e duradouros.

---

27 É importante frisar que a partir dos anos 70, com maior ênfase nos 80, são publicados diferentes relatos biográficos e autobiográficos sobre a vida de *menores* em instituições de internação e nas ruas de São Paulo, dos quais destaco aqui o de Louzeiro, *Infância dos Mortos* (1977) e *Pixote, a lei do mais fraco* (1993), por ter tratado, inclusive, episódios atinentes a este estudo. Ressalva-se que o período sobre o qual o depoimento de Mendes se insere (anos 60) é anterior à profusão daqueles ensaios, e está referido a um momento de transformação na economia dos ilegalismos e das forças de ordem, pelo que ele foi eleito para este estudo como privilegiado.

> Predominava a lei do mais forte. Era a força bruta. Tendo a polícia, por fora, para oprimir e barbarizar a todos. Embora tendessem sempre a oprimir os mais fracos, que eram os mais desorientados. Inúmeras vezes vi os "valentes e valorosos" policiais militares surrando a borrachadas débeis mentais que nem sequer tinham total coordenação de seus movimentos.Os loucos, os débeis e os fracos eram o alvo favorito de todos naquele depósito de vidas humanas. Qualquer um de nós, dos menores, estaria com o futuro comprometido. (MENDES, 2001 , p.122).

Mas eram como agentes difusores da violência que os PMs realizavam com sucesso sua tarefa de produzir a delinquência. A lógica de guerra que se instaurava nesse local era garantida pelos agentes policiais, como nos presídios em geral à época, quer por sua conivência, quer por incitarem os *menores* uns contra os outros, com a finalidade não apenas de aplacar um sadismo que lhes fosse latente, mas porque a partir dessa conivência ou incitamento reproduziam-se, às relações entre os internos, os padrões de dominação e sujeição prevalecentes nessas instituições. É a partir dessa trama que se deve compreender a generalizada violência sexual entre os internos e presos, não apenas como expressão de de dominação física do mais fraco pelo mais forte, mas como verdadeira sujeição moral, como precisa destituição dos poucos atributos que ainda classificam como *humano* o indivíduo na experiência do aprisionamento.[28]

> Aos poucos fui introjetando aquele meio violento e até modificando meu jeito um tanto meigo e infantil. Fazia parte de tudo aquilo já. Senão fosse pequeno, talvez estivesse abusando dos menores, como já faziam os grandes. Testávamos os novatos quando eles apanhavam dos PMs. Aquele que contasse tudo aos primeiros bolos, ou demonstrasse covardia exagerada, não ia se dar bem no nosso meio. No dia seguinte, os maiores já lhe tomavam as roupas e lhe davam outras rasgadas, cheias de muquiranas. Depois viriam as ameaças e as primeiras porradas. Se fraquejasse, no mesmo dia já era possuído pelos grandes e até obrigado a escolher um deles como marido. Havia vários casados. Viviam nessa posição humilhante por não ter opção. (MENDES, 2001, p. 129).

Alguns meses depois, Mendes é transferido para o Instituto de Menores de Mogi Mirim, um local tido como modelar pela severa imposição do disciplinador trabalho agrícola aos *menores* infratores.

28 A esse respeito, conferir as reflexões de Goffman (1996) em seu trabalho sobre instituições totais, e os testemunhos de Primo Lévi nos campos de concentração nazistas (1988; 2004).

> A maioria de nós era composta por analfabetos. Só se aprendia a lidar com enxada, pá, picareta e enxadão. Éramos todos adolescentes da periferia e do centro de São Paulo. Na metrópole não havia campo para desenvolver as atividades que aprendíamos. [...] O Instituto era apenas a vitrine que o Estado ditatorial mostrava para a sociedade (MENDES, 2001, p. 181).

Será nesse local que o ainda adolescente Luiz tomará contato com uma cultura prisional mais estabelecida, que lá já era predominante. É nesse momento também que o autor conhecerá e compartilhará as percepções e expectativas dos jovens internos naquela instituição sobre uma almejada carreira delinquencial, que projetava na figura do assaltante o protótipo identitário a ser alcançado e na violência exagerada a representação da sua vingança e seu triunfo sobre a figura difusa da "sociedade", o receptáculo de todo o ódio e frustração "cultivados" nessas instituições.

> Nosso ideal ali, cultivado em nossas conversas secretas era, ao sairmos, pegar em armas. O assalto era a última palavra em termos de crime para nós. Era o ápice de nossa formação como malandros. Título por demais apreciado entre nós.[...] Alguns bairros, por fatores socioeconômicos, facilitavam a proliferação de assaltantes, como Jardim Míriam, Vila Maria, Vila Carrão, Brasilândia, por exemplo. Esses assaltantes eram mais audaciosos, menos escrupulosos, e a maioria não tinha pai nem mãe. Já haviam assaltado e até matado várias vezes. Eram nossos líderes, nós os idolatrávamos. Eram procurados como valiosas fontes de informação. Aprendíamos como obter armas atropelando os guardas-noturnos, arrombando casas; a executar um assalto; roubar um carro fazendo ligação direta; abrir cadeados e fechaduras, etc. A polícia era nossa inimiga. Os que não eram malandros como nós, eram otários. Otário era a imagem do cão e devia ser tratado a coronhadas e tiros, já que se nos pegassem, nos linchariam até a morte. Criava-se uma geração de predadores que irá aterrorizar São Paulo. A maioria iria ser morta pela polícia em pouquíssimo tempo,mas antes disso... (MENDES, 2001, p.181–182).

Já com dezoito anos completos, Luiz foi novamente detido correcionalmente, ainda pela prática de punguismo na região central da cidade. Levado ao Presídio de Tiradentes, colocado no "mofo" alguns dias como era praxe nas detenções correcionais, Luiz teve contato com conhecidos egressos das instituições de *menores* e constatou que suas carreiras delitivas, assim como ocorreria depois com a sua própria, consolidavam-se na modalidade violenta do assalto e do latrocínio.

> Conversei com os conhecidos e, poxa, me assustei... Estavam assinando dezenas de processos por assaltos, alguns até por latrocínio e homicídio! Eles eram realmente perigosos, não era só conversa fiada de Juizado. Estavam colocando em prática o que disseram e que eu pensava que fosse mais fanfarronice do que verdade. Eram bandidos mesmo! (MENDES, 2001, p. 224)

*****

Durante a década de 70, a situação do RPM (que em 1974 terá sua designação alterada para COM – Centro de Observação Masculino) e do COF finalmente ganhará destaque nos órgãos de imprensa, muito em razão da escalada do aprisionamento juvenil. Frontana (1999), ao estudar os discursos relativos a menores na imprensa do período, destacou artigos dos jornais *O Estado de S. Paulo* e *Jornal da Tarde* no ano de 1973, que, denunciando a precariedade do RPM e o tratamento que muito se distanciava da imagem da "reintegração social", atribuíam-lhe as alcunhas de "escola do crime" e "fábrica de bandidos".

Em 1974, a questão da superpopulação do agora designado COM chegava ao seu auge, colocando em evidência os problemas já remotos do sistema de internação de *menores*, expostos pelo gritante déficit de vagas e a total precariedade dos parcos estabelecimentos de custódia. Em 14 de novembro daquele ano, o próprio chefe de setor de segurança do COM chegou a elaborar um documento endereçado ao Secretário de Segurança Pública, no qual tornava públicas as deficiências e a situação insustentável do local. No seu teor, o retrato já comumente dantesco das carceragens brasileiras: 800 *menores* amontoados onde caberiam 120; grande parte dos "alojamentos" sem água ou luz; inexistência de camas ou mesmo colchões, dormindo os *menores simplesmente sobre o assoalho, amontoados, propiciando toda série de promiscuidade*; na direção ou segurança, um contingente de apenas quatorze PMs na guarda interna e oito respondendo pela externa, com o que as fugas e motins eram constantes.[29]

Na base do crescimento vertiginoso da população de *menores* internados, nos primeiros anos da década de 70, estava a emergência de um novo fenômeno criminal de massa, difuso, e no qual sobretudo os *menores de rua* estavam engajados: a *trombada*.

Durante a conversão do *menor* punguista, encerrado nas instituições de ordem, em assaltante armado, é certo que um novo padrão de criminalidade patrimonial emergi-

29 "No COM, falhas são totais. Superpopulação e promiscuidade". *O Estado de São Paulo*, 17 dez. 1974.

ra no contexto da cidade. Essa criminalidade representada na figura do *trombadinha*, embora se apresentasse com mais violência que a *punga*, estará longe de se assemelhar ao assalto à mão armada, como já foi mencionado. No entanto, encarnará esse personagem a representação ideal da violência urbana e se converterá no problema central da insegurança e da marginalidade social, animando discursos e ações que o estabelecerão ora como algoz, ora como vítima de uma verdadeira guerra urbana que se armará a partir de então.

PEGA-LADRÃO: O TROMBADINHA COMO A REPRESENTAÇÃO MÁXIMA DA VIOLÊNCIA URBANA

A década de 70 assinala o momento em que se tornam evidentes, no plano da cidade, os efeitos de um modelo de desenvolvimento econômico "superexcludente" (nos dizeres de Kowarick) levado adiante nas décadas precedentes e acentuado após o golpe militar de 64, tendo como aspecto mais visível a explosão da pobreza urbana.

Em 1970, a cidade de São Paulo já contava com uma população de 5.978.977 habitantes e embora iniciasse lentamente uma inflexão nas taxas de crescimento anual, os reflexos de uma expansão urbana vertiginosa e desordenada das últimas décadas já se faziam sentir, respondendo o fluxo migratório ainda por mais de 50% do crescimento na Grande São Paulo entre as décadas de 60 e 80 (BRANT, 1989).

A pobreza passa, nesse momento, a ser vista e traduzida pelos estudos que marcaram a época, através da ótica da marginalidade social, como o produto mais acabado das contradições entre capital e trabalho. Uma miríade de facetas expunha assim todas as fraturas sociais desse modelo, sobretudo baseadas nas contradições das formas de acumulação capitalista que empurravam um contingente cada vez maior de trabalhadores para condições precárias de sobrevivência. Da crescente massa de trabalhadores não integrados ao mercado formal de trabalho e da omissão do Estado em prover políticas que atendessem a uma demanda universal de direitos, advinham assim as mazelas sociais: a moradia precária representada pela autoconstrução em áreas de ocupação irregular na periferia (*subproduto do padrão periférico de crescimento urbano*, nos termos de BONDUKI, 1989, p. 86), a precariedade ou inexistência dos serviços públicos de transportes, de saúde, educação, enfim, as múltiplas formas de exploração que caracterizaram o que Kowarick nomeou "espoliação urbana".

Se essa pluralidade de questões era focalizada e problematizada a partir dos estudos urbanos, era porque a cidade constituía, enfim, o espaço de materialização das "formas selvagens de urbanização" (TELLES, 2006, p. 40) e colocá-la em perspectiva era antes de tudo estabelecer um modo crítico de prospectar os problemas que nela se evidenciavam. Como observou a autora,

> a cidade aparecia como uma cifra pela qual o país era tematizado, e em torno dela se realizava um jogo de referências que dava sentido às polêmicas, divergências e embates sobre a história, percursos e destinações sobre a sociedade brasileira (TELLES, 2006, p. 41).

Será desse plano também que emergiram frações humanas, personagens que passaram a ocupar a cada dia mais constantemente a paisagem urbana e que, pelo rebaixamento contínuo de sua posição na estrutura de classes, encarnavam tipos sociais sob os quais passa a recair, de modo proeminente, a suspeição da delinquência. Sob a insígnia oficial de "populações marginalizadas"[30] pululavam tipos sociais extraídos, todos eles, das classes populares: desempregados, trabalhadores de baixa renda e sem emprego formal, favelados, e, destacadamente, os *menores*.

Ocupando maciçamente o espaço difundido da cidade (não mais restrito às zonas de confinamento de outrora), empurrados pela pauperização frenética de suas famílias, os *menores* têm nesse momento sua designação alterada para *meninos de rua*.

Gregori (2000), ao estudar as experiências dos *meninos nas ruas* nos anos 90, observou que tal expressão datava justamente da década de 70, identificando o trabalho de Ferreira (1979) como o primeiro, no âmbito da produção nacional, a recorrer a essa terminologia. É certo que até os anos 70, era na condição de *abandonado* que o *menor* se constituía como um problema social, muito embora já ocupasse, desde o começo do século XX, o espaço anônimo da rua, driblando e transacionando com as forças de ordem e sobrevivendo às margens de uma economia geral dos ilegalismos.

Por que então a mudança de designação *nesse* momento?

A mudança da designação de *menor abandonado* para *meninos de rua* tende a refletir, nesse momento, um processo de extenuação do abandono, bem como não deixa de revelar uma certa superação do discurso oficial, até então prevalecente, de sua institucionalização. Assim, se passam a ser chamados de *menores de rua*, é não apenas porque é no plano da cidade, da rua, que sua presença, cada dia mais eloquente, se manifesta como um problema, mas também porque as raias de sua *solução* não mais se enquadram

30 Ferreira (1979) apresenta um dado divulgado pela Secretaria de Promoção Social do Estado, como sendo de 2.431.446 a estimativa do número de pessoas marginalizadas na Grande São Paulo no ano 1977, o que corresponderia a 29% do total da população dessa região.

num horizonte institucional, no qual o abrigo e a reeducação constituíam a retórica da sua "redenção".

A partir desse momento, os *menores de* rua passam a ser, de modo mais escancarado, *da* rua, e como tal, a *solução* para o "problema" que ele constitui deve ser buscada não no programa civilizatório da erradicação à infância abandonada, mas na arena da repressão aberta, na qual outros "problemas" de desordem também se manifestam.

E é nesse contexto, como analisou Ferreira (1979), que a "marginalização do menor" eclodiu como um problema específico, não em função da pauperização a que se viu submetido, mas em função da intranquilidade que sua figura produzia. Assim, segundo a autora, *foi a delinquência de menores marginalizados e não sua marginalização* (FERREIRA, 1979, p. 49) que os colocou em cena atraindo discursos, medos e ações repressivas, públicas e privadas, no sistema punitivo e à margem dele.

Do ponto de vista da criminalidade, será sua precária organização, nas regiões centrais da cidade, em torno de uma nova modalidade de crime patrimonial de rua, a *trombada,* que os caracterizará como o protótipo da violência urbana neste momento. A *trombada* emerge, como já assinalado, numa espécie de substituição gradual a formas remotas de criminalidade de rua, também cometidas por *menor*es, que estavam representadas no punguismo.

No âmbito da economia geral dos ilegalismos, vale lembrar que a cidade já vivia a dispersão do crime com o declínio das zonas de confinamento, especialmente a Boca do Lixo, em meados dos anos 60. O tráfico começava a ganhar lentamente o status de economia criminal, já mobilizando os operadores dos ilegalismos em torno de suas atividades, como o relato de Louzeiro (1977) sobre o período pode ilustrar. Com isso os personagens atinentes à *malandragem* (implicados na economia do lenocínio), que desde há muito habitavam o mais circunscrito submundo do crime, diluíam-se em figuras difusas e potencialmente mais violentas, como a do assaltante e do traficante.

O crime patrimonial, como demonstrado no capítulo anterior, realmente ascende expressivamente no espaço da cidade, sobretudo a partir de 1979, chegando pela primeira vez no século a superar os crimes pessoais, mantida a liderança isolada, contudo, da modalidade não violenta do furto.

É difícil precisar sobre a representatividade da *trombada* no conjunto dos crimes patrimoniais da cidade. Se tomarmos os dados de ocorrência de roubo segundo tipo de vítima disponíveis para 1978 - 1980, veremos que a categoria "transeunte" lidera, sendo seguida de perto pelo "comércio", ambas em ascensão nos anos divulgados.

TABELA 28
Ocorrências de roubo na capital por tipo de vítima (1978-1980)

Ano	Transeunte	Comércio	Automóvel	Residência	Táxi	Outros (ônibus, hospitais, etc)
1978	5.395	3.545	1.766	620	812	1.567
1979	6.623	4.248	1.950	977	687	1.272
1980	7.884	5.054	2.874	1.390	752	1.931

Fonte: Anuários Estatísticos do Estado de São Paulo. Fundação Sistema Estadual de Análise de Dados (FSEADE).

O dado, contudo, não pode revelar se na base da maior ocorrência de roubos a transeuntes estava a *trombada* ou o *assalto à mão armada*, que também crescia na cidade.

TABELA 29
Ocorrências criminais de furto e roubo capital 1981-1989

Ano	Furto	Roubo
1981	87.187	28.538
1982	*	24.680
1983	*	40.952
1984	140.514	63.843
1985	128.239	55.608
1986	119.666	48.073
1987	121.909	47.626
1988	129.116	52.807
1989	141.782	52.169

* dado não divulgado no ano

Fonte: Anuários Estatísticos do Estado de São Paulo. Fundação Sistema Estadual de Análise de Dados (FSEADE), 1984–1989.

TABELA 30

Taxas de furto e roubo por 100 mil hab capital 1981 -1989

Ano	Furto	Roubo
1981	1015,9	332,5
1982	*	284,0
1983	*	465,7
1984	1578,8	717,4
1985	1424,2	617,6
1986	1313,9	527,8
1987	1323,6	517,1
1988	1386,5	567,1
1989	1506,2	554,2

* dado não divulgado no ano

Fonte: Anuários Estatísticos do Estado de São Paulo. Estatísticas Vitais/Fundação Sistema Estadual de Análise de Dados (FSEADE), 1984–1989.

Quando se tomam os dados referentes aos anos 80, observa-se que as ocorrências de furto correspondem a mais que o dobro das de roubo (tabelas 29 e 30), o que em parte relativiza a centralidade do crime patrimonial *violento* no cenário urbano, não obstante seu crescimento ano a ano e em relação aos crimes pessoais.

Por outro lado, parte das ocorrências de furto poderia se referir às trombadas, já que havia hesitante interpretação jurisprudencial com relação a esse tipo de crime, que tendia ora a defini-lo como roubo, ora como furto. Essa mesma alternância tendia a se refletir na classificação jurídica que os delegados de polícia atribuíam, no momento de registrar a ocorrência, o que torna as estatísticas criminais um meio insuficiente e impreciso para se conhecer a magnitude do fenômeno das trombadas na cidade à época.

TABELA 31

Ocorrências criminais por natureza de crime (1984-1989)

Anos	Crimes contra a pessoa	Crimes patrimoniais
1984	85.136	226.837
1985	84.467	205.102
1986	93.228	188.759

1987	86.894	192.801
1988	89.060	204.750
1989	97.831	219.330

Fonte: Anuários Estatísticos do Estado de São Paulo. Fundação Sistema Estadual de Análise de Dados (FSEADE), 1984–1989.

Tabela 32

Taxas de crimes contra a pessoa e patrimoniais por 100 mil hab capital 1984-1989

Anos	Crimes contra a pessoa	Crimes patrimoniais
1984	956,6	2.548,8
1985	938,1	2.277,8
1986	1.023,6	2.072,5
1987	943,4	2.093,2
1988	956,4	2.198,7
1989	1.039,3	2.330,1

Fonte: Anuários Estatísticos do Estado de São Paulo. Estatísticas Vitais/Fundação Sistema Estadual de Análise de Dados (FSEADE), 1984-1989.

De todo o modo, é certo que a criminalidade patrimonial desponta como maior incidência, representando praticamente o dobre dos crimes contra a pessoa entre os anos de 1984-1989 (tabelas 31 e 32), invertendo a posição de liderança, no contexto da cidade, que durante décadas coube aos delitos pessoais. E é certamente por essa razão que a *violência urbana* passa só nesse momento a ser *percebida* e *sentida* como um fenômeno que afeta a população em geral, já que os crimes pessoais, antes prevalecentes, permaneciam sobretudo adstritos quer às ambiências sociais do submundo do crime, quer às regiões populares, com o que sua violência não alcançava o contexto difuso da rua, o espaço de circulação na cidade.

E é exatamente porque a *trombada* era a representação por excelência dessa criminalidade de massa, difusa, dispersa pelo centro da cidade, que sua ocorrência ira encarnar a representação da violência urbana e gerar o ódio social contra seus atores. Se ela, trombada, e seus protagonistas, os *trombadinhas*, eram de fato responsáveis pelo aumento real do crime na cidade, é um dado impossível de se aferir, tanto pela inexatidão dos dados sobre delinquência juvenil, como Ferreira (1977) já apontara, como pelo fato desse tipo de crime, mais que outros delitos urbanos, não acionar em regra a dinâmica jurídica repressiva, sendo incomum mesmo sua notificação oficial.

Isso porque a trombada, mais que um delito em si, constituiu, enquanto fenômeno de massa atinente aos ilegalismos da época, um problema a ser enfrentado pelas forças de ordem, nesse momento representadas pela Polícia Militar, sem as mediações formais (o acionamento do sistema de justiça) ou informais, como as que marcaram desde há muito a gestão dos ilegalismos. Diferentemente do que ocorria com o punguismo, em que transação com as forças de ordem revelava-se a medida de sua reprodução, com os *trombadinhas* é todo um aparato que se arma visando sua eliminação do espaço da cidade.

É por isso que o discurso oficial, reproduzido e ampliado pelos órgãos de imprensa da época, nomeia abertamente suas ações contra os *trombadinhas* como *limpeza social*. A ordem emitida pelo aparato repressivo, centro nervoso do regime militar, era de "limpar a cidade dos *trombadinhas*" e as ações visando esse fim eram coerentemente designadas como "operações", tal como se caracterizaram as intervenções de cunho militar.

> O centro está limpo de mais 30 menores
> Mais de 30 menores que vinham praticando assaltos no centro da cidade – a maioria usando facas e outras armas – foram detidos ontem por uma turma especial da polícia que vem agindo nesta época de Natal. Eles estão recolhidos, juntamente com outros 80 menores infratores, nas dependências do 3° andar do Palácio da Polícia, à disposição do Juizo Privativo de Menores, que apóia essa campanha de "limpeza" da área central, destinada a dar mais segurança às pessoas que fazem compras de fim de ano. (FOLHA DE S. PAULO, 13 dez. 1974).

A mais famosa dessas operações se deu, contudo, sem o estardalhaço que caracterizaria suas sucedâneas. Notabilizada como "Operação Camanducaia", ela consistiu no envio de dezenas de *menores* recolhidos irregularmente nas dependências do DEIC, na madrugada do dia outubro de 1974, ao município de Camanducaia, interior de Minas Gerias. Os *menores* foram colocados num ônibus com os olhos vendados e, após serem espancados e totalmente despidos, foram despejados na rodovia que dava acesso ao município, numa madrugada fria.

> A aventura dos pequenos ladrões
> Noventa menores que estavam presos foram soltos sábado de madrugada em Camanducaia. Todos nus.
> Eram cerca de 90 menores. Os 41 que foram recapturados dizem que todos estavam em celas do DEIC até sexta-feira à noite quando receberam a notícia

> que iam ser levados para casa. Sob a vigilância de quatro homens mascarados, entraram num ônibus particular. O ônibus entrou na via Dutra e depois na Fernão Dias, seguido por dois carros cheios de policiais. Chovia muito quando ele parou, 11 km de Camanducaia. Os mascarados, então, mandaram os meninos descerem, ficarem de costas para a estrada e tirarem toda a roupa. Os que hesitaram fazer isso apanharam com pedaços de tábuas. Veio então outra ordem: corram. E dois tiros. (O ESTADO DE SÃO PAULO, 21 out. 1974).

A operação foi relatada detalhadamente no livro *Infância dos Mortos* (1977) pelo jornalista José Louzeiro, que cobriu o episódio naquele momento pelo jornal *Folha de S. Paulo*. Além do seu relato produzido a partir dos depoimentos dos *menores* vítimas da ação, também o trabalho de Frontana (1999) é significativo por ter recolhido diversos artigos na imprensa paulista documentando o episódio, que terminou com o reenvio dos *menores* à capital e nenhuma responsabilização das forças policiais, que agiram em verdade sob os auspícios da Secretaria de Segurança Pública, à época tendo o coronel Erasmo Dias à frente da pasta.

Sucederia em menos de dois meses a esse episódio a "Operação Papai Noel", pela qual 130 *menores trombadinhas* foram *recolhidos* por policiais militares das ruas do centro da cidade, novamente como forma de garantir a *tranquilidade das compras de Natal*. Diante da ausência de vagas no COM foram colocados novamente nas celas do DEIC com presos maiores. Pelos relatos de Mendes (2001) e também de Louzeiro (1977) a prática de encarcerar *menores* nos distritos policiais em celas comuns junto aos maiores, submetendo-os não só às torturas policiais como à violência sexual pelos detidos adultos, era remota e recorrente, o que o recente episódio de Camanducaia estava também a demonstrar. Neste momento, contudo, dado o alto número de *menores* detidos numa só operação, bem como pelo precedente de um suicídio de um menino dias antes nessa mesma circunstância, houve uma certa repercussão nos veículos de imprensa.

> Aqui há silêncio e angústia. É onde estão os meninos agora.
> E uma pequena cela do DEIC na avenida Brigadeiro Tobias. Lá dentro há 130 menores.
> Sujeira, um cheiro desagradável de restos de comida, rostos imóveis e inexpressivos. Esta é uma cela do Departamento de Investigações – DEIC – na avenida Brigadeiro Tobias: lá dentro apertados uns contra os outros, disputando espaço no chão para dormir, estão os meninos presos pela "Operação Papai Noel" – os trombadinhas. A situação deles, a própria polícia admite, não é nada boa: espremidos na cela, quietos, olham-se sem falar nada, cheios

> de desinteresse por tudo a sua volta. [...] E o pior disso tudo – segundo o próprio delegado Getulio Paelo Prado, chefe da "Operação Papai Noel" – é que entre os garotos presos existem alguns que nada tem a ver com os bandos de pequenos assaltantes das ruas. (JORNAL DA TARDE, 20 dez. 1974.)

Ao longo de toda a década de 70, multiplicar-se-ão referidas operações com as mais variadas designações. Tornar-se-iam recorrentes as prisões em massa, muitas delas motivadas por "atitudes suspeitas", na irregular modalidade "para averiguação", como foi o caso da "Operação Trombadinha", em 1977:

> A Operação Trombadinha
> Quatrocentos e nove menores e adultos foram detidos ontem no centro da cidade, entre as 13 e 17 horas, por policiais que integram a "Operação Trombadinha". A informação é do coronel Gilberto, diretor do serviço técnico de comunicações da Secretaria de Segurança Pública, acrescida de que "todos os detidos estavam em atitudes suspeitas, provocando por isso, ação policial. O secretário Erasmo Dias declarou que "é o máximo que posso fazer para contornar a situação provocada pelos chamados trombadinhas, assunto que já atingiu o limite máximo de saturação. Vamos agir dessa forma quantas vezes for necessário." (FOLHA DE S. PAULO, 9 set. 1977).

Tais operações também serviam para, sob o argumento de combater os *trombadinhas* que constituíam um consensuado problema urbano, radicalizar a repressão que o regime militar desferia às camadas pobres da população, ou seja, a imensas frações humanas excluídas da partilha da riqueza social. Recorrendo intensamente ao dispositivo ilegal e amplamente difundido das detenções correcionais (na modalidade *para averiguações*), o aparato repressivo do Estado militar voltava-se, nessas operações, vorazmente contra todos aqueles que não exibissem uma "carteira de trabalho assinada", classificados sob o antigo mote da *desocupação*, fazendo que sobre eles incidisse não apenas a prisão ilegal, como a violência do regime.

> A polícia sai às ruas e prende 409
> A ordem: limpar a cidade
> [...] Embora denominada "operação trombadinha", a ação policial visava "limpar a cidade", detendo todos os desocupados, mesmo que fossem velhos ou mulheres. A ordem era prender todos os elementos suspeitos. Quem não tinha documentos ou exibia carteira profissional provando estar desempregado há muito tempo ia para a parte traseira das viaturas e de lá para a sala do 4º

> Distrito. [...] Suspeitos eram todos aqueles apresentando características que, segundo a polícia, são típicas dos marginais. No caso dos trombadinhas, um policial dizia que não tem como errar: "Eles andam de calça de brim, camisa de malha (geralmente com golas altas), tênis, e carregam uma blusa no braço ou amarrada na cintura". (O ESTADO DE S. PAULO, 9 set. 1977, capa).

Em geral tais operações eram amplamente divulgadas e apoiadas pela imprensa,[31] que insistentemente retratava os *trombadinhas* como predadores sociais e, mesmo sem dados consistentes, atribuía-lhes a responsabilidade pela maioria dos crimes patrimoniais cometidos na cidade (FRONTANA,1999).

É certo que tanto a violenta repressão promovida pelos órgãos de segurança contra os meninos de rua, quanto a propagação autorizadora dessas práticas repressivas pelos veículos de imprensa, contribuíram em demasia para que fenômenos tanto de violência policial como de execuções sumárias explodissem no contexto da cidade, sobretudo a partir dos anos 80.

A violência urbana torna-se assim multifacetada, diluindo-se entre a criminalidade patrimonial dos roubos, as reações populares às trombadas cujo ápice é o linchamento, a tortura e as execuções sumárias promovidas por policiais militares no espaço da rua e por policiais civis nos distritos policiais, até alcançar formas mais organizadas, traduzíveis na chacinas promovidas por justiceiros e matadores no centro e nas periferias da cidade. A experiência dramática e agora difusa da violência urbana, em sua faceta a mais radical, irrompia a vida social, primeiramente no momento de ditadura militar, sobrevindo, com ainda maior eloquência, durante o restabelecimento democrático, para expor assim as fraturas e os enigmas sociais que continuam ainda hoje a desafiar seu deciframento.

As diferentes faces da violência urbana nos 80: violência policial, linchamentos e execuções sumárias face ao crime patrimonial

Teresa Caldeira, em um artigo elaborado para a obra coletiva coordenada por Vinicius Caldeira Brant, publicada em 1989 (*São Paulo, Trabalhar, Viver*), discutiu um tema que se mantinha premente à população da cidade, ainda no final daquela década: a violência urbana. Sob o título "Ter medo em São Paulo", nesse ensaio a autora propõe

31 Exceção consistia o jornal *O Estado de S. Paulo*, que em diferentes ocasiões questionou a validade e legitimidade das ações policiais de prisão em massa de *menores*, discutindo sobretudo a necessidade de um trabalho complementar que enfrentasse o problema da marginalização dos *menores*, como na matéria "O menor, um problema de polícia?", de 14 set. 1977.

pensar a questão da violência na metrópole, partindo do registro oficial da criminalidade no período, bem como das representações sociais sobre o crime, o criminoso, e a noção de ordem.

Ao construir um indicador sobre a criminalidade violenta nos anos 80, ela conclui por seu aumento até o ano de 1984, quando teria decrescido até o final da década. Não obstante a queda do crime violento a partir de 1985, a autora afirma que a percepção da população é que essa criminalidade continuava em ascensão.

Como já mencionado, mais do que o aumento da criminalidade violenta, o que se observa com mais contundência a partir dos anos 80 é a mudança do padrão da criminalidade urbana, deslocando-se definitivamente dos delitos contra a pessoa (lesões corporais) para os patrimoniais (roubos).

TABELA 33
Ocorrências criminais por tipo de crime
capital 1981-1989

Ano	Homicídio doloso	Lesões corporais dolosas	Furto	Roubo	Tráfico de entorpecentes
1981	1.251	29.254	87.187	28.538	*
1982	1.275	29.762	*	24.680	*
1983	2.009	31.624	*	40.952	*
1984	3.214	30.276	140.514	63.843	603
1985	3.274	29.111	128.239	55.608	670
1986	3.522	30.922	119.666	48.073	668
1987	3.924	28.112	121.909	47.626	665
1988	3.817	28.766	129.116	52.807	796
1989	4.509	31.826	141.782	52.169	587

* dado não divulgado no ano
Fonte: Anuário Estatístico do Estado de São Paulo. Fundação Sistema Estadual de Análise de Dados (FSEADE), 1984–1989.

TABELA 34

Taxas de crimes por 100 mil hab.

capital - 1981 a 1989

Ano	Homicídio doloso	Lesões corporais dolosas	Furto	Roubo	Tráfico de entorpecentes
1981	15	341	1.016	333	*
1982	15	343	*	284	*
1983	23	370	*	466	*
1984	36	340	1.579	717	6,8
1985	36	323	1.424	618	7,4
1986	39	340	1.314	528	7,3
1987	43	305	1.324	517	7,2
1988	41	309	1.387	567	8,5
1989	48	338	1.506	554	6,2

* dado não divulgado no ano

Fonte: Anuário Estatístico do Estado de São Paulo. Fundação Sistema Estadual de Análise de Dados (FSEADE), 1984–1989.

É no ano de 1983 que os roubos superarão pela primeira vez as lesões corporais, chegando, no ano seguinte, ao pico da década, quando representarão quase o dobro das lesões corporais naquele ano (tabelas 33 e 34). A queda na criminalidade violenta a partir de 1984 se deve à redução do roubo, uma vez que as lesões corporais e o homicídio mantiveram-se estáveis, elevando-se esse último apenas no final da década. Essa redução significativa da criminalidade alcançou em verdade os delitos patrimoniais (furto e roubo), pelo que ela foi muito explicada à época como decorrente de uma ligeira melhora na grave crise econômica que explodiu no país no início da década.

De todo o modo, a criminalidade patrimonial, representada em grande medida pelo furto, manteve-se, a partir de então, em patamares muito superiores a outras naturezas de crime, sendo fortemente associada à representação da violência urbana per si pelos habitantes de São Paulo.

Ao notar um certo descompasso entre a realidade do crime retratada pelas estatísticas oficiais e as percepções sociais sobre violência, Caldeira (1989) se volta aos discursos sobre a violência, produzidos e reproduzidos dos mais diferentes "lugares sociais", revelando, antes de tudo, *uma construção e uma demarcação sobre distâncias sociais* (CALDEIRA, 1989, p. 165). Ao perfilar esses discursos e as categorias que deles emergem, sempre estereotipadas, para definir o "outro", a autora irá esboçar o conceito que será por ela trabalhado posteriormente em *Cidade de muros* (2004): a noção de *democracia disjuntiva.*

Assim como o conceito de *autoritarismo social* (ADORNO, 1996), essa noção nos ajuda a compreender a difusão de formas públicas e privadas de violência e de pretensa vingança social que, conquanto não se originam, ao menos se exacerbam durante o período do restabelecimento democrático.

É, portanto, nos discursos sobre o crime e a violência que Caldeira identifica como a noção de ordem vai se constituindo de modo muito peculiar, assim como as estratégias pensadas para seu restabelecimento. Tais estratégias são traduzidas por esses discursos em "termos privados e violentos" (p. 166), englobando desde o já existente policiamento privado, como também formas de justiçamento, que tem na experiência dos esquadrões da morte nos anos 60 e 70 um verdadeiro protótipo.

Por fim, Caldeira identifica o principal causador, no imaginário social, do aumento da violência nesse momento: o *menor*. Não é menos importante que a autora tenha dedicado mais da metade de seu artigo para discutir a "questão do menor" e como ela estava associada e referida, em proporções desmesuradas nos debate público ou na imprensa, como a grande causadora do problema da violência na cidade.

Recorri frequentemente ao artigo de Teresa Caldeira porque ele traduz os esforços não simplesmente para apresentar um quadro sobre a violência criminal e as graves violações de direitos humanos que explodem de modo difuso, perpassando o conjunto social, no momento da redemocratização, mas porque ele tenta encontrar na ordem dos discursos algumas pistas para essa difusão da violência.

Com relação tanto à violência policial quanto às manifestações coletivas de violência e extermínio (linchamentos, execuções sumárias, chacinas), no período de transição democrática, há uma consolidada bibliografia que retrata e discute esses fenômenos (PINHEIRO, 1983; CALDEIRA, 2004; BENEVIDES, FERREIRA, 1983; MARTINS, 1996; SINGER, 2003; SINHORETTO, 2002). A intenção neste pequeno tópico não é certamente fazer uma revisão dessa bibliografia especializada com vistas a debatê-la ou mesmo acrescentar novos pontos de análise, até porque a temática que a encerra não consiste o objeto em si do presente trabalho. A proposta aqui é procurar conhecer alguns elementos que estiveram na base desses fenômenos ou, em todo caso, de sua difusão neste momento, sem a pretensão de apontar a uma causa determinante, mas antes um feixe de fatores e relações que, ao se organizarem de modo a converter ilegalismos em delinquência no período, estiveram sobremaneira implicados na emergência daqueles fenômenos de violência difusa.

A violência institucional como senha

O fenômeno dos esquadrões da morte nas principais capitais do país, entre o final dos anos 50 e início de 70, marca o início de um período no qual a violência institucional ganhará maior centralidade no universo das práticas repressivas no país, tendo produzido uma ordem de efeitos que certamente transcendem sua experiência local e temporalmente. De algum modo a eliminação física de indivíduos classificados como nocivos socialmente parece ter sido acionada como uma permanente possibilidade a partir do fenômeno Esquadrão da Morte, ficando latente essa "solução" não apenas nos desígnios das ações do Estado, como no imaginário social.

Com a ditadura militar e a criação de uma força policial militarizada nos Estados, vinculada ao Exército – a Polícia Militar – a dose de "vigilitantismo" nas ações institucionais repressivas acentuaram-se sobremaneira. Assim, de modo mais agravado do que ocorria com as ações do Esquadrão que, embora traduzissem uma política de Estado, escamoteavam-se em episódios circunscritos a grupos oriundos da Polícia Civil, a violência desferida pela Polícia Militar é mais explicitada e legitimada como ínsita ao "proceder" da própria corporação.

Pinheiro (1981) foi o primeiro a demonstrar a conexão entre a violência institucional gravada no *modus operandi* da Polícia Militar e as próprias razões de ser do Estado autoritário. Além de demonstrar a *politização* que marca a criação dessas forças militares e a ambivalência de sua atuação, ou seja, a repressão política e à criminalidade, o autor enfatizou como essa ambivalência promoveu uma *incorporação recíproca das técnicas e das motivações* (PINHEIRO, 1981, p. 59) entre uma e outra repressão. Com isso, há nesse momento um "alargamento extraordinário das tradicionais 'razões de segurança' da esfera da prática política para o crime comum" (1981, p. 60), e acompanhada a ela a

> antiga impunidade de fato na luta contra as dissidências políticas armadas continua a ser julgada necessária na luta contra a criminalidade na transição para a democracia (PINHEIRO, 1981, p. 61).

O caso da ROTA (Rondas Ostensivas Tobias Aguiar) constitui, ainda segundo Pinheiro, um exemplo notável para compreender tanto a politização quanto o grau de violência extralegal que caracteriza as ações da PM, garantidos por uma continuada impunidade. A ROTA foi concebida pelo regime militar como uma unidade de choque fortemente armada para enfrentamento da resistência armada, tendo sido transposta sua atuação, em seus modos e sua truculência, à repressão da criminalidade comum com a revogação do AI-5. Mas, ao mesmo tempo em que a PM herda do regime ditatorial boa parte de seu repertório, ela também agrega práticas remotas de violência institucional e as acentua, pese o modelo democrático vigente.

> Aos métodos convencionais de maus-tratos e de tortura, as polícias militares, especialmente as unidades especiais como a ROTA, conservaram o poder de abater o inimigo sem riscos penais. [...] Ao mesmo tempo em que prolongava para a luta contra a criminalidade métodos da repressão política, a Polícia Militar incorporava e ampliava as práticas de "vigilitantismo", que predominaram em toda a história republicana no aparelho policial civil: maus tratos, a tortura e as execuções gênero "esquadrão da morte" são praticadas com desenvoltura nunca antes imaginada. (PINHEIRO, p. 60 – 61).

Se essa violência se explicitou e se generalizou no interior do aparato repressivo do Estado, é certo que no centro de sua natureza permanecia a mesma lógica constituinte que animava a atuação do Esquadrão da Morte: modos precisos de gerir ilegalismos diferenciadamente.

Barcellos (2009), em extenso levantamento que realizou sobre os quase 8 mil homicídios cometidos pela PM contra civis, entre 1970 e 1991, demonstrou que, em sua grande maioria, tais eventos tratavam-se de execuções, sem confronto ou resistência por parte das vítimas (não obstante a versão oficial e sua tipificação extralegal "resistência seguida de morte"). Além da violação recorrente da cena do crime, o que inviabilizava o trabalho pericial e a coleta de provas, comumente as vítimas eram levadas já mortas ao Pronto Socorro, muito embora o óbito vinha a ser declarado pelos policiais como ocorrido "na chegada ao hospital".

O perfil prevalecente das vítimas era composto de homens, negros, muito jovens (menores de 21 anos), trabalhadores sem especialização, de escolarização precária, baixa renda e moradores da periferia da capital. Outra informação que deitava por terra a recorrente e oficial versão de enfrentamento estava no fato de que na maioria dos casos as vítimas não ostentavam antecedentes criminais, mas, por ostentarem as insígnias da pobreza, sobre elas recaíam a permanente "suspeição" da delinquência.

Para além desse extermínio direcionado a população pobre, Barcellos consegue recolher informações sobre as relações entre parte das execuções realizadas e o tráfico de drogas nas periferias da cidade. Sobretudo em relação a um agente da ROTA, o autor desvenda que, sob o manto do justiçamento ou do rigor dirigido ao "restabelecimento da ordem" estavam, a exemplo do Esquadrão, formas de se imiscuir em economias criminais urbanas, naquele momento representadas pelo tráfico de drogas. Por trás da alegada limpeza social, executavam-se traficantes de drogas que haviam, em algum momento de sua trajetória no varejo de drogas, transacionado com policiais militares e sucumbido aos altos valores dos acertos exigidos por esses milicianos (BARCELLOS, 2009).

Não obstante a face não apenas autoritária e ilegal da PM, bem como da suspeição dos motivos das execuções sumárias que promovia, a corporação seguia, através de sua principal vedete, a ROTA, sendo ao mesmo tempo temida e aplaudida pela população paulistana, que, a exemplo da justiça *interna corporis*,[32] lhe garantia não apenas a impunidade como o prestígio. Góes (1999) e Caldeira (2004) retrataram os impasses e as contradições que permearam a agenda e o debate público durante o governo democrático de Franco Montoro (1983-1986) com relação à segurança pública. Os esforços em restringir a atuação da ROTA, pela tentativa de esvaziar a centralidade que lhe era conferida pelo governo anterior, foram atacados pela oposição e por grande parte da imprensa, que associavam a tentativa de controle da violência policial ao aumento do crime patrimonial. Disso resultou uma grande instabilidade à gestão Montoro, refletida nas diferentes posições assumidas pelos titulares da pasta de segurança pública,[33] por vezes em confronto à política adotada na Secretaria de Justiça, de ampla defesa dos direitos humanos (GÓES, 1999).

Desse modo, pese o perfil das políticas defendidas por Montoro, as metas de controle da violência policial, o investimento maciço realizado em segurança pública no seu mandato[34] e as medidas de direitos humanos nas prisões, houve uma verdadeira escalonada da violência policial em seu governo, sobretudo dos casos de letalidade de civis. Para se ter uma ideia, já nos primeiros meses de 1984 as mortes de civis promovidas por PMs chegariam ao mais ato patamar até aquele momento registradas para

---

32 O foro especial da Justiça Militar para processar e julgar os crimes cometidos por policiais militares vigeria integralmente até 1996, quando a aprovação da Lei 9299/96 derrubaria o foro especial apenas para os crimes de homicídio doloso, impondo aos policiais acusados a Justiça Comum. O projeto, de autoria do então deputado Helio Bicudo, previa contudo a extensão do foro comum a todos os crimes, mas foi aprovado apenas parcialmente.

33 Uma passagem digna de nota é a célebre frase desferida pelo primeiro secretário de segurança da gestão Montoro, Manoel Pedro Pimentel, quando pressionado por comerciantes sobre o aumento dos roubos: "vou tirar o focinho da ROTA". A frase lhe rendeu um pedido de demissão, mas seu sucessor, Michel Temer, embora não reintegrasse a ROTA à sua antiga centralidade, não teve êxito em controlar a violência policial, vendo ao contrário seu agravamento. (GÓES, 1999)

34 A respeito, artigo de José Serra (1986), então secretário de finanças do governo Montoro, esclarecendo o aumento em oito vezes, no investimento em segurança pública em relação ao governo antecessor de Paulo Maluf. Na mesma publicação, Luiz Bresser Pereira (1986) afirma que o efetivo das duas polícias saltou de 1.948 entre 1978-82 para 9.046 entre 1983-86 (apud PINHEIRO; BRAUN, 1986, p. 149–156).

um trimestre: 184, representando um aumento em 41,85% em relação ao primeiro trimestre do ano anterior.[35]

Não obstante os qualificados movimentos e organizações de defesa dos direitos humanos que emergem ou rearticulam-se mais precisamente nesse momento, dos quais se destacam a Comissão Justiça e Paz da Arquidiocese de São Paulo e a Comissão Teotônio Vilela para Prisões e Instituições Fechadas,[36] é certo que se assiste nesse momento ao exacerbamento da violência policial, ou em todo o caso, ao seu maior explicitamento.

Esse exacerbamento estará na origem da profusão de atos de violência privada que ocorrerão no período, atos sobretudo coletivos, embora boa parte a serviço de interesses individuais, tendo como alvos privilegiados pequenos assaltantes, com grande ênfase aos *menores*, ou seja, a representação da delinquência urbana nesse momento.

Três cenas sobre a violência difusa dos anos 80

> Cena 1
>
> Caçada na mata
>
> Quadrilha mirim é abatida por 200 soldados
> Foi a maior caçada policial da história do ABC paulista. No papel de caçadores, 200 policiais de seis unidades militares da capital e do interior do estado. No da caça, uma quadrilha formada por quatro meninos e três meninas, com uma idade média de 16 anos, acusados de praticarem assaltos em Riacho Grande, distrito de São Bernardo do Campo. A perseguição, que durou seis dias, foi oficialmente encerrada na quinta-feira passada com um saldo de oito mortos – um soldado da Companhia de Operações Especiais (COE), um motorista de caminhão, e seis membros da quadrilha. Ednéia, 16 anos, uma dos jovens mortas, estava grávida de três meses. O líder do bando, um negro que aparentava 20 anos, conseguiu fugir [...] "Foi a primeira vez, nos onze anos de corporação, que um dos nossos tombou em tiroteio com bandidos", diz o tenente do COE. "A prisão da quadrilha tornou-se então uma questão de honra

35 "Como no tempo do esquadrão", Antonio Carlos Fon, Revista *Isto É*; 01 maio 1984, p. 33 (Banco de dados da imprensa sobre graves violações em Direitos Humanos do NEV/USP).

36 Um fato que é consentâneo e marca de certa forma a criação da Comissão Teotônio Vilela é o assassinato pela ROTA de seis pacientes que tentavam empreender fuga do Manicômio Judiciário de Franco de Rocha, em 9 de janeiro de 1983, mesmo mês que a CTV seria constituída. O fato está relatado por Pinheiro em *Democracia x Violência*, (PINHEIRO; BRAUN, 1986).

para nós." A prisão de qualquer quadrilha de assaltantes não deveria constituir questão de honra para a polícia, mas, tão-somente parte de suas obrigações. Só que em Riacho Grande não houve prisões.

(Veja, 25 nov. 1981).

Cena 2

Medo e morte na praça

Com um movimento ágil e agressivo, Joílson de Jesus, 15 anos, arrancou o cordão de ouro de uma mulher que, distraída, assistia a uma exibição de capoeiristas no início da tarde de sexta-feira, dia 9, no centro de São Paulo. Com o objeto roubado na mão, ele a princípio caminhou lentamente pela Rua Senador Paulo Egydio, em relação ao Largo de São Francisco. Mas logo se ouviu um primeiro grito: "Pega-Ladrão!" – prontamente repetido por dezenas de pessoas que partiram ao encalço de Joílson. Poucos metros adiante, ele foi agarrado por um homem franzino, o procurador do Estado Jeferson Pires de Azevedo Figueira, 54 anos, que, segundo o depoimento de testemunhas, o derrubou e manteve no solo com socos e joelhadas. Cerca de cinqüenta pessoas presenciaram a captura de Joílson, e apenas algumas vozes, timidamente, tentaram deter o procurador Azevedo Figueira. Pouco após ser derrubado, o menino morreu na calçada, ficou jogado num banco durante quase 4 horas e, nos dias seguintes, foi pivô de mais uma acesa polêmica sobre a criminalidade e a delinquência nas grandes cidades brasileiras.

(Veja, 21 dez. 1983, p. 36).

Cena 3

Na pista dos assassinos da Zona Sul

Em 12 meses, 60 jovens foram mortos a tiros após serem sequestrados por homens que se intitulam policiais.
A Secretaria de Segurança Pública tem um mistério a esclarecer: quem são os matadores de 60 jovens na zona Sul de São Paulo nos últimos 12 meses – a maioria com passagem pela polícia – que foram sequestrados e posteriormente apareceram mortos a tiros. Testemunhas afirmam que os sequestradores se apresentavam como policiais. Em dois casos, ficou comprovado o envolvi-

> mento do "Cabo Bruno", o PM Florisvaldo de Oliveira, do serviço reservado da corporação e lotado no 5° Batalhão da Companhia do 1° SPM da zona Sul. [...] Representantes de uma entidade de comerciantes consideram "positiva" a ação do Cabo Bruno de combate à criminalidade (ele é suspeito de várias execuções) e recorreram ao Palácio dos Bandeirantes no início do ano passado para evitar que o comandante da 5ª Companhia do 1° Batalhão, Capitão Cleber, fosse transferido.
>
> (FOLHA DE SÃO PAULO, 24 abr. 1983).

Entre centenas de episódios narradas pelos noticiários policiais dos anos 80, optou-se por selecionar apenas três deles na medida em que cada um deles ao mesmo tempo em que circunscrevem fenômenos específicos, se conectam de modo a revelar muito da dinâmica da violência difusa vivenciada no período. Há também, pese suas particularidades, uma miríade de questões que tornam esses casos semelhantes: um embaralhamento nas posições de vítima, criminoso e Estado, assim como as categorias crime e punição; em todos eles a violência resultou em morte das vítimas; também em todos eles as vítimas eram *menores* a quem se atribuía a marca da *delinquência*.

O primeiro caso, ocorrido ainda sob os auspícios de um governo autoritário (gestão de Paulo Maluf), se refere a um episódio peculiar de violência policial contra *menores*. Primeiramente porque não se dá no contexto urbano propriamente dito, no qual a violência do aparato repressor, sobretudo contra os *trombadinhas*, era mais recorrente à época. No presente caso, trata-se de uma "operação" que mobilizou um razoável poderio militar para perseguir e declaradamente matar *menores* integrantes de uma "quadrilha" de assaltantes. A matéria denomina a operação como "caçada", os policiais como "caçadores" e os *menores* como "caça", indicando sem qualquer constrangimento os objetivos declarados de executar os assaltantes mirins, que, segundo a matéria, já haviam sido internados "diversas vezes" em unidades da FEBEM. A exemplo das "caçadas" que deram origem aos esquadrões da morte carioca e paulista, os policiais militares explicitavam seu desejo de vingança à morte de um colega. Após o resultado "exitoso" da operação, não há menção quer de órgãos do governo, quer de uma ainda silenciada opinião pública, sobre qualquer reparo à ação dos policiais militares, mas sim de "dever cumprido". Ao final da matéria, há, contudo, uma tímida provocação da revista sobre a ausência de prisões na operação.

Na segunda "cena" selecionada, um caso polêmico de um espancamento que resultou em morte, praticado contra um menino de rua que acabara de arrancar uma corrente do pescoço de uma mulher na Praça da Sé, por um procurador do Estado, no ano de 1983. Embora não se tratasse de um linchamento propriamente dito, já que foi realizado por um só indivíduo, o caso reunia elementos comuns a esse tipo de fenômeno popular, dado que ocorrera em reação a um crime, crime esse que gerou uma comoção popular instantânea (os gritos de *pega-ladrão*), e por fim o próprio apoio popular à violência dirigida ao *menor*, um *trombadinha*, que resultou em sua morte. Do mesmo modo, o contexto do episódio que gerou a violência fatal, uma trombada, praticada por um *menor de rua*, na região central da cidade, é bastante ilustrativo de uma face do fenômeno do linchamento urbano, à época recorrente na cidade, como ato de revolta popular frente à delinquência urbana propriamente dita.[37]

Mas, se por um lado o episódio é ilustrativo de um modelo de violência popular frequente naquele momento, por outro ele guarda um conjunto de peculiaridades que o destacam como um caso diferenciado,[38] e ao mesmo tempo paradigmático, o que lhe rendeu, à época, uma repercussão acentuada, incomum. Tal repercussão adveio sobretudo da polêmica que se instaurou a partir da reação dos (re)nascentes movimentos por direitos humanos que reconheciam nesse assassinato um emblema da violência dirigida aos *menores de rua* na cidade.

Havia por parte desses movimentos uma tentativa de, a partir dessa tragédia, propor um debate público sobre o *menor de rua* que se deslocasse do foco da criminalidade para as múltiplas formas de violência por ele sofridas. Ao lado dessa posição, propagada pelas alas progressistas da Igreja Católica – Arquidiocese de São Paulo e Pastoral do Menor – estava o então Secretário de Justiça, José Carlos Dias, que também buscava destacar, através do episódio, a importância da agenda de direitos humanos que tentava implementar na sua pasta, desde o início do ano. Contudo, a grande imprensa e a opinião pública em geral, mantiveram-se apoiando majoritariamente o homicídio promovido pelo procurador do Estado e criticando duramente tanto os movimentos de defesa dos *menores*, quanto o governo estadual por sua posição no episódio.[39]

---

37 Difere esse tipo de linchamento daqueles ocorridos nas periferias dos grandes centros, também fortemente recorrentes à época, em geral promovidos por moradores locais em reação a um crime que gerara forte comoção (estupro ou homicídio) na comunidade ou como punição a ladrões do bairro. Nesses casos mais especificamente o linchamento também pode ser compreendido como expressão de uma forte desconfiança popular na eficácia das normas legais e do sistema de justiça criminal. Uma discussão sobre os diferentes modelos urbanos, suas características e motivações pode ser encontrado em Benevides e Ferreira (1983), a partir do levantamento que realizaram em casos de linchamento noticiados pela imprensa carioca e paulista entre 1979 e 1982.

38 Entre as particularidades estava o próprio perfil do autor da violência.

39 Os atos que se seguiram em protesto à morte de Joílson e pela punição do procurador, organizados pelos movimentos de defesa dos direitos do *menor*, receberam escasso apoio popular e duras críticas da imprensa. Em resposta a uma declaração do então secretário José Carlos Dias condenando

O desfecho judicial do caso, a exemplo das mortes promovidas por agentes policiais contra civis, resumiu-se à absolvição do procurador, nas instâncias superiores da Justiça criminal comum (Tribunal de Justiça),[40] por unanimidade de votos, o que certamente contribuiu à legitimação simbólica da violência brutal dirigida contra os *menores* no período.

A terceira cena se refere a um fenômeno cuja emergência se destacava àquele momento no plano da cidade, à execução de supostos autores de crimes patrimoniais, em geral *menores*, por grupos de extermínio, por vezes mais por outras menos organizados, de composição híbrida, envolvendo comerciantes, moradores das periferias, policiais e ex-policiais militares. Esse fenômeno comportará também diferentes faces e englobará distintos personagens: da execução individual à chacina; da figura heroicizada do justiceiro que defende seus direitos de propriedade (e de seus pares) ao matador que comercializa a "defesa" desses direitos, ou seja, transforma em negócio a morte dos perturbadores locais, mas também dos desafetos, ou de qualquer um que cuja morte venha a ser contratada.

Mas se há um caráter multifacetado na configuração desse tipo de fenômeno, também é certo que essa multiplicidade se desdobrou no tempo, compondo uma certa "cronologia", nos dizeres de Vera Telles (2010), que se sintoniza às próprias transformações que operaram no plano da cidade. A autora propõe descrever tipos sociais violentos que habitaram a *história urbana recente, em compasso com as evoluções da economia, da sociedade e da cidade* (TELLES, 2010, p. 222), pelo que ela situa a figura do *justiceiro* nos anos 80 (o período aqui estudado), do *matador* nos anos 90 e do *traficante* nos anos 2000. Antes do que determinar uma espécie de configuração "pura" dos perfis apontados nos períodos delimitados, a elaboração de Telles nos ajuda a compreender as transformações e os deslocamentos atravessados tanto por aquilo que simplificadamente chamamos de *violência urbana*, como pelas economias criminais e sua gestão ao longo das últimas décadas.[41]

Com relação à terceira e última cena descrita, cabe anotar que ela flagra um momento inicial da configuração do fenômeno das execuções sumárias por grupos de extermínio,

---

a desproporção do assassinato de uma criança que cometera um furto, a revista *Veja*, na matéria já citada, apresentou a seguinte consideração: "pelo raciocínio de Dias, parece que aqueles que têm algum patrimônio têm culpa, pois provocam a morte de crianças como Joílson – as quais, nesta mesma linha, estariam autorizadas a praticar assaltos pelo fato de serem pobres" ("Medo e Morte na Praça". Revista *Veja*, 21 dez. 1983, p. 40).

40 O procurador seria inicialmente condenado, em primeira instância, a uma módica pena de quatro anos prisão albergue domiciliar, o que redundou em sua plena liberdade. Apesar de sua liberdade, o réu apelou da decisão e em 1986 o Tribunal de Justiça absolveu-lhe por unanimidade, alegando insuficiência de provas, pese os testemunhos presenciais trazidos aos autos. ("Falta de provas levou à absolvição do procurador no caso Joílson". FOLHA DE S. PAULO, set. 1986).

41 Voltarei a essa discussão nos próximos capítulos.

no ano de 1983, na região da cidade em que sua emergência esteve mais situada, a zona Sul da capital. A notícia recolhida se refere a um momento em que os órgãos públicos já contabilizavam mais de 60 mortes de *menores* por um mesmo grupo de extermínio, organizado por policiais e apoiado sobretudo por comerciantes do bairro de Santo Amaro. À frente do grupo figurava o nome de um policial militar que se consagraria como um *matador* polivalente, de alcunha "cabo Bruno",[42] notabilizado também por sua relação estreita com economias criminais e ilegalidades diversas, o que o levaria a condenações, prisão e fugas, num paralelo importante à trajetória de alguns integrantes do Esquadrão da Morte.

A participação direta de comerciantes na organização e no "apoio" a esses grupos ocorria, nesse momento, expressamente, de modo a levá-los, sem qualquer constrangimento, a sair em defesa de policiais acusados pelas execuções ou mesmo em procurar interferir na disposição de postos e funções na corporação policial (o que a notícia relata). Para além, tais comerciantes, através de um órgão associativo, chegavam a manifestar abertamente suas opiniões sobre o destino a ser conferido à criminalidade patrimonial na cidade, apoiando veementemente seu extermínio:

> Polícia admite execução de 30 jovens
> Ação é aprovada por comerciantes
>
> "Toda árvore que não der bons frutos deve ser cortada". Com essa citação evangélica, Manoel Rocha Alves, diretor da Associação Comercial de Santo Amaro, diz que muitos de seus companheiros de diretoria apóiam e defendem irrestritamente as execuções como forma de combate à criminalidade.
> "É o único jeito de resolver o problema que nos vem deixando intranquilos", argumenta um comerciante que prefere não se identificar. "A situação chegou a tal ponto que só mesmo uma medida dessas para evitar que os marginais tomem conta de tudo".
>
> (FOLHA DE S. PAULO, 01 maio 1983.)

---

42 A respeito ainda de como o cabo Bruno e seu grupo atuavam na "caçada a bandidos", vale recuperar trecho de uma matéria jornalística na qual policiais civis do DEIC se referem aos *modus operandi* e o perfil das vítimas do ex-policial: *Ele e seu grupo só andam atrás de bandidos sem expressão, que normalmente nem usam armas. Eles são seqüestrados perto de casa, quase sempre nas noites de fim de semana. Levados para locais escuros e ermos – os preferidos são as margens da Represa Guarapiranga ou estradas de acesso a outros municípios – e acabam sendo executados.* (Folha de S. Paulo, 01/05/1983, 2º Caderno – Local. Banco de Dados da Imprensa sobre as graves violações de Direitos Humanos NEV/USP).

Ao longo de toda a década de 80, a violência praticada por grupos de extermínio, sobretudo contra jovens na periferia da cidade, irá se intensificar, bem como se reconfigurar. Nos anos 90 esse fenômeno chegará ao seu ápice, se apresentando não mais no formato da execução coletiva de ladrões locais, e sim nas *chacinas*, eventos que marcarão decisivamente o quadro da violência urbana nessa década e serão em muito responsáveis pelo aumento extraordinário das taxas de homicídio na capital e na Grande São Paulo, como será discutido no próximo capítulo. O fenômeno das chacinas, além de exponenciar o número de vítimas (em sua imensa maioria *menores*), passará a dizer respeito, em grande parte, a uma economia criminal urbana que justamente se consolida nesse momento na cidade: o tráfico de drogas. Mais precisamente, as chacinas se relacionam com a expansão varejista do comércio de drogas e o modo como ela se realiza, nesse momento, nas periferias da cidade e na região metropolitana, através de um mercado acirradamente disputado e marcadamente violento. A entrada ainda de novas drogas, como o "crack", contribuiu ainda mais para a instabilidade das relações estabelecidas nesse momento, o que esteve na base de diversas chacinas de usuários "devedores", mais uma vez em sua grande maioria, *menores*.[43]

*****

É preciso retomar com muito cuidado a proposição foucaultiana de que a prisão fabricaria a delinquência, para situar a ordem de questões que encerram este capítulo. A prisão e todo o aparelho penal, em sua violência secreta, tem obtido êxito, ao longo dos anos, em produzir o delinquente no lugar do infrator.

> Por trás do infrator, ao qual o inquérito dos fatos pode atribuir a responsabilidade de um delito, se perfila o caractere delinquente, cuja lenta transformação é revelada na investigação biográfica. A introdução do "biográfico" é importante na história da penalidade. Porque ela faz existir o "criminoso" antes do crime e, no limite, de fora dele (FOUCAULT, 1975, p. 239).

Mas todo esse processo só foi possível através de uma economia precisa de diferenciação de ilegalismos, isolamento de uma delas, e a partir de então, sua colonização. A prisão, garantida pelos controles policiais, completaria assim o circuito pelo qual a de-

43 Há diversos casos noticiados na imprensa de chacinas ocorridas nas periferias da cidade e da Grande São Paulo, durante a década de 90, que retratam essa realidade. Elas serão devidamente analisadas no próximo capítulo.

linquência se produziu e se reproduziu a partir de seu advento. Na experiência nacional, como já discutido, essa genealogia do poder de punir moderno recebeu diferentes matizes, em muito atinentes às peculiaridades de sua formação histórica.

De um longo e extenuado processo da gestão de diferencial da lei, marcado de um lado por formas particularíssimas como o Estado se inferiu ao longo dos anos nos ilegalismos populares e nas economias criminais, recorrendo ostensivamente aos mecanismos de controle social para tanto, e por outro da exacerbada violência institucional, resultou uma criminalidade urbana, de massa, dispersa pelo espaço difuso da rua e cuja emergência data da década de 70, no plano da cidade de São Paulo.

Antes da alegada ascensão do *crime* violento, a emergência de uma *criminalidade*, que se conecta menos à experiência concreta do delito e mais às condições e atributos que a convertem em *delinquência*. O *menor abandonado*, agora designado *menor de rua*, personagem recorrente na história da gestão diferencial dos ilegalismos, encarnará nesse momento o protótipo da existência delinquencial, cuidando as instituições totais de completar e especializar seu perfil biográfico.

É desse processo e suas consequências mais imediatas – a violência coletiva e institucional dirigida contra esse personagem forjado pela gestão dos ilegalismos – que esse capítulo procurou tratar, explicitando o plano em que a delinquência urbana irrompia na cidade como representação social da violência por excelência.

Imagens

Foto 1: Expulsão das prostitutas e destruição dos lupanares da "zona de meretrício" no Bairro do Bom Retiro pela Força Pública de São Paulo, em cumprimento ao Decreto do então governador Lucas Nogueira Garcez, que revogava a "zona de confinamento do meretrício" instituída em 1940 pelo então interventor Adhemar de Barros. Foto publicada no jornal *A Noite* de 31 de dezembro de 1953 e reproduzida por Hiroito Joanides no livro *Boca do Lixo*.

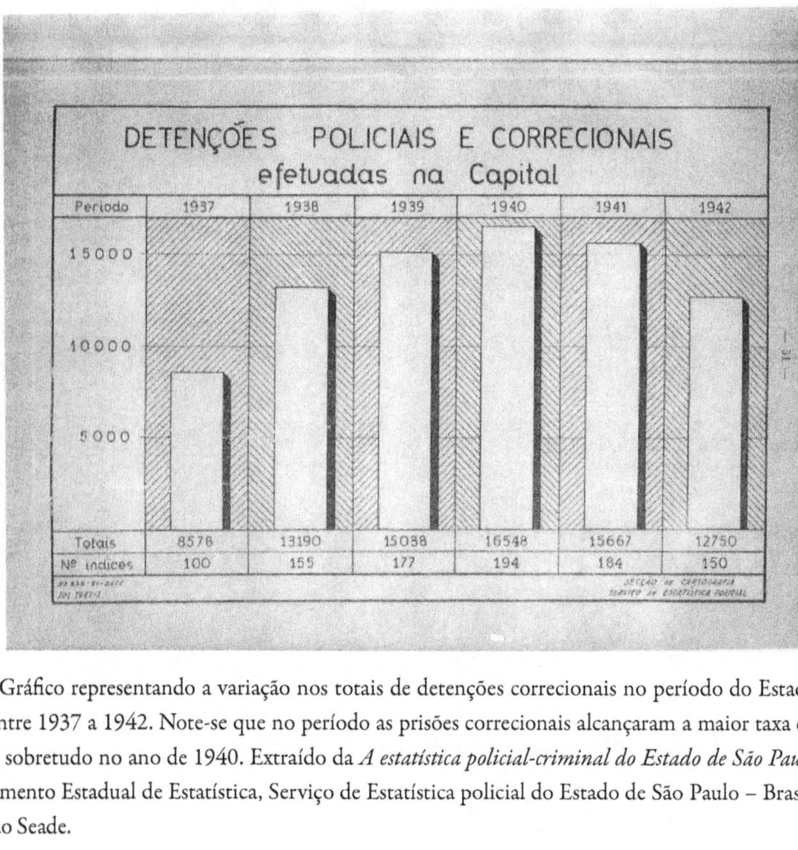

Foto 2: Gráfico representando a variação nos totais de detenções correcionais no período do Estado Novo, entre 1937 a 1942. Note-se que no período as prisões correcionais alcançaram a maior taxa da história, sobretudo no ano de 1940. Extraído da *A estatística policial-criminal do Estado de São Paulo* Departamento Estadual de Estatística, Serviço de Estatística policial do Estado de São Paulo – Brasil. Fundação Seade.

Núcleo de Estudos da Violência
Universidade de São Paulo **NEV**

O caso dos "Justiceiros do Parque Aliança"

Centenas de famílias à mercê de marginais

Esquadrão é farsa, diz Polícia

Delegado Jorge Miguel acusa repórter de ter promovido uma encenação

A entrevista foi gravada

O próprio grupo se revela ao repórter

NEV / USP
CEPID

Fonte: Folha de S. Paulo Data: 21/01/1982

Banco de Dados da Imprensa
sobre as Graves Violações de Direitos Humanos

Foto 3: Matéria do jornal Folha de S. Paulo discute a ação de grupos de extermínio na Região do ABC, revelando que membros do próprio gruo teriam se identificado ao jornal, enquanto a Policia nega sua existência. Na foto a ação dos himens "encapuzados" que comporiam o grupo. Folha de S. Paulo, 21 jan. 1982. Extraído do banco de dados do NEV/USP.

Foto 4: Matéria do *Jornal da Tarde* relatando a Operação Camanducaia. Na foto, os meninos menores de idade entulhados na carceragem da Delegacia de Camanducaia, após serem despejados, nus e sob alvo de tiros, na rodovia próxima à cidade mineira, por ordem do então Secretário de Segurança Pública de São Paulo. *Jornal da Tarde, O Estado de S. Paulo*, 21 out. 1974.

MENORES

O delegado explica: mandei soltá-los.

Cadeia, juizado, recolhimento, rua, cadeia...

Planos da Pró-Menor para 33 mi problemas

Os erros da polícia

Para os culpados, uma sindicância.

Foto 5: Outra matéria sobre a Operação Camanducaia, do jornal *O Estado de S. Paulo*. O então secretário Erasmo Dias apresenta sua versão, enquanto o juiz de menores e o próprio jornal sugerem uma sindicância contra os responsáveis pela Operação. Nas fotos, novamente os *menores* na carceragem e tomando o ônibus de retorno a São Paulo. O *Jornal da Tarde, O Estado de S. Paulo,* 22 out. 1974.

O ESTADO DE S. PAULO

A polícia sai às ruas e prende 409

A ordem: "limpar a cidade"

Um dia de muito trabalho

Houve até ameaças de morte

Setúbal quer desapropriar mais e cobrar benefícios

Foto 6: Matéria e foto de capa do jornal *O Estado de S. Paulo* sobre uma das operações empreendidas pela Polícia Militar na década de 70 com a finalidade de prender "trombadinhas". Nessa operação, a ordem foi dada no sentido de "limpar a cidade" e prender todos os que não apresentassem carteira assinada, resultando na detenção e 409 pessoas. *O Estado de S. Paulo* 9 set. 1977.

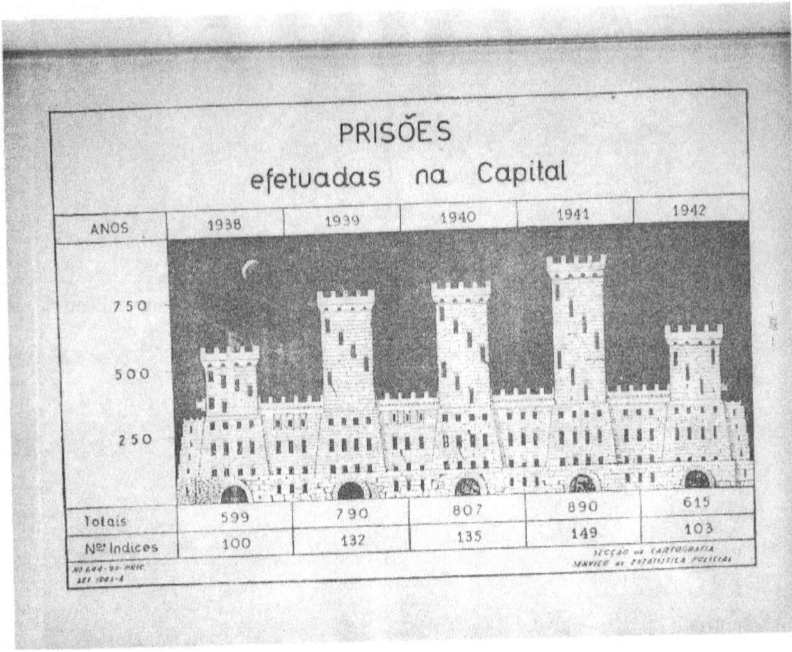

Foto 7: Gráfico representando a variação nos totais de prisões efetuadas em razão de crimes, no período do Estado Novo, entre 1937 a 1942. Em comparação aos totais de detenções correcionais (foto 2) os números são muito inferiores. Extraído da *A estatística policial-criminal do Estado de São Paulo* Departamento Estadual de Estatística, Serviço de Estatística policial do Estado de São Paulo – Brasil. Fundação Seade.

SEGUNDA PARTE

Articular a criminalidade

...Os muros da prisão devem seu formidável poder menos à sua impermeabilidade material do que aos inúmeros fios, aos mil canais, às fibras infinitas e entrecruzadas que os trespassam. A força da prisão é a incessante capilaridade que a alimenta e a esvazia; ela funciona graças a todo um sistema de comportas, grandes e pequenas, que se abrem e se fecham, aspiram, escarram, despejam, derrubam, engolem, evacuam.

Michel Foucault, *Ditos e escritos*, 2003, p. 147

CAPÍTULO IV

A emergência da economia criminal da droga e o recrutamento da criminalidade urbana à prisão

ECONOMIAS CRIMINAIS URBANAS: A EMERGÊNCIA DE UMA NOÇÃO

Ao se eleger como verdadeira categoria de análise para este estudo a noção de *ilegalismo* e mais precisamente de sua *gestão diferencial, (*concebida por Foucault em *Vigiar e punir)*, o que se visou foi priorizar o acento dinâmico que esse conceito permite imprimir às análises sobre o crime, seu controle e sua repressão pelos aparatos institucionais. Foi recorrendo assim a essa categoria relacional que Foucault compreendeu e interpretou dois fatos históricos determinantes aos sistemas de punição modernos: o nascimento da prisão e a construção da delinquência. Gerir ilegalismos e, mais ainda, explorá-los, conferiu à delinquência um duplo atributo: ao mesmo tempo produto e instrumental de um processo que encontrou na prisão um momento decisivo.

Mas, como entender a gestão diferencial dos ilegalismos sem descrever a mecânica que está implicada nesse jogo e, para além de seus atores, as atividades, as estratégias a que se referem e o *dispositivo* que acionam segundo contextos históricos específicos? Para tanto, também ele, Foucault, recorreu a uma outra noção profícua (embora não explicitada por ele), que aqui designei por *economia criminal.* E é ao descrever o funcionamento daquilo que ele vai atribuir como *delinquência útil* que a ideia de uma economia criminal se encontra mais desenhada na sua obra:

> a existência de um interdito legal cria em torno dele um campo de práticas ilegais, sobre o qual se chega exercer o controle e a tirar um lucro ilícito por meio de elementos eles próprios ilegais, mas tornados manejáveis por sua organização em delinquência. Esse é um instrumento para gerir e explorar ilegalismos (FOUCAULT, 1975, p. 326-327).

Como primeiro exemplo, o autor aponta as redes de prostituição que se formaram em grande parte da Europa no século XIX, nas quais uma cuidadosa economia, que compreendia controles policiais e sanitários, permitia organizar e hierarquizar um mercado que ao mesmo tempo provia "enormes lucros" e se tornava "naturalmente dispendioso" em razão de sua criminalização. Assim, para que se pudesse "canalizar e recuperar" os vultuosos lucros

> sobre um prazer sexual que uma moralização cotidiana cada vez mais insistente votava a uma semiclandestinidade, e tornava naturalmente onerosa; na formação de um preço do prazer, na constituição de um lucro sobre a sexualidade reprimida e na recuperação desse lucro, esteve o meio delinquente em cumplicidade com um puritanismo interessado: um agente fiscal ilícito sobre práticas ilegais" (FOUCAULT, 1975, p. 326).

Essa mesma lógica, em uma reatualizada mecânica, o autor identificará nos diferentes mercados ilícitos que se configurarão ao longo do século XX: o tráfico de armas, de álcool (no período e nos países onde vigorara a "lei seca") e mais recentemente, o tráfico de drogas.

Desse modo, a proibição legal e a criminalização atuariam como elementos decisivos à formação de referidas economias criminais, permitindo que através das injunções dos aparatos de controle e repressão junto a atividades precisas, se articulasse um verdadeiro e complexo mercado para o qual concorrem múltiplos atores e atividades, não apenas ilegais.

No presente estudo a noção de *economia criminal urbana* já foi mobilizada para descrever o mercado da prostituição predominante até meados da década de 60 na cidade de São Paulo. Como já discutido, proponho ter sido a prostituição[1] a primeira economia criminal urbana propriamente dita a se configurar no plano da cidade, mormente levando em conta a definição que procurei esboçar, partindo da noção de *delinquência* útil trabalhada por Foucault.

---

1 Anota-se, uma vez mais, que a prostituição não é definida como crime pela legislação brasileira, no que se acompanha uma tradição jurídica moderna ocidental. Sua exploração, contudo, sempre foi criminalizada em nosso ordenamento nas figuras delitivas do lenocínio e do rufianismo. A manutenção dos lupanares (prostíbulos ou casas de tolerância) se enquadraria nesses tipos penais. Não obstante, as prostitutas, sobretudo até os anos 60, mantiveram-se como alvo privilegiado dos controles policiais e das prisões, que em geral ocorriam sob a rubrica correcional do *escândalo*, permanecendo seus "exploradores" (os lenocidas) praticamente imunes ao controle policial e penal, dado que é comprovado pelo baixo percentual de inquéritos instaurados por lenocínio, como apresentei no capítulo 1.

Entendo por economia criminal, desse modo, a configuração de uma dada atividade criminalizada, sobre a qual orbitam diversas condutas (em regra manejáveis como *delinquência*) e se estrutura um mundo social a partir do qual se promovem agenciamentos, mobilizam-se e transferem-se recursos (econômicos, mas também sociais), transacionam-se mercadorias políticas (no sentido empregado por Misse), delineando-se ainda entre os agentes uma relativa articulação no plano local.

Referida economia criminal da prostituição, também como já descrito, irá entrar em colapso na cidade de São Paulo a partir de meados da década de 60, diante das transformações no âmbito da própria gestão diferencial dos ilegalismos, marcadas por novos padrões de negociação impostos pelas forças de ordem e pela intensificação da violência institucional. Ao mesmo tempo, também a cidade passaria por transformações econômicas, urbanas e sociais, complexificando ainda mais a tessitura das relações sociais e o grau de conflituosidade delas advinda. Irá se observar, portanto, uma aparente dispersão do fenômeno da criminalidade urbana, com o que ela se tornará mais difusa, uma criminalidade patrimonial de *massa*, gradativamente mais violenta. Ao lado dessa dispersão, uma nova economia criminal começará, lentamente, a se desenhar: a do comércio varejista de drogas,[2] ainda no final dos anos 60, que apenas ganhará proporções mais definidas no final dos anos 80 e início dos 90.

Se há uma economia da droga que emerge e se enraíza nas dinâmicas urbanas na experiência nacional com mais intensidade a partir dos anos 80, é certo também que esse fenômeno é observável nos contextos urbanos de diversos países, tanto os de capitalismo avançado como os de periférico (ou *emergentes*, para usar um termo atual).

O tratamento jurídico e analítico, de certo modo hegemônico, que esse fenômeno passou a receber a partir do período, como representação da *criminalidade organizada* por excelência, traduziu uma concepção de que entre o tráfico de drogas em sua dimensão transnacional, empresarial e descentralizada, de um lado, e sua repercussão territorializada nos mundos urbanos, de outro, há uma espécie de equivalência, ou em todo caso uma continuidade.

E será justamente como forma de oferecer um contraponto a esse tratamento, que a formulação de uma economia criminal urbana[3] volta a ser reclamada como medida

2 A designação utilizada à época para se referir às drogas ilícitas remetia aos termos *tóxicos* (uso mais popular) e *entorpecentes*, esse inclusive adotado pela primeira legislação específica sobre o tema, a Lei nº 6368 de 1976, que seria revogada integralmente apenas em 2006, pela Lei 11.342/06, atualmente denominada Lei Antidrogas.

3 Michel Peraldi, em um estudo sobre economias criminais na cidade de Tanger (norte de Marrocos), elabora a seguinte definição para o conceito de economia criminal: sob o termo geral "econo-

de inteligibilidade sobre referidos fenômenos. Através dela, antropólogos, sociólogos e historiadores[4] têm postulado a pertinência da escala urbana para situar e descrever a pluralidade de relações, atividades, e dinâmicas sociais que são comumente apresentadas sob o conceito de *crime organizado*. Essa pertinência consistiria em tomar a cidade como referência e a etnografia como método privilegiado para compreender a ancoragem social e a heterogeneidade das diferentes formas que as atividades criminais adquirem no âmbito da cidade, rompendo com "uma visão mitificante dos fenômenos" a que se atribui comumente a definição de *organizações criminosas* e *máfias* (KOKOREFF, 2007).

A reivindicação dessa perspectiva de análise ocorre justamente diante da dificuldade observada em (re)conhecer e interpretar os fenômenos de *inscrição urbana dos tráficos de drogas nos meios populares* (KOKOREFF, 2007, p. 79), a partir dos referenciais teóricos e postulados sobre *máfias* e *criminalidade organizada*. Segundo esse autor, a insistência de uma equivalência entre *criminalidade organizada* e *economias subterrâneas* (para usar um termo recorrente aos mencionados estudos urbanos) ao mesmo tempo em que obstaculiza uma análise mais qualificada da dinâmica em que os mercados criminais urbanos tendem a se inscrever, tem servido a outros propósitos, sobretudo políticos, operando, ainda segundo sua análise, no registro do *governo do medo*, legitimando o endurecimento da ação pública e a demanda por segurança.

A questão é por que o debate sobre *crime organizado*, ao reassumir centralidade no plano mundial a partir dos anos 90, o fará acionando os aparatos repressivos dos Estados-nação contra uma criminalidade avulsa urbana, a despeito de ela não apresentar características intrínsecas à feição contemporânea de uma criminalidade organizada, ou seja, o caráter transnacional e o acento às *práticas ilícitas do capitalismo ordinário* (o modelo empresa criminal e as ações de lavagem de capitais)? Será, assim, sobre os modos como uma reatualizada criminalidade (agora transnacional) irá repercutir no meio urbano em diferentes países, sobre economias criminais especialmente marcadas por um expansivo mercado varejista de drogas ilícitas nas periferias das grandes cidades, que as legislações internas e os aparatos repressivos irão se voltar, assim como uma

---

mias criminais" reunem-se usualmente atividades que visam a produção, a circulação, a comercialização de produtos interditos de um ponto de vista moral ou legal, atividades cuja organização e efetuação incorporam uma parte de violência física realmente exercida ou potencialmente presente na organização mesma do ciclo produtivo, e enfim atividades conduzidas por indivíduos, grupos marginais ou desviantes, nas condições de total ou de relativa clandestinidade (PERALDI, 2007, p. 111).

4 Esse debate está fortemente localizado nos diferentes trabalhos que compõem a coletânea Économies criminelles et monde*s urbaines* (2007) coordenada por Kokoreff, M. Péraldi e M. Weinberg, já citada anteriormente.

parte importante dos estudos jurídicos, criminológicos e até sociológicos irá armar o problema do *crime organizado*.

Compreender essa questão pode ser relevante para situar um problema teórico e analítico fundamental para este trabalho: a noção de delinquência e sua organização/articulação no contexto urbano. Neste trabalho, como já aludido na introdução, optou-se por não empregar o termo *crime organizado* para descrever fenômenos pertinentes à criminalidade urbana e sua conexão a economias criminais na cidade de São Paulo nas últimas décadas. Isso porque, se reconhece que seu uso tem sido bastante problemático ao longo do tempo, prestando-se, via de regra, enquanto categoria normativa bastante imprecisa, a atingir tipos socais e atividades não raro avulsas e *desorganizadas*, por vezes instrumentalizada numa seara política.

Desse modo, optou-se neste estudo por recorrer a uma ideia que traduzisse antes de tudo um exercício sociológico, uma tarefa analítica frente a um quadro empírico delimitado, apresentada aqui pela noção de *criminalidade articulada*. Embora a proposta desse exercício venha a ser feito tendo como referência o caso brasileiro e mais especificamente fenômenos que emergem e se consolidam na cidade de São Paulo a partir da década de 90, pretende-se perscrutar como a problemática do crime vem se configurando no debate internacional, suas reações às transformações trazidas com o processo de globalização, as categorias que têm sido mobilizadas e os dilemas políticos que se armam.

Para tanto, comecemos por situar a retomada de centralidade do debate sobre *crime organizado* e *máfias*, a partir dos anos 80, no plano mundial.

Criminalidade transnacional organizada, máfias e economias criminais urbanas: do que se está falando?

O fenômeno da máfia encontra suas raízes na experiência italiana remontando a modos particularíssimos (nem sempre violentos) de construção de poderes políticos locais e regionais que emergiram, em oposição (ao menos ontológica) a uma concepção de Estado, mobilizando em regra mercados ilícitos. Como já demonstrado por Hobsbawn (1970), desde seu advento em meados do século XIX, as máfias italianas foram sofrendo transformações impostas pelo próprio contexto de intensas mudanças atravessadas naquele país e no mundo, tanto políticas (a unificação do Estado italiano, liberalismo político, fascismo), quanto econômicas (consolidação de um modelo capitalista fabril, financeirização da economia), impactando ainda em oscilações no processo de concentração de seu poder político e de acumulação de riqueza. De todo o modo, como apontou Hobsbawn em 1970, ao renascerem no pós-guerra essas organizações tiveram que "modernizar-se", ou seja, atualizarem o repertório de suas atividades junto a mercados ilícitos de maior rentabilidade: tráfico de drogas, contrabando, entre outros.

Uma parcela considerável dos estudos mais qualificados sobre máfias tende a compreender que esse fenômeno diz respeito sobretudo a uma configuração política, econômica e cultural afeita à experiência italiana[5] e que sua reprodução ou "exportação" seria algo difícil de se realizar (GAMBETTA, 1992 apud SCIARRRONE, 2007). O que não significa dizer que mecanismos nela identificados como o mercado de proteção que engendra, no qual sua permanente oferta criaria em verdade sua demanda (CATANZARO, 1995) não estariam presentes em dinâmicas de mercados ilegais que se estruturam em diferentes sociedades no mundo contemporâneo.

Se a tese sobre a impossibilidade de sua exportação está presente em parte dos estudos e análises sobre *máfias* e *crime organizado*, no plano dos discursos públicos, da esfera política e do senso comum, a ideia de uma recorrente multiplicação do fenômeno da máfia e sua equivalência a economias criminais muito diversas tem sido frequente, sobretudo a partir dos anos 80. E é justamente esse momento em que o debate sobre *crime organizado* reassume centralidade, de um modo geral, no plano mundial.

Concorrem a esse estado de coisas alguns fatores. Godefroy (2007), em uma esclarecedora revisão histórica e normativa sobre a mobilização política internacional contra o *crime organizado* a partir do período, observa como as mudanças na abordagem e tratamento sobre essa temática pelos Estados Unidos teriam pautado e referenciado as mudanças no debate e tratamento da questão no âmbito supranacional.

Desse modo, tomando como referência o contexto norte-americano do pós-guerra aos anos 70, as representações sobre *crime organizado* mantiveram-se associadas no país à presença e atuação de grupos estrangeiros (*alien conspirancy*), fortemente identificados aos imigrantes italianos até esse período. É certo que tais representações são em muito tributárias do contexto da guerra fria, no qual a ameaça de um inimigo externo perfilava-se como o principal elemento desestabilizador da segurança interna.

A partir dos anos 80, a polarização mundial advinda da Guerra Fria vai gradativamente perdendo força no cenário geopolítico, com o que, ainda no contexto norte-americano, os protótipos mafiosos pulverizam-se em grupos étnicos diversos: os cartéis colombianos, a Yakusa japonesa, entre outros. Não é apenas a nacionalidade desses grupos que se altera, mas o mercado ilícito sobre o qual operam. Será o momento da emergência de uma economia criminal que mobilizará esforços institucionais para além do contexto

---

5 Registra-se, contudo, outras perspectivas de matriz culturalista que defendem a possibilidade de difusão do modelo mafioso italiano pela metáfora do contágio de um tipo de cultural, de uma mentalidade. Para uma análise detalhada das diferentes perspectivas, ver Sciarrone (2007).

norte-americano, convertendo o tema do *crime organizado* finalmente num problema mundial: o mercado das drogas ilícitas. Godefroy (2007) situa o marco do empreendimento político que vai se propagar pelo nome de "guerra às drogas" com a instauração no Senado americano de duas comissões sobre a ameaça criminal do tráfico de drogas durante o mandato do republicano Ronald Reagan (1983-86) que resultaram no primeiro documento nacional sobre o tema *Curbing the Narcotics Traffic: Recommendations of the Organized Crime Comission.*

A questão das drogas enquanto atividade por excelência do *crime organizado* e seu combate ingressarão de modo efetivo na agenda internacional a partir desse momento. Em 1987, uma reunião dos países do G7 em Venise irá introduzir essa temática como prioritária, instruindo os trabalhos preparatórios à *Convenção das Nações Unidas sobre tráfico ilícito de estupefacientes e substâncias psicotrópicas*, a Convenção de Viena, que se realizaria um ano depois, em 1988. A organização criminosa do tráfico começava a ser vista, para além de um fenômeno adstrito às fronteiras dos Estados nacionais, em uma expressão *transnacional*, estendendo-se o rol de ações visando seu enfrentamento da *produção e distribuição das drogas aos circuitos financeiros ligados aos tráficos* (GODEFROY, 2007, p. 103).

E será tendo como referência tal perspectiva que uma nova definição ao fenômeno do *crime organizado* irá se impor, já em meados dos anos 90, levando-se em conta o caráter *econômico e transnacional* que essa criminalidade, cada vez mais difusa e desterritorializada, irá apresentar. Inserida assim como um subproduto do processo de globalização, emerge como um fenômeno internacional, de alta capilaridade e volatilidade, e cuja expansão exprime e se conecta exatamente ao declínio da capacidade regulatória do Estado, própria do modelo neoliberal. Definida assim como "criminalidade transnacional organizada", ela apresentaria, enquanto fenômeno social, uma série de características, que nos dizeres de Sciarrrone (2007), a tornariam especialmente perigosa:

> Ela mostraria, de fato, um grau elevado de mobilidade e de adaptação em relação às dinâmicas econômicas globais. Teria, por exemplo, grandes capacidades. Seria capaz de selar alianças estratégicas com outros atores econômicos, legais ou ilegais; de explorar em seu próprio proveito as diferenças legislativas, econômicas e culturais existentes entre as instituições públicas e privadas de diferentes Estados; de adotar novas técnicas de reciclagem de capitais, utilizando redes telemáticas e instrumentos monetários econômicos (SCIARRRONE, 2007, p. 156).

Se o tráfico de drogas, de pessoas, o contrabando, as fraudes inserem-se como objetos ou operações em si criminosas, é a forma como se comunicam a mercados lícitos, e como convertem em potencialmente legais os produtos de suas atividades o que confere a dimensão cada vez mais porosa dessas práticas ilícitas contemporaneamente (NAIM, 2005), favorecidas em muito pela ausência de controles estatais adequados (*a fragmentação das soberanias nacionais,*[6] implícita ao modelo político e econômico vigente). Diante de tais configurações, um novo capítulo tem sido escrito na história dos ilegalismos e de sua gestão, no qual as fronteiras entre o legal o ilegal poucas vezes estiveram tão borradas, assim como o papel desempenhado pelos atores nessa economia geral.

Naim (2005) utiliza o termo *comércio ilícito global*, para descrever as transações ilícitas contemporâneas em sua dimensão supranacional, situando sua emergência em estreita consonância às profundas transformações que marcaram o cenário político e econômico durante os anos 90 e destacando ainda sua interação com a crise social que o fenômeno da globalização instaura. O autor chama a atenção ainda para a dificuldade de enfrentamento, por parte dos governos nacionais, do comércio ilícito global em sua configuração atual, não conferido especial atenção ao seu caráter empresarial, recorrendo-se em geral aos mesmos instrumentos empregados na repressão de modelos organizacionais mafiosos, como os cartéis colombianos. Além do mais, prossegue Naim, é persistente a associação dessas práticas ilícitas e seus autores a estereótipos pertinentes a ideia de um "submundo" (os *mercados negros*, os *paraísos fiscais*, os *mafiosos*), o que leva a projetar o problema do comércio ilícito transnacional para um *outro* lugar e a supor muito mais rígidas as fronteiras entre o legal e o ilegal do que na realidade elas se apresentam.

Bayart (2004), por outro lado, é um dos autores que tendem a relativizar a perspectiva de uma suposta falibilidade nos modos de controle e repressão estatais às práticas ilícitas, para identificar, na própria lógica de funcionamento do Estado a medida de constituição e reprodução das atividades criminosas contemporaneamente (perspectiva, aliás, muito próxima à levantada por Tilly (2000)). Tomando como referência a "formação" do Estado africano, no contexto de sua privatização em pleno processo de globalização durante a década de 90, Bayart refuta a tese de que os fracos controles estatais ou mesmo experiências circunscritas de corrupção de agentes públicos contribuíram para a proliferação do crime transnacional, para colocar o Estado em sua concepção atual no centro dessa reprodução criminosa.

> A hibridação transnacional do Estado e do crime não se restringe a um jogo de atores circunscritos a circunstâncias particulares. Ela parece ser de ordem sis-

6 Termo utilizado por Sciarrone (2007, p. 159).

> temática, constituindo uma das engrenagens do ajuntamento do Estado e do capitalismo mundial. Ela não é em todo o caso um elemento de sua geografia. A circulação de produtos e de capitais ilícitos continua a ser filtrada pela instância estatal a qual ela confere aqui ou lá uma parte de seu vigor (BAYART, 2004, p. 100).

Mas é a heterogeneidade dos atores que comporiam, em última análise, o fenômeno da *criminalidade organizada transnacional* o que mais dificultaria sua própria inscrição como organização a priori. Como diversos estudos têm ressaltado, é o caráter descentralizado dos diferentes organismos que compõem as redes que operam esses mercados ilícitos que as caracterizam, fazendo desaparecer um pressuposto "ideal" à configuração organizacional do tipo máfia: a estrutura hierárquica, vertical e centralizada. No que se refere ao mercado da droga, por exemplo, Kokoreff (2007) observa que tanto as instâncias internacionais como os especialistas têm insistentemente relatado a prevalência, desde os anos 90, de um modelo que se manifesta a partir da multiplicidade de organizações em diferentes territórios, cada vez mais descentralizadas e referenciadas através da lógica de rede.

Nesse contexto, a tese de uma "superestrutura criminal em nível mundial", "uma cúpula do *crime organizado*", torna-se pouco plausível, nos dizeres de Sciarrone (2007, p. 156). Com isso, novamente os limites jurídicos, ainda definidos pelos contornos dos Estados-nação, tendem a ser ainda falíveis, posto que a questão primeira da responsabilidade criminal se dilui na volatilidade de seus atores e sobretudo na desterritorialização de suas atividades. Nesse sentido, não há nada mais antagônico ao fenômeno da *máfia* do que a criminalidade transnacional contemporânea.

Partindo dessa mesma perspectiva, autores como Bayart (2004) negam "um caráter sociológico homogêneo" aos atores de tal criminalidade, não apenas do ponto de vista de sua organização interna, como também "de suas especializações", "seus objetivos" e "seus campos de intervenção" (BAYART, 2004, p. 97). No mesmo sentido, Godefroy (2007) ressalta o fato de que sob o conceito de *criminalidade organizada* agregam-se atores e práticas heterogêneas, ameaças vagas e organizações heteróclitas, fazendo destacar o caráter instrumental dessa categoria, antes do que propriamente um conceito sociológico.

******

Não obstante o debate internacional ter sido conduzido, a partir dos anos 90, no sentido de destacar o acento *empresa criminal* na configuração do fenômeno da criminalidade organizada transnacional e enfatizar, ao menos a priori, ações de enfrentamento que visassem atacar os fluxos financeiros dessa criminalidade (como a lavagem de capitais), será numa direção oposta que os modelos normativos internacionais irão se estabelecer, a partir da década de 2000.

Assim, no ano de 2000, diante de uma nova convenção organizada pelas Nações Unidas justamente sobre o tema da *criminalidade organizada transnacional*, realizada simbolicamente em Palermo, será consagrado um conceito em tudo problemático para se referir a esse fenômeno: o de "máfia empresarial". Segundo Godefroy (2007), será destacada uma abordagem ítalo-americana ao fenômeno, definido pelos organizadores como *um problema siciliano que se tornou mundial.*

O conteúdo do texto aprovado pela Convenção de Palermo[7] indica a diluição do significado de *organização* e de *empresa criminal* pela adoção de um conceito vago que remete à noção longeva de bando criminal,[8] dando-se destaque ao que se atribui como "gravidade" das infrações e não ao elemento *organizacional.* Como flagra a análise de Godefroy (2007), essa opção abriu margem para que os ordenamentos jurídicos dos diferentes estados recorressem à figura do *crime organizado* para designar *seus inimigos internos do momento*, servindo de pretexto à adoção de procedimentos derrogatórios de direitos de uma criminalidade não necessariamente organizada.

Sua conclusão é a de que a luta contra a criminalidade organizada, consenso mundial, tem se traduzido em um poderoso instrumento para suspensão de garantias legais e direitos de uma criminalidade ordinária, geralmente voltada ao tráfico local, ao roubo e a outras condutas a eles relacionados, em detrimento de uma criminalidade dita econômica (voltada a condutas como lavagem de dinheiro, evasão fiscal, contrabando, etc.), o que contribui em muito para o encarceramento em massa e em muito pouco para a contenção real da criminalidade organizada e sua matriz transnacional.

Assim, expresso o grande descompasso entre a realidade de um fenômeno que se manifesta em escala transnacional, mobiliza híbridos mercados (legais e ilegais), cuja expressão é desterritorializada e seu tratamento jurídico, pretensamente concebido

---

7 Grupo estruturado composto por três ou mais indivíduos, associados por um determinado período de tempo, a atuar no cometimento de crimes graves e a fim de obter, direta ou indiretamente, um benefício financeiro ou de tipo material. In: *Convenção das Nações Unidas contra a criminalidade transnacional organizada*, Palermo, nov./dez. 2000. O Brasil ratificou essa convenção em 2003, mas antes mesmo dessa ratificação, o país já havia editado duas leis sobre *crime organizado* (Lei 9.034 de 1995 e Lei 10.217 de 2001) cujos conteúdos remetem exatamente a essa indeterminação de suas definições e ao fato de ferir diversos preceitos constitucionais.

8 *Agrupamento de três ou mais pessoas para cometimento de crimes graves*, noção que se encontra mobilizada em diferentes códigos criminais ao longo do século XIX e XX.

para combatê-lo, porém voltado à ancoragem daquele fenômeno junto às periferias das grandes cidades. Ou seja, será junto a *economias criminais urbanas* e a uma criminalidade ordinária, territoralizada nos grandes centros urbanos e conectada a outros mercados do mundo popular, que incidirá toda a retórica do *crime organizado* e os aparatos repressivos, centrados, via de regra, na violência institucional e no recurso intensificado à prisão.

É difícil não deixar de ver nesses movimentos a atualização da gestão diferencial dos ilegalismos de que nos fala Foucault (1975), referindo-se à economia de poder que se instalava nos séculos XVII e XVIII. Naquele momento, a burguesia reservara a si "o campo fecundo da ilegalismos dos direitos" (fraudes, evasões fiscais) e suas jurisdições atenuadas (multa, transações), destinando, em contrapartida, aos ilegalismos populares e "o ilegalismo dos bens" (roubo), a jurisdição ordinária e severa dos castigos (a prisão).

A reatualização dessa economia é deflagrada com a retomada, portanto, da figura do *crime organizado* em sua versão contemporânea, cuja repressão, pretensamente concebida para operar junto à criminalidade dos direitos, acaba por intensificar a punição junto à criminalidade ordinária (dos bens), que, de algum modo, também atua nas franjas dessa grande economia geral dos ilegalismos, cujo exemplo mais evidente é o varejo da droga.

*****

O debate sobre o *crime organizado* no Brasil ressurge nos anos 80 e 90, adstrito sobretudo a duas ordens de manifestação, entre as quais há forte conexão. A primeira é ao comércio varejista de drogas (territorializado nos morros cariocas e nas periferias paulistanas, sobretudo) e suas redes locais, e a outra é à constituição de grupos de presos que, também no Rio de Janeiro e em São Paulo, "organizaram-se" no interior das prisões no período.

Do ponto de vista de uma análise da gestão dos ilegalismos, que é o nosso objeto principal, a interrogação se volta ao terreno de transformações que marca a década de 90 no contexto urbano da cidade de São Paulo. De um lado, os processos de emergência e expansão da economia criminal da droga, e de outro o início do fenômeno de articulação da criminalidade avulsa a partir do espaço da prisão, favorecida em parte pelo crescimento vertiginoso do encarceramento, que se acentua sobremaneira justamente a partir da década de 90.

A territorialização do mercado varejista da droga junto às periferias nos anos 90

O contexto

Para discutir fenômenos que emergiram ou em todo caso se evidenciaram durante os anos 90 no cenário urbano brasileiro, não é possível se furtar de discutir ou ao menos situar as profundas transformações pelas quais a forma de abordar a questão social passará a partir desse momento, para além da experiência nacional.

Convém lembrar, que na década de 70, como já discutido, as abordagens teóricas sobre pobreza urbana centravam-se em torno da condição de extrema exploração a que imensos contingentes humanos estavam expostos frente às contradições entre capital e trabalho, perspectiva que orientou as teorias sobre a marginalidade social no período.

Outro já será o contexto dos anos 80, marcado pelo processo de redemocratização do país, que favoreceu, entre outros, a emergência de múltiplos atores sociais, mobilizados em torno das demandas por direitos que nomeavam suas respectivas lutas (movimento sindical, movimento de moradia, movimento dos trabalhadores sem terra, movimento eclesial de base, movimento feminista, entre tantos outros). Organizados em torno de sujeitos que, recebendo a designação de *movimentos sociais*, passaram a conquistar espaço gradativo na arena pública, pautando um debate sobre a questão social em termos até então inéditos no país: a referência igualitária, e a universalização e garantia de direitos coletivos e sociais. No final da década irá se assistir a uma certa institucionalização dessas demandas, tanto pela incorporação de parte desses atores no quadro político ou administrativo do Estado, quanto pela previsão de suas lutas no ordenamento legal, sobretudo através da Constituição Federal de 1988, batizada como "constituição cidadã". Além dela, um estruturado corpo de leis passou a acolher, ao menos no plano formal, o princípio da universalidade de direitos, sobretudo dos sociais.

No entanto, esse vigoroso cenário de restabelecimento democrático e conquistas sociais se deparará com um contexto internacional marcado por profundas transformações tanto econômicas como políticas, que contribuirá para condenar a aposta social democrática brasileira a uma espécie de anacronismo, jogando-a num desencontro histórico de difícil superação.

Assim, já no início da década de 90, as transfigurações do capitalismo contemporâneo vivenciadas do outro lado do Atlântico refletiam a erosão do modo de produção fordista e keynesianismo, bem como do próprio paradigma do Estado de bem estar social, cernes do modelo da social democracia nessas nações. Um estilo voraz de capitalismo emergia no plano mundial, redesenhando não apenas as relações de trabalho, bem como as subjetividades que se engendram a esses novos sujeitos sociais (expressos por aquilo que Castel chamou de *individualismo negativo*), ancorado ainda em postulados como a financeirização da economia e a desregulação estatal, em tempos deflagradamente globalizados. Como Telles vem apontando (TELLES, 2006b, 2010), foi todo um *espaço conceitual* e um *jogo de referências* que se deslocou, abrindo *fissuras num regime de historicidade*, no qual a noção de política (e sua temporalidade) se esvaece para abrir caminho a outras formas de atuação naquilo que Deleuze (2001) designou como *o social*.[9]

Formado nesse entrelaçamento *entre intervenções do Estado e seus recuos*, entre a tutela e o contrato, esse campo de hibridação entre o público e o privado que é o *social*, nos dizeres de Deleuze (2001) passará, nessa nova configuração, a ser regido pelas urgências e pelos *riscos*, que precisam ser sobretudo *geridos*. Vê-se informar assim, um novo "espaço conceitual" que será identificado e trabalhado criticamente por diversos autores como Robert Castel (1983), Nikolas Rose (2008), Gilles Deleuze (1992), Jacques Donzelot (1984) e mais recentemente, Frederic Gros (2006). Com diferentes matizes é possível identificar a ideia de um sujeito de direitos implodido pela lógica do risco, renomeado por atributos como *empreendedorismo* e *vulnerabilidade*, assim como as práticas de intervenção[10] que sobre ele incidem, traduzindo sobretudo uma medida de *governabilidade* ou um *modo de governar os homens e as condutas* (recuperando os termos lançados por Foucault (2004)).

No contexto brasileiro, essas transformações irão encontrar um país que, à parte não ter vivenciado as experiências do *welfare state*, deparava-se com as expectativas e as promessas de um Estado social e de um processo democrático pleno. O ingresso do país no modelo neoliberal irá assinalar antes que um deslocamento de uma política, as frustrações das promessas não realizadas.

Essas frustrações estarão assinaladas também no campo político propriamente dito. Primeiramente com relação à primeira eleição presidencial democrática no país após a ditadura militar, marcada por uma farsa midiática e de forças conservadoras fortemente atuantes no país que levariam à construção e consagração de um *personagem*[11] ao cargo

9 Referência ao prefácio ("A ascensão do social") do livro *Polícia das famílias*, de Jacques Donzelot, cuja edição original data de1984.

10 Todo esse debate que se desenvolverá a partir do período continuará, ainda hoje, atualíssimo e bastante pertinente para compreender o campo da gestão dos ilegalismos em sua face mais contemporânea. Voltarei a essa discussão no epílogo deste livro.

11 Personagem cuja denominação era *o caçador de marajás*.

de presidente da república (Fernando Collor de Melo). Dois anos e meio depois, esse personagem seria retirado do cargo por um ruidoso processo de *impeachment*, após vir a público diversos esquemas de corrupção por ele protagonizados. No plano estadual, governos eleitos no começo da década de 80, como o de Franco Montoro, em São Paulo, e Leonel Brizola, no Rio de Janeiro, que haviam buscado incorporar uma agenda mais progressista e democrática em suas gestões no início dos 80, conviviam com um ataque contínuo a suas iniciativas por uma opinião pública a elas refratária forjada a partir dos meios de comunicação e por setores conservadores da sociedade, o que levaria a uma inflexão de suas iniciativas pelos governos subsequentes.[12]

Mas será sobretudo no impacto que essas mutações econômicas e políticas imporão novamente às fileiras cada vez mais numerosas de *desfiliados*[13] e apartados da partilha da riqueza social no país, que interessa aqui flagrar. Na sua face urbana, tomando a cidade de São Paulo como referência, a expulsão cada vez mais intensa de contingentes populacionais às regiões mais distantes do perímetro urbano, dado o alto custo de subsistência na metrópole, acentuará o processo de expansão periférica irregular moldada pela autoconstrução nos anos 70, estendendo-o, nos anos 90, para além inclusive dos limites geográficas do município de São Paulo.

Nessa periferia estendida, são percebidos mais sensivelmente os resultados nefastos de uma nova ordem econômica recém-implantada: a promessa de integração pelo vínculo de emprego cede lugar à *viração*[14] de todos os dias, fazendo com que o problema

12 Em minha dissertação de mestrado trabalhei com as inflexões, nesse período, também das políticas penais propriamente ditas, com a revogação legal de direitos recém-conquistados pela normativa dos anos 80 através de um corpo normativo sancionado nos anos 90, que atribuo como uma legislação de exceção (TEIXEIRA, 2009a).

13 O termo foi cunhado por Castel (1999), e a exemplo de *apartados* ou mesmo *segregados*, fornece uma opção ao uso reiterado da expressão *exclusão social*, a qual diferentes autores têm advertido ser problemática. Isso porque ela se insere nesse novo espaço conceitual em curso, tendo sido por ele apropriado para caracterizar sujeitos alvos das já mencionadas estratégias de intervenção e gestão de populações, pelas quais a questão social não é enfrentada, ou antes, é subtraída em detrimento novamente da noção de política. Voltarei a essa temática no epílogo.

14 Diferentes trabalhos fazem menção expressa a esse termo que passou a representar, não apenas a informalidade do trabalho, como as incertezas que marcam um precário "horizonte de expectativas" das populações de baixa renda nas grandes cidades brasileiras a partir dos anos 90. Cito o de Gregori (2000), cujo termo confere inclusive título ao referido trabalho. Para uma reatualização da noção de *viração* ver Telles (2010) e Hirata (2010) ao trabalharem com as noções propostas por Ruggiero (1997, 2008) de *bazar metropolitano* e *mobilidades laterais* para descrever a transitividade das fronteiras entre o legal, ilegal, informal e ilícito pelos atores sociais nas metrópoles globais do capitalismo contemporâneo.

político do desemprego (que orientou as lutas sindicais e sociais nos anos 80) se diluísse na figura polimorfa do trabalho precário. Junto a ele, a informalidade, as ocupações irregulares, o mercado ilegal imobiliário (grilagem) e a violência difusa são, ao lado de tantos outros, fenômenos e expressões que dão a tônica de um renovado e complexo processo que não se resume somente a um contexto de segregação espacial, mas também agrega novos elementos de uma precária integração, vivenciado pelas populações que ocupam a periferia (estendida) da cidade no início da década de 90.[15]

Feltran (2008) chama atenção ainda a um paradoxo que se instala em torno das demandas populares e do estatuto político de seus atores nos anos 90. Após conquistarem legitimidade no espaço público graças à sua participação no processo de reconstrução democrática nos anos 80, representados pelos *novos movimentos sociais*, esses atores teriam, contraditoriamente, perdido em parte o lugar conquistado pela "institucionalização" daqueles movimentos na década seguinte. Assim, anota o autor:

> inseridos institucionalmente, os atores populares ocupavam posição muito menos central, no debate público, do que quando agiam por fora dos mecanismos institucionais (FELTRAN, 2008, p. 35).

Com isso, prossegue Feltran, será o próprio estatuto de movimento social atribuído a esses sujeitos que passa a ser questionado e, como tal, também sua capacidade de atuar de modo independente frente aos poderes instituídos, na representação das demandas populares.[16]

---

15 Chama-se a atenção para o acento dinâmico de tal processo, que levará, já nos anos 2000, ao modelo de uma periferia em nada assemelhada ao "cenário de desolação dos anos 70", nos dizeres de Telles (2010). Acompanhando o ingresso da cidade "nos circuitos globalizados da economia e nos fluxos de circulação de riqueza", as periferias paulistas assistirão ao seu incremento infraestrutural, tanto no que toca aos equipamentos públicos quanto aos de consumo, como revela o trabalho de Scriè (2009).

16 É certo que contribui a esse quadro também, levando em conta o caso da cidade de São Paulo, as disparidades entre as gestões municipais durante o período, que produzirão impactos em tudo também diversos para as populações da periferia paulistana. A gestão de Luiza Erundina (1988-1991) marcada por iniciativas de maior cobertura social e participação popular aos moradores dessas regiões seria desmontada pelos dois mandatos subsequentes (a gestão Maluf/Pitta). Hirata (2010) analisou referida instabilidade política no âmbito da administração municipal e seu impacto junto às populações da periferia, tomando como referência o mercado informal de transporte público (representado pelos *perueiros*) nos anos 90 (durante as gestões Maluf e Pitta) e o processo conflituoso de sua regulamentação, já nos anos 2000, durante a gestão de Marta Suplicy (PT).

Escalada da violência letal

Esse será, portanto, grosso modo, o contexto que inaugura os anos 90 na cidade de São Paulo, e, mais precisamente, nas periferias urbanas, sobre cujo olhar mais acurado deverá se deter para que se possa entender, uma vez mais, as transformações nos ilegalismos e sua gestão cujos desdobramentos informam um cenário até hoje premente.

Para usar um termo bastante caro aos estudos urbanos, indagar os "modos de territorialização" junto às periferias de uma economia criminal em plena expansão parece ser a pista para um primeiro ponto a ser discutido na reconfiguração da gestão dos ilegalismos nesse momento. Trata-se, assim, do mercado varejista de drogas que, ao que tudo indica, territorializa-se nas periferias da cidade justamente na década de 90, em importante sintonia, aliás, ao que vinha e ainda vem ocorrendo em diversos países, de Norte a Sul do globo. Daí o sentido de uma sociologia e antropologia urbanas que vêm reivindicando, aqui e lá, a pertinência de sua escala para compreender o multifacetamento de fenômenos que a experiência dessa territorização engendra (KOKOREFF, 2007; CUNHA, 2002; RUGGIERO, 2008), uma vez que referida pertinência permite flagrar

> o modo como esses ilegalismos redefinem as tramas urbanas, as relações sociais e relações de poder em situações variadas (TELLES, 2010, p. 191).

Mas voltemos aos modos dessa territorialização nas periferias da capital e da Grande São Paulo nos anos 90. O mercado da droga, embora não chegue exatamente a se deslocar nesse momento das áreas dispersas do centro da cidade, onde esteve predominantemente entre os anos 70 e parte dos 80, se capilariza a essas novas áreas emergentes das periferias, penetrando em tais territórios, a princípio sem algum tipo mais estruturado de mediação. Pululam assim nos anos 90 os "pontos de venda de droga", ainda designados como "bocas", promovendo-se em torno de seu domínio uma disputa feroz, não se perfilando, ainda nesse momento, qualquer instância ou mecanismo de regulação; à diferença do que já ocorria no Rio de Janeiro no mesmo período, quando grupos de presos (*comandos*)[17] estruturavam, da prisão, um mercado nas favelas em "redes", configurando um modelo oligopolista desse mercado, nos dizeres de Misse (2006).

Segundo Misse, o momento da disputa territorial no comércio varejista de drogas no Rio de Janeiro teria se dado nos anos 80, ao final do qual os comandos teriam enfim posto fim às contendas e formado os oligopólios, o que, contudo, não levou à redução

17 Vale anotar que Misse (2006) nega a tais grupos (comandos) o caráter de organização criminosa, compreendendo-os antes como denominações simbólicas de proteção de presidiários do que uma organização formal e complexa como a que chegou a ocorrer no jogo do bicho (MISSE, 2006, p. 112).

da violência exagerada nesse comércio. Isso porque, segundo ele, a explosividade dessa economia decorreria da "sobreposição de dois mercados ilícitos" (MISSE, 2006, p. 110), no caso o de drogas e o de mercadorias políticas.

Retomando o caso paulista, nos anos 90, portanto, a expansão varejista do comércio de drogas na periferia e na Grande São Paulo é marcada por um contexto de extrema violência, tributário em grande medida da disputa acirrada pelo controle sobre os *pontos de venda*. Para além desse aspecto, outros elementos também ajudam a compreender as formas violentas e fatais com que tal economia se ancora nesses locais, como a tradição que lá se acumulava, desde os anos 80, de fenômenos de violência difusa. Quando o mercado da droga se implanta nesses territórios, ainda são muito vivas e presentes as práticas de execuções sumárias, representadas nas ainda numerosas ações tanto dos justiceiros como dos matadores, sendo o mote dessas práticas cada vez mais difuso. Do mesmo modo, a violência policial nesses espaços de *permanente suspeição* a cada momento se faz mais presente e legitimada no interior dos aparatos repressivos. Nesse sentido, se não é possível falar em transição de uma forma de violência à outra, é possível identificar um campo já fortemente explosivo, para usar os termos de Misse, no qual um novo elemento vem se sobrepor e se potencializar por uma espécie de tradição local, operando como um *acúmulo de violência*, usando novamente os termos do autor.

Essa imprecisão entre os múltiplos fenômenos que atingem tais regiões nos anos 90 está presente tanto nas representações que marcam os discursos oficiais e da imprensa, os quais, via de regra, tendia a tratá-los de modo indistinto, como se entre matadores de aluguel, justiceiros e traficantes rivais houvesse uma relação de continuidade e não rupturas ou deslocamentos.

Tais percepções começam a mudar na medida em que um novo fenômeno, as *chacinas*, se expande a diferentes bairros da periferia da capital e da Grande São Paulo e adquire contornos diversos às execuções múltiplas que em regra vitimavam os jovens ladrões desses bairros. Isso ocorrerá em 1994, quando as chacinas começam a ser contabilizadas pela Secretaria de Segurança Pública (como será apresentado adiante), que chega a criar inclusive uma divisão especializada, a Coordenadoria Estadual de Investigação sobre Chacinas.

Algumas características do fenômeno das chacinas o diferenciavam sobremaneira das demais manifestações de violência difusa presentes no cenário das periferias durante a década de 80. Em primeiro lugar uma mudança no perfil das vítimas; conquanto ainda os jovens fossem largamente prevalecentes,[18] sua conexão não era mais com o pequeno crime patri-

18 Alguns levantamentos realizados por veículos de imprensa constataram a manutenção do perfil jovem entre as vítimas de chacinas: "25% das vítimas em 95 têm menos de 18 anos". *Folha de S. Paulo*, 24 abr. 1995. "Jovens são principal alvo em chacinas". *Folha de S. Paulo*, 23 abr. 1995. (Banco de Dados da Imprensa sobre Graves Violações de Direitos Humanos/ NEV/USP).

monial, mas com um emergente mercado de drogas nesses locais. Como motivações a essas múltiplas execuções, eram duas as situações identificadas pelas autoridades de segurança pública e reforçadas pelas representações da imprensa: a eliminação de rivais na disputa por territórios entre grupos[19] ou traficantes individuais e a execução de devedores, via de regra usuários de drogas que não conseguiam pagar as dívidas contraídas com traficantes.

Outra característica das chacinas era a de vitimar por vezes num mesmo evento uma multiplicidade de indivíduos sem conexão aparente e direta com o mercado da droga. Nesses casos, a execução poderia se dar em razão de um laço familiar, de amizade ou mesmo a causalidade de estar no mesmo lugar dos alvos no momento da execução.[20]

Com relação à execução de usuários devedores, um elemento é frequentemente atribuído como uma sobrecausa a esses eventos: a entrada do *crack* no mercado das drogas ilícitas em São Paulo, em diferença uma vez mais ao Rio de Janeiro no período. O altíssimo grau de dependência gerado pelo *crack* em seus usuários, aliado ao seu baixo custo, faziam dessa droga um elemento desestabilizador sobre um mercado ainda em consolidação. Assim, a entrada do crack teria constituído a senha para que violência da economia da droga se expandisse para além dos territórios e dos contextos em que a disputa varejista era acirrada, para se espraiar e se enveredar em outras dinâmicas urbanas e criminais.

O discurso que se estabeleceu por parte das autoridades públicas, endossado pela mídia, passou a atribuir ao *crack* todas as mazelas da segurança pública àquele momento. Das chacinas nas periferias[21] aos roubos nas regiões centrais, essa droga convertia-se na grande causa do problema da violência urbana na metrópole, o que motivou a Secretaria inclusive a criar uma delegacia específica de combate ao *crack*.[22]

---

19 À época alegou-se ter sido descoberta uma organização do tráfico na zona sul, chamada *Comando Sul*, responsável pela maioria das chacinas na região. "Descoberta organização de tráfico na zona sul". *Folha de S. Paulo*, 15 set. 1995. Referido grupo, assim como diversos outros que surgiram à época, se tratavam, em verdade, de pequenos agrupamentos com baixa capacidade de organização e mobilização, que não lograram instaurar em torno da economia da droga, quer um monopólio como se assistiria anos depois com o PCC, quer um oligopólio a exemplo do modelo carioca.

20 "Menina vê pai e tia serem mortos." *Folha de S. Paulo*, 19 nov. 1999; "Quatro são mortos dentro de bar em SP". *Folha de S. Paulo*, 05 fev. 2000. "Pai e dois filhos morrem em chacina em Itapecerica". *Folha de S. Paulo*, 02 jul. 2001. (Arquivo Folha).

21 "Policiais ligam crack à 47ª chacina do ano". *O Estado de S. Paulo*. 16 nov. 1995. "Três morrem na 22ª chacina do ano na capital. Droga é causa de metade das matanças". *O Estado de S. Paulo*, 27 ago. 1995 (Banco de Dados da Imprensa sobre Graves Violações de Direitos Humanos/ NEV/USP). "Homicídio cresce 5 vezes mais que população". *Folha de S. Paulo*, 19 set. 1996.

22 Ainda hoje, a questão do crack mantém-se em evidência no debate sobre segurança pública, mas sofreu reconfigurações que a colocaram no centro de uma retórica higienista, como será abordado no último capítulo.

A atribuição de causas determinantes ao fenômeno chacinas não se revelou uma tarefa de muita precisão para as autoridades da segurança pública, já que o percentual de solução desses eventos manteve-se sempre em baixos patamares.[23] Para além, contudo, de se refletir sobre uma exata correspondência entre o discurso oficial (e midiático) e os fatos sociais, o que se evidencia, nesse momento, é o caráter de desregulação com o qual o mercado varejista de drogas se enraíza nas periferias da cidade, territórios em que a violência já se fazia presente desde a década anterior.

Nesse sentido, é certo que o fenômeno das chacinas não deixa de assinalar sobretudo uma tendência da violência urbana que se instaura com bastante precisão no contexto das periferias nesse período e cuja dramaticidade está na altíssima letalidade que produz junto aos moradores dessas regiões, em geral jovens do sexo masculino.

Isso porque a evolução desse fenômeno, durante a década de 90, tende a acompanhar a própria emergência da violência letal, ou seja, o aumento exponencial dos homicídios, no plano da cidade.

GRÁFICO 1 - CHACINAS

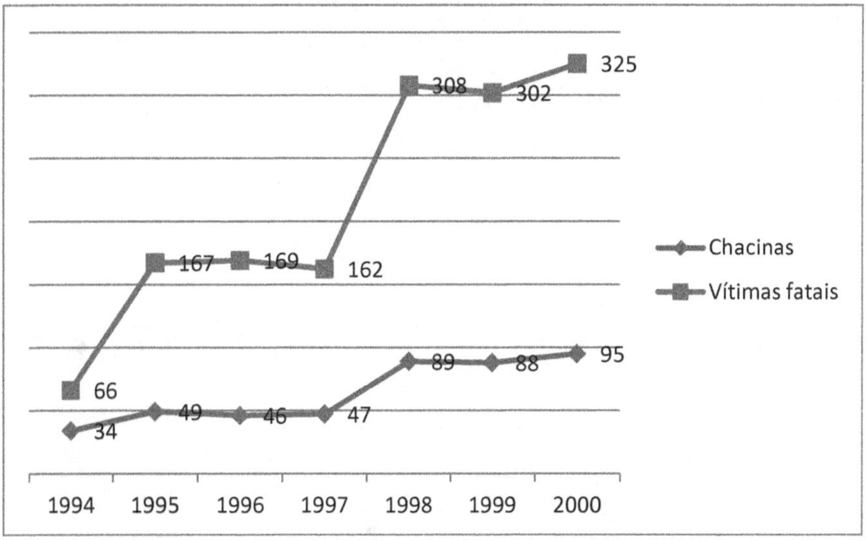

Fonte: Secretaria de Estado da Segurança Pública–SSP; Delegacia Geral de Polícia–DGP; Departamento de Administração e Planejamento–DAP/ Núcleo de Análise de Dados. Fundação Seade.

23 Embora a polícia chegasse a declarar a solução em cerca de 50% dos casos, a imprensa questionava esse percentual, levantando, em relação a alguns anos, dados que comprovavam a baixa eficiência investigativa desses eventos. "1996 teve 46 ocorrências" *Folha de S. Paulo*, 02 jan. 1997. "Chacinas seguem impunes após dois anos". *Folha de S. Paulo*, 2 fev. 1997. (Arquivo Folha).

Analisando a evolução dos casos de chacinas registrados de 1994 a 2000, nota-se que a partir de 1995 há um aumento importante no número de mortos, mantendo-se, contudo, estável o número de eventos até 1997. Em 1998 ocorre realmente um *boom* tanto nas chacinas quanto no número de vítimas fatais desse fenômeno. O final da década é o momento mais crítico de tais eventos, chegando, no ano de 2000, a se contabilizar 95 chacinas, vitimando 325 pessoas. Deve-se reconhecer que esse aumento é consoante ao crescimento das ocorrências de homicídio na cidade de São Paulo, como se depreende do gráfico 2, abaixo.

GRÁFICO 2

Ocorrências criminais de homicídio na capital (1984 a 2007)

Fonte: Secretaria de Estado da Segurança Pública–SSP; Delegacia Geral de Polícia–DGP; Departamento de Administração e Planejamento–DAP/ Núcleo de Análise de Dados. Fundação Seade. Homicídio = doloso + tentativa.

É certo que os homicídios apresentaram alta gradativa desde meados dos anos 80. Segundo dados apresentados pela "CPI do crime organizado" da Assembléia Legislativa, na Grande São Paulo entre 1985 e 1995 houve um aumento em 100% das ocorrências de homicídio, contra 20% de crescimento populacional. No entanto, será a partir da segunda metade dos anos 90 que a curva se acentuará sobremaneira, chegando-se, no final da década, ao registro de quase 8.000 homicídios só na capital (gráfico 2). Será em 1999, do mesmo modo, que a cidade de São Paulo registrará as piores taxas de homicídio/ano: 57,2 por 100 mil habitantes, ocorrendo significativa inflexão apenas na segunda metade dos anos 2000.

Desse modo, é certo que o início do *boom* dos homicídios e, mais ainda, seu ápice coincidem exatamente com a emergência e o agravamento do fenômeno das chacinas na cidade.

Não se quer atribuir com essa constatação, evidentemente, uma unicausalidade para o fenômeno do crescimento exorbitante das taxas de homicídio na década de 90, mas se ressalta que a ocorrência das chacinas é um elemento fortemente indicativo da emergência de um novo padrão de violência, ainda mais concentrado nas regiões periféricas da Grande São Paulo e diretamente conectado a mercados criminais em fase de consolidação.

Esse novo padrão de violência não terá sua representação maior através das chacinas, elas são apenas uma manifestação dele. Acredita-se que grande parte das mortes decorrentes desse contexto se referia a homicídios individuais,[24] e em sua imensa maioria não acionavam a dinâmica investigativa dado seu registro oficial como um delito de *autoria desconhecida*.[25] Referidos casos tornaram-se tão recorrentes à época, assim como o desinteresse policial em investigá-los, a ponto dos órgãos de segurança institucionalizarem uma pseudocategoria como modalidade de registro, criada nos anos 80, justamente no início do processo de violência difusa letal na cidade, o *encontro de cadáver*. Embora bastante criticada à época, dada a ausência de sua previsão legal e o fato de que acabava por distorcer as estatísticas de homicídio, o fato é que a utilização recorrente dessa e de outras categorias (como *morte suspeita*) não deixa de revelar uma certa banalização do fenômeno relativo aos numerosos homicídios na periferia àquele momento.

Adorno e Pasinato (2010), em estudo que contemplou a integralidade dos boletins de ocorrência elaborados pela 3ª Seccional de polícia da capital entre 1991 e 1997, constataram ser três vezes maior o número de ocorrências com morte não classificadas como homicídio (registradas nas categorias antijurídicas *verificação de óbito, resistência seguida de morte, encontro de cadáver* e *morte a esclarecer*), o que certamente não apenas elevaria

24 Embora a chacina não seja uma figura jurídica, as forças policiais consideram um homicídio coletivo como uma chacina quando o número de vítimas for superior a três.

25 À época instaurou-se um debate sobre a prevalência de causas relacionadas a conflitos pessoais nos homicídios na cidade, relativizando assim a importância do tráfico de drogas como principal motivador a esses crimes. O estudo de Lima (2002) vai nessa direção. Ocorre que esse trabalho foi elaborado tendo como base apenas os boletins de ocorrência referentes a homicídios de autoria conhecida, pelo que suas conclusões somente podem se ater a esse universo, que por certo é muito distinto daquele dos homicídios de autoria desconhecida, que constituíam, a esse tempo, uma parcela significativa dos casos.

em muito as estatísticas de homicídio, como sugere a prevalência de casos de autoria desconhecida no período.

Do mesmo modo em que os dados criminais registravam o aumento das mortes provocadas, também as percepções dos moradores das periferias confirmam essa representação de violência exacerbada em tais territórios, no período. Em depoimentos colhidos para este estudo[26] entre adolescentes infratores internos em unidades da Fundação Casa (antiga FEBEM) e moradores das periferias, o relato feito sobre o período, na maioria das vezes amparado em memórias coletivas referidas pelos parentes e vizinhos, é marcado pela descrição pungente de conflitos e tensões que convertiam esses territórios em espaços de incerteza e medo, no qual a violência emergia como o elemento definidor das relações vigentes.

Edmilson,[27] 18 anos, internado há quase três anos na Fundação Casa, morador do Jardim Ângela, descreve o tempo que antecede ao controle do PCC como uma época em que prevaleciam tipos sociais que ele atribui de *vermes:*[28]

> Os "vermes" eram os bandidões do lugar, que agiam sem previsão ou ética, tipo olhou não gostou, matava mesmo. Todo dia eram dois, três mortos, gente morria pra todo lado. Tinha também muita rateação.[29] Isso foi até 2005, 2006 quando a "disciplina" entrou no bairro...

A imagem das mortes diárias, *do amanhecer com um dois cadáveres na porta de casa*, é uma referência recorrente e muito marcante em quase todos os relatos, sendo, aliás, o elemento que os unifica. É certo que o período em questão é sempre referido em confronto

---

26 Tais relatos, referidos às trajetórias dos adolescentes no crime e sobre suas relações com os gestores dos ilegalismos, serão trabalhados no próximo capítulo.

27 Nome fictício. Todos os nomes dos adolescentes entrevistados, aliás, foram alterados para se evitar qualquer identificação. Com relação especificamente a esse adolescente que aqui chamo de Edmilson, seu percurso no crime não tem conexão direta ao PCC, já que cometeu um roubo em um restaurante com um amigo, de modo "independente", sendo pego pela polícia logo após o crime.

28 Hirata (2010) discute detalhadamente as representações atuais em um bairro da periferia sobre as figuras antagônicas do "verme" e do "guerreiro". Como ele demonstra, um indivíduo tachado de verme pode ser portador de uma miríade de representações, todas elas negativas, já que recai sobre ele a "imagem do horror, da repulsa, da contaminação", como "o caso limite", *a imagem comum de todos os problemas que ocorrem na periferia de São Paulo* (HIRATA, 2010, p. 305–306). Observo que o sentido empregado por meu entrevistado seja em parte diverso daquele apresentado por Hirata.

29 *Rateação* é o termo usado para designar o furto ou o roubo realizado a residência nas periferias, cometido por moradores locais. A esse momento a autoria desses delitos era sobretudo atribuída aos *nóias*, os viciados em crack que não conseguiam saldar suas dívidas com traficantes locais.

negativo ao tempo presente, tempo esse que é lido, por esses atores,[30] como um momento *mais justo, com menos oportunismo*, cuja paz é garantida *pela entrada do Comando*. Como me explicou Leonardo, 16 anos, morador de São Bernardo, para se referir à ação do PCC nesses locais: "é uma disciplina, senhora".[31] Sem adentrar, por ora, nas implicações do ingresso em cena desse novo ator nas periferias em meados dos anos 2000, o fato é que a partir da perspectiva presente nos relatos desses adolescentes é possível identificar uma rede nem sempre coesa composta por fatos, agentes e relações (*rateação, nóias, vermes,* mortes indiscriminadas) que compunham o cenário das periferias entre os anos 90 e início da década de 2000 e que o definiam como essencialmente baseado na violência.

O papel das forças de ordem na economia do tráfico: entre a gestão e a soberania

Embora o discurso oficial buscasse encontrar uma suposta homogeneidade às explicações das chacinas e da alta dos homicídios, é certo que existiam tanto dimensões menos evidentes com respeito a esses fatos, quanto outros fenômenos concorrentes para o aumento da incidência real da violência letal no período, bem como de sua percepção. Assim, além dos homicídios individuais e múltiplos cometidos por supostos traficantes rivais, também a violência policial se intensificava nesses territórios, não apenas na figura de grupos de extermínio implicados também nessa emergente economia da droga,[32] como através dos alegados "confrontos" entre policiais e civis cujo resultado, ainda hoje,

30 Estudos etnográficos recentes realizados nas periferias da cidade também identificaram tais percepções entre moradores, não necessariamente envolvidos de modo direto com o mundo do crime. Cito o de Feltran (2008) e o de Hirata (2010).

31 O termo *senhora* ou *senhor* empregado ao final das frases é um recurso de linguagem que integra todo um código disciplinador imposto aos presos diante de uma autoridade ou de quem faça as vezes dela no universo da prisão (psicólogos, assistentes sociais, diretores, advogados). Entre o respeitoso e o submisso, o uso desse e de outros termos, assim como de expressões corporais, é rapidamente assimilado por internos, e como se vê, em muitos casos é por eles apropriado para se dirigir a pessoas a princípio estranhas a esse universo, como no meu caso, em que fui a elas identificada como pesquisadora, ligada à universidade e não à Justiça.

32 Cito aqui apenas um caso, mais emblemático, envolvendo uma equipe de PMs acusados de participar de diversas chacinas, entre elas uma que se tornaria famosa, em Francisco Morato no ano de 1995, pelo alto número de vítimas, 19, e pelo fato de que a maioria delas não possuía qualquer envolvimento com o mundo do crime. Teriam sido os sobreviventes dessa chacina que reconheceriam ao menos cinco PMs da mencionada equipe, assim como revelariam que muitas das execuções se referiam à "queima de arquivo" pelos milicianos. "Chacinas instalam o medo em Francisco Morato". *O Estado de S. Paulo*, 23 abr. 1995. (Banco de dados NEV/USP). "PM investiga equipe fantasma de chacinadores". *Folha de S. Paulo,* 28 jan. 1997 (Arquivo Folha).

se revela na crescente letalidade dos últimos, impunível pela forjada categoria *resistência seguida de morte.*[33]

Não é esse, contudo, o ponto central. É preciso observar que em se tratando de uma economia criminal em emergência, ela não havia logrado acionar, pelo menos não ainda nesse primeiro momento, tanto mecanismos de regulação interna quanto e sobretudo de negociação com demais sujeitos implicados nessa economia, ou seja, os gestores dos ilegalismos, as forças de ordem. Em diferença às ambiências sociais da malandragem nas quais se situava a economia da prostituição até os anos 50, caracterizadas pelo jogo de tolerâncias e extorsões com as forças policiais, a emergência do mercado varejista da droga nas periferias nos anos 90 ativará outras lógicas de funcionamento do Estado, ou ao menos outras formas dele se inserir numa economia geral de ilegalismos.

O campo das transações entre os gestores e os operadores dos ilegalismos, nessa economia criminal revela-se mais instável, convertendo o mercado de transação de mercadorias políticas em mais potencialmente violento. Ele se apresentará assim por formas menos mediadas de extorsão, formas essas cuja fronteira à violência institucional (inclusive a letal) revela-se bastante tênue.

A modalidade extorsiva "acerto" que se institucionalizará nas periferias, conectada muito diretamente à atividade criminal do tráfico de drogas (embora não exclusivamente a ela), será muito distinta assim das *caixinhas* e *congestas* que marcavam a atuação policial na Boca do Lixo até meados dos anos 60, e que se realizavam sobretudo nas dependências policiais a partir das detenções correcionais. Ali, a "taxação" sobre as atividades ilegais por parte dos gestores da lei importava sobretudo uma medida de liberdade, daí a importância desempenhada por mecanismos de controle como as prisões correcionais. Aqui, o jogo de escalas é outro: não mais a categoria liberdade é a moeda de troca usada pelas forças de ordem, mas uma outra lógica que se aciona, de vida e morte, calcada em princípios de *soberania*, no *fazer morrer e deixar viver* de que nos fala Foucault (2000).

É por essa razão que qualquer atividade repressiva ou persecutória realizada nos

33 O aumento da letalidade de civis em ações da Polícia Militar a partir do final dos anos 80 e início dos 90 foi abordado por Caldeira (2004). Em minha dissertação de mestrado (TEIXEIRA, 2009a) comparei ainda o período correspondente ao primeiro mandato de Mário Covas (1995-1999), no qual ações políticas resultaram na diminuição desses casos, com o período posterior, a partir de 2001, quando haverá retomada do crescimento desses índices, que permanecerão em elevação até os dias atuais. Sobre a categoria antijurídica *resistência seguida de morte* e o fato dela não acionar a dinâmica investigativa e judicial, abordarei essa questão no epílogo.

moldes da lei (prisões em flagrante, prisões com mandado judicial, práticas investigativas legais como perícias, depoimentos de testemunhas, etc) soe absolutamente estranha nesses territórios. Nas periferias paulistas (com estreita semelhança aos morros cariocas) as práticas policiais conduzem-se quer de maneira soberana pelas ações de intervenção, ocupação e extermínio (no que são amplamente divulgadas e apoiadas pelos meios de comunicação), quer por formas de gestão cotidianas representadas na extorsão (o contemporâneo "acerto"), a partir das quais os gestores da lei se imiscuem nas economias criminais que deveriam combater. Daí a expressão popular definidora das práticas de gestão da lei pelas forças de ordem nas periferias: um lugar do *acerto* e da morte, não da prisão.

Mais uma vez vale lembrar as considerações tecidas neste trabalho a respeito da violência institucional e das práticas extorsivas: ambas se referem a um mesmo mecanismo pelo qual, de forma particularíssima, gere-se ilegalismos, produzindo delinquência na experiência nacional.

No caso aqui discutido, a economia criminal da droga nas periferias paulistas nos anos 90, essas práticas foram absolutamente estruturantes dos modos como essa economia se desenvolveu, ou seja, da violência exacerbada que foi mobilizada pelos agentes implicados nesse mercado, pelo menos até meados dos anos 2000.

O recrutamento da criminalidade avulsa e desterritoralizada à prisão

Ao mesmo tempo em que a economia criminal da droga em sua dimensão varejista se territorializava nas periferias da cidade, a criminalidade urbana, notadamente patrimonial, mantinha-se cada vez mais difusa, avulsa, e, por certo, desterritorializada.

Quando se observa a evolução das ocorrências criminais durante toda a década de 90, verifica-se a predominância dos registros de furto e roubo entre as modalidades delituosas de maior incidência, conforme o gráfico a seguir.

GRÁFICO 3

Ocorrências criminais de homicídio, roubo, furto e tráfico na capital (1990 a 1999)

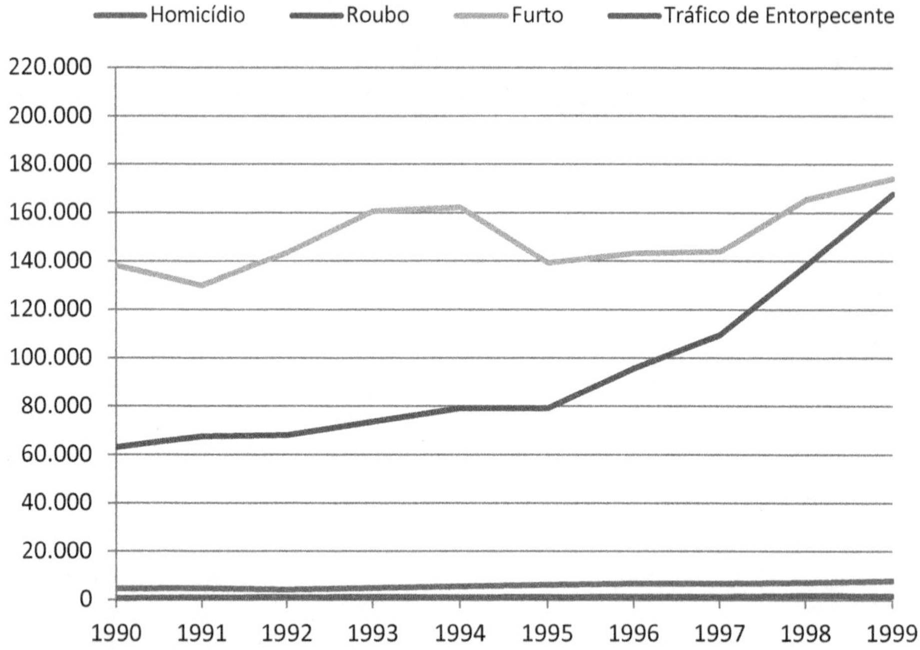

Fonte: Secretaria de Estado da Segurança Pública–SSP; Delegacia Geral de Polícia–DGP; Departamento de Administração e Planejamento–DAP; Núcleo de Análise de Dados. Fundação Seade. Homicídio = doloso + tentativa.

GRÁFICO 4
Ocorrências criminais
Crimes contra o patrimônio/ roubos e furtos (1984 a 2007)

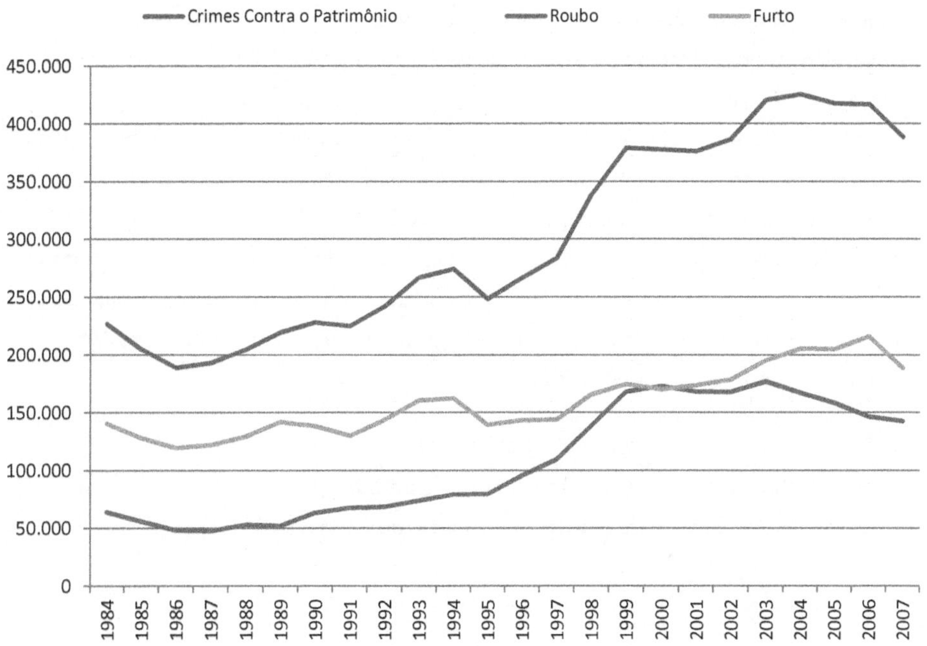

Fonte: Secretaria de Estado da Segurança Pública–SSP; Delegacia Geral de Polícia–DGP; Departamento de Administração e Planejamento–DAP; Núcleo de Análise de Dados. Fundação Seade.

Embora haja crescimento dos quatro principais tipos de ocorrências (gráfico 3), a magnitude dos crimes patrimoniais continua a se destacar, chegando a registrar o pico, já na década seguinte, entre 2003 e 2004 (gráfico 4). Outro aspecto que chama a atenção é o crescimento do roubo, chegando inclusive a alcançar o furto no final da década, dado que sugere o incremento da criminalidade patrimonial violenta em detrimento da não violenta (gráfico 4). Na base dessa hipótese, há que se considerar alguns fatores como o aumento de circulação de armas (sobretudo ilegais) e a sobreposição da economia da droga, além das transformações sociais e econômicas impostas com a reestruturação produtiva e seu impacto no mundo do trabalho. A partir dos anos 2000 é possível aduzir a interferência de outros elementos na explicação da constante elevação do roubo no plano da cidade, decorrentes do crescimento econômico atravessado pelo país. Desse modo, com a entrada da cidade no fluxo internacional da riqueza e de capitais (TELLES, 2010), teria havido uma ampliação na aquisição de bens de consumo como eletrônicos portáteis (celulares, Ipods, mp3, notebooks, netbooks, Ipads, etc), acompanhada de uma maior circulação e disponibilidade desses bens no espaço urbano, o que poderia estar na base do aumento de algumas modalidades do roubo urbano, *de rua*.

GRÁFICO 5
Ocorrências criminais
Tráfico de entorpecentes na capital (1984 a 2007)

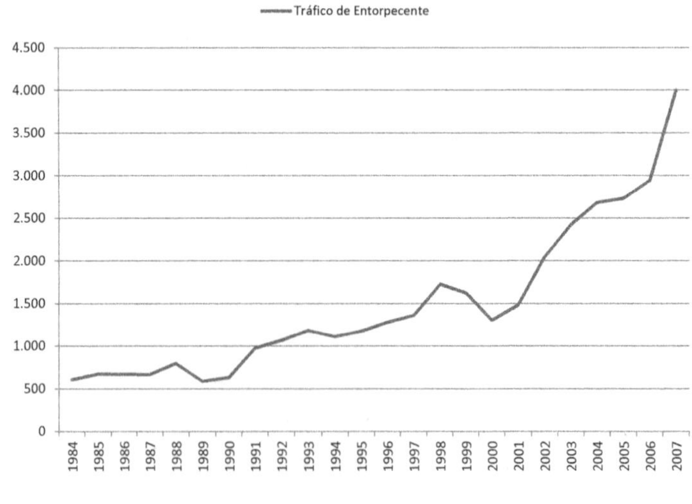

Fonte: Secretaria de Estado da Segurança Pública–SSP; Delegacia Geral de Polícia–DGP; Departamento de Administração e Planejamento–DAP; Núcleo de Análise de Dados. Fundação Seade.

Já com relação ao tráfico de drogas, embora se tratasse de uma economia criminal em expansão, mobilizando, já a esse tempo, estratégias de recrutamento e engajamento sobretudo de jovens nas periferias da cidade, o aumento significativo do número de ocorrências de tráfico só se dará a partir do final dos anos 90 e mais acentuadamente durante a década de 2000 (gráfico 5, abaixo), ressalvando-se, contudo, que seus patamares se manterão imensamente inferiores aos registrados pelo furto e roubo (gráfico 3).

Conquanto não se refiram a dados de prisões em flagrante, uma vez que a Secretaria de Segurança Pública não produz sistematicamente e nem divulga essa informação,[34] as ocorrências por tipo de crime não deixam de revelar dimensões importantes do trabalho policial, sugerindo sobre suas *opções* na gestão diferencial da lei. Logo, não obstante o tráfico se expandisse junto às periferias da cidade já no início da década de 90, ganhando no plano geral um estatuto de economia criminal urbana, o registro oficial de sua incidência permanecia ínfimo se comparado ao da criminalidade patrimonial, que segue prevalecente até os dias atuais. A discrepância entre a crescente e dinâmica atividade do tráfico na cidade e seu baixo registro oficial pode sugerir, a exemplo do que ocorria com o jogo e a prostituição até os anos 60, não se tratar de sintomas de fraco desempenho policial, mas de modos precisos eleitos pelas forças de ordem para gerir esses ilegalismos, ou mais precisamente, de integrar essa economia criminal.

A formação de um exército de reserva de mão de obra criminal a partir do encarceramento em massa

Se o número oficial de crimes cometidos na cidade crescia em proporções razoáveis durante a década de 90, as taxas de encarceramento, por seu turno, disparavam exponencialmente no mesmo período.

34 A informação sobre prisão em flagrante tem um caráter acessório na base de dados georreferenciada da SSP/SP, o INFOCRIM. Por razões políticas, esse dado não recebe um criterioso tratamento técnico, e não é divulgado à população, tendência, aliás, que acompanha as políticas de segurança do Estado desde o fim do Estado Novo (até lá, como já discutido, as estatísticas eram divulgadas a partir dos relatórios dos chefes de polícia e apresentavam dados de prisões e de queixas).

GRÁFICO 6

População Carcerária de São Paulo segundo taxa de presos por 100 mil habitantes (1984-2003)

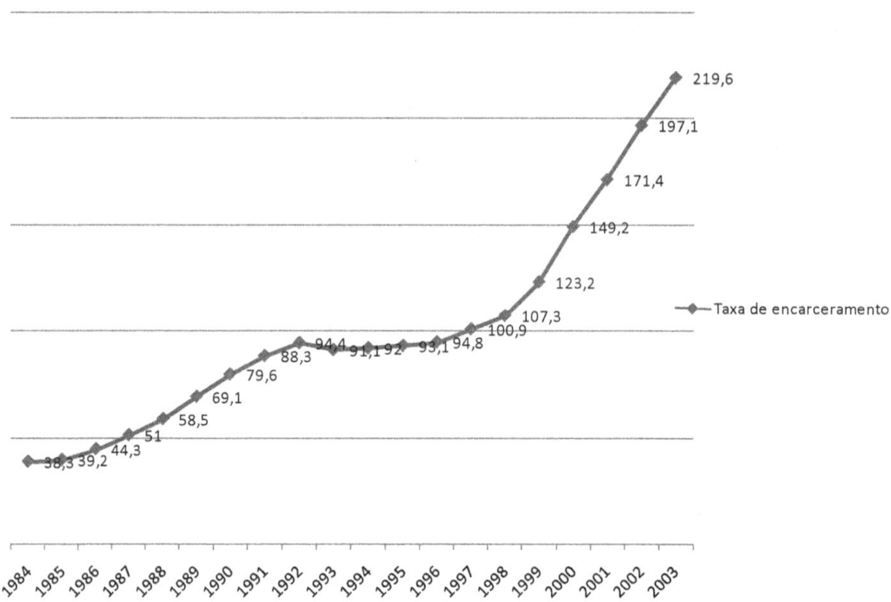

Fonte: Secretaria de Estado da Segurança Pública–SSP; Delegacia Geral de Polícia–DGP; Departamento de Administração e Planejamento–DAP; Núcleo de Análise de Dados. Fundação Seade.

Em São Paulo a taxa de encarceramento que era de 38,3 presos por 100 mil habitantes em 1984, saltou para 123,2 em 1999, no final da década, ou seja, praticamente quadruplicou no período. Em 2003 alcançará a marca de 219,6 presos por 100 mil habitantes (gráfico 6).

Nos anos 2000 esse aumento se acentuará ainda mais no país e com destaque ao estado de São Paulo, que representará a maior população prisional em números absolutos, ostentando em 2010 uma taxa de encarceramento de 413 presos por 100 mil habitantes, superior à taxa nacional que é 259,17 presos por 100 mil habitantes.[35] Em números absolutos, a população carcerária de São Paulo, que era de cerca de 50.000 presos em 1996, praticamente triplicou em dez anos, chegando a alcançar quase 140.000 em 2005, e perfazendo um total de 170.916 em 2010 (SSP/SP, SAP/SP e INFOPEN/DEPEN/MJ).

35 Dados anteriores a 2000 informados pela Secretaria de Administração Penitenciária – SAP/SP e pela Fundação Sistema Estadual de Análise de Dados e Estatística – FSEADE. A partir de 2005, dados extraídos na base de dados INFOPEN do Departamento Penitenciário Nacional – DEPEN/MJ.

O *encarceramento em massa,* nome que se atribui a esse fenômeno observado em escala mundial, é em muito tributário da prevalência de políticas mais repressivas que se instauram em diferentes sociedades a partir dos anos 90 e que colocam na prisão e na sua dimensão incapacitadora o acento das respostas punitivas (GARLAND, 2005). Assim, tornam-se paradigmáticas tanto medidas legislativas de maior severidade desvinculadas da gravidade das infrações (*tolerância zero, janelas quebradas, three strykes you're out*), quanto o incremento de aparatos disciplinadores no interior das prisões, visando acentuar a segregação imposta aos condenados (as *supermax* norte-americanas, as *émures vivants* francesas[36] e simulacros brasileiros como o RDD – Regime Disciplinar Diferenciado).

No Brasil, a recepção dessas concepções se deu sobretudo pela adoção de uma legislação criminal de *urgência* já no início dos anos 90, revogando dispositivos de ampliação de direitos de acusados e presos, recém-instituídos pela normativa dos anos 80 e pela Constituição de 1988. Dessa experiência legislativa, a Lei dos crimes hediondos (Lei 8072 de 1990) constitui o exemplo mais destacado por adotar uma referência de alta punitividade[37] para acusados e condenados pelos crimes por ela definidos (tráfico de drogas, estupro, extorsão mediante sequestro e homicídio) como forma de responder a demandas públicas de insegurança,[38] revelando-se como expressão do fenômeno que Garland (2005) atribui de *populismo penal.*

Embora referida lei em seu sentido estrito não se aplicasse ao perfil que se manteve, durante as décadas de 90 e 2000, recrutado pela prisão, ou seja, aos autores de crimes patrimoniais, pode-se atribuir a ela uma dimensão simbólica junto ao sistema de justiça criminal (TEIXEIRA, 2009a). Consagrando um modelo punitivo pelo qual se subtrai direitos e garantias legais de acusados e condenados, produziu-se como efeito mais visível o aumento vertiginoso do encarceramento, tanto pela maior imposição de penas de prisão como pelo seu prolongamento no interior do cárcere, além de atestar seu completo fracasso em frear o crescimento dos crimes urbanos ordinários.

De todo o modo, a par da existência ou não de uma legislação mais rigorosa voltada a crimes *graves*, a criminalidade patrimonial difusa, de rua, que já representava o grande

---

36 A respeito dos *émures vivants*, prisões francesas de "excelência disciplinar" construídas para condenados a longas penas sem qualquer perspectiva de liberdade antecipada, vide Bérard e Chantraine (2008).

37 Traduzível na supressão e restrição de benefícios e direitos como liberdade provisória, progressão de regime, livramento condicional, indulto.

38 Sobre os episódios que mobilizaram a edição da lei e seu processo sumário de aprovação, Franco (2000) e Teixeira (2009a).

contingente de presos desde os anos 70 (momento em que essa delinquência urbana se perfaz), continua seguindo, durante os anos 90 e 2000, como o perfil prevalecente entre os recrutados pela prisão no país, e especialmente em São Paulo.

Os dados estatísticos que possibilitariam com maior precisão conhecer essa realidade seriam as prisões provisórias (flagrantes e preventivas) efetuadas pela polícia segundo tipo de crime, dado que infelizmente não é produzido pela instância oficial encarregada de divulgar as estatísticas criminais no Estado, como já apontado.[39] Essas informações permitiriam estabelecer um retrato do aprisionamento na cidade por tipo de crime e região, o que além de revelar o perfil de agentes inicialmente recrutados pelo sistema, segundo atividade criminal, possibilitaria inferir também sobre a dinâmica da gestão dessas atividades no contexto da cidade.

De todo o modo, se observarmos os escassos dados produzidos durante a década de 90 e início de 2000, que se referem exclusivamente a presos condenados, veremos a manutenção da prevalência dos autores de crimes patrimoniais no sistema, com destaque ao roubo. Em 1994, o primeiro e até hoje único censo penitenciário nacional realizado pelo Ministério da Justiça apontava o roubo como o crime de maior incidência entre os condenados no país, correspondendo a 32,9% entre os presos, sendo seguido pelo furto 16,4% e pelo tráfico de entorpecentes 10,6%.

Um novo dado sobre condenados segundo tipo de crime foi produzido em 2002 pela Secretaria de Administração Penitenciária de São Paulo, a partir de um censo penitenciário realizado nos estabelecimentos carcerários do estado. Nesse levantamento, o roubo disparava como a maior causa de condenação entre os presos, com uma incidência de 46,5%, seguido em percentuais bem inferiores pelo furto,[40] 12%, por tráfico, 11%, e homicídio, 9% (SAP/FUNAP, 2002).

A partir de 2006 os dados sobre população prisional têm sido divulgados pelo Departamento Penitenciário Nacional (DEPEN), órgão pertencente ao Ministério da Justiça, e integram uma base de dados denominada INFOPEN, alimentada a partir das informações fornecidas pelos estados.

No caso de São Paulo, o roubo permanece como a maior causa de condenação até os dias atuais, correspondendo, em 2010, a 33% dos presos em cumprimento de pena

39 No capítulo 6 apresentarei uma amostra desses dados oficiais extraídos da base de dados INFOPEN a meu requerimento para este estudo, referentes às prisões em flagrante por tipo de crime na cidade, relativas ao 1º trimestre de 2009.

40 Note-se que o furto é um crime de menor gravidade (cometido sem violência ou grave ameaça), daí sua menor incidência no universo dos condenados em cumprimento de pena de prisão. Certamente o percentual de presos em flagrante por furto é muito mais elevado, o que veremos no capítulo 6.

do estado. É certo que o percentual de condenados por tráfico vem aumentando sensivelmente no país e em São Paulo, superando desde o 2008 o furto, correspondendo em 2010 a 22% dos presos em cumprimento de pena nas prisões paulistas, sendo seguido pelo furto com 14,8% e pelo homicídio, 8,9%.[41] Embora esse aumento possa ser interpretado como resultado de medidas de maior *enforcement* ao tráfico de drogas, é preciso relativizar essa premissa, indagando sobretudo com relação ao papel desempenhado na economia do tráfico por esses indivíduos capturados pelo sistema penal, ou seja, qual a posição que de fato ocupam junto às redes que operam o varejo de drogas.[42] Apenas desse modo será possível aduzir se o aumento das taxas de encarceramento por tráfico de drogas resulta de uma política de maior repressão e combate ao tráfico ou se, em última análise, é sintomática de reestruturações dessa economia criminal, ou seja, de reconfigurações no que toca, entre outros aspectos, à gestão desse ilegalismo.

Logo, diante das estatísticas de encarceramento segundo atividade criminal, é possível concluir que não é o *crime organizado* – ainda que em suas formas contestáveis, mas, de todo o modo, reconhecíveis na figura do tráfico de drogas – o objeto preferencial da atividade repressiva cujo destino é, em proporções cada dia mais eloquentes, a prisão. Se uma miríade de questões pode daí advir, interessa nesse momento reter sobretudo um só aspecto, que se refere a uma dinâmica precisa que se estabelece através da gestão diferencial do trabalho repressivo no contexto da cidade, e a partir da qual tem emergido um fenômeno bastante singular na história prisional.

No curso das transformações das economias criminais urbanas no plano da cidade e das reconfigurações nos modos de gerir os ilegalismos pelas forças de ordem, a *colonização* da ilegalismo representada pela delinquência se realizou, ao longo das últimas décadas, através do *recrutamento sistemático para o interior da prisão de uma criminalidade notadamente desorganizada, avulsa, primordialmente patrimonial e em grande medida dispersa e detida nas áreas centrais da cidade*, onde o policiamento ostensivo (realizado em regra pela Polícia Militar) se faz mais presente. Foi desse procedimento sistemático, da monotonia desse recrutamento incansável, que um novo fenômeno emergiu e se cristalizou ao longo dos últimos vinte anos no interior das prisões paulistas: *o engajamento desse exército de reserva de mão de obra criminal numa*

41 Dados extraídos no site do DEPEN: <www.mj.gov.br/depen>

42 Estudo recente realizado a partir das condenações pela justiça criminal do Rio de Janeiro por tráfico de drogas demonstrou que em 61% dos casos os condenados haviam sido presos sozinhos, em 55% eles eram primários, e, nos casos em que a droga traficada era a cocaína, 74% portavam menos de 100g da droga, o que é bastante indicativo de que o aparato jurídico penal não tem voltando seu trabalho ao que poderia se reconhecer como uma criminalidade organizada (UFRJ/UNB/2009).

criminalidade em rede, mais articulada e potencialmente mais conectada a uma economia criminal urbana propriamente dita. É desse processo e de suas consequências que irá se tratar a seguir.

CAPÍTULO V

A prisão como lócus de articulação da criminalidade

Centro de Detenção Provisória II de Pinheiros, 9 de agosto de 2007.

Quinta-feira, 9 de agosto de 2007. 9h30 da manhã. Estamos em frente ao portão do CDP II de Pinheiros, eu e mais quatro conselheiros. Será uma visita difícil, comentamos, pois essa unidade é considerada o "seguro" do sistema, pra onde vão os estupradores, os jurados de morte, os ex-integrantes de facções. Sabemos ou ao menos pensamos que sabemos o que isso significa. Estou ansiosa para esta visita, embora quisesse visitar, antes do CDP II de Pinheiros, uma unidade mais padrão, sob o domínio do PCC, para enfim comparar com a realidade que eu conhecera antes da consolidação dessa facção no sistema. Mas como "conselheira da comunidade", posto voluntário que ocupo e que me conduz até aqui, devo atender às urgências que clamam a esse CDP, em razão das denúncias de tortura aos presos lá detidos. Entramos sem grandes dificuldades, pelo menos até a sala do diretor de disciplina. Lá ele nos fornece a "população" da unidade: 1.438 presos, quase três vezes mais que sua capacidade, que é de 512, o que chama a atenção menos pelo déficit em si, mas por sua proporção. Há uma grande prevalência de presos provisórios, o que pode se dar pela morosidade dos processos que suscitam incidentes de insanidade. O diretor diz, quase orgulhoso, que como sua população é "diferenciada", não tem problemas de disciplina. Falamos que queremos entrar nos raios, nas celas, para primeiro espanto do diretor. "Os poucos juízes que vêm aqui não passam da minha sala". E os defensores, pergunto eu, já imaginando a resposta. "Não vem nenhum defensor público aqui, nem promotor, nunca vi desde que estou aqui". Entramos na ala C, e para minha surpresa, vemos um pátio absolutamente vazio, exceto por dois faxinas que circulam livremente. Todos os presos se encontram trancafiados em suas celas, situação que é bastante diversa das prisões em geral. Visitamos todas as celas, locais em que caberiam talvez 8 presos, depositavam-se em média 25, 30 presos. Tento conversar com vários deles, mas percebo que a maioria é portadora de distúrbios mentais, estão dopados, o que dá mesmo a impressão de uma mórbida "calma". Por isso, eles quase não vêm às grades solicitar nada. Não há aquele furor caótico das cadeias brasileiras, aquela inquietação quando chega uma visita de fora, pra denunciar, reclamar, pedir. Apenas o odor, a sujeira, são os mesmos das prisões em geral. A imagem que me vem à cabeça é a de um campo de extermínio, às vésperas da solução final.

Mas o pior ainda está por vir: pedimos para visitar as celas do seguro. É o "seguro do seguro", já que a unidade inteira é, ela própria, um seguro. Trata-se de celas especiais pra onde vão "aqueles que não têm mais convivência no sistema", segundo o diretor. Tínhamos informações de que lá havia muita tortura por parte dos agentes prisionais. Para nosso novo espanto, o diretor de disciplina e seus agentes de segurança concordam prontamente em nos levar até lá. São duas celas, mais ou menos subterrâneas, num local escuro. A primeira, à esquerda, conta com 19 presos, ex-integrantes de facções e jurados de morte na unidade e no sistema, ocupando um espaço exíguo, fétido, sem entrada de luz natural, com parca ventilação, havendo uma lâmpada de fraquíssima potência no centro da cela a para impedir a escuridão completa. À diferença dos presos dos raios, encontro dezenove vozes desesperadas, denunciando todos os horrores lá vivenciados: estão lá há meses e nunca tomaram banho de sol, nem veem a luz do dia desde então; nunca receberam vistas nem remédios, e são vítimas de espancamentos constantes com barra de ferro por parte dos agentes daquela unidade. Chegam a nos mostrar as marcas deixadas pelos espancamentos nos braços e nas costas, e os agentes que nos acompanham ouvem a tudo e nos olham sem qualquer abalo, sem qualquer constrangimento. Imagino o desespero daqueles presos em fazer denúncias desse porte na frente mesmo dos próprios algozes, sabendo que depois sofreriam ainda mais violência, mas mesmo assim denunciando. Duas imagens me vêm à cabeça: o homo sacer do direito romano revisto por Agamben e a figura do muçulmano descrita nas biografias de Primo Lévi.[1] Essas duas figuras estavam representadas ali, na imagem de horror vivida por aqueles presos. A indiferença do *staff* prisional frente às evidências da violência que ele próprio praticara advinha do fato de que contra aqueles indivíduos tudo se tornara possível, qualquer manipulação, tortura, violência de todo o gênero. Embora a morte desses indivíduos *não viesse a ser punida ou reclamada, ela não era de todo desejável, pois é sobre seus corpos que se investe todo esse poder com* jeito de soberania, mas que é o mais abjeto subproduto da negociação entre Estado

1 Refiro-me às noções trabalhadas por Agamben do *homo sacer* e sua *vida nua* (*O poder soberano e a vida nua.* Homo sacer I, 1998) e à figura do *muçulmano* descrita por Primo Lévi em seus dois livros-testemunhos sobre os horrores vividos em campos de concentração: *É isso um homem?* (1988) e *Afogados e sobreviventes* (2004).

e facções prisionais. Essa percepção foi tão mais forte para mim quando constatei as diferenças entre essa cela e a outra de "seguro" que ficava no lado oposto. Menos insalubre, ela contava com uma pequena janela, e embora lá houvesse mais presos (28), seu perfil era homogêneo: todos faziam parte de uma determinada facção criminal e lá ficariam por 10 dias até serem enviados a outras unidades. Lá nenhum só preso relatou violência dos agentes, bem como aparentavam estar mais saudáveis. *Não eram vozes desesperadas, nem tão pouco postulantes do que quer que fosse.*

Puxo um dos conselheiros de lado, aquele que coordenava a visita, e digo ao seu ouvido: "acho que podemos sair daqui". Já havia muita coisa a registrar.

Centro de Detenção Provisória I do Belém, 3 de março de 2008.

Segunda-feira, 3 de março de 2008. 9 horas da manhã. Eu e mais três conselheiros estamos a postos, no portão principal que dá acesso aos CDP I e II do Belém, aguardando nossa liberação para entrarmos na unidade, no caso o CDP II. Do lado de fora algumas mulheres familiares de presos ficam em fila para enviar o "jumbo" aos seus maridos, filhos, companheiros. Há muita sujeira no chão, restos de comida, vestígios das filas de espera formadas por essas mesmas mulheres, na véspera, o "dia da visita". Aguardamos por mais de quarenta minutos, dos quais pude notar os diferentes estados de ânimo dos guardas: em princípio a truculência ao nos atender, seguida da desconfiança sobre nossa identidade, alternando com impaciência e por fim a indignação frente a nossa resistência. "Conselho da comunidade? Nunca ouvi falar." Um dos conselheiros, com sua autoridade de religioso e de representante de uma das únicas entidades que hoje adentram a prisão, tenta argumentar, mostra o ofício assinado pelo juiz, mas nada adianta. Percebo que se ele quisesse entrar sozinho seria admitido, mas sem nossa companhia. Após uma intensa negociação, que envolveu, via telefone, o mais alto escalão da administração penitenciária do estado, conseguimos, enfim, ingressar na primeira portaria que dá acesso a CDP I, onde acabamos realizando a visita. O CDP II, nossa pretensão de visita inicial, estava em "blitz". Por quê? Não esclareceram.

Ainda tenho muito vivas na memória as imagens do último CDP que visitei, meses antes, e dos horrores vivenciados pelos presos do seguro, acho que por isso meu estômago se contrai. Nesta unidade, no entanto, sabíamos que o quadro seria outro. Será enfim a primeira vez que visitarei um CDP comandado pelo PCC. Na sala do diretor geral, somos muito bem recebidos, em razão do prestígio do religioso que "nos representa" naquele local. Noto que nossa visita passa a ser vista como uma extensão dos trabalhos realizados pela Pastoral Carcerária, já que ninguém ali se dá conta do que seja o tal "conselho da comunidade". Isso é um trunfo para nossa visita, pois ganhamos, com essa falsa percepção do *staff*, uma maior liberdade para transitar pelos raios e pelos setores da unidade. O diretor nos informa a população da unidade, 1.673 detentos, dos quais 1.470 se encontram no regime fechado e 203 no semiaberto, localizado no mesmo complexo, mas em alojamento distinto, numa área externa. A capacidade do CDP é 768 vagas, o que mais uma vez aponta a superpopulação na unidade. A maioria, uma vez mais, é composta de presos provisórios, mas a proporção de condenados é maior do que no CDP de Pinheiros, o que é sinal do crescente déficit de vagas no sistema. Resolvemos visitar o raio 1, e antes mesmo de entrar no pátio para o qual convergem todas as celas do raio, vemos uma multidão de presos transitando, ocupando toda a área do pátio. Aquela confusão de cadeia brasileira. Os agentes prisionais nem sequer adentram essa área, e percebo que essa é a rotina, eles só ficam na antessala da "gaiola". Informamos, eu e o outro conselheiro religioso, que entraremos no pátio e no interior das celas, enquanto os demais conselheiros se ocuparão do setor de saúde da unidade. Eles dão de ombros. Os agentes prisionais abrem então uma única grade para acesso ao raio, e nos deixam lá, com bastante indiferença. Como imediatamente voltam para as antessalas, desaparecendo da nossa visão, confesso que um pensamento temeroso me vem à cabeça: "e se esses guardas não voltarem pra abrir a grade quando chamarmos?" Mal tenho tempo de me deter nesses pensamentos, pois ao o entrar no raio, uma multidão de presos nos cerca, curiosa, em busca de informações. Associam-me diretamente à Pastoral Carcerária e os pedidos acabam girando em torno de questões jurídicas e familiares. Não posso deixar de me surpreender com o grau de "liberdade", se é que posso chamar assim, conferida aos presos pelo *staff*, numa dimensão que eu jamais vira no sistema anteriormente. Mas essa suposta liberdade é rapidamente regulada por um grupo de 3 ou 4 presos que exigem dos demais organização. Aviso então que gostaria de ouvir de todos, ou do maior número possível, as queixas sobre saúde, tortura, entre outros. Esse pequeno grupo vem à frente, tem uma lista de prioridades na questão da saúde, com os nomes dos mais doentes e as principais urgências. Trazem os mais debilitados até nós, e em alguns casos, nos levam a eles: presos com bolsas de colostomia, tuberculosos em estágio avançado, soropositivos sem o coquetel antirretroviral há meses, um paraplégico com os membros superiores atrofiados por uma calcificação nos ossos, enfim, as principais mazelas. O restante da massa assente, esses são os casos mais graves, esperam que possamos ajudar, pois o sistema nada faz por eles. Sem médico, sem remédios. "Só dão dipirona". Não vejo, contudo, indignação explícita por parte de todos frente ao descaso do Estado. O que mais me impressiona, contudo, é quando observo as condições das celas: em média há de 30 a 36 presos ocupando um espaço que no limite caberiam 12; não há praticamente colchões, os poucos que avistamos encontravam-se espedaçados e espalhados pelo pátio e pelo chão das celas. Os presos afirmam que se revezam para dormir, como nas piores carceragens que conheci de distritos policiais, há quase uma década. A insalubridade salta aos olhos e, embora haja esforço dos presos à limpeza das celas, o espaço é fétido, pois, além da lotação, não são fornecidos materiais de limpeza, bem como a administração permite apenas a entrada de sabonete e sabão em pó, enviados pelos parentes dos detidos. Eles estão agitados e se mostram dispostos a mostrar os problemas de salubridade: trazem um vidro com os percevejos e outros insetos que capturam dentro das celas. Mostram também as marcas das picadas desses insetos em seus corpos. Observo então que dentro das celas, aquele grupo composto de três presos "lideranças" não nos acompanha. Continuo a notar que embora as reclamações sejam contundentes e se refiram à saúde e às condições físicas e materiais do CDP, *não há uma crítica direcionada à unidade, aos diretores, guardas, mas ao sistema de modo geral, de modo impessoal. Essa é uma postura por parte da população carcerária também muito diferente do que já presenciei tanto em unidades de detenção provisória como penitenciárias. Minha percepção é reforçada quando, mais uma vez no pátio, tentando me dirigir à massa, mas novamente tendo o trio de líderes à frente, questiono sobre a violência institucional na unidade. A resposta vem rápida e certeira: não há agressão, espancamento ou tortura lá dentro, nunca sofreram, nem presenciaram. Alguém menciona um caso obscuro, sobre um preso que foi retirado saudável da cela à noite e no dia seguinte teria morrido em razão de uma alegada parada cardíaca.* Procuro mais detalhes, mas eles nada esclarecem, nem mesmo sobre a identidade do sujeito, o que só reforça a ideia que tentam transmitir de que se tratou de uma exceção na rotina da unidade, não uma regra. Espontaneamente eles dizem que não têm problemas com os "guardas lá de dentro", só com os PMs (policiais militares) *lá de fora, aqueles* que fazem a escolta para as audiências. Muitos reclamaram de terem apanhado desses policiais após a audiência no fórum e antes de retornarem à unidade. Pergunto se querem me dizer alguma coisa mais, e a resposta vem outra vez a partir do trio de líderes: "não, senhora, é só isso. Nosso pedido vai mesmo pros irmão mais necessitados". Dito isto, apontam para a extensa lista dos doentes que eu e o outro conselheiro dividimos. Saio com a impressão que perdi alguma coisa no curso da história das prisões paulistas nos últimos sete anos.

(Trechos dos diários de campo)

A força da prisão: sua capilaridade

A força da prisão, argumenta Foucault, não vem dos muros que a cercam, pelo menos não no sentido que se convencionou a eles atribuir. Seus muros, antes de demarcarem um terreno de isolamento, sua incomunicabilidade incontornável ao mundo exterior, deixam entrever, nos "inúmeros fios, nos mil canais" que os trespassam, sua "incessante capilaridade" (FOUCAULT, 2003, p. 147).

Trata-se assim de uma abordagem sobre a prisão proposta pelo filósofo francês que é em muito diversa às concepções predominantes no âmbito da tradição dos estudos sociológicos a respeito dessa instituição, mormente a produção norte-americana, que tem início nas primeiras décadas do século XX. Desde os pioneiros estudos de Hayner e Ash (1939) e Clemmer (1940), até os de Sykes e Goffman, publicados respectivamente em 1958 e 1961, a perspectiva de análise atém-se aos elementos que definem o universo prisional como um sistema social fechado que encerra uma cultura e uma estrutura próprias, com regras, valores e normas característicos.

É indiscutível a contribuição desses trabalhos para que se conformasse um campo de estudos, no âmbito das ciências humanas, a respeito dos sistemas sociais nos quais essas instituições totais se inscrevem. Nesse sentido, destacam-se sobretudo os trabalhos de Sykes e de Goffman, pela valiosa descrição do modo como são desenhados os papéis e os diagramas de poder que irão definir e estruturar as relações sociais no âmbito da prisão e o frágil equilíbrio que as sustentam (SYKES, 1994), bem como dos efeitos perversos dos processos de institucionalização sobre os indivíduos a eles submetidos, definidos por Goffman (1996) como *mortificações do eu*.

Ocorre que tais análises, de cunho microssociológico, não obstante tenham elucidado aspectos importantes do cotidiano da *sociedade dos cativos*, usando a designação de Sykes, não se revelaram instrumentos de análise suficientes para explicar, em diferentes momentos da história, eventos e fatos sociais que desafiavam a premissa do isolamento (social e político) a que se atribui ao universo prisional. É o caso, por exemplo, da onda de revoltas e de resistências dentro prisões que marcaria o final da década de 60 e início de 70, em diferentes países (em especial EUA e França), e sua conexão com as insurgências e os conflitos sociais das sociedades circundantes, no mesmo período.

Ao mesmo tempo em que essas sociedades viam nascer novas formas de mobilização coletivas que expressavam as demandas por direitos a grupos sociais como os negros, as mulheres, os homossexuais – os novos movimentos sociais – e de protestos por garantias e liberdades públicas, algo importante também se operava *em torno* e *com relação à* prisão. Dentro dessas instituições fechadas, explodiam formas de revoltas e oposição que abarcavam as mais diversas expressões de denúncia ao regime das prisões no período. Elas compreendiam desde as menos organizadas tentativas de fuga com ou sem tomada de reféns, até movimentos mais articulados como as greves de fome e de trabalho e as rebeliões que se tornaram emblemáticas não apenas pelo desfecho trágico de algumas delas, mas pela demonstração do alto grau de mobilização coletiva e de consciência política entre os revoltosos, como foi o caso de Attica nos EUA e de Toul na França, ambos em 1971 (ADAMS, 1994; USEEM, KIMBALL, 1987, 1991; FOUCAULT, 2003; ARTIÈRES, 2003).

Esses eventos permitiram testar empiricamente, com relação à prisão, o pressuposto de sua capilaridade, uma vez que expuseram a fratura no modelo de isolamento em torno dela idealizado, e de sua condição refratária às mudanças sociais que a circundavam. Enquanto expressão de apoio a essas manifestações de revolta intramuros, um grupo de intelectuais franceses, composto por Michel Foucault, Pierre-Vidal Naquet e Jean-Marie Domenach chegaria a constituir, extramuros, um movimento de articulação voltado à *contestação política do sistema das prisões, o GIP – Groupe d'Informations sur les prisions.*[2] Na base dessa mobilização estava o intuito de transformar a "experiência individual em saber coletivo, quer dizer, político", (FOUCAULT, 2003, p. 7), instando os protagonistas da prisão (em especial os presos) a compartilharem seus saberes entre eles próprios e a opinião pública, para que o verdadeiro conhecimento sobre essa instituição pudesse circular.

O contexto de revoltas e mobilizações em torno da prisão não foi, contudo, o único referencial empírico que permitiu a Foucault pensar a prisão a partir de sua "incessante capilaridade". A própria noção de *ilegalismo* e do processo de sua *colonização* em *delinquência,* que se opera *através da* e *na* prisão (descrita em *Vigiar e punir*, 1975), deixa entrever o acento dinâmico que há por trás da engenharia disciplinar dessa instituição e de seu discurso normalizador. Se a delinquência ocupa um papel–chave na gestão dos ilegalismos e na manutenção de economias criminais das quais os agentes da lei e da ordem se inferem, é porque a transitividade entre a prisão e o mundo extramuros é o elemento central na manutenção e reprodução desse sistema.

Mas foi no prefácio da edição francesa ao livro de B. Jackson sobre biografias de detentos texanos (*Leurs prisioners,* 1975) que Foucault explicita essa ideia de que a

2 O GIP foi responsável ainda por colocar em evidência as contradições da posição da intelectualidade militante e da esquerda da época, que insistiam, num primeiro momento, na existência de uma partilha entre presos de direito comum e presos políticos, e, depois das revoltas coletivas a partir de 1971, passaram a enxergar nos primeiros a condição de um exército passível de ser instrumentalizado à revolução (ARTIÈRES, 2003).

potência da prisão estaria conectada não à construção de uma imagem de fortaleza, que a tudo aparta e exclui, mas à *incessante capilaridade que a alimenta e a esvazia* (Foucault, 2003, p. 147). Será, assim, como resultado previsto na trama que marca a gestão dos ilegalismos em torno das principais economias criminais (a droga, o jogo, a prostituição), que a prisão emergirá como *a casa coador, a casa de passe, o inevitável motel* (FOUCAULT, p. 147).

Referida trama criará, do mesmo modo, a delinquência como derivação

> do tolerado, do meio legal, do parcialmente lícito; ramificação sobre um tráfico aceito, protegido, integrado a todas as atividades honestas e das quais os prisioneiros são a um só tempo mão de obra febril, subempreiteiros ardilosos e cegos, as mais fáceis vítimas. (FOUCAULT, 2003, p. 147)

A prisão e seus inúmeros fios e canais, prosseguirá Foucault, antes de constituírem as fronteiras que demarcam espaços de exclusão, delimitam as *margens* pelas quais seus destinatários transitarão. Aqui a noção de *margem* é empregada para descrever não o que está *fora* da sociedade, mas os *pequenos intervalos internos, as pequenas distâncias intersticiais que permitem seu funcionamento* (FOUCAULT, 2003, p.147). Essa é a mesma matriz analítica que permitirá às antropólogas Das e Poole (2004) suscitarem a importância da noção de *margem* para compreender as ações do Estado, uma vez que ela oferece

> uma perspectiva única para compreender o Estado, não porque capture práticas exóticas, mas porque tais margens são supostos necessários do Estado, da mesma forma que a exceção é da regra (DAS; POOLE, 2004, p. 4).

Foi também reconhecendo que as fronteiras materiais e simbólicas em torno da prisão impõem hoje mais uma "continuidade entre interior e exterior" do que uma ruptura, e que essa continuidade, aliás, "é constitutiva da prisão", que a antropóloga portuguesa Manuela Cunha (2002, p. 18) adotou como perspectiva analítica *os vasos comunicantes entre o bairro e a prisão,* aquilo que ela vai atribuir de um *constante movimento de zapping entre ambos*, tendo como fio condutor a economia urbana da droga (CUNHA, 2002, p. 19). E é o bairro, em suas relações de vizinhança e parentesco, que ela verá ser transposto à prisão, numa *incorporação da prisão pelo bairro*. Diante ainda de um fluxo que se torna a cada dia mais intenso, a prisão teria ganhado o status de *referência urbana*, na medida em que ela deixa de ser, no percurso de seus destinatários, *um intervalo da vida, para ser uma etapa da vida* (CUNHA, 2002, p. 197).

Com relação à produção acadêmica nacional, a pesquisa realizada por José Ricardo Ramalho junto aos presos da Casa de Detenção de São Paulo, em meados nos anos 70, permanece como referência de uma abordagem capilar da prisão. Primeiramente devido à própria maneira como o autor definiu a priori seu objeto, estabelecendo como ponto de partida não a prisão, mas o que ele viria denominar *mundo do crime,* o qual logrou acessar *a partir* da prisão.[3] A construção desse objeto, o mundo do crime, foi tomada por Ramalho não a partir das abordagens convencionais sobre crime e criminosos, nem tão pouco jogando luz à questão da repressão política e a clientela diferenciada que se produzia à época (os presos políticos) no sistema. O tema de sua pesquisa "estava relacionado com uma preocupação mais geral com os marginalizados" e foi a partir dela que ele acessou e tratou

> a questão do crime e dos criminosos encarada como uma variação das classes sociais e das desigualdades econômicas (RAMALHO, 2002, p. 13).

Talvez porque estivesse imbuído desse olhar, Ramalho conseguiu decifrar, entre os discursos e as percepções dos presos, a centralidade que ocupava a categoria *trabalho* na definição de um mundo social que era em grande medida o pressuposto moral que definia, ao menos enquanto representação social, a trajetória dos indivíduos encarcerados. O trabalho constituía-se, assim, como uma medida moral de caráter estruturador, referida tanto ao passado (a maioria dos detentos relatava história ocupacional regular), como ao presente (orientava as *representações dos presos sobre a cadeia*) e sobretudo ao futuro (a ideia de *recuperação* pelo trabalho como a recusa e o desvio de uma trajetória criminal). É por isso que, segundo ele, o *mundo do crime* e o *mundo do trabalho* constituíam uma *oposição fundamental*, e em certa medida fundante não apenas das relações estabelecidas no contexto da prisão, como das subjetividades engendradas a partir dela e que serão decisivas ao engajamento dos presos em carreiras delitivas ou à sua contornabilidade.

Pois bem. Como já discutido no capítulo anterior, a partir dos anos 90, diante de uma nova ordem econômica que se instala e que promoverá profundas transformações na ordem social e política no plano mundial, a noção de trabalho desloca-se no interior de um reformulado sistema produtivo e perde sua referência como categoria-chave de análise sociológica, para usar os termos de Claus Offe (1989). Se o trabalho perde referência, enquanto orientador de um mundo social, são outros os termos que se desenham e que irão definir sua precariedade (*informalidade, ilegalidade*), impondo a fileiras huma-

3 Ramalho esclarece sua démarche empírica na nota introdutória elaborada à 3ª edição de seu trabalho, publicada em 2002.

nas a fratura de um modelo social que prometia a integração pelo pleno emprego.

Se o trabalho deixa de referenciar o *horizonte de expectativas* (para usar uma vez mais a expressão de KOSELLECK, 1990) a um contingente cada vez maior de desfiliados, seu pressuposto moral irá, do mesmo modo, perder centralidade, deixando também de operar a oposição fundamental em relação ao mundo do crime que nos falava Ramalho nos anos 70. Essa conclusão será de Feltran (2008), quando, ao estudar a periferia paulistana em meados dos anos 2000, revisita a hipótese lançada por Ramalho sobre a dicotomia entre os dois mundos (do trabalho e do crime), aludindo que esse último vem hoje designar muito mais do que um conjunto de atividades criminosas e de seus agentes, para se configurar como uma *representação social que disputa legitimidade social nesses territórios* (FELTRAN, 2008, p. 178).

Por este capítulo se pretende demonstrar que, para além das transformações mais gerais da ordem econômica e política, a perda da centralidade e da referência do trabalho que se observa nas periferias em São Paulo está diretamente conectada a mudanças ocorridas *a partir* das prisões ao longo das últimas décadas, ao lado, é certo, dos modos como a economia criminal da droga se *consolidou* nessas periferias, a partir da década de 2000.

Tais mudanças que ocorreram primeiramente *dentro* do universo prisional se referem sobretudo ao fenômeno que chamo aqui de *articulação* da criminalidade, e cuja emergência se dá a partir de meados dos anos 90. Referido fenômeno está em muito relacionado ao surgimento da facção PCC – Primeiro Comando da Capital – no sistema prisional paulista, mas adverte-se que seu surgimento não se confunde com o fenômeno que se pretende analisar neste momento, sendo em todo o caso um elemento de sua geografia.

Na minha dissertação de mestrado (TEIXEIRA, 2009a) já havia tratado do contexto histórico e político de emergência do PCC no interior do sistema prisional paulista, em tempos pós-democráticos. Na base de seu surgimento esteve assim uma intrincada e insidiosa teia de relações com o Estado a reclassificar as fronteiras entre lícito e ilícito e embaralhar as posições entre Estado e criminoso. Tratava-se de reconhecer, a partir de documentos oficiais e extraoficiais, de narrativas diversas e de outros referenciais empíricos, que havia sido o próprio Estado, por suas instâncias responsáveis pela aplicação da lei e manutenção da ordem, que fornecera as condições para que a criminalidade desorganizada, recrutada pelo sistema, fosse reunida em seu interior, num contexto fortemente marcado pela violência e pelo arbítrio, como também por certa desregulação, e então ela se *articulasse* nesse ambiente, refundando novos códigos de conduta, estratégias de regulação e de mobilização junto à massa carcerária.

Nos últimos anos, diferentes estudos e pesquisas acadêmicas têm sido empreendidos, a partir do universo prisional, tomando como objeto de análise o próprio

PCC. Biondi (2009) realizou uma etnografia do PCC, pela prospecção de práticas que essa facção instituiu no universo prisional, e suas consequências junto à massa de presos, que ela vai chamar de *desindividualização para construção de transcendência*, que teria ainda na sua *fluidez constitutiva* e na incorporação do princípio da igualdade a relativização de sua estrutura hierárquica. Marques (2009) também recorre ao procedimento etnográfico para, em torno das experiências prisionais contemporâneas, buscar os significados e as reapropriações do conjunto de práticas e valores que integram o universo prisional, nos códigos que hoje se reconfiguram para apresentar novas moldagens ao remoto "proceder", a partir da emergência do PCC nas prisões. Já o estudo de Dias (2011) se volta a recompor o processo de expansão e consolidação do PCC no sistema prisional paulista, tomando como pressuposto que seu advento instaura uma nova figuração social no sistema, na qual a monopolização da violência constitui o elemento-chave para elucidar o poder hegemônico da facção junto à massa carcerária, poder esse que se sustentaria por equilíbrios precários, que impediriam, em última análise, nomeá-lo como resultado de um legítimo processo de pacificação social.

O que se procura desvendar e analisar neste capítulo é bastante diverso aos trabalhos mencionados. Nesse sentido, não é proposta deste capítulo nem muito menos desta tese adotar um modelo de análise do tipo organizacional para tratar do PCC, ou mesmo elaborar uma etnografia de suas práticas, empreendimentos, aliás, que já vêm sendo realizados com êxito pelos pesquisadores acima citados. O que se pretende circunscrever aqui são fenômenos que se engendram na dinâmica prisional a partir das últimas décadas, expressos por refundadas formas de sociabilidade entre presos e por novos modos de regulação do espaço da prisão, que dele transbordam às periferias da cidade, para, aderindo a economias criminais lá territorializadas, transmutar o processo que constituía antes o delinquente, como avulso e desorganizado, em um processo de articulação da criminalidade. Essa nova trama social que se estabelece a partir da prisão, aliada a reconfigurações em torno do varejo da droga (em muito também a ela tributárias) estaria contribuindo a um maior engajamento de indivíduos *dentro* e *fora* da prisão em carreiras criminais mais definidas e articuladas em rede. Serão assim tais mudanças, concebidas a partir da prisão, que irão reinformar as noções que regiam a partilha entre o *mundo de crime* e o *mundo trabalho*, pautando trajetórias de indivíduos para além do cárcere, o que pode nos conduzir a uma inversão do cenário vislumbrado por Cunha (2002) para o caso português. Aqui não seriam os "bairros" que se veriam representados na prisão, mas a prisão que estaria "transbordando" aos bairros, como observaram Telles e Hirata (2007).

Prisão, trajetórias e articulação

Tadeu e *Márcio*[4] não poderiam ter trajetórias mais distintas dentro e fora do sistema carcerário paulista, a não ser por um único aspecto: ambos ingressaram no sistema no mesmo período, a segunda metade dos anos 90, e lá permaneceram por mais de uma década. Tadeu era um jovem delinquente que roubava desde a menoridade na periferia de Osasco, caindo nas malhas do sistema de internação juvenil vez por outra, até, já na maioridade vir a se arriscar no disputadíssimo comércio de drogas local, nas biqueiras da região em que morava. No final dos anos 90, matou um policial civil que lhe deu voz de prisão numa dessas biqueiras, após simular ser um comprador de drogas. Por esse fato, seu ingresso na prisão foi marcado por alguma distinção, ele entrara "com moral", já que eliminara nas ruas um inimigo comum não desprezível. Daí para o ingresso no PCC como "soldado" valeriam suas relações com uma liderança (Cesinha, um dos fundadores) que o adotara como afilhado. Da prisão, assumiu o controle das antigas biqueiras que antes disputava na região de Osasco, e, quer através de fugas, quer por manobras jurídicas nem sempre explicáveis, manteve ao longo dos anos um fluxo prisão/rua intensamente ativado (saiu em liberdade e reingressou à prisão diversas vezes). Uma sucessão de fatos o levou a ser condenado pelo "Comando", filiar-se a outras duas facções rivais, para depois se tornar um membro da "oposição neutra", o que lhe condena a ser mantido hoje em "seguros" dentro das unidades prisionais do sistema (sob inevitável risco de morte) ou a um único presídio que recebe desafetos de todas as facções, no município de Sorocaba. Quando entrevistei Tadeu, ele se encontrava no CDP de Pinheiros aguardando transferência para essa unidade de Sorocaba, segundo ele, para cumprir o regime semiaberto.

Márcio, ao contrário, nunca se envolvera com o mundo criminal até os 22 anos, a despeito de seu irmão, viciado em crack, ter sido morto por *ratear* no bairro em que residiam, meses antes de seu crime. Em 1996, Márcio foi preso por ter participado indiretamente de um roubo que resultou na morte da vítima (forneceu informações sobre horários de funcionamento do estabelecimento comercial roubado), tendo sido condenado a 16 anos de prisão em regime fechado, dado que seu crime foi de ter contribuído para um roubo seguido de morte (latrocínio), delito considerado hediondo. Cumpriu 14 anos de pena ininterruptamente ("o que a justiça pediu eu paguei"), progredindo ao

4 Nomes fictícios. Entrevistas realizadas para este estudo em dezembro de 2009 e julho de 2010, respectivamente. Tadeu foi entrevistado no CDP 1 de Pinheiros, no mesmo dia em que seria transferido para um presídio de regime semiaberto. A entrevista de Márcio foi realizada por mim e por Fernando Salla, a quem agradeço a concordância sobre a utilização do material para este estudo, cuja responsabilidade pelo tratamento aqui efetuado recai, por certo, exclusivamente sobre minha pessoa. Márcio estava em liberdade (em regime aberto) quando nos concedeu seu relato.

regime semiaberto em 2009 e de lá para o regime aberto. Márcio permaneceu durante todo o tempo em que esteve recluso, nas diversas unidades do sistema, no limite de suas possibilidades, alheio aos códigos e condutas que integram a cultura prisional, desempenhando um jogo identitário muito diverso ao da massa carcerária, sobretudo em razão da peculiaridade de seu perfil. Na prisão tornou-se um jurista autodidata, não apenas pela leitura incansável aos textos de lei, mas por ter penetrado nesse universo a partir de obras variadas, obtidas por doações de renomados juristas com os quais manteve uma intensa correspondência ao longo dos anos. Em razão de seu autodidatismo, trabalhou no setor da "judiciária" em todos os presídios pelos quais passou. Também foi monitor do ensino fundamental em algumas unidades que cumpriu pena. Na prisão, antes de sair em regime aberto, prestou exame para o ProUni[5] e, a despeito de todas as dificuldades, foi aprovado e hoje cursa em liberdade, com bolsa integral do referido programa, uma renomada faculdade de direito em São Paulo.

No mesmo período em que os jovens Tadeu e Márcio estiveram no sistema prisional paulista, também por lá ainda restava Luiz Alberto Mendes, que cumpria a última década de seu longo período de encarceramento, que se iniciara no começo dos anos 70.

Em outubro de 2008, Luiz concordou em conceder uma entrevista para este estudo que abordasse aspectos de sua trajetória não mencionados diretamente em suas biografias, bem como suas impressões sobre a dinâmica do crime nas ruas e mais precisamente nos bairros, após sua liberdade, em 2004.

O período sobre o qual se refere seu testemunho (meados dos 90 até 2004) corresponde a um momento em que Luiz já havia empreendido seu parcial e gradativo distanciamento da cultura prisional.[6] A esse tempo, ele já era um "professor" vinculado à FUNAP,[7] respeitado entre alguns presos, não pelo seu prestígio criminal, que já havia sido obscurecido pelos anos de encarceramento, mas pela função de educador que exercia na prisão. Luiz é

5 O Programa Universidade para Todos (ProUni) criado pelo governo federal, pela Lei nº 11.096/2005, tem como finalidade a concessão de bolsas de estudos integrais e parciais a estudantes de cursos de graduação e de cursos sequenciais de formação específica, em instituições privadas de educação superior. Anote-se ainda que os estudantes devem apresentar renda per capita inferior a três salários mínimos, sendo submetidos a um processo de seleção, integrando a média final do aluno a nota do ENEM (Exame Nacional do Ensino Médio). Informações extraídas do site <www.prouniportal.mec.gov.br> em 07 out. 2011.

6 Abordei essa mudança, relatada em seu livro *Memórias de um sobrevivente* (2001), na resenha que elaborei sobre suas duas biografias já publicadas (TEIXEIRA, 2009b).

7 Fundação Manoel Pedro Pimentel de Amparo ao Preso. Fundação estadual ligada à Secretaria de Assistência Judiciária que promove as atividades de trabalho e educação no interior dos presídios, além da assistência judiciária.

um personagem que, para este estudo, ocupa um lugar privilegiado: por ter vivido intensamente a história da criminalidade urbana em São Paulo nos anos 60 e 70, momento de transformações decisivas na gestão dos ilegalismos; por ter atravessado os diferentes órgãos de repressão, vivenciando de maneira eloquente a violência brutal promovida por todos eles, desde os dez anos de idade; e, por fim, por ter sido um protagonista da construção e da emergência da delinquência no sistema punitivo paulista. Incrustado no mundo criminal e prisional e ao mesmo tempo à margem dele, distante das suas lutas e disputas mais comezinhas, sua entrevista, colhida para este estudo, é peça de fundamental importância ao deciframento das mudanças no sistema prisional nas últimas décadas.

É sobretudo dessas três trajetórias e das percepções desses atores, em muitos aspectos diversas, embora de algum modo convergentes, que se ocupa este capítulo a partir de agora. Três depoimentos colhidos para este estudo que, somados a outros referenciais teóricos e empíricos, podem nos conduzir ao exercício de análise sobre as reconfiguradas tramas identitárias estabelecidas hoje a partir da prisão.

Refundar um código disciplinador

Em 1996, quando foi preso pela primeira vez, aos 22 anos, Márcio não conhecia nada sobre o mundo criminal e menos ainda sobre a prisão. Embora morasse na periferia, lugar que, como ele mesmo diz, *a gente convive com o crime todo dia*, nunca se envolvera diretamente em nenhuma "fita", até esse roubo que o levaria em menos de um mês à prisão.

Depois de passar pelas delegacias de polícia e conhecer, pelas mãos dos investigadores, os métodos "tradicionais de trabalho" da polícia civil – *conheci pau de arara, choque elétrico, tortura psicológica* –, só "amenizados" após sua confissão – *dei azar, peguei a mesma equipe do caso Bodega* [8] –, Márcio em poucos meses é condenado e ingressa no sistema penitenciário, não sem antes passar pelo DACAR, também conhecido como "Cadeião de Pinheiros", local que hoje corresponde a um dos Centros de Detenção Provisória na cidade e cujo problema da superlotação é o mais grave no sistema.

---

8 Refere-se ao assalto ao bar Bodega, em Moema, região nobre da cidade, que resultou na morte de uma jovem dentista no ano de 1996. Diante do perfil da vítima, o caso obteve grande repercussão nos meios de comunicação, levando uma equipe de investigadores do 14ºDP, em poucos dias, a apresentar um grupo de indivíduos negros, muitos deles sem antecedentes criminais, como os responsáveis pelo crime. Algumas semanas depois, a inocência dos rapazes veio à tona dada à precariedade das provas, vindo também a público as brutais torturas praticadas nesse distrito contra tais jovens a fim de obter a forçada "confissão". No caso de Márcio, a vítima do crime em que esteve envolvido era familiar de uma jornalista, o que, segundo o entrevistado, contribuiu também para uma maior cobertura do caso e o "empenho" da mesma equipe policial.

> No DACAR era quase uma penitenciária. Quando cheguei lá já vi um cara morrer. Morria muito no sistema naquela época. Não tinha televisão, era meio ditadura lá. Tinha bala, rebelião. Esse cara morreu porque ele falou alguma coisa da visita do outro preso, tinha nessa época aquela coisa de visita sagrada, agora mudou um pouco, era muito rigoroso em relação a isso. (Márcio)

Na chegada à primeira penitenciária, em Mirandópolis, Márcio tem a percepção sobre formas de violência fortemente difusas entre os presos. Primeiro a violência sexual, ainda predominante no sistema, mesmo após a implantação da visita íntima nos anos 80. Uma outra ordem de violência entre os presos, bastante "legitimada" entre a massa, era aquela promovida contra aqueles que tinham violado preceitos já consagrados do "proceder" criminal, aqueles sobre os quais recai o atributo de "inumano": os estupradores e os *caguetas*, os mais odiados pela massa.

> Em Mirandópolis era tranquilo, não tinha muita superlotação ainda em 96, não tinha lotação como agora, começou em 1997, 1998, aí começou a ter problemas. Mas lá tinha alguns problemas relacionados à violência sexual, por exemplo. Tinha ainda quando eu cheguei na prisão, tinha isso, eles chamavam de "estupro de cadeia" Enfim, era complicado.

> Tinha também dois problemas, primeiro quem chegava condenado por esse tipo de crime, já era abominado pela população, eram as vítimas prediletas das rebeliões, eu vi muitos enrolados em botijão de gás, em colchão, tipo um bife à role, um empanado: enrolavam o cara num colchão e jogavam álcool e inflamavam o cara. Muita maldade, então eram essas pessoas de crime sexual, o pessoal do seguro, o que caguetou outro, delator, a gente chama de caguete. (Márcio)

Do ponto de vista da dinâmica violenta entre os próprios presos, a violência sexual, assim como o roubo entre os presos, (também chamado *rateação)*, eram os principais responsáveis pela percepção de que a cadeia era um local excessivamente injusto, no qual a luta pela sobrevivência implicava um jogo permanente de vida e morte. Luiz Alberto Mendes e Márcio narram esse sentimento:

> A cadeia era muito injusta. A relação entre os presos era hiper-injusta, os mais fracos se davam mal pra caramba, então pra você ser alguém, você tinha que matar na cadeia, você tinha que resolver, os caras tinham que ter medo de você pra não mexer com você.(...)

> Havia realmente uma percepção disso, de que era preciso fazer alguma coisa. Essa conversa já vinha há muito tempo, há décadas, a gente vinha conversando na cadeia, as pessoas que pensavam na cadeia, vinha se conversando sobre as injustiças que aconteciam, isso ia revoltando, revoltando (Luiz Alberto Mendes).

> É, na verdade não é certo, o preso estava lá porque roubou, e aí não tem sentido ser roubado por outro preso, quer roubar vai roubar na rua (...). Você chegava lá na cadeia com esse tênis, todo bonitinho, o cara gostou desse tênis mostrava duas facas, roubou o tênis ou ia ter que matar eles, alguma coisa ia ter que acontecer, então isso acontecia muito na prisão. (Márcio)

Esse contexto fortemente marcado pela violência entre os presos é descrito de modo pungente por Mendes (2001) em sua autobiografia, sobretudo quando relata sua passagem pela extinta Casa de Detenção do Carandiru, já nos anos 70, como o local de entrada no sistema.

> Não era só na Casa de Detenção, essa violência absoluta na época, ela era generalizada, só que na Detenção era onde convergia o pessoal de todos os bairros de SP, então as encrencas que tinha nos bairros eram resolvidas ali, geralmente na chegada dos caras, eles tinham que resolver ali. Quando eles iam para as Penitenciárias, a situação estava mais ou menos que resolvida. (...) (Luiz Mendes)

Referido trecho é bastante elucidativo para compreender a importância desempenhada pela Casa de Detenção no sistema prisional paulista à época, como se contar sua história, de suas gestões, de sua geografia, enfim, remetesse às lógicas mais profundas e soterradas desse sistema, prenunciando suas transformações. Não por acaso a Casa de Detenção constituirá, já nos anos 90, o local estratégico de articulação e reprodução do PCC no sistema (SALLA, 2000; TEIXEIRA, 2009a).

De todo o modo, é certo que a violência era generalizada entre os presos, bem como permanecia garantida ainda ora pela omissão ora pela atuação perversa do Estado no interior das prisões, caracterizada pelas remotas formas de espancamentos e regimes de isolamento ("cela-forte" e "masmorras"), práticas de violência institucional que se mantinham em patamares elevados no sistema.

O período pós-democrático viria acompanhado, paradoxalmente, de uma intensificação da violência praticada pelo Estado dentro das prisões, sendo a criação do Anexo da Casa de Custódia de Taubaté, o "Piranhão" (1985), e episódios de eliminação física de presos, como o Massacre do Carandiru (1992), exemplos contundentes dessa realidade (TEIXEIRA, 2009a). Para além, teria ocorrido, na percepção de Luiz Mendes, uma mudança importante no padrão de atuação institucional no interior das prisões paulistas, justamente no período que antecede a formação do PCC, a partir de meados dos anos 80. Ele atribui a uma nova forma de produzir violência pelo staff prisional nesse momento um fator fortemente determinante à canalização de sentimentos de injustiça e revolta, remotos entre os presos, que teriam levado à emergência do PCC. Ele classifica essa mudança como uma "sistematização da violência", pela qual o espancamento indiscriminado se convertia em tortura:

> Mas o que acontece é o seguinte: a sistematização da violência, não a exacerbação que seria a violência do tipo sai batendo nos cara, não é isso, a sistematização da violência como sistema de coerção e de controle. Porque aí em vez de eles baterem nos cara de orelhada, qualquer um, eles levam pra trás na cela forte e fica sistemático, não é espancamento, é tortura. Muda a visão das coisas (...) tortura os caras pra eles dizerem quem é, onde estava a faca (...) a tortura como sistema, já não era espancamento, era uma coisa sistemática, não batia em todo mundo, batia naqueles que eles achavam que estavam aprontando, ou então que estava contestando e tal (Luiz Alberto Mendes).

Luiz chama atenção à instituição de algo realmente novo nas práticas disciplinares e como isso será decisivo, em sua percepção, para que sentimentos de revolta, há muito cultivados, se intensificassem nesse momento: "a tortura como sistema". A conversão do espancamento aleatório em tortura para extração de verdade, para punições direcionadas, uma nova economia de punições no universo disciplinar, é disso que se trata da percepção de Luiz. Levar a fundo essa hipótese exigiria cotejá-la a uma miríade de outras questões que estão a partir dela implicadas, como, por exemplo, novas técnicas de gestão carcerária e sua relação a padrões de transformação do trabalho prisional, das trajetórias dos agentes penitenciários e de uma nova cultura que emergia junto ao universo de práticas e representações do staff prisional.

Assim, desse cenário fortemente marcado de um lado pela intensificação de violações do Estado no interior das prisões e de outro pela violência difusa entre os presos, restava um plano de incertezas e instabilidades, agravado ainda pelas dificuldades a eles impostas em reativar laços familiares, em razão da nascente política de interiorização dos presídios no período. As rebeliões, nessa fase (antes de 2001), ainda eram uma reação a todo esse cenário, como esclarece Márcio:

> Eu peguei bastante rebelião lá (em Mirandópolis). Nessa época tinha muitas exigências, por exemplo, você chegava numa penitenciária e eles exigiam "lençol branco" por questões de segurança lá deles. Então a pessoa que é pobre, que mora na periferia, aí o vizinho, a irmã, o primo chega e fala: 'meu filho ta preso, mãe pega o lençol e leva lá pra ele lá', se solidariza. Então tinha isso, a visita, por exemplo, Mirandópolis, é longe, eles tinham um dia só de visita, só no domingo, por isso tinha muita rebelião, então a visita se deslocava daqui pra todo dia de visita, sendo que outras unidades tinham outros dias.(...)

> (as rebeliões) eram mais focadas nessas questões de melhorias, de direitos. Aí depois de um tempo passou a ser político, passou a ser dinheiro. Então, teve rebeliões por isso, algumas pra assassinar desafetos, isso sempre houve e sempre vai haver, teve também pessoal de seguro, essas coisas. E teve uma parte voltada pela violência sexual.

Em 1993, um grupo de presos, portanto, constituído em sua maioria por homicidas e ladrões internados no estabelecimento mais cruel do estado, o Anexo da Casa de Custódia de Taubaté (*Piranhão*), "cumprindo" incertas sanções disciplinares e por tempo indeterminado,[9] constitui assim o PCC, como reação à violência do Estado (segundo os termos de seu estatuto), e através de episódios sangrentos e bastante ritualizados, os quais a grande imprensa ajudou a mistificar. De sua formação restrita ao Anexo de Taubaté à sua expansão ao sistema, houve um processo gradativo que, ao mesmo tempo em que encontrou na estrutura e nos modos de funcionamento da Casa de Detenção um ponto estratégico, foi viabilizado pela implantação de um novo código disciplinador e moralizador, ao qual, ao menos num primeiro momento, a massa carcerária assentiu, conferindo legitimidade às suas ações.

> Com esses caras, esses laços de solidariedade, esses laços humanos foram aproveitados, essas coisas que a gente ia discutindo, essas revoltas foram aproveitadas e foi formado um aglomerado de ideias que vai resultar no estatuto deles que conta a própria história do negócio e aí começa a história deles (Luiz Alberto Mendes)

> Então é isso, eles souberam captar esses anseios da população e fincaram lá uma bandeira, depois fizeram estatuto e outras coisas. Aí num primeiro momento eles conseguiram, o que eles chamavam, "espaço" (Márcio)

---

9 Abordei detalhadamente o regime de exceção que vigorava no Anexo de Taubaté no período de formação do PCC em Teixeira (2009a).

Não é casual que Márcio recorra à mesma ideia esboçada por Luiz Mendes sobre sentimentos de revolta, injustiça e solidariedade que teriam sido *captados* e *canalizados* por esse novo ator social que se conformava no espaço da prisão. Essa formulação é de extrema importância, pois ajuda a compreender como os interditos que se instalam com o PCC (proibição dos estupros, da *rateação* e do uso do *crack*) se conectam diretamente aos anseios da população prisional, ou seja, apresentam-se como uma resposta a eles, daí sua imediata aceitabilidade, bem como sua rápida recepção "normativa".

> Eu, a princípio, e na cadeia, eu não sei até que ponto é positivo e negativo, mas quando eu estava preso eu considerava positivo, porque é o seguinte: protegia, realmente protegia, nunca mais vi os fracos sendo abusados pelos mais fortes, nunca mais aconteceu estupro, não tive mais notícia, nunca mais aconteceu negócio de pegar a mulher do cara e comer a mulher do cara no xadrez, os abusos, os guardas começaram a bater menos, começaram a morrer lá fora, então começaram a ter medo, começaram a respeitar mais o preso a partir do PCC, e aí começou, então o que aconteceu, (Luiz Alberto Mendes)

> Principalmente no começo da luta, com relação à violência sexual, à extorsão, roubo de cadeia qualquer preso apoiaria (Márcio)

Na cronologia que Dias (2011) elaborou sobre o processo de expansão do PCC, a primeira fase, que vai de 1993 a 2001, é descrita como a mais violenta, em razão da disputa feroz que se estabeleceu pela conquista do território segundo a autora, até que a facção se consolidasse como hegemônica no sistema. Nesse período, ainda segundo seu levantamento, o número de rebeliões e mortes no sistema foi extremamente alto, em razão desse processo de *conquista do território*.

Não se deve perder de vista, contudo, que nesse exato período o sistema carcerário paulista enfrentava uma grave crise estrutural, exposta àquele momento sobretudo por sua precariedade física e material, o que o alto número de fugas e motins nas carceragens dos distritos policiais, os locais que mais padeciam com a superlotação, vinha a demonstrar (TEIXEIRA, 2009a). Desse modo, as instabilidades do sistema, que ainda era composto em grande parte por presos recolhidos às carceragens policiais, eram em muito tributárias das instabilidades provocadas pela ausência de respostas materiais pelo Estado ao fenômeno do aumento eloquente do encarceramento.

De todo o modo, vale ressaltar que tanto Luiz Mendes como Márcio, ambos indivíduos que nunca pertenceram ao PCC, relatam situações de tomada de poder pelo

PCC nos quais o jogo estratégico adotado pela facção – a seleção de posições-chave no comando da cadeia e os já consagradas critérios de distinção – foi prevalecente em relação à violência.

> Assim, por exemplo: eu tive lá em Vensceslau quando eles tomaram o poder lá na Penitenciária, no raio que eu morava, então eles já comandavam a faxina, o faxina tinha o xadrez da faxina e o xadrez da bóia, seis presos cada um, então eram doze, e todos os outros xadrezes tinham seis, então eram eles doze contra qualquer um dos xadrez, eles tinham força e poder, e pra ir pra faxina e pra ir pra bóia tem que ser cara conhecido, que não tivesse mancha no passado, por exemplo, não podia ser homossexual, não ter tomado tapa na cara, não ter caguetado, quando chamado pra umas funções não ter dado pra trás, não ter medo, medroso, tal (Luiz Alberto Mendes)

> Eles tinham medo de se mostrar, pois o movimento poderia ser sufocado rápido. Eles só se apresentavam quando tinham um número suficiente, aí eles fincavam bandeira. Aí sim, a partir do momento em que eles se sentiam fortalecidos, eles fincavam bandeira. E aí depois tem a catequese, a multiplicação, enfim, aí foi aumentando e veio a fama que eles têm hoje aí, tomou conta de tudo. (Márcio)

Não se quer dizer com isso que o período não tenha sido marcado por um contexto de violência, mas sim que essa violência estava relacionada, para além dos episódios simbólicos que estiveram presentes na constituição da facção (a degola de rivais, por exemplo), à eliminação sumária de indivíduos violadores das regras que começavam a ser recodificadas, também simbolicamente, e que se recusavam a seu cumprimento. Desse modo, pode-se argumentar que a percepção dos presos não era propriamente a de um aumento da violência no sistema, mas das consequências (se não desejadas, ao menos esperadas) do processo de implantação de um (novo) código disciplinador. Márcio relata um episódio a esse respeito que é bastante ilustrativo:

> Tinham presos lá, muitos até tinham visita íntima e mesmo assim violentavam outros presos e isso começou a gerar uma revolta, uma tensão. E aí teve um caso lá que eu vi morreram dois caras lá que o pessoal avisou, tava começando o PCC lá, 97 mais ou menos, tava pegando, chegaram uns cara lá no prédio que souberam da história desses caras e deram um ultimato e falaram: "para, a partir de agora acabou, se vocês insistirem, aí.". Aí,o que acontece, existe muito tipo de força, passar por cima da "palavra", eles cobram tudo isso se eles deram

> a palavra e alguém ousar passar por cima aí fica complicado. E esse caso, eles reincidiram... Foi um caso de um molequinho pequenininho que foi valente, eu tava no meio do raio e morava na parte superior, eles ficavam no lado na parte inferior... "eles" falam pré-pago: os agentes penitenciários exigiram uma cela pra pessoa morar, pra aqueles que chegam então ele foi encalhado nessa cela, justamente a cela que morava esses dois (que morreram), então na cela eram seis, esses dois e mais três e colocaram esse pequenininho, eram seis. Então tudo bem, à noite, acho que na primeira noite já encrencaram com ele, e o moleque, que não era tão esperto, gritou, esperneou, e os agentes penitenciários não fizeram nada, o moleque gritava, os outros presos gritando, "mas o que ta acontecendo", e começou, aquele tumulto no prédio, e o moleque resistiu, e o que aconteceu foi que eles estavam em dois tentando violentar um, mas tinha três fora que não tomaram atitude nenhuma no sentido de proteger, pois eles podiam ter juntado forças, afinal de contas podia acontecer com eles, enfim, sei que no dia seguinte foi uma carnificina, na hora que abriu o presídio, todo mundo de faca, a noite inteira o pessoal com "jacarezinho" que a gente fala, que é uma serra, serrando, no outro dia foi uma carnificina, pegaram degolaram os dois, jogaram lá pra fora (...) Era toda a população, mas orquestrada por alguns, existia o sentimento de revolta que foi canalizado pela liderança (Márcio)

Se com relação à violência praticada entre os próprios presos (estupros e homicídios) é possível, após o advento do PCC, atestar sua redução, no que toca à violência institucional, concluir por sua mitigação impõe reconhecer um processo mais gradativo e menos linear.

> Ainda há (violência dos agentes prisionais), mas reduziu. Eles perceberam que ficou contraproducente esse negócio de bater, começou a morrer agente na rua. Eu acho que reduziu um pouco, eles se intimidaram um pouco, com esses ataques que tiveram, eles passaram a ser caçados, aí pediram pra andar armado. (Márcio)

Embora na percepção de Márcio a diminuição na violência promovida pelos agentes penitenciários esteja associada a uma intimidação frente aos assassinatos de membros do *staff* prisional pelo PCC,[10] é certo que para compreender essa suposta redução da violência institucional é fundamental ter em conta o papel desempenhado pelo Estado ao longo de todo o processo que resultou do advento à consolidação do PCC, dentro do sistema e fora dele.

10 Cujo caso mais emblemático se referiu ao assassinato, em 2005, de Ismael Pedrosa, diretor do *Piranhão*.

Isso implica não apenas ter em conta o já mencionado contexto de omissões e perversas atuações do Estado que favoreceu o surgimento da facção, como as alternantes posições institucionais assumidas ao longo dos anos pelas diferentes administrações, que foram decisivas aos rumos seguidos pelo PCC. Da negativa formal de sua existência (1993-2001), passando pelo seu precário enfrentamento (2001-2006), até a quase completa delegação de funções administrativas e disciplinares no interior das prisões (de 2006 até os dias atuais), há um campo de práticas que vai desde a omissão interessada até negociações informais e táticas subjacentes entre a administração e o PCC que deve ser levado em consideração para que se possa testar a hipótese de uma diminuição da violência institucional pós-PCC.

Esse anacrônico papel do Estado no interior das prisões no período, na sua pouco constrangida gestão diferencial da lei no universo prisional, será analisado ao final deste capítulo, tanto a partir das entrevistas realizadas, como também levando em conta trechos do diário de campo que elaborei ao longo do tempo em que efetuei visitas às carceragens dos Centros de Detenção Provisória da capital, entre os anos de 2007 e 2009.

*****

Nas narrativas de Márcio e Luiz Mendes há um último ponto de conexão que é, sem dúvida, decisivo para compreender uma alegada "inversão de trajetória" do PCC, algo que é descrito pelos entrevistados como um desvio dos ideais que estiveram em sua base. E os dois depoimentos identificam os interesses econômicos como sendo o elemento "desvirtuador" desse ideário:

> como eu estava dizendo o poder corrompe, né, e aos poucos os fundadores foram sendo mortos. As novas gerações foram tomando o poder e a coisa foi ficando de idealista, de sonhador, alguns caras que tinham como ideal, que eles queriam realmente moralizar o crime, moralizar(...)

> ... o que acontece é que eles começam a perceber o poder, não só físico, mas o poder econômico que eles têm na mão, começa a entrar dinheiro, porque eles começam a esparramar pras cadeias e aí começam a perceber que eles têm condição de arrecadar dos presos (...)

> o problema começa assim eles administrarem o negócio, eles começam a dominar, não só a arrecadar dinheiro não só com os presos mas com a droga nas cadeias, eles começam a administrar o trafico na cadeia, e aí como eles eram

> mais fortes e eles dominam realmente toda a droga na cadeia, então pra entrar droga na cadeia, porque tem dois jeitos de entrar, é o funcionário que traz ou a visita que traz, esses dois canais, então quem punha maconha pra dentro, p.ex., o irmão tinha ideia, entendeu, tinha que dar uma parcela pros irmãos, uma parcela que era pra financiar o movimento e tudo tal. E aí tinha uma proteção especial dos irmãos. (Luiz Mendes)

> Então eles tinham esse propósito de acabar com a opressão do sistema, de reivindicar melhoras, então teve um ideal que eles falam, eles tinham objetivo de melhorar o sistema de modo geral, só que depois eles perceberam que era uma forma de ganhar dinheiro, mudou os princípios que eles tinham. (...)

> (na megarrebelião de 2001) não tinha ideal mais, não tinha nada de melhora, não tinha exigência nesse sentido, aí começou a perder aqueles ideais (Márcio)

Luiz identifica o monopólio no comércio da droga, dentro da prisão, seguido da instituição da contribuição à facção, como os momentos decisivos para o desvirtuamento dos ideais que estariam na base da formação do PCC e de sua legitimação entre os presos, indicando ainda que lutas internas à facção teriam contribuído também às suas mudanças. Márcio tem a mesma percepção de Luiz, de que no começo havia fidedignidade nos propósitos de melhoria do sistema e que o momento da virada se dá quando os líderes da facção instrumentalizam a legitimidade conquistada junto à massa para explorar economicamente tanto os mercados lícitos e ilícitos dentro da prisão, quanto potencialmente outros mercados criminais extramuros, como ocorrerá com o tráfico de drogas nas periferias.

A partir desse momento, emerge a conexão entre esse agrupamento de presos e uma economia criminal fortemente em ascensão no contexto urbano. E será essa conexão que conferirá à experiência que se realiza intramuros, e logo após também extramuros, uma maior complexidade e a polivalência de sua atuação, para incidir não mais apenas em trajetórias prisionais, mas em carreiras criminais além da prisão.

Articular os recrutados

Tadeu já acumulava, no seu breve tempo de vida, um conhecimento razoável sobre o mundo do crime e as instituições de internação de *menores*, pelo menos era o que ele acreditava até ser enviado, já com 18 anos, para a primeira "faculdade":[11] o CDP de Osasco. Nas ruas, transitava entre os roubos na região central da capital, geralmente a firmas em dia de pagamento, e o disputadíssimo comércio local de drogas, trabalhando em diferentes "bocas" em Osasco que, em razão da acirrada concorrência e da precariedade de sua estrutura, *rendiam muito pouco*. Logo após sair da FEBEM, aos dezoito anos, depois de três anos internado, recebeu voz de prisão de um policial civil GOE[12] *que estava chegando na biqueira como infiltrado* e simulava a compra de 5 kg de cocaína de Tadeu. Ele acabou matando o policial na tentativa de escapar à prisão, mas foi detido logo depois. Até sua prisão, em 1999, Tadeu nunca ouvira falar do PCC. Facções prisionais ele sabia que existiam, mas só a CDL[13] e a Seita Satânica.

Embora o PCC já estivesse presente no CDP de Osasco, quando Tadeu lá chegou, em 1999, a cadeia ainda não havia ainda sido "tomada" pela facção. Por ter matado um policial na rua, ingressou naquela prisão *com alguma moral*, razão pela qual foi logo interpelado por um membro do PCC. Segundo ele, o convite foi simples: *tem guerra contra a gente?*, a resposta negativa importou na sua filiação *virei primo, firmei a bandeira do PCC com sete mortes, cadeia tomada.*

Por ter se mostrado bastante ativo no episódio de tomada de poder do PCC naquela cadeia, Tadeu alçou o posto de soldado, posto esse que, embora fosse o mais baixo na hierarquia da facção à época (DIAS, 2011), era efetivamente um *lugar* na estrutura funcional do PCC, expressava uma *participação* para além de uma simples filiação, pois como ele mesmo afirmou *nem todo primo vira soldado*. Seu temperamento impulsivo e violento, adequado a ações às quais a disposição para matar era um requisito, aliado possivelmente a pontos não esclarecidos de sua trajetória, lhe renderam a simpatia e o apadrinhamento de um dos líderes (generais) do PCC àquele tempo: Cesinha.

Tadeu permaneceu durante dois anos como soldado do PCC, dentro e fora da prisão. Após uma fuga, afirma ter participado de algumas missões nas ruas que lhe foram confiadas pelos líderes Cesinha e Geleião, entre elas uma vez mais o assassinato de um policial. Mas o que sua filiação ao PCC lhe rendeu de mais valioso foi a conquista das tão almejadas biqueiras na região de Osasco, o que lhe permitiu auferir um *lucro muito maior, pois o custo da droga diminuiu*. Isso porque, como ele explica: *se a biqueira é do PCC o dono fica com 70% do lucro, mas se não for fica só com 50%, os outros 50% são de taxa pro PCC.*

---

11 *Faculdade* é o termo utilizado no mundo do crime, especialmente a partir do PCC, para designar as unidades prisionais de adultos.

12 Grupo de Operações Especiais da Polícia Civil.

13 Comissão Democrática de Liberdade.

A esse momento, já havia se iniciado o processo que levaria ao monopólio, pelo PCC, sobre o varejo do mercado de drogas nas periferias da cidade e da Grande São Paulo, traduzível pela conquista dos territórios (guerra entre traficantes seguida da redução da violência fatal) controle estrito das atividades realizadas por regiões ("cadastro das biqueiras"), e sobre as áreas de delegação (cobrança de taxas). É certo que, embora descrito com aparente linearidade, há que se tomar um certo cuidado em considerar essa sucessão de mecanismos a partir de uma dimensão generalizante, pois como adverte Telles (2010), esse processo foi em verdade se consolidando segundo a história local de cada um desses territórios, bem como a partir de seus sempre variáveis "agenciamentos locais". Não há que se perder de vista, também, que os modos como foi se reformulando a gestão da economia criminal da droga no plano da cidade também emergem como decisivos para a conformação desse empreendimento monopolista, assim como o papel social que passará a ser desempenhado, pelo PCC, nesses territórios.

É possível reconhecer, contudo, que o PCC foi a primeira e até hoje a única facção em São Paulo, no universo prisional ou mesmo criminal, a manter, em regime de monopólio, o controle sobre os mercados ilícitos *dentro* e *fora* da prisão, até o momento sem concorrentes à sua altura. Isso porque ele conseguiu manejar com competência um diferencial posto à sua disposição: um exército de reserva de mão de obra, cada vez mais abundante e predisposto a se engajar nas oportunidades econômicas e sociais que lhe sejam "oferecidos", mão de obra essa cujo recrutamento sistemático é garantido como uma engrenagem do próprio sistema penal. Com esse elemento-chave, digamos assim, a força de trabalho abundante e predisposta, sua competência foi a de ter conseguido mobilizar um contingente cada dia mais pungente de *desfiliados* (no sentido empregado por Castel (1999)), não apenas dentro como fora da prisão, oferecendo-lhes, além de oportunidades econômicas (e criminais), postos e funções que conferem a esses indivíduos ao mesmo tempo distinção e pertencimento, operando como verdadeiros marcos identitários em suas trajetórias.

Padre Valdir Silveira, atual coordenador nacional da Pastoral Carcerária, relatou, em entrevista para este estudo, suas percepções sobre tais fenômenos, que ele tem observado tanto nos presídios como nas periferias, sobretudo durante os anos em que esteve à frente de uma paróquia na zona leste de São Paulo.

> O PCC quando dá, em qualquer periferia, uma arma para o adolescente, ele está dando o reconhecimento que ele nunca teve. Porque lhe faltam todas as formas de reconhecimento. Com um revólver na cintura para cuidar da rua num posto, para ser alguém, esse meio dá pra ele afetividade e socioafetividade

> que nunca teve; agora eu sou respeitado, admirado, eu sou alguém, a autoestima. Agora eu sou socialmente reconhecido, então o PCC faz isso(...)
>
> Aí você vai fazer uma análise até de estatística das pessoas que estão presas em termos de família, qual a condição familiar, grau de estudo. Hoje dados do INFOPEN de junho de 2009 classificam 80.000 pessoas presas ligadas ao tráfico, se você pegar essa população e analisar, você vai ver que a maioria esmagadora dessa população, mais de 80% desse grupo não tem o primeiro grau completo, então é a camada social altamente vulnerável, comprova o dado estatístico que este grupo que depois entra nos pequenos delitos, são desarticulados, por não terem informação, eles vão por oportunidade de vida ou por vários outros fatores que seduzem, a questão do consumismo, do "eu quero" no momento, o imediatismo, tem vários fatores que podem levar a pequenos delitos, claro que não é pra todos, alguns lutam e nunca caem nesse mundo da delinqüência. Uma vez que ele chega no presídio, ele chega altamente vulnerável, não conhece o sistema prisional, desconhece as leis, não sabe onde recorrer à justiça, não sabe onde andar no mundo carcerário.
>
> Como uma vez eu assisti, um jovem ganhou um posto, ele tinha matado um policial e eles o receberam com uma salva de palmas e lhe deram o cargo de faxina na unidade. Foi em Serra Azul. Eu conversei com ele antes de entrar no raio, ele estava na inclusão,14 ele estava chorando e com medo de entrar no raio. Então, ele ganhou uma responsabilidade que lhe afirmou agora nesse mundo da delinquência. (padre Valdir)

Dentro do sistema, no entanto, não constituem regra os casos de Tadeu e do preso mencionado acima pelo padre Valdir, nos quais a entrada na facção foi precedida de um convite a eles feito em razão de uma suposta fama pregressa conquistada no mundo do crime.

Márcio descreve uma dinâmica de recrutamento na qual as relações de confiança pregressas podem referenciar o ingresso na facção, promovendo uma forma de apadri-

---

14 "Inclusão" é como se denomina, no sistema penitenciário, uma espécie de regime de segregação da massa, por um período de em média 30 dias, imposto aos ingressantes na unidade prisional. Também chamado de "boas vindas" e "período de prova", esse regime historicamente, que não encontra previsão legal, tem operado como uma espécie de castigo ou efetivamente como "prova de resistência" de ingresso nas penitenciárias. Tenho obtido informações que após a consolidação do PCC tal regime estaria "suavizado", o que significaria que, embora mantida sua existência, a prática de agressões físicas e torturas em geral teriam diminuído, apesar de os presos ingressantes permaneçam isolados do restante massa. De todo o modo, essa informação careceria de mais elementos para atestá-la.

nhamento, sujeita, é certo, à conferência dos "antecedentes" do pretendente no mundo do crime, operação que se denomina "arremessar":

> Tinha lá o irmão Paulo que conheceu um cara na infância, mas que cada um teve seu rumo, e anos depois eles se reencontram na prisão, um como irmão e outro como Zé ninguém. Aí ele pega esse Zé ninguém que ele conheceu na infância, não sabe da vida dele no crime, não sabe se tem crime sexual, hoje sabe porque eles têm advogado à vontade que puxa lá a vida criminal processual do cara pra eles, mas ele pega esse cara que conheceu na infância e batiza, aquela coisa lá, arruma padrinho pra adotar e indica, vamos dizer assim. Eles chamam de "arremessar", o nome dessa pessoa vai lá pra uma central deles, e eles vão lá pesquisam sobre a vida dele, e ele tem que dar referências agora, porque existia muito cara lá que criava um personagem e se infiltrava e conseguia enganar, pra conseguir regalias, então agora eles pegam referências no bairro que eles chamam de quebrada do cara pra saber como era a conduta dele na rua, se alguém dá um aval, dá a palavra por ele. (Márcio)

Para além dessas situações, o fato é que uma grande parte de massa permanece simplesmente como aspirante ao ingresso no PCC, certamente por tudo o que ele representa, havendo até muitos presos que se "candidatam" a missões e posto, e acabam sendo pejorativamente denominados "cabeças de bagre", como Márcio dá conta no trecho abaixo:

> Por exemplo, precisa morrer alguém na prisão, e eles não querem mostrar a cara, então arregimentam umas pessoas, uns presos que chama de cabeça de bagre, então tem um cara de dezoito anos impetuoso e chegou na prisão, uma espécie de puxa saco como eles dizem, chega lá e existe isso, vive na favela e tem no imaginário o PCC como herói, existe isso, então ele que fica rondando, prestativo, serviçal, sabe "servidão voluntária"?, então ele se propõe a ajudar, ele chega lá no setor da bóia ou faxina, pede licença, chega quer ajudar fazer qualquer coisa, por ex, setor esportivo, ajuda a fazer a súmula do jogo, e vai fazendo e aí eles veem que a pessoa preenche o perfil de serviçal, aí vai lá acontece tal coisa e aí eles querem ver se o cara é bom mesmo e aí dependendo do serviço que o cara prestar ele vai ter a vaga assegurada porque ele prestou o serviço ao comando. (Márcio)

Padre Valdir narra situações em que esse imaginário de poder e distinção que compõe as representações de grande parte da massa chega a ponto de a simples proximidade física com líderes do PCC se converter no grande anseio, capaz de definir a trajetória prisional desses aspirantes:

> Você vê isso de forma bem nítida quando você visita Venceslau 2, onde está o Marcola. Pode ser qualquer preso, a ajuda que ele pede pra Pastoral é que ajude a entrar no raio 1 onde está o Marcola pra ficar do lado, pra conseguir promoção. Você pode visitar qualquer preso eles pedem: "Padre, me transfira pro raio 1, porque ali eu tenho chance de ficar perto e ganhar posição. Porque se eu sair dali e for pra qualquer outro presídio, eu fiquei do lado do Marcola, isso me dá respeito dentro da população carcerária toda, e se eu for pra rua, no meio criminal isso me dá um status, poder". (padre Valdir)

Se tal dimensão simbólica, referente aos atributos do reconhecimento e da distinção, está fortemente presente na arregimentação de mão de obra criminal para o PCC, não é menos certo que o aspecto econômico, ou mais precisamente, a perspectiva de uma carreira criminal mais consolidada, opere como um elemento de igual importância. Essa oportunidade pode se apresentar para os presos tanto no momento de ingresso no presídio como durante o cumprimento regular da pena, ou ainda no momento mesmo que precede sua saída em liberdade.

Como há uma histórica ausência de políticas de integração social voltadas aos egressos no país, o reingresso ao mundo livre é marcado para esses indivíduos por dificuldades mais essenciais, como a obtenção de documentos, o referenciamento a serviços e órgãos públicos, sem falar, é claro, da impossibilidade de se apresentar no mercado de trabalho. A articulação criminal aparece assim para esse indivíduo, no seu universo de oportunidades, como uma "legítima" opção tanto frente ao pouco viável trabalho lícito (cujos obstáculos o próprio sistema interpõe), quanto ao também incerto e mais arriscado crime avulso.

> na cadeia eles passam os salve gerais, que é o boletim diário deles, tem uns lá que falam que quando você sair de LC (livramento condicional) procura o irmão tal de lugar tal, que ele vai te dar uma arma, eles vão te dar uma ajuda pra "contenção", na boca de fumo. .(...)

> se ele quiser reincidir ele vai ter todo o apoio, isso ele tem, empresta uma arma, o cara vai fazer um assalto, o cara apresenta um projeto, um "plano de negócios", vamos dizer assim, numa linguagem econômica. "Vou assaltar a joalheria Tiffanys do shopping, e aí como você vai fazer?" "Eu preciso de tal arma, tal coisa". Beleza. Aí o pessoal arruma arma, vai terceirizar o serviço, vai trazer o carro pra fazer fuga. (Márcio).

*****

O controle sobre o comércio varejista de drogas (sobre as "biqueiras" ou "lojinhas", numa designação mais atual), parece ser o grande trunfo que confere ao PCC não apenas o sucesso na arregimentação da mão de obra *dentro* da prisão, como também *fora* dela, e que garante ainda sua reprodução. Com o monopólio sobre a economia da droga em sua dimensão varejista, o fluxo dos recursos permite um "investimento" permanente nos negócios criminais, que se traduz também na compra de armas, rádios comunicadores, celulares, não apenas para membros da facção, como àqueles que prestam serviços a ela – como os "funcionários" das biqueiras – e o fornecimento de "matérias-primas" para roubos mais articulados (armamentos, carros para fuga, etc).

> O diferencial do PCC é que ele arma as pessoas na rua, assim ele foi conseguindo uma a uma as biqueiras. A força do PCC, ela vem de fora. As outras facções não, só existem dentro de alguns presídios, nada mais. Só sobrevivem nos presídios. As biqueiras eles não vencem. (Tadeu)

Tadeu reconhece bem a superioridade do PCC em relação às demais facções pois a experimentou pessoalmente. Dois anos após sua filiação no PCC e suas missões de soldado, ele conta que teve um "desencontro" com outro membro da facção mais graduado que ele, que chamo aqui de B. Segundo Tadeu, B. decidira que um "primo" deveria estourar o "tatu" (túnel) no CDP de Osasco para uma pequena fuga, enquanto Tadeu desejava que toda a população fugisse. Após desentenderem-se, Tadeu desferiu um tiro em B. (sem matá-lo) e fugiu com trinta presos. Por conta desse episódio, foi decretada sua morte pela facção.

Após passar alguns meses na rua, Tadeu foi recapturado em abril de 2002 e enviado para o CDP de Guarulhos, uma cadeia rival, dominada pelo CRBC.[15] Durante o tempo que lá esteve, houve um novo "julgamento" de seu caso pelo PCC e ele foi então absolvido, sob o argumento de que naquele episódio da fuga em que atirou em B., Tadeu havia defendido "a questão da igualdade com a massa", que B. violara. É certo, contudo, que muito provavelmente as relações de proximidade mantidas com as lideranças, especialmente seu apadrinhamento por Cesinha, foram decisivas para sua "absolvição".

E foi essa proximidade que o obrigou a deixar o PCC novamente, pouco tempo depois. Quando foi decretada a morte de Cesinha no PCC (DIAS, 2011), o destino de Tadeu se aliou ao de seu padrinho, filiando-se, em março de 2003, à facção criada por

15 Comando Revolucionário Brasileiro do Crime.

aquele, o TCC – Terceiro Comando da Capital – que, segundo Tadeu, "foi fundada só para se defender".

Uma vez no TCC, Tadeu estabeleceu para si como objetivo tentar reproduzir a dinâmica exitosa estabelecida pelo PCC, ou seja, arregimentar pessoas nas ruas, armando-as e assim retomando as biqueiras.

> No TCC eu batizava pessoas na rua. Meu objetivo era expandir e conseguir uma quebrada, se não, não tinha futuro. Era o que precisava, retomar as biqueiras, armando as pessoas. Consegui cem, cento e cinquenta soldados nas favelas de Osasco e Pirituba. Como não tinha caixinha pra comprar arma, tomamos as linhas de "excursão" (de visita de familiares de presos) de Irapuru, só na ameaça de metralhar os ônibus. Quarenta e seis poltronas, R$2.800,00 frete, sobrava R$1.000,00. Com isso a gente investiu em armas pros irmãos batizados na rua e os que estão saindo. (Tadeu)

Havia, entre outros, um grande dificultador para os planos de Tadeu: o TCC não contava com contribuições ou dinheiro em caixa, até porque essa facção possuía um número reduzido de filiados e pouquíssimos atrativos a oferecer em um campo já consolidado por um rival infinitamente mais articulado. Não seria adotando como estratégia a tomada à força de ônibus que levavam familiares às visitas em presídios, que Tadeu e o TCC chegariam em algum lugar.

De todo o modo, mesmo diante de um cenário desanimador, Tadeu permaneceu na sua empreitada dentro do sistema. Em 2004 foi para a Penitenciária de Franco da Rocha I e, segundo ele, "tomou a cadeia", que era da oposição neutra. Sua estratégia ali não foi primordialmente a força, mas *argumentando que era preciso combater a opressão do PCC.* Em 2005 foi novamente transferido para Presidente Prudente, local em que, segundo ele, havia o aval de Marcola para matá-lo.

Escapando ileso, foi mais uma vez transferido agora para a Penitenciária de Irapuru. Lá logrou alcançar o posto de piloto geral, e sua situação manteve-se confortável. *Foi um tempo de paz*, segundo ele. Corresponde ainda ao período em que ele teria dado consecução às medidas para angariar filiações ao TCC, relatadas acima.

Em 2007, Tadeu seria mandado "de bonde" para Osvaldo Cruz, como punição, em razão da denúncia de que ele possuía uma arma e iria "virar a cadeia".

Retornando a Irapuru, foi novamente condenado à morte, agora pelo TCC, sob a alegação de que ele tinha "trocado bilhete", ou seja, que ele havia uma vez mais mudado de facção. Embora desejasse se defender dessa acusação, preferiu "*bater em retirada*", "*rasgar a camisa*", já que, segundo ele "desgostara" do TCC, pois essa facção *era pura armação, não existia de verdade.*

Novamente expulso de uma facção prisional, ele foi enviado para a Penitenciária de Guaraí II, dominada pela ADA.[16] Filiou-se a mais essa facção, embora, em seus termos, *não de coração*, sem qualquer convicção. Observa-se que a filiação a facções tornou-se uma necessidade de sobrevivência dentro do sistema para Tadeu. Por ter pertencido a diversas delas, inclusive ao PCC, sua neutralidade dentro da prisão não seria admitida: *se não visto a camisa, me matam,* em seus termos. A condição imposta a ele, em decorrência de sua trajetória no sistema prisional, é no mínimo curiosa, uma vez que ela afeta diretamente sua própria construção identitária, reduzindo-o ao assujeitamento de sua própria história. Embora tendo preservado sua autorepresentação como um "estrategista", um "guerreiro", tornou-se em verdade um refém, um fantoche na trama dos ilegalismos travada hoje dentro da prisão, manejada por seus gestores (Estado) e pelos atores que com eles diretamente transacionam (as facções prisionais).

Quando de sua entrevista (dezembro de 2009) Tadeu já era egresso de praticamente todas as facções existentes no sistema prisional. Dentro do sistema, sua sobrevida está adstrita a um só estabelecimento, local para o qual seria enviado no dia que o entrevistei. Fora da prisão, suas perspectivas são ainda mais sombrias, diante de um mercado criminal que a ele se tornou paulatinamente interdito. *Pensei na pirataria, pois esse mercado o PCC não domina.* Mas ele mesmo sabe que, depois de tudo o que passou e de tantos anos encarcerado, não detém os recursos econômicos e simbólicos necessários aos imperiosos agenciamentos exigidos para ingressar nesse novo ilegalismo. Resta a ele sonhar com outros e nem tão distantes assim, territórios: *vou quebrar o semiaberto e vou pro Rio de Janeiro, lá o CV (Comando Vermelho) e o PCC não têm mais aliança.* Mesmo sonhando com a liberdade, Tadeu continua aprisionado à trama dos ilegalismos e aos seus atores, embora seu papel nunca ultrapasse a de um mero coadjuvante em busca do protagonismo, sempre dentro do mesmo script.

A inversão das dinâmicas de pertencimento: um novo engajamento

Da regulação do espaço da prisão (a contenção da violência difusa) ao recurso permanente à violência real e simbólica, tudo acompanhado das reconfigurações na economia criminal urbana da droga, é certo que se redesenharam e ainda se redesenham os perfis e as identidades no universo da prisão e para além dela, a partir desse fenômeno

16 Amigos dos Amigos: facção criminal carioca que tem disputado gradativamente espaço no varejo do tráfico de drogas com o Comando Vermelho, no Rio de Janeiro. Em São Paulo, segundo o estudo de Dias (2011), ela estaria restrita ao controle de uma única penitenciária, provavelmente a mesma mencionada por Tadeu.

que aqui se atribui de *articulação da criminalidade*, observada nos últimos vinte anos. Da operação extenuada da *delinquência*, mais produto da gestão diferencial do que motor dos ilegalismos, emerge essa noção de uma *articulação da criminalidade* que propicia, aos que fariam as vezes dos delinquentes de ontem, o engajamento a uma criminalidade menos avulsa, mais consolidada e potencialmente mais conectada a uma economia criminal.

Se há tal reconfiguração no cenário do campo dos ilegalismos e de sua gestão é porque, ao longo dos últimos vinte anos, foram conferidas as bases para que se operasse uma importante inversão das dinâmicas de identidade, fidelidade e pertencimento dos indivíduos, a partir da prisão. Pelo que se constata, a opção pela lealdade ao "Comando"[17] ou a qualquer outra facção criminosa não será pautada essencialmente pelo *fora* (é, em parte, descolada de experiências pregressas), mas intramuros, e tal opção definirá, a partir desse momento, uma carreira *mais* incontornável e agora articulada no mundo do crime. Reconhece-se que a novidade esteja menos na incontornabilidade dessa carreira, e mais na forma articulada e por isso mais "profissional" que ela vai adquirir.

Quando se fala em inversão de dinâmicas de identidade e pertencimento, toma-se por referência as transformações sobre uma determinada configuração do sistema prisional prevalecente até os anos 90, na qual o diagrama de relações que se estabeleciam na prisão reproduzia em grande parte as territorialidades extramuros. Assim, as *encrencas* e as cumplicidades do mundo do crime se reencontravam na prisão e lá se acomodavam em novos arranjos. São os "apontamentos" de que nos fala Luiz Mendes

> ...Na Detenção era onde convergia o pessoal de todos os bairros de São Paulo. Então, ali era os encontros, que a gente falava os "apontamentos", as pessoas de repente ali, todo o mundo de SP se encontrava ali, porque todo o cara que era preso em SP ia necessariamente para ali, pra Detenção e sabia que ia pras Penitenciárias, e aquele tempo já tinha superlotação, isso em 72 quando eu cheguei. (Luiz Mendes)

Ao tempo descrito por Luiz, início dos anos 70, a *prisão,* no seu relato essencialmente representada pela Casa de Detenção, consistia no local onde se reproduziam as relações de amizade, os conflitos e as cumplicidades (inclusive criminais) vivenciadas nos bairros, sendo lá portanto onde as territorialidades se reconfiguravam, algo que, como observamos, foi profundamente reformulado a partir do final dos anos 90. No contexto prisional atual, diante de uma cidade também reconfigurada, essas territorialidades (e as cumplicidades que dela se produziam) não se reproduzem mais, ao menos não primor-

17 É o termo usado pelos presos para se referirem ao PCC.

dialmente, como uma referência às relações sociais e à distribuição de poder no universo da prisão. Elas, quando muito, são reclamadas burocraticamente para que se possa acessar a carreira criminal de um ingressante, "a quebrada de onde veio", "as faculdades por que passou", identificando porventura desafetos, angariando eventual mão de obra.

Esse novo papel desempenhado pela prisão, embora guarde semelhanças com suas configurações longínquas, agrega outros elementos e dinâmicas à sua já "tradicional" função de produção da delinquência. Isso porque, o que nos deparamos aqui é diverso do que flagrou Adorno (1991) em seu estudo pioneiro sobre reincidência penitenciária em São Paulo, entre as décadas de 70 e 80. Àquele tempo, a prisão emergia, segundo o autor, em seu papel determinante à construção e reprodução de identidades e carreiras delinquentes, forjadas no "entrecruzamanto entre biografias e instituições", ou seja, entre os indivíduos presos e as "práticas institucionais de segurança e disciplina" a que estavam sujeitados (ADORNO, 1991, p. 36). É certo que a prisão continua a operar segundo essa finalidade, mas a hipótese aqui levantada é que essa trama invencível armada em torno de seus sujeitos tenha sofrido transformações profundas nos últimos anos (na experiência local), impulsionada por esse fenômeno que se expressa nas facções criminais e que traduz o que se denomina aqui de *articulação da criminalidade*.

É certo ainda que, ao sair da prisão, esse contingente que retorna à periferia acaba dando consecução não só à sua (renovada) carreira criminosa, pautada no negócio do tráfico de drogas ou mesmo no roubo, mas transpondo aos seus territórios de regresso os usos e modos de regulação social empreendidos no universo da prisão (os tribunais do crime, as arbitragens cotidianas, os modos de resolução de conflitos mais mediados, o "debate", entre outros).

Esse conjunto de ações "regulatórias" passa então a compor o repertório das práticas sociais em tais locais, "normatizando" e definindo novas formas de regulação da vida social nesses espaços, como têm flagrado os estudos de Feltran (2008) e Hirata (2010). Vê-se assim, o sentido do *transbordamento da prisão para o mundo urbano e popular* que apontam Telles e Hirata (2007) e suas implicações na instituição gradativa de formas alternativas de ação política e econômica também em territórios que podem ser designados, a exemplo da prisão, de margens, no mesmo sentido em que Foucault (2003), Das e Poole (2004) lhe conferem.

Se a prisão ganha hoje a qualidade de referência urbana não é apenas porque a realidade do encarceramento em massa afete diretamente o cotidiano das famílias, os laços de vizinhança, enfim, as sociabilidades dos territórios de onde advêm seus destinatários, o que contribui certamente para que novas redes e circuitos se constituam a partir da realidade do encarceramento. A prisão é referência sobretudo porque tem passado a efetivamente engendrar rumos bem definidos às trajetórias de seus destinatários, engajando-os a um percurso que se prolonga para além dela própria, o que confere a percepção de que não é o "mundo" que nela se vê reproduzido, mas ela que redefinirá o "mundo" a partir desse momento.

O Estado como protagonista

Para um estudo que pretenda compreender dinâmicas e transformações nas prisões e nas economias criminais urbanas na atualidade, não será possível distanciar-se justamente da noção fundante e ela mesma dinâmica a partir da qual um recente ator, o PCC (e sua representação como *crime organizado*), se engendra: a *gestão dos ilegalismos*. O PCC, de modo mais proeminente, mas também outras facções do sistema prisional que se autodenominam *partidos*, *comandos*, *associações*, *sindicatos*, enfim, só atuam e se reproduzem na prisão e para além dela na medida em que, inseridas na trama dos ilegalismos junto aos seus gestores, articulam presos a atividades criminais que estão diretamente conectadas a economias criminais.

A tudo isso o Estado, por seus representantes encarregados de aplicar a lei e gerir a ordem, não só concorre ou está presente, mas é a peça fundamental, o elemento impulsionador. Sem o Estado, as atividades criminais não passariam de empreitas erráticas, desestruturadas, avulsas, mas é ao comparecer como gestor das atividades proibidas e do campo de práticas que delas decorrem, transacionando mercadorias, distribuindo calculadamente as punições e por fim auferindo lucros e proveitos que ele permanece como o principal protagonista das economias criminais, da gestão dos ilegalismos, da produção da delinquência e, mais recentemente, da articulação da criminalidade.

Vimos como essa gestão foi, no plano da cidade de São Paulo, se reconfigurando ao longo das décadas, mais determinando do que reagindo às mudanças das economias criminais predominantes (frente ao declínio de umas e à emergência de outras). Vimos também como a construção da delinquência urbana, forjada pelo processo extenuado de institucionalização e sujeição da menoridade pobre foi um elemento decisivo na reatualização dessa gestão diferencial, bem como para assegurar a reprodução das economias criminais.

Enquanto no mundo criminal urbano, da central Boca do Lixo às periféricas "biqueiras", essa gestão deixa marcas, senão evidentes ao menos evidenciáveis. É certo que no meio fechado das instituições totais, sua atuação ainda permanece pouco problematizada, obscurecida hoje pela mistificação dos atores que em verdade transacionam com os agentes do Estado nessa economia política dos ilegalismos: as facções prisionais.

Um olhar ingênuo, algo previsível e politicamente útil, emanado de um certo senso comum atribuiria ao Estado uma falibilidade, um acuamento, a incompetência enfim no enfrentamento ao *crime organizado*. Num plano mais demagógico, politicamente orientado, a retórica do medo definiria o cenário atual como o da coexistência de um *Estado paralelo*, fazendo do mesmo modo supor a deficiência do verdadeiro em combater a tal fantasmagórica figura.

Uma avaliação mais detalhada que ponha em foco as dinâmicas sobre as quais advieram as transformações, nas últimas décadas, no campo dos ilegalismos e sua gestão, assim como nas prisões, não poderá sustentar essas explicações.

*****

O Estado constitui, em diferentes instâncias, por seus diferentes agentes, o solo, o referencial sobre o qual o processo que resultou no advento do PCC e de novas formas de articulação criminal eclodiu. Sua presença está marcada desde o início desse processo, é certo: quando esse ator ainda se estabelecia como um pequeno agrupamento de presos que pretendia de um lado reagir à violência institucional dentro das prisões, de outro, regular e normatizar um espaço no qual prevalecia a violência difusa diante da omissão dos agentes públicos nesse universo. Ainda adstrito ao universo prisional, o processo de arregimentação da massa de recrutados, por esse já nem tão pequeno grupo, ao lado da monopolização do comércio de drogas intramuros, se deu nas franjas das mal disfarçadas práticas corruptas e prevaricadoras da gestão prisional e de sua omissão interessada. Certificadas que os muros da prisão encerrariam mais do que de fato podiam conter, as autoridades silenciaram-se na medida de sua conveniência durante a expansão desse processo, até o momento de sua deflagração, pela megarrebelião de março de 2001.

À "surpresa" dos fatos, a articulação para o amotinamento simultâneo de 28 mil presos e 27 unidades prisionais, o Estado, na figura da administração prisional, reagiu com a *norma*, o campo simbólico e exemplar das práticas disciplinares, "esquecendo-se" que elas mesmas e o remoto regime de exceção que instalavam no sistema prisional estiveram na origem desse mesmo agrupamento que pretendiam combater. O *regime disciplinar diferenciado*, RDD, na sua reativação do modelo de castigos do *Piranhão* (TEIXEIRA, 2006, 2009a), prometia o "inimaginável" na experiência prisional brasileira: quebrar o ciclo da corrupção do sistema, atacando a rede de comunicação (e de articulação) dos presos. Emanado de um bem intencionado gestor prisional, esse regime, contudo, não resistiu à *promiscuidade* dos ilegalismos e de sua gestão, à sua força sempre recalcitrante, de cima para baixo. Dias (2011) defende inclusive que o RDD foi central à reacomodação de poderes do PCC a partir de 2001 (ano da criação do regime), desempenhando mais efeitos simbólicos positivos para a facção, do que promovendo seu enfraquecimento.

A expansão extramuros representada mais propriamente pela tomada gradativa pelo PCC das biqueiras nas periferias, deflagrando assim a conquista do monopólio sobre o varejo de droga na capital e na Grande São Paulo, marca também a entrada em cena, junto aos mercados agora extramuros que a facção passa a operar, de um tradicional gestor dos ilegalismos: as forças policiais. Ao se tornar um ator economicamente relevante, sobretudo a partir do início nos anos 2000, o PCC acabou por atrair aos seus negócios as forças de ordem que manejam *tradicionalmente* os ilegalismos, o que passou a exigir da facção uma outra escala de negociações, implicando um jogo mais árduo e complexo do que aquele até então travado com a administração prisional.

Teriam sido inclusive as fraturas desse jogo, mais precisamente o abuso na fixação dos valores exigíveis pelas mercadorias políticas por parte de policiais civis (uma desmesura, por assim dizer, na prática extorsiva), o que motivara os ataques do PCC em maio de 2006, segundo investigações subsequentes teriam apontado. Referidas investigações, conduzidas por um grupo de promotores de justiça destacados ao combate ao crime organizado,[18] elucidaram intricadas redes de negociação entre membros da Polícia Civil e a alta cúpula do PCC, bem como os episódios que detonaram os ataques de maio de 2006, mais precisamente o sequestro do enteado de Marcola (líder do PCC à época) por policiais civis, liberado somente mediante o pagamento, pela facção, de um resgate em razoável quantia em dinheiro.[19] Alguns anos mais tarde, a ONG Justiça Global divulgaria detalhadamente eventos cronológicos expondo essa intricada e remota rede de negociações e extorsões entre as forças policiais e o PCC, destacando-se os achaques da Polícia Civil às principais lideranças da facção, desde 2004 (JUSTIÇA GLOBAL/ IHRC, 2011).

É nesse momento, portanto, que a intensa capilaridade da prisão (seus frenéticos vasos comunicantes entre o dentro e o fora) vem tornar híbridas e polivalentes não apenas as posições e relações no mundo do crime, mas também aquelas pertinentes aos próprios agentes do Estado. Pois, ao se inserir nessa agora complexa economia criminal urbana, operada por uma criminalidade já articulada a partir da prisão, passaram a comparecer múltiplos atores do Estado demarcando suas diferentes posições e interesses. A entrada em cena das forças repressivas extramuros (os policiais) no preciso jogo de gestão desses

18 GAERCO – Grupo de Atuação Regional de Combate ao Crime Organizado.

19 "Policial é preso acusado de chantagear PCC". *Folha de S. Paulo*, 1º maio 2008. "Escuta indica que achaques provocaram ataques do PCC". *O Estado de S. Paulo*, 5 maio 2008.

ilegalismos, exigiu também do outro ator, a administração prisional, que reequacionasse suas próprias estratégias, instalando-se num primeiro momento a ideia da *crise*.

Assim, logo após os ataques de maio de 2006, foi a administração prisional quem se mostrou a parte mais vulnerável nesse jogo de forças, tendo sido afastado o então secretário Nagashi Furukawa da pasta da Administração Penitenciária do Estado, cargo que ocupava desde 1999. Com sua saída, a estratégia que ele adotara, de enfrentamento aberto às facções prisionais, da qual o RDD fora o principal instrumental eleito, também foi abandonada como diretriz política, dando-se início a um novo momento de *relações* entre o Estado e o PCC, intramuros.

O investimento na criação de unidades prisionais para cumprimento de RDD estabeleceu-se como uma prioridade na gestão Nagashi para enfrentamento do PCC e de outras facções, que se traduzia em investimentos de alto custo na instalação de dispositivos de segurança nessas unidades, a exemplo de presídios de segurança máxima. O custo-preso no RDD girava, em 2005, em torno de R$ 3.000,00, quase o triplo do custo preso no sistema em geral àquele tempo (TEIXEIRA, 2009a). Nenhuma só unidade de RDD (como de resto nenhum outro presídio) foi construído desde a saída de Nagashi, em 2006, o que, aliado a "remanejamentos" de lideranças do PCC em unidades bem mais flexíveis que o RDD (como a de presidente Wesceslau) revela uma mudança profunda no modo de *lidar* com o PCC no sistema por parte da administração prisional.

Delegar a gestão da vida

> Eu fui sentindo que o sistema não existe mais, o diretor chamou o líder do PCC lá e falou assim: "eu não quero que minha cadeia vire, ta bom, eu não quero ter problema", ele permite que ele faça o tráfico dele lá desde que ele não tenha problema, e como é um ambiente fechado, uma instituição fechada, quem entra lá pra ver? Ninguém. A corregedoria é muito difícil de ir lá. Pra você ter acesso a um presídio hoje você sabe como é difícil... (Márcio)

O relato acima feito por um ex-preso que permaneceu no sistema prisional paulista de 1996 a 2010, sem contudo integrar o PCC ou qualquer outra facção prisional, refere-se a um processo de transferência gradativa de poderes ao PCC, pelos agentes públicos encarregados da administração prisional. Referido processo, gradativo e contínuo, se aperfeiçoa e se intensifica justamente a partir de meados de 2006.

Para além de evidenciar acordos pontuais realizados entre determinados diretores de unidades e as lideranças prisionais desses locais, trata-se na verdade de uma realização muito mais complexa e abrangente. No interior dos presídios onde há predominância de alguma facção prisional (sendo o PCC na maioria deles), é a própria gestão da pena, que caberia obviamente ao Estado desempenhar, que se transfere a esses grupos. Essa transferência implica desde a gestão dos escassos recursos disponíveis (distribuição de remédios, definição de prioridades de escolta, acomodação dos doentes, alimentação, etc) até aquelas que importam em efetivos dispositivos disciplinares que regem o tempo, o espaço e, enfim, a vida na prisão.

> Márcio: (...) Foi uma delegação de funções mesmo. Sabe aquela coisa pra inglês ver, se não tem rebelião está indo bem.
>
> Entrevistadora: Mas que funções a administração foi delegando?
>
> Márcio: Todas. O diretor de disciplina, por exemplo, ele não precisa mais fazer disciplina, quem faz disciplina é o comando. (...) A blitz, agora, tem uma negociação com a direção da cadeia, é de dois em dois meses, de três em três meses, "só vou dar no raio tal, hoje só vou dar a blitz no raio 3", então a arma que estava no 3 vai pro 5. Mas sempre tem que ter alguma coisinha pra mostrar serviço, tirar foto e colocar no relatório
> (...)Por causa da catequese, a cartilha do PCC, eles passam de cela em cela explicando o seguinte: "olha aqui gente, nós dependemos desses "vermes", essa é a palavra, pra gente poder ter alguma coisa nós precisamos respeitar eles, pra tudo que a gente precisa, se a gente precisa de um AS, de um remédio da enfermaria, então vamos tratar eles com educação". Então tem toda essa admoestação pra educação porque eles precisam manter aquela aparente norma pra poder funcionar o negócio, se não, não funciona. Os presos não têm como passar por cima dessa ordem, mas é claro que tem casos isolados. Por exemplo, teve um caso recente, eu estava em Guaíra antes de ir pro semiaberto. Teve um preso lá que estava insatisfeito com um problema da visita, um problema pessoal, a visita foi lá no fim de semana e não pode entrar, não sei qual motivo, mas na segunda-feira quando abriram-se as portas da cela, ele pegou um cabo de vassoura e na hora que tava abrindo ele pegou o agente e desceu paulada nele. Uma atitude isolada dele. Criou todo um transtorno.
>
> Entrevistadora: E o PCC ficou bravo com ele?
>
> Márcio: Com certeza, aí por causa desse fato olha o que aconteceu: teve que dar uma blitz no presídio, claro. Entraram pra ver se achavam alguma coisa e foram buscar esse cara. Bateram nele, torturam também, pagou lá, pois os

agentes são muito unidos também, torturam esse cara, moeram ele, quebraram. Beleza. Só que além desse problema com a polícia que ele gerou, apanhou e falta disciplinar e tudo mais, ele arrumou um problemão com o crime organizado, por que? Por que quando entraram pra dar uma blitz foram 30 celulares que caíram, entendeu?

Entrevistadora: Prejuízo econômico...

Márcio: Claro, qual o principal prejuízo? O que gira em torno do dinheiro. Eles ficaram revoltados porque eles precisavam acertar certos contatos e o celular não estava mais disponível. Por que quem trouxe a blitz pra cadeia? O cara.

A visita relatada ao CDP de Belém, relatada em meu diário de campo, é bastante ilustrativa dessa dinâmica, em parte descrita por Márcio. A transferência de poderes administrativos e disciplinares pelos agentes do Estado às facções, ao lado, é claro, do desembaraço de restrições sobre as transações ilícitas por elas realizadas na cadeia (conforme apontam os depoimentos citados), é a moeda de troca para o bom funcionamento não apenas da unidade, como de todo o sistema. Na visita ao CDP de Belém, isso fica bastante evidenciado através da completa falta de disposição dos presos em criticarem a direção da unidade, mesmo diante das precárias e brutais condições físicas e estruturais existentes naquele local; condições, aliás, em muito mais precárias do que aquelas que se apresentavam na extinta Casa de Detenção e nas carceragens dos distritos policias, alvos de intensos protestos e rebeliões pela população carcerária até o final dos anos 90.

No sistema de modo geral, essa acomodação de interesses entre a administração penitenciária e as facções prisionais é observada pela diminuição de rebeliões e fugas em todas as unidades, pese o agravamento das condições de encarceramento desde 2006.

Assim, não obstante a população prisional continuar a ascender num ritmo importante (em 2005 eram 140.000 presos no sistema e em dezembro de 2010, 170.916), a partir de 2006 foram abandonadas diretrizes básicas de enfrentamento à questão prisional, tal como a dotação de vagas. Vale destacar que durante o período correspondente ao mandato de Mário Covas no governo (1995 a 2000) e à gestão de Nagashi Furukawa na administração penitenciária (1999 a 2006), a política adotada para responder à crise no sistema – crise essa decorrente em grande medida do encarceramento em massa ainda no final dos anos 90 – foi a expansão física, construindo-se nada menos do que 84 unidades prisionais em seis anos (TEIXEIRA, 2009a). Ainda que se possa discutir a pertinência de algumas estratégias que acompanharam essas medidas, como a de interiorizar o sistema, é indiscutível o ganho estrutural que referida política trouxe, naquele momento, ao sistema carcerário, garantindo a medida essencial do provimento de vagas.

Assim, a questão premente da dotação de vagas foi simplesmente abandonada como diretriz política após a saída de Nagashi na administração penitenciária do Estado. Pelas gestões subsequentes, não houve construção de uma só unidade prisional e tampouco de investimentos básicos nas prisões, o que, diante da gradativa superlotação, sem dúvida contribui para um agravamento geral nas condições físicas e materiais no sistema.

A questão do déficit de funcionários também se insere nessa perspectiva. Durante a gestão de Nagashi Furukawa na Secretaria de Administração Penitenciária (SAP), noticiou-se uma redução de 18 mil funcionários no sistema, que representou também um aumento no número da proporção preso/funcionário, saltando de 2,16 presos para 1 funcionário em 1999 para 3,86 presos para 1 funcionário em 2002 (TEIXEIRA, 2009a). A nova gestão, que assumiu em junho de 2006, passou a vetar o acesso a informações sobre o sistema, antes disponíveis no site da Secretaria, desde 1999. Apenas recentemente alguns dados voltaram a ser divulgados, não incluindo o referente ao número de funcionários.

É perceptível por aqueles que frequentam os presídios e atuam junto à questão carcerária (operadores, agentes de pastorais e por mim própria, a partir de visitas a algumas unidades) uma gradativa redução de funcionários no sistema, tanto agentes penitenciários (ASPs) como técnicos (assistentes sociais e psicólogos), esses últimos em razão da Lei 10.792/03 que passou a dispensar a realização de laudos e pareceres técnicos para a instrução dos benefícios de progressão de regime e livramento condicional.

Tem vigorado assim um modelo pelo qual o Estado, por suas agências de manutenção da ordem e de repressão ao crime, atua como o principal operador da reprodução criminosa e da articulação da criminalidade em todos os ciclos da gestão dos ilegalismos, das ruas à prisão e da prisão às ruas. Primeiramente, recrutando ao espaço da prisão os indivíduos avulsos e desarticulados, em detrimento é certo daqueles que operam os níveis mais estratégicos e destacados da economia criminal e que podem transacionar com as forças de ordem, pagando suas mercadorias políticas. No universo da prisão, empurrando-os à articulação criminosa ou ao menos à sua adesão, como uma condição essencial à sua sobrevivência. Na saída desse universo, o Estado confere a última palavra ao engajamento mais preciso nessa criminalidade agora articulada, diante dos obstáculos interpostos a uma trajetória longe do crime.

Na outra ponta desse sistema prisional gerido por facções, encontram-se, contudo, aqueles poucos que não contam com a "boa-venturança" de serem membros ou simpatizantes desses agrupamentos e que, por essa razão, acabam excluídos não apenas da "massa", como passam a gozar da condição de inumanidade, tal como faz supor a descrição da "cela de seguro" (o *seguro* do *seguro*) do CDP II de Pinheiros, extraída de meu diário de campo. Para os indivíduos lá depositados, a exemplo do *homo sacer* romano e de sua vida nua *exposta à morte e insacrificável* (AGAMBEN, 1998), é da condição de *matável*, decretada pelas normas reatualizadas do mundo do crime, que eclode sua máxima sujeição, operacionalizada não pelos "facínoras" desse mundo, mas pelos honrosos representantes do Estado nas prisões. Desse modo, agentes do Estado e criminosos (hoje representados pelas facções criminais) manejam juntos às múltiplas sujeições e à constante exposição à morte que se impõem a esses sujeitos, produtos menos visíveis, mas nem por isso menos desejáveis, da versão atualizada da gestão dos ilegalismos.

CAPÍTULO VI

A gestão contemporânea do crime na cidade de São Paulo

A lei e a ordem têm suas franjas, que não são regiões recalcitrantes ou mal controladas que eles (os detentores de dinheiro ou poder) buscariam arrancar dos adversários; elas são para eles as condições de seu exercício real. Para tornar coletivamente aceitável essa relação de poder que é a lei, é preciso que o ilegalismo da delinquência seja conservado com cuidado e organizado como perigo permanente. O amor pela lei, ou pelo menos a docilidade geral, se compram ao preço dessas cumplicidades, afinal pouco custosas. O teatro polícia-delinquência que ocupa um lugar tão amplo em tudo que se lê e vê desde o século XIX, é um dos complementos e dos contrapesos indispensáveis ao sufrágio universal. Para que a lei possa valer comodamente em sua violência secreta, para que a ordem possa impor coações, é preciso que haja, não nas fronteiras exteriores, mas no próprio centro do sistema, e como uma espécie de jogo para todas as suas engrenagens, essas zonas de "perigo" que são silenciosamente toleradas e depois magnificadas pela imprensa, pela literatura policial e pelo cinema. E pouco importa que o criminoso, ali, seja apresentado como um herói da revolta pura, ou como um monstro humano apenas saído das florestas, com tanto que ele faça medo.

(Michel Foucault, *Ditos e escritos IV*, p. 148)[1]

---

1 Extraído do prefácio elaborado por Foucault para o livro de Bruce Jackson, *Leurs prisions. Autobiographies de prisionniers américains.* Paris: Plon, 1975.

Este capítulo foi concebido para aduzir a dinâmica contemporânea do crime ordinário urbano e de sua gestão, no âmbito da cidade de São Paulo. Para tanto, a primeira questão que se procurou formular foi com referência às prisões em flagrante efetuadas na capital, a fim de (re)conhecer de que maneira elas se distribuem no espaço da cidade, quais as principais condutas criminais são objeto dessas prisões e segundo qual perfil de agentes recrutados. A partir dessas informações, a ideia foi obter um retrato, através de uma parcela do trabalho policial, não das curvas e tendências da criminalidade oficial, empreendimento a qual se prestam as ocorrências criminais, mas de quais ilegalismos têm sido alvo das prisões em flagrante, e como eles e elas se distribuem no âmbito da cidade, tomando como referência a noção de centro e periferia que tem sido até aqui mobilizada para descrever as mudanças nas economias criminais urbanas nos últimos cinquenta anos. Com relação ao perfil dos recrutados, embora os dados estatísticos sejam uma fonte limitada para essa natureza de informação, foi possível identificar as principais e mais gerais variáveis como sexo, idade, naturalidade, que, cruzadas por crimes e segundo regiões, fornecem um primeiro esboço dessa dinâmica em que se inscrevem hoje os crimes e sua gestão (pela prisão) na cidade. Permite ainda comparar referidos dados com as informações já consolidadas referentes à população prisional (em sua maioria já condenada), aferindo-se, assim, alguns indicadores a respeito do fluxo dos indivíduos presos em flagrante no interior do sistema penal.

Obtido esse primeiro quadro geral das prisões em flagrante no contexto da cidade – prisões essas que consistem hoje na grande porta de entrada ao sistema prisional –, procurou-se, a partir desse panorama, acessar um segmento importante dos indivíduos-alvo do trabalho policial, para deles obter a descrição de como essa dinâmica dos ilegalismos e sua gestão se operacionalizava, amiúde, em diferentes contextos e sobre diferentes mercados criminais. Desse empreendimento, resultado de entrevistas realizadas com dezenove adolescentes internados na Fundação Casa, se ocupará a segunda parte deste capítulo. Designados aqui como *sub-personagens*, esses adolescentes narraram suas trajetórias no mundo do crime, suas relações e negociações com os *personagens* dos ilegalismos (os criminosos adultos e as forças de ordem), assim como seu renovado assujeitamento frente a uma também renovada economia de ilegalismos. Por essa razão, seus depoimentos acabam por se converterem em relatos pungentes, que nenhum dado quantitativo poderia revelar e nem a mais acurada investigação policial ou judicial se arriscaria a produzir.

No exagero de sua autoconstrução heróica, facilmente dedutível da inocência mal disfarçada de seu *testemunho*, esses adolescentes retornam ao centro da cena criminal urbana, descrevendo um a um os passos dos diferentes circuitos criminais em que transitam no contexto da cidade, revelando a rede de incontáveis participantes que integram esses circuitos, dentro e fora do mundo do crime. Do roubo aparentemente avulso que mobiliza um lucrativo e remoto mercado de receptadores, cuja heterogeneidade dependerá das mercadorias subtraídas e dos acordos sempre cambiantes com as forças de ordem. Do furto e roubo de automóveis e seu destino atrelado ao sempre tolerado mercado de veículos e peças automotivas roubadas que se instala, sem disfarces e por muitas mediações, nas periferias da cidade. Da violência policial cotidiana, emanada dos diferentes gestores da ordem (policiais militares, policiais civis e guardas civis metropolitanos), cujo princípio organizador é sempre a militarização. Do abandono escolar; das figuras borradas de autoridade; das impressões fortemente oscilantes sobre o "Comando"; do trabalho disciplinar das biqueiras como verso e reverso da ideia de liberdade; do uso de drogas e dos insaciáveis sonhos de consumo. Do escárnio de tudo isso, que só a adolescência poderia produzir.

Primeiramente, os dados sobre as prisões em flagrante.

O QUE DIZEM OS DADOS: QUEM É PRESO, ONDE SE PRENDE E PELO QUE SE PRENDE

Como já exposto na introdução deste trabalho, a fim de obter um retrato da gestão do crime na cidade, busquei acessar as informações concernentes às prisões em flagrante segundo sua distribuição geográfica, bem como os tipos dos delitos, dos presos e o perfil dos presos. Para tanto, solicitei acesso aos registros desses dados no órgão encarregado por sua produção e divulgação, a Secretaria de Segurança Pública do Estado (SSP/SP).

O que me foi disponibilizado para fins estritamente acadêmicos se referiu ao total de prisões em flagrante na cidade de São Paulo, efetuadas no primeiro trimestre de 2009, e a partir das variáveis mencionadas. Como meu objetivo era acessar as informações pertinentes às prisões em flagrante, elas e seus sujeitos (os presos) foram minha unidade de análise e não o total de crimes, que é superior às prisões. Assim, a base continha um total de 9.907 prisões em flagrante e 14.990 crimes, sendo 1,65 a média de crimes por flagrante. Nos casos em que havia mais de uma modalidade criminal, optou-se pela mais grave, aquela que logicamente teria ensejado a prisão. Não houve casos em que as duas ou três modalidades delitivas correspondiam a crimes da mesma gravidade. Como se verá, o percentual de casos não informados, para as variáveis selecionadas, não ultrapassou 1,5% dos registros, permitindo assim um aproveitamento praticamente integral da base de dados.

Com referência à representatividade de tais dados, relativos a um trimestre apenas de 2009, deve-se tecer algumas considerações. Primeiramente, é importante destacar a paridade entre o total de pessoas detidas em flagrante nesse trimestre e nos antecedentes e subsequentes, tomando-se como referência uma série de cinco anos, segundo dados disponíveis no sítio da SSP/SP e reproduzidos na tabela abaixo:

TABELA 35
Presos em flagrante por trimestre
capital – 2007 a 2011

	Trimestres			
Anos	1° trim.	2° trim.	3° trim.	4° trim.
2007	6.440	6.573	6.502	6.421
2008	6.322	6.971	7.235	6.052
2009	6.807	7.913	7.375	7.667
2010	7.063	6.907	7.000	6.401
2011	6.863	7.528	7.345	*

*Dado ainda não disponível
Fonte: Secretaria de Segurança Pública do Estado de São Paulo.

Inicialmente, ressalte-se que a diferença observada entre o total de presos em flagrante no primeiro trimestre de 2009, divulgado pela SSP/SP (6.807), e o total de prisões em flagrante aduzido a partir da base de dados fornecida por essa Secretaria, referente ao mesmo período (9.907), deve ser tributada ao fato de que na base enviada não foram excluídos os presos menores de 18 anos. Como se verá na tabela 37, as prisões de adolescentes incluídas nessa base correspondem a 2.452 casos, praticamente o correspondente à diferença observada.

Nota-se assim que o período tratado neste capítulo, o primeiro trimestre de 2009, apresenta uma incidência de prisões em flagrante compatível com os demais trimestres, o que afasta uma eventual atipicidade do período tratado.

Por outro lado, assim como já discutido na introdução deste trabalho, a apresentação dos dados de prisão em flagrante, segundo variáveis espaciais e relativas a crimes e perfil sociodemográfico, consiste na tentativa de repor e atualizar uma realidade que permanece há mais de setenta anos sem divulgação no Estado. Pelo que sua exposição e seu tratamento neste estudo contém uma importância que advém sobretudo do fato de oferecer um retrato sobre as prisões em flagrante na cidade que permanece, até o momento, oculto.

Os dados das prisões em flagrante segundo sexo, idade e natureza de crimes

TABELA 36

Prisões em flagrante segundo sexo dos detidos
capital - 1º trimestre de 2009

Sexo	Número absoluto	%
Feminino	682	7,5
Masculino	8.313	91,4
Não informado	102	1,1
Total	9.097	100,0

Fonte: Secretaria de Segurança Pública do Estado de São Paulo.

Como se depreende da tabela 36, os homens constituem a imensa maioria entre os presos em flagrante, mas se nota que o percentual de mulheres nessas condições (7,5%) é ligeiramente superior ao de mulheres encarceradas no sistema prisional em todo o estado (que é da ordem de 5%, segundo dado de INFOPEN, 2010). Uma possível explicação para essa maior incidência está no fato de, como veremos adiante, uma parcela significativa das detidas em flagrante responder pelo crime de furto que, por sua menor gravidade, resulta menos frequentemente em condenações à prisão no regime fechado. Do mesmo modo, é possível supor uma maior incidência desse delito na capital do que no interior, hipótese, contudo, que somente seria aferida a partir dos dados de prisão em flagrante nos demais municípios do estado.

TABELA 37

Prisões em flagrante segundo faixa etária dos detidos
capital - 1º trimestre de 2009

Faixa etária	Número absoluto	%
Menor que 18 anos	2.452	27,0
Maior que 18 anos	6.499	71,4
Não informado	146	1,6
Total	9.097	100,0

Fonte: Secretaria de Segurança Pública do Estado de São Paulo.

A tabela 37, relativa à faixa etária dos detidos em flagrante, suscita uma informação que merece esclarecimento. A princípio apenas os maiores de 18 anos podem ser presos e processados criminalmente, sujeitando-se os *menores* de 18 e maiores 12 anos, na sua condição de adolescentes infratores,[2] a medidas socioeducativas, cuja mais grave é a de internação. Assim, não podem ser presos em flagrante, mas *apreendidos* provisoriamente e enviados à justiça especial da infância e juventude, não sendo computadas essas detenções, em regra, numa contabilidade policial.

Contudo, 27% de todas as prisões em flagrante registradas na cidade no primeiro trimestre de 2009 correspondiam a menores de 18 anos (tabela 37). Desses 27%, que correspondem a 2.452 adolescentes, 75% foram detidos desacompanhados ou com outros *menores*, e 25% foram presos juntamente a maiores de 18 anos.

Referido dado é superior àquele constatado por Teixeira e Salla (2013) para os anos de 2010 e 2012 a partir dos dados trimestrais divulgados pela SSP/SP. Segundo a base fornecida, as apreensões de adolescentes (provisórias e definitivas) corresponderiam a 16% de todas as prisões realizadas na capital no período.

De todo o modo, ambos os dados, os de 2010-2012 e o de 2009 apresentado neste estudo, são indicativos de uma sobrerrepresentação de adolescentes nas práticas estatais de detenção provisória, ao mesmo tempo em que não pode deixar de revelar sua participação (mesmo que potencialmente acessória) nas práticas criminas que mais resultam em prisão. Não é possível perder de vista ainda que esses dados podem sugerir aspectos de uma maior vulnerabilidade dos adolescentes ao recrutamento detentivo pelas forças da ordem, explicável pelos escassos recursos que tendem a dispor para transacionar junto os gestores dos ilegalismos.

A revelação desse dado foi de crucial importância para este estudo, indicando que na reestruturação das economias criminais no plano da cidade também está em curso um renovado processo de divisão do trabalho criminal que tende a recolocar o adolescente no centro mesmo da dinâmica do crime e de sua gestão, ainda que para desempenhar, uma vez mais, um protagonismo *assujeitado,* como veremos adiante.

---

2 O ECA – Estatuto da Criança e do Adolescente afasta o termo *menor* para se referir às crianças e a adolescentes e nomeia os crimes cometidos pelos últimos de atos infracionais, sem contudo adjetivar os adolescentes que cometeram tais atos. Em caráter mais recente, por volta da década de 2000, militantes e profissionais da área, formuladores e executores de políticas públicas a esse segmento, passaram a empregar a terminologia *adolescente em conflito com a lei* para se referirem aos infratores. Optei por adotar a terminologia que mais se aproxima do ECA, adolescente infrator, por entender que a noção de infração é muito mais objetiva e referente ao crime e à condição de sujeito a uma medida socioeducativa do que *em conflito com a lei,* que pode expressar uma multiplicidade de estados e ações, embora reconheça que a criação da expressão vise oferecer um contraponto ao estereotipo do crime e da delinquência, e nesse sentido tem sua coerência e seu valor.

TABELA 38

Prisões em flagrante segundo crimes em percentuais capital - 1º trimestre de 2009

Crimes	Número absoluto	%
Homicídio	128	1,4
Tráfico	1.352	14,9
Roubo	2.991	32,9
Furto	1.832	20,1
Porte de arma	527	5,8
Receptação	442	4,9
Outros	1.825	20,0
Total	9.097	100,0

Fonte: Secretaria de Segurança Pública do Estado de São Paulo.

Quanto às prisões em flagrante por tipo de crimes (tabela 38), nota-se que o roubo mantém a superioridade entre os demais, chegando a representar 32,9% dos casos, sendo seguido pelo furto, 20%. Juntos, são responsáveis por mais da metade das prisões em flagrante (52,9%), atestando a perspectiva da primazia da criminalidade patrimonial avulsa ao recrutamento à prisão, como discutidos nos capítulos precedentes. Como veremos adiante, essa criminalidade mantém-se mais significativa nas áreas centrais da cidade, o que reforça ainda a ideia de sua dispersão, em oposição a uma lógica articulação que estaria mais adstrita a atividades envolvendo economias criminais, como o tráfico de drogas.

O tráfico de drogas é a terceira incidência mais representativa das prisões em flagrante. Embora seus 14,9% indiquem um aumento importante no seu suposto enfrentamento, essa cifra corresponde a menos da metade das prisões por roubo. Referido dado é inferior ainda ao percentual de indivíduos que cumpriam pena por tráfico de drogas no sistema prisional paulista em 2010, que era de 22%.[3] Observa-se assim, tomando-se a perspectiva de fluxo, uma inversão de padrão entre o furto e o tráfico através do sistema de justiça: o furto decresce de 20% (presos em flagrante) para 12% (presos no sistema carcerário), enquanto o tráfico ascende de 14,9% para 20%. É possível ainda concluir que se há uma maior repressão ao tráfico nos últimos anos, ela tende a ser mais tributária do comportamento do sistema de justiça (agravamento de condenações) do que do trabalho policial em si.

3 Conforme apresentado no capítulo 4.

TABELA 39

Prisões em flagrante por crime segundo sexo dos presos em percentuais na capital 1º trimestre de 2009

Crimes	Feminino		Masculino	
	Número absoluto	%	Número absoluto	%
Homicídio	8	1,2	120	1,4
Tráfico	161	23,6	1.183	14,2
Roubo	120	17,6	2.837	34,1
Furto	207	30,4	1.608	19,3
Porte de Arma	7	1,0	519	6,2
Receptação	16	2,3	421	5,1
Outros	163	23,9	1.625	19,5
Total	682	100,0	8.313	100,0

Fonte: Secretaria de Segurança Pública do Estado de São Paulo.

O cruzamento dos crimes por sexo dos presos em flagrante (tabela 39) revela parte importante das diferenças nas trajetórias criminais entre homens e mulheres. Às mulheres, minoria absoluta entre os detidos (7,1%, tabela 36), o furto emerge como a maior causa de aprisionamento em flagrante (30,4%, tabela 39), e não o tráfico de drogas, como se supõe, dada a prevalência de mulheres condenadas por esse tipo de crime. Se o percentual de mulheres no sistema prisional paulista em razão do tráfico chega a 49% (DEPEN/MJ), às prisões em flagrante de mulheres o tráfico é responsável por "apenas" 23,6% (tabela 39).

Como já mencionado, em muito essa discrepância pode ser explicada pela baixa incidência de condenação do furto a penas de prisão em regime fechado, o que o mínimo dado de mulheres no sistema prisional por esse delito vem a comprovar, que é de 3,3% (DEPEN/MJ). Nota-se que a diferença entre detidas em flagrante por furto (30,4%, tabela 39) e as que realmente remanescem no sistema prisional (3,3%) é abissal, o que nos leva à conclusão de que, em proporções ainda muito maiores aos homens, as mulheres acabam não sendo condenadas à prisão pelo delito de furto, em sua imensa maioria. A explicação para esse fato pode ser encontrada no tipo de furto cometido pelas mulheres, e que tem, contemporaneamente, se traduzido como um fenômeno de grande incidência na cidade: furto de mercadorias de pequeno valor, em geral alimentos e produtos de higiene, expostos no comércio. Referido fenômeno tem chamado a atenção de movimentos de diretos humanos, em especial de militantes pelos direitos das mulheres encarceradas, que têm apontado para o abuso policial e muitas vezes judicial que tais prisões representam, dada a demora das decisões e a permanência prolongada dessas mulheres no cárcere por crimes que poderiam ser definidos como "famélicos" ou de "bagatela", o que acionaria um princípio em direito penal denominado "princípio da insignificância".

Por ora, ao menos no Estado de São Paulo esse debate não tem avançado no sistema de justiça, que não se posiciona, em sua maioria, pelo reconhecimento desses furtos na chave da insignificância, mas, ao final do processo, se vê compelido pela própria pouca lesividade do crime, a conceder penas mais brandas que a prisão.

Destaca-se o fórum de militância Grupo de Estudos e Trabalho Mulheres Encarceradas, e de advogadas que têm patrocinado, gratuitamente, diversas causas de mulheres presas e acusadas por crimes desse gênero. O documentário *Bagatela*, da cineasta Clara Ramos, lançado em 2009, é um retrato bastante fiel dessa realidade, inclusive por apontar as consequências nefastas que o encarceramento provisório de tais mulheres inflige não apenas a elas, como a suas famílias, já que essas mulheres, em sua imensa maioria, exercem a chefia de família.

Como a discussão jurídica não é obviamente o foco deste trabalho, interessa reter aqui o que as diferenças abissais entre percentuais de mulheres presas provisoriamente por um determinado delito, de um lado, e sua liberação massiva no curso do processo penal, de outro, podem nos revelar sobre a dinâmica contemporânea da gestão dos ilegalismos. A questão que emerge é, assim, em que medida a prisão em flagrante desse alto contingente de mulheres acusadas de cometer furtos de bagatela, que depois são liberadas ao longo ou ao final do processo, acaba por reativar as longínquas funções de controle social dirigidas a parcelas empobrecidas da população, cujo exemplo até hoje mais pungente, na experiência nacional, foram as detenções correcionais. É possível questionar, no limite, se a prisionalização massiva de mulheres por pequenos furtos não desempenharia, pelo menos em parte, as funções daquelas remotas práticas policiais ilegais, porém incorporadas à rotina judicial.

Quanto ao tráfico de drogas, os 23,6% de prisões em flagrante de mulheres por esse delito é superior aos 14,2% dos homens (tabela 39), o que pode sugerir, tal como no caso dos adolescentes, a maior vulnerabilidade das mulheres a uma prisão, face às próprias atividades por ela desempenhadas na economia da droga (papéis secundários e de maior exposição), como também o fato da escassez de recursos que dispõem à negociação com as forças de ordem.

O roubo aparece como a terceira causa de aprisionamento em flagrante de mulheres, correspondendo a 17,6%, o que reafirma uma participação reduzida de mulheres em crimes que mobilizam o uso imediato da violência, embora sua incidência não seja de modo algum desprezível.

Como se distribuem as prisões em flagrante no espaço da cidade

MAPA 1

Distribuição dos flagrantes na capital – 1º trimestre de 2009

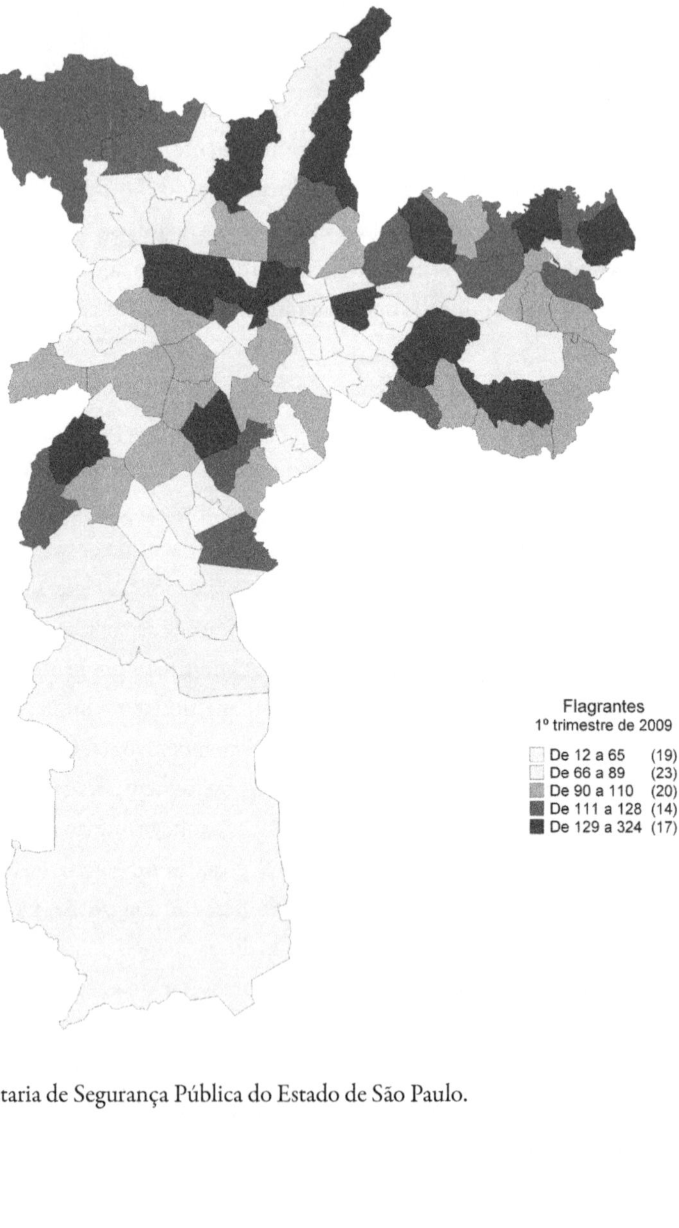

Fonte: Secretaria de Segurança Pública do Estado de São Paulo.

O mapa acima traduz o total de prisões em flagrante efetuadas no primeiro trimestre de 2009, distribuído pelos distritos policiais da capital.

A região central (incluindo os bairros nobres de Pinheiros, Lapa e Vila Mariana) apresenta alguma prevalência, que chega, contudo, a se aproximar de alguns distritos da região leste (tanto na extrema periferia como é o caso do Itaim Paulista, quanto menos periféricos como Aricanduva) e do extremo Norte como a parte mais ao leste do distrito do Jaçanã. A região do extremo Sul, relativa à Capela do Socorro e Parelheiros,[4] menos povoada, responde pelas menores cifras de flagrantes na cidade.

4 Segundo os dados de projeção de população residente, disponível no sítio da Fundação Seade, no primeiro semestre de 2009 os distritos referidos apresentavam os seguintes totais: Pinheiros: 65.157; Vila Mariana: 129.832; Lapa: 65.218; Itaim Paulista: 222.880; Jaçanã: 94.379; Capela do Socorro: 37.945; e Parelheiros: 128.342. Quanto a esse último, embora relativamente populoso, diante da extensão de sua área é escassamente povoado.

MAPA 2

Distribuição dos flagrantes por roubo na capital – 1º trimestre de 2009

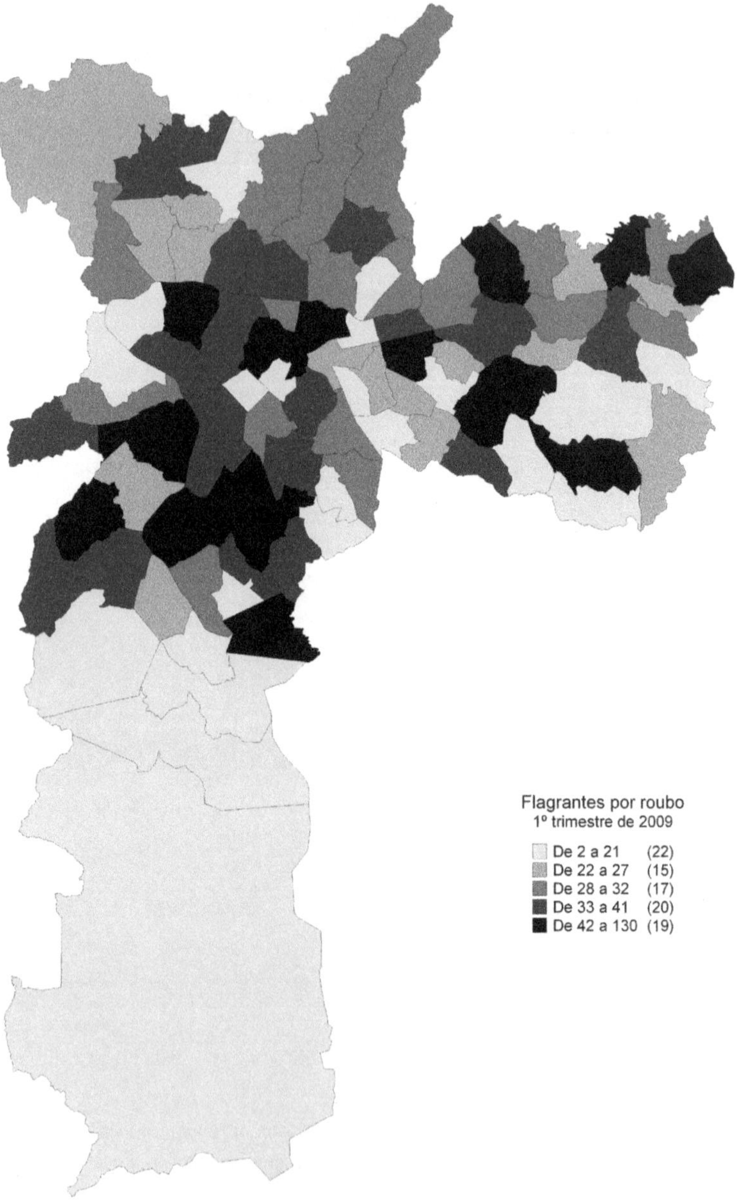

Fonte: Secretaria de Segurança Pública do Estado de São Paulo.

Quando se dividem os flagrantes por crimes, as diferenças geográficas tendem a se evidenciar mais nitidamente. No mapa acima, as prisões por roubo se concentram na região relativa ao "centro expandido", ou seja, o distrito da Sé acrescido aos distritos de Pinheiros, Vila Mariana, Lapa e as porções mais ao centro dos distritos de Santo Amaro, Santana e Butantã. Registre-se que embora tais distritos apresentem uma baixa concentração populacional residente,[5] se tratam de áreas de grande circulação, justamente por se referirem ao centro financeiro e comercial da cidade, bem como também são regiões em que há maior concentração de renda, o que ajuda a pensar sobre a prevalência do crime patrimonial de roubo nessas áreas.

Há pontos de maior concentração de flagrantes por roubo também em áreas mais periféricas, como parte dos distritos de Itaim Paulista, São Miguel Paulista, e o norte de Cidade Ademar, como também nas menos periféricas Penha, Aricanduva e parte da Mooca. No caso dos três primeiros distritos, além da alta concentração populacional residente,[6] seu perfil é em tudo oposto àqueles que representam o centro expandido, suscitando por certo outras matrizes explicativas a justificar a alta concentração de flagrantes por roubo nessas áreas.

De todo o modo, a prevalência dos flagrantes por roubo tende a ocorrer na região central, diminuindo sua incidência junto aos pontos periféricos, o que indica tanto a maior ocorrência delitiva nas regiões mais urbanizadas e abastadas da capital, como e sobretudo o maior policiamento ostensivo (visando à repressão desse tipo de crime pela prisão) nessas regiões.

5 A projeção populacional para os mencionados distritos, no mesmo período de 2009, era a seguinte: Sé: 23.241; Santo Amaro: 70.578; Santana: 119.355; Butantã: 54.080 (Fundação Seade). Quanto aos demais, vide nota anterior.

6 A projeção populacional para os mencionados distritos, no mesmo período de 2009, era a seguinte: São Miguel Paulista: 92.614; Cidade Ademar: 264.194 (Fundação Seade). Quanto aos demais, vide nota 6.

MAPA 3

Distribuição dos flagrantes por tráfico na capital - 1º trimestre 2009

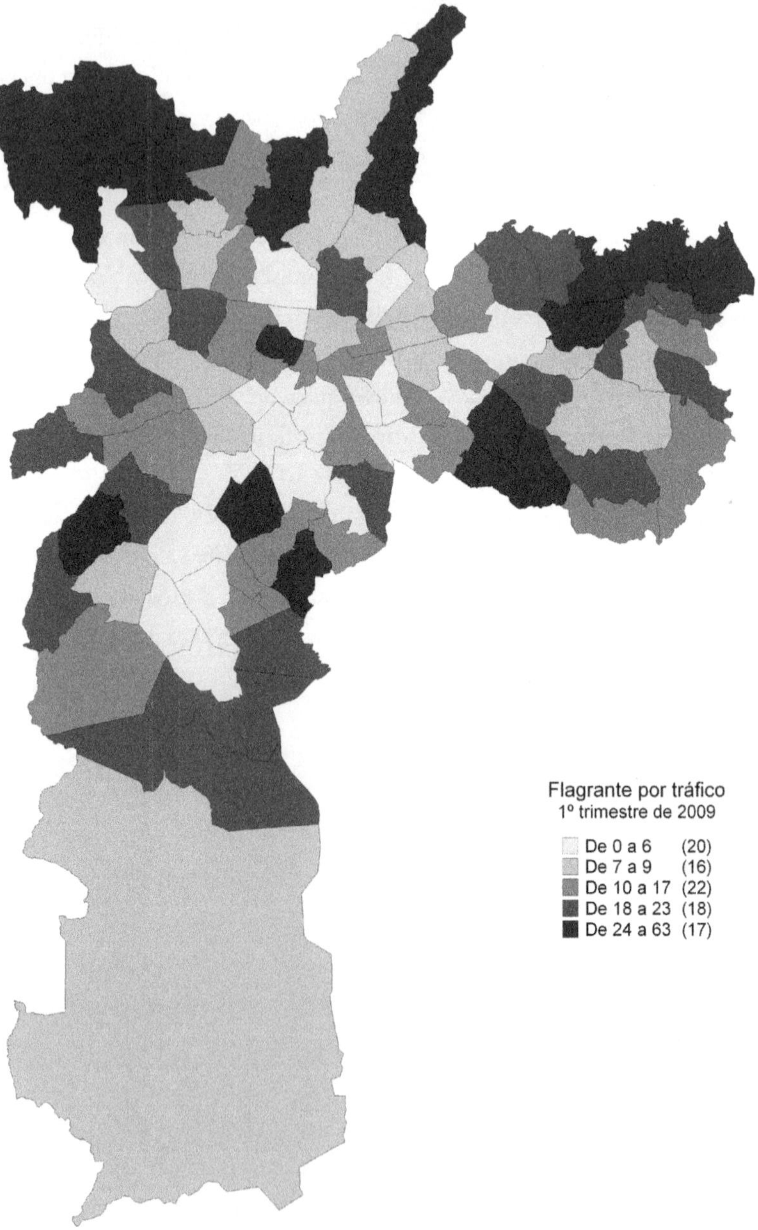

Fonte: Secretaria de Segurança Pública do Estado de São Paulo.

Já com relação aos flagrantes por tráfico, sua distribuição obedece a um princípio diametralmente oposto ao do roubo. A concentração de prisões ocorre nas regiões mais periféricas, diminuindo a incidência quanto mais se aproxima das áreas centrais. Os distritos de Perus (extremo Noroeste), Itaim Paulista, São Miguel Paulista, Jaçanã, São Mateus, parte do Campo Limpo e de Cidade Ademar[7] concentram o maior número de flagrantes por esse delito, observando-se em outras áreas periféricas um percentual também significativo.

Quanto às regiões mais centrais, embora ocorram pequenos pontos de alta concentração (parte da Sé e de Santo Amaro), a mancha clara nos distritos do "centro expandido" indica o movimento oposto ao do delito patrimonial de roubo no âmbito da cidade. Em muito esse cenário é tributário do enraizamento da economia da droga junto às periferias da capital, fenômeno que se inicia mais decisivamente nos anos 90 e se consolida nos anos 2000, mas suas matrizes explicativas não se esgotam nele. Isso porque, embora o comércio varejista da droga se distribua regularmente pelos territórios da periferia (com exceção aos escassamente povoados distritos do extremo sul), a prevalência das prisões em alguns deles possivelmente se explique menos pelas atividades do tráfico em si e mais pelas lógicas sempre cambiantes que acompanham esse mercado, ou seja, as variadas transações com as forças de ordem que marcam a gestão dos ilegalismos, segundo cada um desses territórios.

7 A projeção populacional para os mencionados distritos, no mesmo período de 2009, era a seguinte: Perus: 79.243; São Mateus: 155.159; Campo Limpo: 209.182 (Fundação Seade). Para os demais, verificar notas anteriores.

MAPA 4

Distribuição flagrantes por furto na capital – 1º trimestre 2009

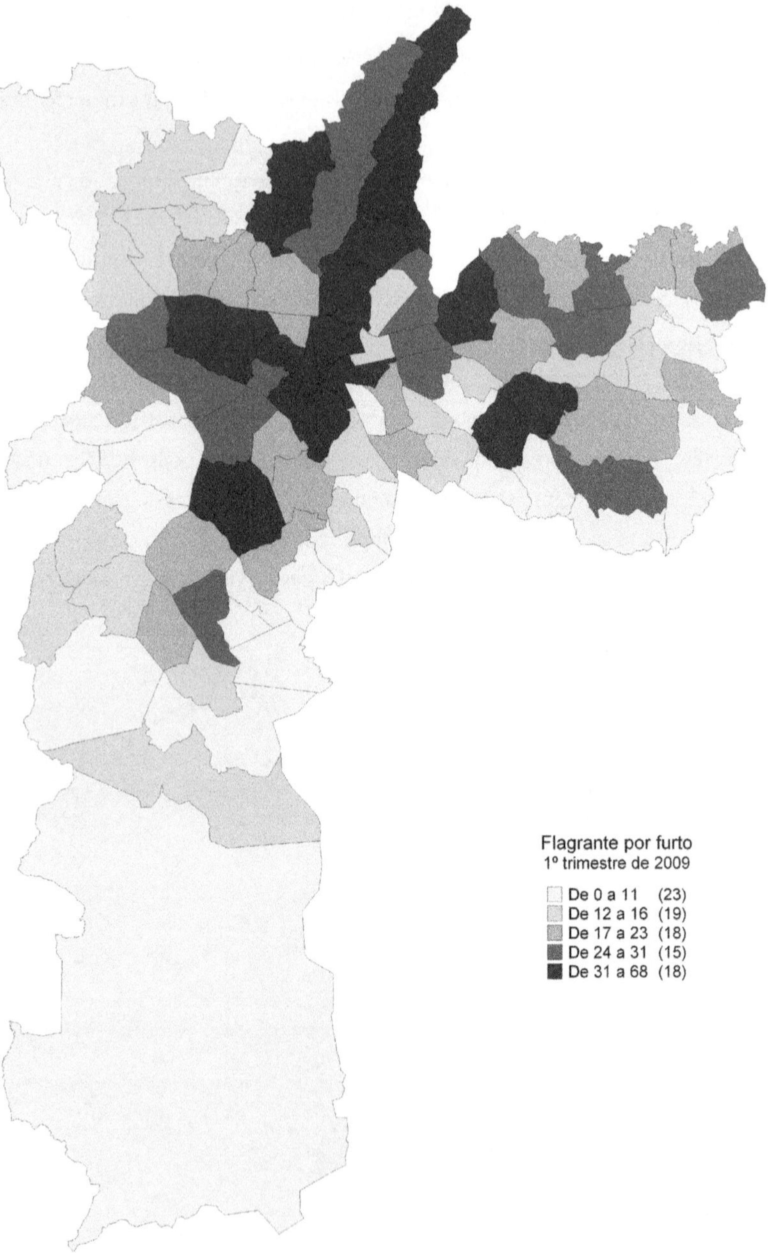

Fonte: Secretaria de Segurança Pública do Estado de São Paulo.

As prisões em flagrante por furto são aquelas que mais desafiam uma análise mais consistente tendo como referência a noção de centro-periferia. Tal como o roubo, também o patrimonial furto tende a se concentrar mais nas áreas centrais, no entanto sua faixa se distribui mais intensamente de parte do centro ao norte e extremo norte da cidade, havendo também uma proporção significativa de casos na região leste e na parte mais ao norte da região sul (mais povoada), embora em menor intensidade. Nas demais regiões, a incidência das prisões por furto é baixa, se comparada ao tráfico e ao roubo.

Vale lembrar que se trata de prisões em flagrante e não de ocorrências, e sendo o furto um delito patrimonial sem violência ou ameaça, além de sua subnotificação tender a ser alta (sobretudo quando os bens subtraídos forem de pouco valor), a prisão de seus autores acaba por ocorrer, via de regra, quando o delito é frustrado em sua execução. Do mesmo modo, as probabilidades de uma prisão em flagrante por esse crime estarão condicionadas a uma miríade de diferentes circunstâncias: a natureza do bem furtado (documentos, automóveis, peças automotivas, dinheiro, celulares, etc), do local em que se dá o furto (a rua, estabelecimentos comerciais, residenciais, etc) e do policiamento existente nas regiões. Do mesmo modo, a gestão diferencial dos ilegalismos atuará fortemente sobre esses delitos (a exemplo dos dois anteriores), convertendo-se a prisão, em muitas situações, no resultado de uma frustrada negociação com as forças de ordem, na qual as mercadorias ilícitas não lograram ser efetivamente transacionadas, segundo o que se poderá depreender dos depoimentos a seguir apresentados.

O que dizem os sub-personagens: adolescentes infratores

Quando, no capítulo 3, trabalhou-se com a noção de emergência da *delinquência urbana* no contexto da cidade de São Paulo, em meados dos anos 70, procurou-se demonstrar como foi em torno do *menor,* enquanto produto extenuado de um longevo processo de sujeição pelos aparatos de repressão, que se armou todo o problema da violência e da insegurança àquele momento.

O *menor*, figura até então acessória, embora extremamente funcional aos ilegalismos e sua gestão, passa então a encarnar o protótipo da delinquência ao aderir a um também emergente fenômeno criminal de massa àquele momento, a trombada, um tipo de roubo de rua que mobilizava padrões de violência até então incomuns aos crimes patrimoniais cometidos no espaço da rua.

É certo, contudo, que na passagem do *punguista* ao *trombadinha*, o *menor*, agora *de rua*, manteve sua condição de assujeitado, bem como seu papel estratégico ao funcionamento dos ilegalismos e sua gestão, com a diferença apenas de que, ao encarnar as representações da violência urbana por excelência, teve contra si mobilizados o ódio e a revolta sociais que se traduziram em diversos episódios de execuções sumárias nos quais sua figura tornou-se o alvo preferencial. Embora no epicentro da cena criminal urbana, manteve-se essencialmente um *sub-personagem,* tanto da trama dos ilegalismos, como de sua própria história.

Quase quarenta anos separam a emergência desse fenômeno (a delinquência urbana) das configurações urbanas e criminais que marcam os dias atuais. Profundas transformações políticas, econômicas, urbanas e criminais, ao longo de todos esses anos, desafiam, por certo, os problemas e as explicações que se armaram em torno daquele fenômeno, cuja designação, *delinquência*, tem hoje seu sentido reconfigurado. A própria gramática que constituía os referenciais a partir dos quais se descrevia e se articulava a questão social (*marginalidade, exclusão, favela, espoliação urbana*) foi cedendo lugar a um campo conceitual que oferece certamente um outro espectro de "soluções" a essa questão, muito mais gestionárias do que propriamente políticas (*empoderamento, engajamento, intervenção, comunidade*). No curso dessa mudança conceitual, o termo *menor* como designação da infância pobre, abandonada, de rua, criminosa, foi substituído por *adolescente infrator*, através inclusive de um novo estatuto legal que passou a reconhecer, formalmente, mais direitos a esse público do que qualquer outro que o tenha precedido: o Estatuto da Criança e do Adolescente de 1990.

No processo de profundas transformações urbanas que marcou a cidade de São Paulo a partir dos 90, a periferia expandiu-se, consolidou-se, reconfigurou-se, assim como a própria cidade, redesenhando-se ainda noções e práticas como a de *mobilidade urbana.* A economia da droga enraizada nessas periferias impactou profundamente os modos de vida (socioeconômicos, culturais e políticos) e as sociabilidades das populações que habitam esses territórios, e com eles a definida partilha entre o mundo do trabalho e o mundo do crime que regia esses territórios (FELTRAN, 2008).

A pauperização extrema de milhares de famílias nos anos 70, que empurrava grandes contingentes de *menores* das favelas na periferia às ruas do centro, num caminho sem volta (processo que estava na base da biografia de muitos dos *menores de rua*), hoje cede lugar a outras dinâmicas que engendrarão também outras histórias e novas relações entre os adolescentes, a cidade e os ilegalismos, mais marcadas pela *mobilidade.* Ao mesmo tempo em que hoje transitam mais facilmente pelo espaço da cidade (da periferia ao centro e de volta à periferia), também transitam entre o crime, a escola, a família, o trabalho precário e a prisão, relativizando, por certo, o significado de cada uma dessas categorias e instituições.

No processo que resultou na reestruturação dos mercados e economias criminais a partir de meados dos anos 90, os adolescentes passaram a exercer ainda mais exponencialmente a função de um exército de reserva de mão de obra criminal (o que os dados de prisões em flagrante estão a demonstrar). Ao mesmo tempo, esse exército também demonstra estar disposto a desempenhar, nem sempre de modo disciplinar, é certo, as atribuições (ou oportunidades) que lhe são oferecidas a partir de uma renovada divisão social do trabalho criminal.

Embora seu lugar nessa ordem criminal seja definido a priori (as piores funções, as mais arriscadas) e pautado, portanto, pela precariedade, também aqui os adolescentes parecem transitar entre as diferentes atividades criminais, recusando, via de regra, um percurso único. Assim, sua trajetória criminal é marcada, com muita frequência, pelo trânsito entre o trabalho do tráfico quase disciplinar nas biqueiras das regiões onde moram (em que há patrões, remuneração e turnos, mas que também em razão da grande exposição os conduz intensamente à prisão) e os roubos avulsos na região central, às vezes em parceria com outros adolescentes, outras com adultos. Conquanto avulso, o roubo mobiliza um mercado criminal de alguma complexidade, o terreno dos receptadores, no qual os adolescentes precisam adentrar para negociarem as mercadorias roubadas. Frequentemente atuam nessas duas frentes criminais (o tráfico e o roubo), alternando riscos, proveitos, aventuras, sem perder de vista os dissabores da extorsão, da prisão e da violência policial.

A todo o momento, sua trajetória é marcada pelos escassos recursos (econômicos e simbólicos) que dispõem para transacionar quer com as forças de ordem, quer com os operadores dos ilegalismos. Esse fato não apenas os conduz com mais facilidade à prisão, como vimos, como os sujeita também com mais frequência à violência institucional e mesmo à morte. Sua condição, não obstante o redesenho do mercado criminal e da gestão dos ilegalismos, permanece como a de um *sub-personagem*, um protagonista assujeitado por aqueles que manejam a trama que, paradoxalmente, ele tanto contribui a reproduzir.

Pela peculiaridade do papel que tende hoje a desempenhar na trama dos ilegalismos e por sua crescente representatividade entre os recrutados à prisão pelos gestores da ordem, buscou-se, neste estudo, dar voz a esses sub-personagens, suas histórias e trajetórias no mundo dos ilegalismos, suas relações com as forças de ordem, tudo a partir de seus relatos e percepções, compreendidas como uma fonte crucial de informações sobre o objeto deste capítulo: a dinâmica contemporânea do crime e sua gestão na cidade de São Paulo.

É, portanto, do conteúdo dessas entrevistas,[8] complementado pela consulta aos processos e pela observação nas audiências, que se ocupará a seguir.

Entre o articulado tráfico de drogas...

Embora o roubo mobilize uma dose sempre variável de violência, envolva diretamente vítimas e com isso os riscos da reação, da morte (de ambos) e até mesmo da prisão, os adolescentes que transitam entre o roubo e o tráfico são praticamente unânimes em achar o último o mais "arriscado". Os riscos aí, em suas palavras, são de duas ordens: a prisão e o prejuízo econômico (a perda da droga e do dinheiro), geralmente os dois sucessivamente.

É o que relata Lucio,[9] prestes a completar 18 anos, órfão, preso duas vezes pela Polícia Civil em biqueiras em São Mateus. Ele conta que no segundo flagrante (correspondente ao processo pelo qual está internado provisoriamente) os policiais exigiram R$ 20.000,00 para não prendê-lo. Como ele possuía alguma "moral" com o "patrão", conseguiu emprestado "só" R$ 8.000,00, valor, contudo, recusado pelos policiais. Além da prisão, houve um prejuízo econômico para a "lojinha", já que ele estava "com 50 pedras, e mais bastante droga e os polícia ficou com a maior parte e registrou muito menos no flagrante". Certamente ao sair da Fundação Casa terá perdido o posto de trabalho. Então, conclui, "o tráfico é muito mais arriscado que o roubo".

Julio, 16 anos, reside com a mãe e trabalha desde os 14 anos nas biqueiras de Barueri, região, aliás, onde mora. Conta que já foi preso também duas vezes, uma pela Guarda Civil de lá ("que age que nem a PM") e a outra pela Polícia Civil. Na primeira, no CDHU, apanhou muito, na segunda, os policiais civis entraram na sua casa, na favela, "sem mandado". Acharam a droga, *deram uns tapas na cara*, e então ele perdeu tudo, inclusive a liberdade.

David, 17 anos, internado há mais de um ano na Fundação Casa por cometer roubos e furtos, mora na Vila Medeiros com a mãe, a companheira e um filho de um ano, é categórico ao explicar porque nunca trabalhou no tráfico:

---

8 Apenas entrevistei jovens do sexo masculino. A razão para tal é que durante todo o trabalho de campo (que também compreendeu observação de audiências e análise de processos), apenas me deparei com um único caso envolvendo uma jovem numa situação de tráfico de drogas. Naquele momento, a defensora pública encarregada de sua defesa na Vara da Infância me informou que a adolescente não estaria disposta a me conceder entrevista. A proporção de jovens do sexo feminino no sistema de internação de adolescentes no Estado de São Paulo era de da ordem de 4%, em 2012, segundo a Fundação Casa. Esse percentual é ligeiramente inferior ao de mulheres adultas no sistema prisional em São Paulo, que é da ordem de 6%.

9 Todos os nomes dos adolescentes entrevistados foram devidamente substituídos por outros fictícios, impedindo, assim, sua identificação.

> nunca quis trabalhar na biqueira pois não queria ter patrão traficante e também as chances de ser preso são 100%, pois a polícia conhece todos os meninos que trabalham no tráfico lá na favela onde eu moro. A PM vive lá dentro. (David)

Os ganhos com o tráfico, porém, são certos. Julio relata turnos de 8 horas, das 7 às 3hs da manhã, e comissão de 20% sobre a droga vendida. Seu ganho diário, segundo ele, chegava a até R$ 400,00. Já Alexandre, 17 anos, estudante do 1º ano do Ensino Médio, reside com o pai numa favela em Perus e trafica há dois meses nesse mesmo local, relatando ganhar R$ 250,00 por turno a cada R$ 4.000,00 de droga vendida. Nos dois casos, o dinheiro obtido com o "trabalho" no tráfico reverte-se em grande parte para a família, que apoia, ainda que veladamente, as atividades dos adolescentes. Também a trajetória de Julio e Alexandre é marcada exclusivamente pelo tráfico.

Hudson, 16 anos, parou de estudar na 5ª série,[10] começou como olheiro no tráfico na favela de Paraisópolis e foi preso tempos depois traficando numa das biqueiras do local. Na hora do flagrante estava com crack, maconha e cocaína, mais R$ 32,00.

> O Comando tá firme lá desde 2004. Lá tem sete biqueiras, todas do Comando. Dois "torres" que se revezam, por exemplo, cada irmão tem dois meses e duas semanas, aí troca. A mesma coisa com os gerentes e patrões, que também são dois a cada dois meses e 2 semanas. (Hudson)

O turno que Hudson cumpria, em diferença aos demais já mencionados, era mais estendido: 12 horas, com ganho semanal de R$ 900,00. Ele destaca ainda o rígido controle exercido pelos gerentes:

> no final do turno os moleques têm que fazer a contagem, da droga e dinheiro, se tem diferença o garoto perde o "emprego". (Hudson)

10 Os jovens entrevistados apresentavam uma certa dificuldade em me responder quando haviam parado de estudar. Presumo que essa dificuldade adviesse de uma incapacidade para o cálculo que deviam fazer para me responder a quantidade de anos e não exatamente a uma falha de memória, já que ela se mostrava bastante aguçada para diversos outros pontos relatados. Assim, eles acabam apenas por me contar o ano letivo que haviam abandonado a escola, fazendo sempre menção a *séries*, e não a *anos*, como é a atual classificação do MEC. A 5ª série, por exemplo, corresponde hoje ao 6º ano, o primeiro ano do Ensino Fundamental II, segunda etapa do antigo 1º grau.

Com o início da Operação Saturação[11] em Paraisópolis, a presença ostensiva de destacamentos especiais da PM na favela, *o Comando puxou o bonde*, conta Hudson, pelo menos num primeiro momento, fazendo com que os eventuais roubos que ele praticava, na Av. Morumbi, em geral *pegando os pertences das pessoas nos carros*, complementarmente ao trabalho no tráfico, se tornassem mais frequentes. Segundo Hudson, a Operação Saturação até não lhe trouxe tantos problemas, ao menos inicialmente, já que com o ingresso de novos policiais na favela não era abordado todo dia, e no roubo acabou tendo um rendimento maior: n*o tráfico, pra ganhar R$ 900,00 tinha que fazer R$ 16.000,00 por semana.* Sua prisão, contudo, se deveu justamente a uma abordagem policial, na qual ele teria "caído" por porte de arma.

Embora as possibilidades de trabalho que se apresentem para os adolescentes nas biqueiras resumam-se a postos de olheiro e de vendedor "exposto", há aqueles que aleguem terem desempenhado funções mais valorizadas na hierarquia, como a de gerente. É o caso de Roger, 17 anos, internado na Fundação Casa há mais de um ano por ter sequestrado e torturado um morador da região em que operava a biqueira na qual trabalhava como gerente, na periferia de São Bernardo.

Roger iniciou sua carreira criminal no roubo, aos 14 anos (*porque gostava de roubar*), nunca tendo sido preso, pois se *a PM ficava com o que eu roubava mais o dinheiro, não virava flagrante.* Ingressou no tráfico como vendedor aos 15 anos, alternando turnos, o que diminuía sua exposição. Chegava a ganhar R$ 200,00 por dia. Segundo ele, por sua *capacidade, competência em tocar os negócios da firma,* foi *progredindo no esquema*, e depois de seis meses subiu ao posto de gerente.[12] *Só o dono da biqueira estava acima de mim,* afirma orgulhoso. Como virou gerente rápido, não vivia exposto como os outros adolescentes que vendem drogas na entrada das biqueiras. Também por isso, segundo ele, nunca fora preso, até sequestrar e torturar um morador local que denunciara o tráfico na

11 Tratava-se, na verdade, da segunda edição da *Operação Saturação* na favela de Paraisópolis, em fevereiro de 2009 (a primeira ocorreu em 2005). *Operação Saturação* é o nome atribuído oficialmente às ações de forte cunho militar, essencialmente de caráter ostensivo, caracterizadas pela ocupação em territórios da periferia por diferentes destacamentos da Polícia Militar, visando "restabelecer a ordem" e "prevenir a violência" nesses territórios. Voltarei a essa discussão no epílogo.

12 Hirata (2010), ao estudar o funcionamento de uma biqueira na periferia de São Paulo, observou que o gerente é em regra um sujeito mais velho do que os vendedores e mais novo do que o patrão, e seu perfil é marcado mais pela violência do que no caso dos outros dois. O gerente seria, ainda segundo Hirata, responsável de certa forma pela *disciplina* do local, tanto em relação a seus subordinados diretos, quanto pelo bom funcionamento da *firma* de modo geral. Essa descrição vai ao encontro em parte do que foi relatado por Roger, apesar de sua menoridade ser um fator que traz alguma controvérsia a sua alegada posição de gerente da biqueira.

região. *Era minha função, como gerente eu tinha que fazer um corrigento no X9* (cagueta). Como foi visto capturando o morador, a PM chegou a ele por uma denúncia anônima e o prendeu em flagrante. Perdeu obviamente o posto na biqueira, *não negociei assistência judiciária com os irmão quando fui contratado,* mas não se arrepende de nada e diz até estar ganhando conhecimento na "faculdade jovem": *se o cara quer ficar de bobeira e não se aperfeiçoa aí não é valorizado, mas no contrário sim.*

O perfil de Roger é de fato diferenciado da grande maioria dos demais adolescentes entrevistados, o que em parte pode conferir veracidade à sua versão de gerente da biqueira. Ele cursava, até ser preso, o 3º ano do Ensino Médio, e alternava o trabalho no tráfico com o de entregador de pizzas no bairro, tendo já trabalhado também numa gráfica, indicando um nada desprezível trânsito entre o legal e o ilegal em sua trajetória. Curiosamente, contudo, sua imersão simbólica no mundo do crime parece ser mais acentuada do que a de outros adolescentes trabalhadores do tráfico ou avulsos no roubo e, também em diferença a esses outros, glamouriza o trabalho nas biqueiras e o poder do Comando, almejando em fazer parte desse universo ainda mais diretamente.

A glamourização do mundo do crime, especificamente dos negócios do Comando, encontra em outros perfis e trajetórias, muito distintas a de Roger, também importante ressonância. Danilo é um adolescente de 17 anos que, como alguns outros que entrevistei, começou cedo a usar drogas, da maconha ao crack, já aos 11 anos, ali mesmo onde vivia, na Vila Clarice, região de Pirituba. Tornando-se, por suas palavras, um *viciado*, acabou saindo de casa nessa mesma idade, e foi morar na região da cracolândia, no centro da cidade. Lá, traficava e cometia pequenos furtos para sustentar seu vício. Como tinha um "patrão irmão" que lhe fornecia drogas para que ele as vendesse naquele local, acabou proibido de usar o crack, segundo afirma, mas manteve o uso de outras drogas. Embora Danilo relate a proibição do crack para trabalhadores do tráfico também na cracolândia, é certo que tanto nesse local como em demais regiões centrais da cidade são outras as lógicas que se acionam no tocante à regulação do espaço e do mercado criminal, em muito distintas às das periferias, o que torna assim a ideia de disciplina mais fluida. De modo que muito provavelmente Danilo continuasse a fazer uso de crack, ainda que não ostensivamente, mas, em todo caso, a vigilância que sobre ele recaía era certamente menor do que aquela que se exerce sobre jovens nas mesmas condições, atuantes nas periferias da cidade.

Quanto às transações com os gestores dos ilegalismos na cracolândia, Danilo afirma que a rotina se resumia ao pagamento de taxas regulares, que em muito fazem lembrar as *caixinhas* e *congestas* da Boca do Lixo: *era só dar R$ 100,00 por dia pra PM e tudo certo. Mas o acerto da Polícia Civil era diretamente com o patrão e girava em torno de R$ 7.000,00.*

Em certo momento, Danilo foi requisitado por um rapaz de 23 anos para acompanhá-lo em uma *missão* do Comando: ir para o Paraguai buscar droga para ser redistribuída no mercado interno. Segundo ele, essas missões exigem *menores* "para assumir a encrenca" no caso de serem pegos na fronteira ou no trajeto. Por essa missão, que deveria ter durado apenas alguns dias, ele receberia R$ 800,00, mas acabou recebendo um valor calculado por semana. Isso porque a missão se estendeu, e permaneceram naquele país por sete meses, em razão de um controle policial (brasileiro) muito acirrado que se estabeleceu na fronteira: *quem garante para atravessar é a polícia do Paraguai, a Polícia Federal (do Brasil) é muito mais difícil de comprar.*

No Paraguai ele usou em demasia o crack e afirma ter mergulhado no *submundo*, ingressado numa dinâmica ainda mais perigosa do que a que vivia que no Brasil, para ele *lá (no Paraguai) é muito mais fácil de morrer*. Alega ter voltado ao Brasil com o mesmo sujeito, e juntos teriam trazido 26 kg de maconha e 2 kg de base para o preparo da cocaína (*farinha*) e do crack (*pedra*).

Embora a história de Danilo apresente contornos um tanto quanto ficcionais, dada inclusive a sua tenra idade quando dos fatos narrados, sua veracidade está em parte atestada por testemunhos e laudos psicossociais contidos em seu processo de execução de medida socioeducativa, ao qual tive acesso. Há além disso uma gama de outros elementos nebulosos que Danilo não quis abordar em nossa entrevista, como o envolvimento sexual e em parte afetivo com o rapaz de 23 anos que o acompanhou na viagem, bem como sua morte, sob circunstâncias não esclarecidas, no Paraguai; também sua suposta participação em atividades de contrabando de brinquedos. De todo o modo, optei por apresentar seu depoimento na forma como ele me foi concedido, por acreditar que ele revele aspectos e dinâmicas sobre o tráfico de drogas que permanecem pouco exploradas por pesquisas nessa área.

A trajetória de Danilo no mundo do crime não se encerra com o retorno ao Brasil, embora a partir daí ele imprima outros rumos a ela. Ao regressar, já com 12 anos, permanece mais um só dia na "cracolândia" e decide retornar à sua casa, na região de Pirituba. A partir de então, diante da experiência acumulada no negócio da droga, alega ter prestado serviços em diversas biqueiras, nas regiões de Itaquera, Jaraguá e inclusive em Pirituba.

Da mesma forma que muitos outros adolescentes, Danilo não restringiu sua carreira delitiva ao tráfico, atuando simultaneamente em uma série de roubos, justificando sua opção, tal como outros garotos, pela maior rentabilidade do crime patrimonial, *o roubo dá mais dinheiro*. Também o roubo, a exemplo do tráfico, ele praticava em diversas regiões da cidade, até mesmo no seu bairro, o que contraria um dos alegados princípios da disciplina do Comando. Seria inclusive em razão de um roubo a um comércio na sua "quebrada", realizado em parceria com seu irmão (*eu que levei ele pro crime, ele era Zé povinho*[13]), que ele mataria a vítima, pai de um PM, também morador do bairro, acionando contra si uma perseguição que apenas não fora até então efetivada em razão de sua prisão. Sua internação na Fundação Casa (a única "prisão" até agora, apesar da multiplicidade de crimes que já cometeu), contudo, não se deu em virtude desse latrocínio e sim de um roubo de celular no centro da cidade.

Talvez por sua mirabolante trajetória, seu contato pra lá de precoce com o PCC, ainda que sem alcançar sequer a base da hierarquia dessa facção, o fato é que Danilo, que se julga um jovem experiente, transparece sua ingenuidade ao mirar seu futuro. A morte que o ronda, vinda de diferentes lados e mais precisamente do PM que lhe jurou vingança, parece não lhe assombrar. Nem mesmo a prisão dos adultos, a *faculdade*, lhe figura como um futuro ameaçador, mas, ao contrário, representa para ele a consolidação de uma trajetória criminal bem sucedida, sobre a qual ele constrói uma idealidade quase pueril

> Danilo: o CDP (Centro de Detenção Provisória), lá é o paraíso!
>
> Entrevistadora: Você já entrou num CDP na sua vida?
>
> Danilo: não, senhora, mas lá os irmãos manda em tudo, não falta nada, tem comunicação com família, com o mundo, muito melhor que a FEBEM.

*****

A maior suscetibilidade dos adolescentes que trabalham no tráfico à prisão,[14] eles mesmos reconhecem, advém justamente do fato de desempenharem os papéis de maior vulnerabilidade na estrutura dessa economia. Vitor, 15 anos, mora com a mãe e os irmãos, parou de estudar na 5ª série, preso quatro vezes por traficar em Cruzeiro, interior de São Paulo, demonstra com clareza essa percepção: *são só os menores que ficam na esquina vendendo, eles que são mais expostos, os maiores ficam só entocados.*

---

13 Designação atribuída no mundo do crime àqueles sem envolvimento criminal.

14 O percentual de adolescentes internos na Fundação Casa em razão do tráfico de drogas, subiu de 14% em 2006 para 40%, em 2010 Disponível em: <www.fundacaocasa.sp.gov.br/noticias>, acesso em 14 out. 2011). Em 2015 o percentual manteve-se praticamente o mesmo: 38% ("Em São Paulo, somente 1,62% é detido por homicídio". *O Estado de S. Paulo*, 30 mar. 2015). O elevado percentual de internos por tráfico, tributário, segundo a Fundação, de maior rigor dos juízes, não pode deixar de revelar, é certo, uma maior participação dos adolescentes na economia da droga nos últimos anos, o que vai ao encontro de muito do que já foi discutido neste trabalho, assim como dos estudos aqui já mencionados.

Quando indaguei à maioria deles sobre o que pensavam desse fato, das funções mais visadas que cabiam a eles exercer, me respondiam unanimemente que era "natural" que a escolha para esses postos recaísse sobre eles, já que por sua condição de adolescentes estariam sujeitos a um tempo de prisão bem menor do que um adulto. Pareciam assentir assim sobre os riscos e proveitos da atividade, não obstante reconhecessem que os primeiros muitas vezes se sobrepunham aos últimos. Mas há um outro fator que é também decisivo para expor o adolescente a maiores riscos de prisão e que concerne aos recursos por eles disponíveis a transacionar com as forças de ordem. Como no caso mencionado de Lúcio, que não conseguiu levantar o valor necessário exigido pelos agentes policiais para se livrar da prisão, há diversos outros. Em regra, contudo, as forças policiais nem se mobilizam pelo *acerto* com adolescentes, visando, na maioria dos casos, a informação sobre a identidade do *patrão*, ou sobre a origem da droga, ou seja, os fornecedores.[15]

> A PM bate muito, mas a Civil só quer saber do fornecedor. Da última vez que fui preso, nem pressionaram pelo acerto, já fui dizendo que não tinha dinheiro e que não conhecia o patrão. (Vitor)

E o avulso roubo

João é um jovem que já alcançou a maioridade, tem 19 anos, mas ainda cumpre medida de internação, que se prolonga há mais de dois anos,[16] em razão de uma multiplicidade de delitos patrimoniais que já praticou (e pelos quais foi detido, é certo). Furtos, receptações, porte de arma e, é claro, roubos, muitos, inclusive aquele que motivou sua última prisão: um roubo a residência, próximo ao shopping Aricanduva, zona leste da cidade, a mesma em que ele reside, só que a quilômetros dali, no periférico bairro de São Mateus. Sobre esse roubo, praticado em coautoria com adultos e outros *menores*, no qual se fez reféns e o desfecho foi trágico para um de seus parceiros (foi executado pela PM), João não quis falar.

Não quis falar porque, segundo ele, sua especialidade mesmo é o roubo de carros. Para isso ele domina razoavelmente as tramas de um mercado (local) de revenda de peças automotivas roubadas, bem como acumula um certo repertório de noções sobre a

15 Cumpre anotar aqui que os meninos envolvidos no tráfico, que conhecem muito bem a regra primeira do mundo do crime, aquela sobre a *caguetagem*, sabem que para os negócios da droga essa norma é ainda mais rigorosa, sendo seu descumprimento pago certamente com a vida. Por isso ela não pode ser violada.

16 Três anos é o limite máximo de cumprimento de medida de internação estabelecido pelo ECA.

rentabilidade dos veículos e o grau de dificuldade de sua subtração. Ele me explica que, via de regra, o que é visado no automóvel são as peças, assim como o mais desejável seria consegui-las sem ter que levar o carro. A situação ideal seria, desse modo, o furto de peças ou mesmo o furto do carro e não o roubo, já que esse é mais arriscado e envolve vítimas diretamente. No entanto, justifica João, a maioria dos carros cujas peças são valiosas tem poderosíssimos dispositivos antifurto, que acabam assim, ironicamente, por proteger o carro e vulnerabilizar seus condutores. Depois de roubado ou furtado o veículo, ele é levado, portanto, a locais específicos, em São Mateus mesmo, onde é deixado para ser "desmanchado" em alguns dias; em geral, prossegue ele, esses locais são terrenos vazios. Dali, as peças seguem para um também doméstico mercado local, "as feiras do rolo", que ocorrem a céu aberto, em plena luz do dia. Indago se ele já presenciou a PM ou a Polícia Civil nessas feiras, ao que ele responde: a *PM passa em todas as feiras do rolo, mas nunca apreendeu nada.*

Da polícia só guarda as piores lembranças. Assim como os demais adolescentes entrevistados, afirma ser abordado de cinco a dez vezes por semana, em seu bairro, pela PM.[17] Já foi preso pela Polícia Civil e pela PM, essa última sempre representada pela Força Tática (a "são paulina", mais odiada entre os jovens no crime), e alega ter sempre sofrido violência das duas. Da última vez (no roubo de residência), João conta que apanhou mais do que de costume da Força Tática ao ser preso, mas também da Polícia Civil, ao chegar ao Distrito Policial, mais precisamente do carcereiro desse local.

João, sete irmãos, mora com a mãe, numa situação de relativa pauperização, explica sua carreira no roubo como motivada pelo "consumismo". Em diferença à imensa maioria dos demais jovens entrevistados, afirma nunca ter usado drogas, nem mesmo a maconha. Não demonstra, como era de se esperar, qualquer interesse pelo trabalho no tráfico, e sua rejeição advém de razões puramente econômicas: *os maluco tira uns R$ 70,00 por dia e eu ganho muito mais*. Quanto à presença do PCC em seu bairro, sua avaliação é bastante positiva: *a comunidade está em paz porque há organização. Não tem mais nóia rateando, os irmão manda devolver ou dão um jeito.*

André, 18 anos, é outro que optou pela carreira do roubo de modo convicto. Só que ele age sozinho e com muita assiduidade, como ele explica: *de segunda a sábado, senhora, só folgo no domingo*. O tipo de roubo que pratica é aquele que está mais associado à insegurança urbana: o roubo a condutores de veículos no centro expandido e em regiões nobres da cidade, em horários de tráfego congestionado e pontos estratégicos próximos a

17 A questão da *abordagem* assim como o papel em geral das forças de ordem nessa nova dinâmica dos ilegalismos e sua gestão será discutida ao final deste capítulo.

faróis. Essa modalidade está hoje ocupando o lugar que antes desempenhava a trombada nas representações sobre a violência urbana, sobretudo pelo papel simbólico que adquiriu no imaginário social da classe média. Também está em sintonia com um dos mais contemporâneos dramas urbanas cotidianos, explicitamente os problemas do caótico trânsito na cidade, que favorecem esse tipo de delito.

André foi o roubador adolescente, avulso é certo, mais "profissional" que pude encontrar. Primeiro porque encara realmente sua atividade criminal como um trabalho, e não uma *treta*, uma aventura, como os demais. Assim, a pratica com regularidade, mas também muita autonomia. Rejeita o tráfico e não está inserido em redes locais que operam esses mercados tão presentes nas periferias, até porque não habita um território lá situado (região do Cambuci). Mas o mais importante sobre o profissionalismo de André é o fato de que ele chega a acionar diretamente os mecanismos de gestão dos ilegalismos, transacionando com as forças policiais (algumas vezes de modo proveitoso, embora na maior parte das outras, desastroso), não obstante atue na ponta de um mercado criminal que não é minimamente articulado. Do mesmo modo, alcança a cadeia dos receptadores com certa frequência, fazendo com que sua atividade criminal realmente flua economicamente, o que lhe confere uma percepção de autonomia e êxito.

Vamos à trajetória de André. Aos 9 anos se viu obrigado a sair de casa, na região central da cidade, no bairro do Cambuci, pois seu padrasto o espancava. Não foi se "alojar" nas ruas, contudo, como é o destino de muitos outros garotos sujeitos a essa espécie de violência. Foi viver num abrigo para *menores* e lá permaneceu durante quatro anos: *fiquei até os 13 anos lá, depois voltei pra casa, porque aí já sabia me defender.*

Foi a partir desse momento que, sempre desacompanhado, iniciou sua carreira no roubo. Sua área de atuação inclui a rua 25 de março, as avenidas Brasil, Rebouças, Consolação, e os bairros V. Mariana, Vergueiro, Paraíso e adjacências, ou seja, os espaços em que residem, trabalham e enfim transitam os habitantes da classe média e alta de São Paulo. Sempre no horário de pico e nos faróis.

André sabe precisar o pequeno número de vezes em que foi preso: apenas quatro. E quantas vezes os roubos deram certo?, pergunto eu. E a resposta vem então na frase já citada acima, me remetendo a um cálculo aproximado, dada sua alta carga de "trabalho". Mas não é bem assim, ele mesmo o reconhece. Tanto a PM quanto a Civil o "pegaram" inúmeras vezes (mais de dez, afirma ele), *me bateram, levaram os pertences da vítima e foram embora.* A presença da vítima, ou mesmo o fato de ela acionar uma viatura policial próxima ao fato, emerge, no relato de André, como o elemento decisivo na gestão desse tipo de roubo pelas forças policiais: *todas as vezes que fui preso pela PM a vítima tava junto.*

Os "pertences" da vítima, ou seja, as mercadorias roubadas são de certo modo variadas. André tem uma predileção pelos eletrônicos (netbooks, iPods, iPhones, etc) e confessa que uma parte deles acaba ficando mesmo com ele. Mas é a menor parte, porque André sabe acionar regularmente o mercado receptador dessas mercadorias, ou, em alguma medida, ser acionado por ele. Para tanto, ele comparece, quase todos os dias, a partir do meio dia, à Praça da Sé, local onde os receptadores circulam à procura de meninos como ele, que vão vender-lhes os produtos roubados. Como você os reconhece?, indago. *Eles que chamam a gente, acenam e compram.* André dá a entender que essa dinâmica é bastante profícua e intensa, nesse local. Esclarece ainda que esse tipo de receptador, que ele confere o nome de "rauls" ou "intrujões", somente trabalha com *menores* como ele, que abastecem o específico mercado no qual atua.

Sobre a dinâmica do tráfico no local onde mora (Cambuci), demonstra um relativo conhecimento sobre o funcionamento da biqueira: *tem um torre geral, abaixo os patrões (donos) e abaixo os gerentes.* Consome drogas com regularidade, *comecei com maconha, depois foi farinha e ecstasy,* mas o trabalho no tráfico não lhe atrai, pois, segundo ele, *o roubo é mais agitado, e depois não quero pagar pra ser bandido.*

*****

De um modo geral, as trajetórias dos jovens envolvidos no roubo, e mesmo no tráfico como já vimos, não guardam semelhança com as dos *trombadinhas* ou *pivetes* que assombravam a cidade durante os anos 70 e 80, encarnando a representação da delinquência urbana por excelência. Até porque os *menores* de rua, naquele período, haviam em geral deixado os lares e viviam efetivamente *nas ruas.* É certo que há ainda hoje aqueles que ostentam uma trajetória marcada pelo abandono e pela sobrevivência nas ruas da cidade, mas sua representação é bem mais reduzida no universo dos infratores do que há trinta anos. Embora a ausência de produção de dados junto a essa população pelos órgãos encarregados de sua custódia obstaculize um retrato mais fidedigno de seu perfil, é certo que referida percepção, de que a maioria dos *menores infratores* hoje não viva mais na rua, é também a dos profissionais que hoje atuam com esse público.[18]

18 Foram nesse sentido as percepções de juízes, defensores públicos, psicólogos e assistentes sociais sobre o quais questionei, ao longo do meu trabalho de campo, a respeito desse aspecto biográfico dos adolescentes infratores. Em 1997, uma pesquisa realizada pelo serviço social da Vara especial da Infância e Juventude a partir de 121 casos julgados no ano de 1995, apontou que *60% dos menores encaminhados à FEBEM moravam com os pais quando cometeram o ato infracional; 7% moravam com familiares; 4% com uma família constituída e 1% com outros responsáveis. Apenas 6% dos*

Dentre o meu reduzido universo de entrevistados (dezenove adolescentes), contudo, encontrei um número razoável de meninos que referiam trajetória nas ruas. É certo que a vida nas ruas para alguns, como no caso de Roger (descrito acima), é caracterizada por uma transitividade, finda por vezes após o prazo de um ano ou dois, quando retornam às suas famílias, não se configurando a situação de abandono em que se inscreviam as trajetórias dos meninos de rua das décadas anteriores. Mas deparei-me, também, com histórias marcadas pelo egresso efetivo dos lares, a perda da mãe ou da referência materna, e a consequente sobrevivência nas ruas como um percurso sem retornos, integrando ao crime, em tais casos, o repertório das atividades exigidas como garantia a essa sobrevivência. Nas ruas (do centro da cidade, em geral onde vivem), o trânsito entre o furto, o roubo e até o tráfico não se trata exatamente de uma opção, mas de um caminho quase incontornável.

Claudemir, 15 anos, cuja baixa estatura lhe conferiria uma idade bem inferior não fossem as feições precocemente amadurecidas, foi morar na rua aos 9, depois da morte de um irmão cuja responsabilidade, mal explicadamente, foi a ele atribuída pela mãe. Aos 6 anos usou o primeiro cigarro de maconha, que pegou no bolso da camisa de seu pai. Depois se viciou em cola e crack. A partir dos 7 começou a roubar e traficar (cola, maconha, cocaína, lança-perfume e crack), abandonando o lar dois anos depois, para desde então nunca mais ver a mãe.

Foi preso quatro vezes, todas elas por roubo e furto. A última, pela qual estava sendo apresentado no fórum, se deu em razão de um furto de equipamentos eletrônicos em um restaurante no centro, praticado com mais dez *menores* (entre eles crianças com menos de 10 anos). A prisão foi realizada pelos guardas da CGM – Guarda Civil Metropolitana – que, embora ameaçassem a todos eles com arma em punho, segundo Claudemir, *de longe ainda são menos violentos que a PM*. A CGM, segundo diversos outros depoimentos, mobiliza sua atuação repressiva essencialmente aos *menores* usuários de crack, no centro da cidade (os *nóinhas*, como chamam), embora sua atribuição funcional originária (e constitucional) não passe nem perto desse tipo de atuação. Os nove outros *menores* (crianças e adolescentes) detidos com Claudemir constituem sua família nas ruas. É por isso que os pequeninos desse grupo também foram levados à delegacia, pois, como Claudemir explica, *começaram a chorar, não queriam ficar sem a gente*. Todos dormem juntos, na região do Anhangabaú e do viaduto Nove de Julho, tendo sido lá inclusive o furto e a prisão.

Claudemir conta que pratica sobretudo os patrimoniais roubo e furto, mas alega já ter trabalhado em biqueiras no centro (na av. Vinte e Três de Maio e no Anhangabaú),

---

menores moravam na rua – havia mais de três anos – na ocasião em que cometeram o ato infracional. In: Adolescente infrator não vive nas ruas. *Folha de S. Paulo*, 4 jun. 1997.

atividade que hoje descarta pois é muito arriscado o centro, tem muita polícia, você fica visado no ponto e não tem acerto. E prossegue: *roubar é o que eu sei fazer, meu ponto preferencial é a av. Paulista*. Seus modos de ação se aproximam da trombada, já que ele aborda suas vítimas nas ruas, sem arma de fogo, embora vez por outra use ou simule usar uma faca. Sua modalidade de roubo é a mais desarticulada entre os adolescentes, de um modo geral, razão pela qual ele não chega a transacionar com os gestores dos ilegalismos, seguindo uma vida ainda mais precária no crime do que outros jovens que optaram pelo roubo.

Adriano, 15 anos, também tem uma trajetória marcada pelo abandono e pela sobrevivência nas ruas desde muito cedo, aos 8 anos de idade, quando sua mãe faleceu e ele, que morava no Paraná, fugiu de casa pegando carona com caminhoneiros para se libertar da violência paterna.

Diferentemente de Claudemir, Adriano nunca havia sido preso, até esse momento, quando foi detido por roubar, junto a outro adolescente, celulares de dois pedestres na região do Pacaembu, crime que ele negou ter participado diretamente, alegando que *apenas estava dando cobertura de longe*. As razões para não ter sido recrutado à prisão pelas forças policiais até então, não obstante os pequenos delitos que sempre cometeu nas ruas, podem estar no fato de que, à diferença de Claudemir, Adriano sempre viveu só, sem ingressar nas redes de sociabilidade e nas cumplicidades que marcam a vida dos adolescentes nas ruas e suas parcerias nos ilegalismos. Tomando como referência os estereótipos que orientam o quadro de ação das forças repressivas no país, algumas características físicas e comportamentais também o tornaram, até aqui, menos vulnerável à prisão, como o fato de, uma vez mais à diferença de Claudemir, ser branco e não ostentar uma imersão no mundo dos crimes e das ruas, sem a incorporação plena dos códigos, das gírias, enfim dos dispositivos culturais, embora transite com facilidade nesse universo.

Adriano viveu todos esses anos nas ruas do Centro e de bairros nobres adjacentes como Perdizes – *morei embaixo do viaduto Antártica* –, sobrevivendo de diferentes maneiras: mendigando, catando lixo e cometendo pequenos furtos e roubos. Fez muito uso de drogas também (crack e cola) ao longo desse tempo. Relembra que, diversas vezes, não sabe precisar quantas, foi pego pela PM e pela GCM, nunca tendo sido, contudo, preso. *Sempre que me pegavam, batiam, tiravam o pouco que eu tinha e me soltavam, não me levavam pra delegacia, não. Muito violentos, eles.*

Durante um certo período Adriano foi morar na favela do Moinho (a única localizada no centro) e conta que lá trabalhou no tráfico, empregado pelo PCC. Desistiu do tráfico quando, num certo dia (por volta de 2009), assistiu a um grupo de encapuzados[19] entrarem na favela em um carro preto e queimarem alguns barracos de madeira. Daí ficou com medo e regressou às ruas, de volta ao viaduto Antártica. Sua não inserção nas redes de sociabilidade das ruas, seu parco interesse nos mercados criminais, a tudo acompanhado da saudade da mãe e do desejo por uma vida longe das ruas, o fazem responder espantado à minha pergunta sobre desejar um dia entrar no PCC: *Deus me livre!*

Tiago, 15 anos, tem uma vida errática entre as ruas e sua casa, já que sua mãe é usuária de crack e, segundo ele, vez por outra *fica muito louca, me ameaça com faca, tenho medo.* Ele tem cinco irmãos, cada um deles de um pai diferente. Tiago fala abertamente sobre a evasão escolar, aos 11 anos: *a professora só batia em mim, nunca aprendi nada, não sei ler nem escrever, me passavam de ano e eu nem fazia prova;* e sobre a violência materna, atribuindo ao crack, que alega nunca ter experimentado, os horrores de sua vida familiar: *vejo muito cara ficar louco por causa da pedra, e agora minha mãe e minha irmã.*

Sua carreira criminal é marcada pela multiplicidade de um só crime: o furto. Só que não é o pequeno furto que ele pratica, mas sim em estabelecimentos comerciais, buscando maiores somas de dinheiro. Como um legítimo furtador profissional (a exemplo de Meneghetti, "o homem gato"), Tiago reúne habilidades específicas a essa atividade, como escalar muros, conseguindo, muitas vezes, escapar da polícia. Mas já foi detido também diversas vezes e, segundo ele, extorquido ou roubado pelos policiais tantos outras.

Embora tenha começado sua carreira no furto já aos 10 anos, praticando o crime "quase todo dia", foi preso pela primeira vez apenas em 2005. *Antes eu dizia que tinha 11 anos, e eles acreditavam, mas agora estou com cara de mais velho.*

Mas a prisão não se efetua, na maioria das vezes, pois, segundo ele, é comum *a polícia pegar eu e meus colegas, bater na gente e ficar com tudo.* Tiago relembra, um tanto indignado, certa vez que ele e seus parceiros conseguiram furtar R$ 10.000,00 de uma loja no metrô Conceição e a PM capturou-os e ficou com todo o dinheiro deles, logo antes de soltá-los.

Sobre a trajetória homogênea no furto, Tiago insiste sobre o medo de morrer no roubo e no tráfico. O medo, diz ele, é da polícia e dos traficantes. Da polícia, porque já foi alvejado e também presenciou a morte de um companheiro seu por um PM quando furtavam um supermercado fora do horário comercial. Alega ainda ter visto diversas vezes a *PM entrar matando nas favelas e nas bocas.* Quanto ao medo dos traficantes, Tiago relata um episódio em que foi acusado, certa vez, de roubar drogas da biqueira

19 Provavelmente se tratava de um grupo de extermínio. Uma característica comum na ação desses grupos, compostos em geral por policiais militares, é o fato de usarem capuzes para evitar a identificação, daí serem chamados de encapuzados.

no bairro onde mora, tendo sido submetido a um "debate", findo o qual, enfim, foi provada sua inocência.

Sua resistência em seguir a carreira do roubo está também justificada frente a um senso ético que ele alega ter com relação à vítima: *eu penso, e se fosse minha mãe?* Indago se o uso de armas não seria então o problema, ao que ele concorda e engata um relato sugestivo:

> odeio arma, uma vez tava roubando um caixa de uma loja e tinha lá uma arma, 28mm. Peguei só pra vender e consegui R$ 1.500,00 por ela. Tá vendo, por que vou traficar, os neguinho ganha R$ 70,00 por dia lá na Vila Alba, ponto bom, hein, e eu ganho mais que isso no furto. (Tiago)

Diante de sua opção pelo avulso furto, sua relação com os gestores dos ilegalismos, marcada essencialmente pela precária capacidade de transacionar mercadorias, se converte no "calcanhar de Aquiles" de sua trajetória criminal. Tiago diz conhecer muito particularmente a violência dos policiais contra jovens como ele e sugere como se divide, *interna corporis*, o trabalho de gestão dos ilegalismos na Polícia Militar. *A ROTA só é cruel com ladrão de banco, com "nóis" ela enquadra trocando ideia, pode perguntar. Já a Força Tática chega batendo e muito.*

Murilo, 17 anos, também tem uma trajetória errática entre a casa e a rua (o crime), na qual o "sonho de liberdade" (por suas palavras) e o vício do crack foram elementos decisivos a seu percurso. Tudo começou aos 12 anos, quando oprimido por uma violenta repressão paterna, fugiu de casa e foi viver nas ruas do centro da cidade[20] e de lá seguiu para a cidade de Santos. Aos 13 anos iniciou o uso de drogas, logo convertido em forte dependência: *comecei a andar com meninos que usavam. Usei cola, tiner, maconha, pó, crack.*

Antes do crime, tentou pedir dinheiro, mas como conseguia muito pouco, insuficiente para comprar as drogas, passou a roubar, recorrendo às tradicionais *trombadas nas mulheres, na rua, pra levar o celular.* Inúmeras vezes relata ter sido pego pela PM e pela CGM, apanhado ainda mais da última, e depois liberado. Furtava com certa frequência estabelecimentos comerciais e se lembra bem do último que furtou antes de retornar à sua casa. Ele e seus colegas decidiram voltar a um salão de cabeleireiros onde já haviam efetuado um furto tempos atrás, com sucesso, mas dessa vez foram

20 É impossível não deixar de notar a estreita semelhança dessa trajetória à de Luiz Alberto Mendes (2001), que, aos 10 anos, no início da década de 60, inicia sua carreira nas ruas justamente para escapar da violência paterna.

pegos pelo dono, que foi o primeiro a agredi-los, seguido dos PMs que os conduziram à delegacia. Foi nesse local, conta, que os espancamentos, agora dirigidos pelos investigadores de polícia, foram mais intensos: *já tinha apanhado muito antes, mas nunca daquele jeito, fiquei moído.* Talvez pelo excesso de violência física promovida contra ele e seus parceiros, não houve sequer lavratura de B.O. e Murilo foi liberado após seu pai comparecer ao DP.[21]

Voltou para sua casa, no Jardim Brasil, e lá permaneceu dos 14 aos 16 anos. No retorno ao seu bairro, Murilo iniciou a carreira no tráfico de drogas, primeiro realizando apenas a "campana", depois diretamente no comércio. *Ficava o dia inteiro vendendo, ganhava mais ou menos R$ 200,00 por dia.* Achava pouco e, por essa razão, voltou ao furto e ao roubo.

Mas já havia adquirido alguns saberes sobre os modos de proceder das forças policiais, por isso conta como, depois de um roubo recém-praticado, chegava a enganar a Força Tática simulando ser usuário de drogas:

> Murilo: chegava a "são paulina", eu pegava uma bituca de droga e fingia que era nóia, aí eles só batiam pra dedurar a biqueira.
>
> Entrevistadora: Mas mesmo assim eles te batiam?
>
> Murilo: É, mas no roubo eles batem muito mais.

O retorno ao protagonismo assujeitado

São múltiplos e diversos os caminhos que conduzem os adolescentes ao tráfico, ao roubo e ao furto, ou mesmo a todos eles numa mesma trajetória. O ingresso desses meninos no mercado criminal, contudo, embora tenha motes e origens variáveis a depender sobretudo da biografia de cada um (em muita condicionada a seu histórico familiar), reúne elementos comuns que nos auxiliam a pensar no fato de sua entrada no mundo do crime como um fenômeno social.

A recorrente evasão escolar; o analfabetismo funcional que via de regra ostentam – não obstante a maior parte deles ter abandonado a escola após completar o Ensino

21 O ECA, em diferença ao regime legal previsto aos adultos, estabelece como exigência que os adolescentes sejam apresentados à Vara da Infância e Juventude no prazo máximo de 24 horas após a apreensão. Essa medida foi prevista no ECA visando sobretudo erradicar ou reduzir a violência policial comumente praticada contra os adolescentes pelas forças policiais (vide capítulo 3), o que ajuda a explicar situações como a descrita acima, já que as marcas dos espancamentos deveriam estar muito evidentes.

Fundamental –; os interditos ao mercado de trabalho; dada a ausência de formação e profissionalização; a chefia de família materna e o grande número de irmãos; a violência dentro da família contra eles promovida; o uso de drogas desde antes mesmo da entrada na adolescência, os desejos de consumo. A todos esses aspectos presentes na vida e no cotidiano desses jovens, todos eles moradores das periferias de São Paulo, acresce-se o peculiar contexto social em que estão inseridos, no qual as atividades ilegais se sobrepõem em volume e legitimidade ao obsoleto ideário do mundo trabalho.

As *biqueiras*, ou na sua designação mais atual, as *lojinhas* que proliferam nos territórios de onde advêm esses jovens, são manejadas por atores que desempenham funções empresarias (atividades econômicas) e dispõe a oferta de "trabalho remunerado" no bairro. Mas também tais atores desempenham funções sociais nessas localidades – uma vez que conquistaram gradativamente reconhecimento social após o processo de monopolização dos mercados de drogas em referidos locais –, que vão desde uma cobertura assistencial potencialmente acionável até os mecanismos de regulação de conflitos (FELTRAN, 2008).

Com relação ao trabalho disponível na biqueira, é certo que a remuneração alcançável não é apenas muito maior do que esses adolescentes conseguiriam auferir ainda que tivessem seguido os trilhos da vida *honesta* do trabalho e do estudo. É infinitamente superior à renda obtida por toda sua família, o que ajuda a explicar a anuência de grande parte dos pais dos adolescentes que trabalham no tráfico, tal como depreendi não apenas das entrevistas, mas dos laudos técnicos elaborados nos diferentes processos consultados.

Essa dinâmica pode em muito ser apresentada dentro de um esquema explicativo que ajude a compreender os mecanismos sociais e econômicos que estão na base do ingresso – sempre precário, é verdade – dos adolescentes das periferias na economia da droga. Resumida às atividades de venda de drogas a consumidores finais (varejo), desempenhadas na base da estrutura do negócio e num contexto de monopolização do mercado varejista, dispensando assim o recurso exasperado à violência como no caso carioca, essa opção pelo trabalho no tráfico encontraria no esquema explicativo acima descrito, uma grande dose de plausibilidade. E de fato, em grande medida, assim o é.

Mas os adolescentes, em uma proporção significativa, não se restringem ao trabalho quase disciplinar do tráfico. Eles transitam fortemente entre ele, o furto e principalmente o roubo, as longínquas e recorrentes modalidades da delinquência juvenil. Nesses casos, o roubo representa uma investida individual, avulsa, "por sua própria conta e risco", bem como inaugura, via de regra, o uso da violência na trajetória criminal desses adolescentes. É o roubo, e não o tráfico, que permite aqui que subjetividades violentas se manifestem, que encontram no uso da arma de fogo ou mesmo no recurso à violência física a representação mais ideal de um poder que devolverá, no imaginário desses jovens, sua condição de sujeito.

Anoto aqui uma diferença importante observada em relação aos fenômenos descritos por Zaluar (1998, 2002, 2004) ao estudar a participação de jovens no tráfico de drogas no Rio de Janeiro. Naqueles territórios, é certo que o recurso à força, sobretudo exposto no fato desses jovens portarem e exibirem armamentos, contribui para que se conformem subjetividades que se engendram a partir do que a autora vai definir como *etos guerreiro*. Tomando por referência o material empírico com o qual me deparei, noto que no fato dos adolescentes em São Paulo estarem sobretudo numa condição de operários do tráfico, não alcançando sequer a estrutura organizacional do Comando (eles não chegam mesmo a portar arma de fogo, como vimos), estariam as condições que os manteriam à margem da violência desse mercado varejista de drogas, mercado esse, ademais, que vive um momento monopolista que o torna menos instável do que o carioca. No mesmo sentido, o exemplo do adolescente Roger, o único que ocupa uma posição de maior relevância na estrutura do tráfico local (é gerente da biqueira), que foi também o único jovem para o qual o recurso à violência, inclusive como um valor, se fez mais eloquente.

É pelo roubo, é que também se desenha, no imaginário desses adolescentes, um efêmero sonho de liberdade, do ganho fácil e rápido, e também, nesse sentido, o roubo chega a operar simbolicamente em contraposição ao trabalho das biqueiras, hierarquizado, comissionado e vigiado. *Não quero ter patrão no crime*, e *não quero ter que pagar pra ser bandido* são frases mencionadas com frequência por esses meninos que resumem bem suas percepções, traduzindo mesmo a recusa, ainda que parcial, em ingressar nessa nova criminalidade articulada da qual, eles o sabem, são o ponto mais fraco, o elemento descartável.

Por isso não importa se realmente seja verdade sua recorrente afirmação de que o *roubo rende muito mais do que o tráfico*, até mesmo porque, como vimos, os proveitos do roubo são muito comumente "subtraídos" pelas forças policiais como medida extorsiva, numa reatualização das práticas impingidas aos punguistas até o final dos anos 60.

O que esses jovens demonstram não perceber, contudo, é que também no roubo ou no furto continuam a desempenhar seu protagonismo assujeitado numa economia geral de ilegalismos, úteis para os atores mais articulados dessa economia (como os receptadores), mas, sobretudo, para os tradicionais gestores da ordem, as forças policiais.

EPÍLOGO

Na gestão dos ilegalismos, na gestão da ordem: a militarização como princípio organizador

Na gestão do crime

Tomando como referência o que foi até aqui discutido, é possível se destacar alguns elementos que vêm acrescer à análise até aqui realizada sobre o papel central desempenhado pelas forças de ordem para a manutenção dos ilegalismos, a construção da delinquência e, mais recentemente, a articulação da criminalidade. Pelos dados apresentados, em especial os relatos dos jovens envolvidos com a criminalidade ordinária, quer nos avulsos furto e roubo, quer na base da estratificação social da economia do tráfico, depreende-se como se operacionalizam as formas as mais contemporâneas de sua gestão a partir dos procedimentos de cada uma das corporações oficialmente destacadas para manter a ordem e reprimir o crime.

Nas narrativas desses adolescentes, as duas formas essenciais de gerir ilegalismos na experiência brasileira mantêm-se evidenciadas: de um lado a prática extorsiva, que em relação aos adolescentes infratores apresenta uma escala bem reduzida de mediações, resumindo-se, via de regra, à subtração dos objetos ou valores (roubados ou produtos do tráfico) desses jovens, pelas forças de ordem. De outro lado, a violência institucional, que se abre como medida ainda mais recorrente contra os adolescentes, frente, é certo, a sua inferior posição na espiral do crime. A novidade é, contudo, a multiplicidade de atores chamados a exercer tal violência e por um repertório de práticas também variado.

Do ponto de vista das relações diretas das forças de ordem com a criminalidade urbana (a qual referidos adolescentes integram), a análise a seus depoimentos contribui ainda a identificar o repertório de transformações atinentes à divisão do trabalho policial, que estão em curso desde os últimos quarenta anos, impingindo mudanças no cenário da gestão dos ilegalismos e nos papéis desempenhados na dinâmica repressiva.

A Polícia Civil, ao perder parte de suas atribuições à PM, como o policiamento ostensivo (as rondas), teve também diminuída sua participação cotidiana na gestão dos crimes urbanos, tão recorrente até o final dos anos 60. No que toca aos crimes patrimoniais de rua, por exemplo, as práticas extorsivas impingidas por investigadores de polícia (Polícia Civil) aos menores punguistas – quadro descrito por Mendes (2001) na década de 60 – hoje são assumidas pela Polícia Militar, mais especificamente pelo seu destacamento Força Tática, encarregado do policiamento ostensivo nas ruas da cidade e voltado aos adolescentes que "trabalham" diuturnamente nas modalidades avulsas de roubo e furto.

Nas economias criminais propriamente ditas, também a PM, conquanto não tenha propriamente assumido, ao menos dividiu, em parte, as funções atinentes à sua gestão, ou seja, as transações com os operadores dessas atividades. Distantes os tempos em que os modos de se imiscuir na economia urbana da prostituição, que marcavam a gestão dos ilegalismos na extinta Boca do Lixo, eram dispostos unicamente pela Polícia Civil e estavam representados em práticas como as detenções correcionais, as *caixinhas*, as *congestas*. Na economia criminal das drogas há outras escalas, outros agentes, diferentes territórios, e o recurso à violência é muito mais latente.

A Polícia Civil, segundo o relato uníssono dos adolescentes, continua a dispor, no contexto dessa economia criminal urbana, suas "mercadorias políticas" de modo muito mais oneroso (*o acerto da Civil é com o patrão, e é muito maior*), mas ela também "divide" essa gestão com a PM, que é a força ostensiva nos territórios donde se opera o comércio varejista. Os depoimentos dos adolescentes dão a entender, no entanto, que os policiais militares transacionam, quando o fazem, pequenos valores nesse mercado, por isso mesmo seu contato com os jovens vendedores, os mais periféricos da economia do tráfico, é mais frequente. Por outro lado, é certo que, a cada dia mais intensamente, a PM tem assumido em São Paulo funções atribuídas originalmente (e legalmente) à Polícia Civil, como as de natureza investigativa, o que pode contribuir para que, num curtíssimo prazo, sua participação na gestão do tráfico de drogas seja ainda mais central.

Mas também a PM assumiu grande parte do repertório das práticas de violência institucional promovidas contra a criminalidade urbana, notadamente a pequena criminalidade. Os *adolescentes* de hoje, assim como os *menores* de ontem, continuam a dispor de escassos recursos e a desempenhar os mais precários papéis na espiral do crime, o que certamente contribui para que sejam mais potencialmente sujeitos à violência, sobretudo pelas forças de ordem, já que dificilmente dispõem de instrumentos para com elas transacionarem. A referência à violência promovida nas ruas pela PM contra os adolescentes infratores é por demais presente nos seus relatos e quase sempre acompanhada da alegada subtração dos produtos roubados e de sua liberação. *Me bateram, pegaram o que eu tinha e me soltaram* foi a frase mais repetidamente proferida por eles.

Essa é também uma diferença importante em relação ao cenário descrito por Mendes (2001) sobre a violência difusa e generalizada praticada contra os *menores delinquentes* até os anos 80: o fato de que hoje ela não *deve* ser mais praticada na sua oficialidade, ou seja, hoje há mais dificuldades interpostas a que ela seja praticada nas delegacias e em algumas instituições de custódia, o que a última entrevista relatada, a de Murilo, espancado (inclusive pela Polícia Civil) e depois solto sem B.O. num distrito policial, vem a comprovar. Se esse tipo de violência contra os *menores* se tornou mais constrangida na sua oficialidade, nem por isso se tornou menos frequente ou intensa, tendo ao contrário alcançado apenas um outro padrão, nem por isso menos regular, uma vez que promovida primordialmente por uma instituição na qual os efeitos de um sobressalente *vigilitantismo* se fazem por demais presentes. Nessa tarefa de impingir a violência cotidiana aos adolescentes no crime, a PM divide ainda suas funções com um novo ator, a GCM (Guarda Civil Metropolitana) cujo militarismo de suas ações merece uma reflexão mais detalhada, que será realizada adiante.

Ao tomar esses relatos naquilo que informam sobre as dinâmicas de gestão e repressão aos ilegalismos promovidas pelas forças de ordem, é possível aduzir uma militarização crescente dessas forças, observável primeiramente pela divisão do trabalho policial que se traduz numa sobreposição de poderes e delegação de funções à Polícia Militar ou quem dela faça as vezes (como a CGM).

Essa delegação de poderes, cabe dizer, só pode ser compreendida a partir da perspectiva de um processo de militarização que, se não se inaugurou, ao menos se agudizou com o golpe militar de 1964, e com a consequente criação das polícias militares em todos os estados do território nacional, no final dos anos 60 e início dos 70, como foi abordado no capítulo 2 desta tese.

Se a tendência em imprimir um caráter militar às forças de ordem encontrou no golpe de 1964 e na reestruturação do sistema de segurança pública nacional um impulso sem precedentes, o fato é que essa tendência não foi abandonada com a redemocratização. A Polícia Militar acabou por se traduzir, em todos os estados da federação, como a força policial por excelência, o que redundou numa valorização material e política da corporação, que vem, aliás, se intensificando ao longo dos anos. Até hoje a penetração institucional da PM é notável, no exercício de funções que, é certo, extrapolam os limites de suas atribuições legais, tais como o desempenho de atividades administrativas e políticas do Estado, o qual, vale a pena frisar, se restabeleceu como civil e democrático, formalmente, a partir de 1988. Não obstante, torna-se a cada dia mais frequente a presença de oficiais da PM a desempenhar diversos cargos e postos civis, muitas vezes à frente de Secretarias de estado e até de prefeituras, nas direções de presídios, unidades de internação de adolescentes, entre outros.

No estado de São Paulo, uma verdadeira política de valorização da Polícia Militar tem se verificado mais intensamente na última década, traduzida na transferência maciça de recursos a essa corporação, em detrimento, é certo, de investimentos na Polícia Civil ou em demais atores ou elementos que porventura componham a agenda de segurança pública no estado. Uma reportagem do jornal *Folha de S. Paulo* de 29 de abril de 2011 apresentou dados extraídos do Sistema de Informações Gerenciais de Execução Orçamentária da Assembleia Legislativa do Estado, a respeito dos recursos investidos nas duas corporações, nos últimos cinco anos, apontando a um imenso desequilíbrio em favor da PM. Entre 2005 e 2010, a verba destinada à PM superou em 35% os valores originariamente a ela previstos no orçamento do Estado, ao passo que a Polícia Civil, inversamente, recebeu 13% a menos do que sua previsão orçamentária. Em valores, essa diferença resultou em R$ 296,8 milhões recebidos a mais pela PM do que a destinação original e em R$ 65,6 milhões recebidos a menos pela Polícia Civil. Essa diferença é visivelmente perceptível, tanto pela defasagem de contingente entre as duas instituições (94.204 policiais militares contra 35.000 policiais civis), como pelas discrepâncias entre insumos, equipamentos e enfim entre a estrutura exibida por ambas.[1]

A opção política, aqui traduzida pela dotação de recursos, reflete uma forma de conceber a segurança pública no estado, que na verdade tem sido prevalecente em todo o país ao longo dos últimos quarenta anos. Desse modo, se uma parte considerável do orçamento previsto à segurança pública é destinado, por exemplo, à aquisição de veículos de alto luxo para as operações de ronda da PM, em detrimento do melhor aparelhamento técnico e estrutural das delegacias, de investimentos nas divisões de investigação, nos trabalhos periciais, na contratação de profissionais qualificados a essas funções, enfim, nas atividades que dizem respeito à polícia judiciária num Estado de direito, é porque essas escolhas dizem respeito sobretudo a uma determinada concepção de segurança pública para esse estado.

Na gestão da ordem, na gestão dos riscos

Dos relatos dos adolescentes emerge ainda um outro ponto fundamental que diz respeito não somente às dinâmicas implicadas na participação direta das forças policiais na gestão e repressão ao crime, mas em disposições que extrapolam tal contexto, para

1 "Estado investe mais na PM e economiza com Polícia Civil". *Folha de São Paulo*, 29 abr. 2011.

dizer respeito a formas de gerir a ordem a partir de *programas* que visam a *intervenção* em territórios (as periferias) e em populações (os usuários de drogas e moradores de rua, no centro). No primeiro caso, a lógica da ocupação do território é acompanhada de medidas ostensivas que vão das "abordagens" pessoais e violações de domicílio à intimidação permanente pela presença armada, sempre desempenhada pela força militar por excelência do Estado, a PM.[2] No segundo caso, são as técnicas de intervenção junto a populações indesejáveis visando sua remoção do espaço visível da urbe (o centro da cidade) que se traduzem em formas de gerir populações, sendo acionado aqui um novo protagonista a desempenhar as atividades que não lhe caberiam por destinação legal: a Guarda Civil Metropolitana, GCM.

Vamos aos dois casos. Inicialmente, as periferias.

Nos relatos dos adolescentes infratores, a PM emerge não apenas como força repressiva que está presente no cotidiano criminal desses jovens (pela violência, por sua prisão e pela extorsão), mas por desempenhar uma presença ostensiva, notadamente intimidativa, nos territórios de onde eles advêm e obviamente transitam, as periferias da cidade. Como vimos, os adolescentes entrevistados, mesmo aqueles envolvidos pela primeira vez com o crime, alegaram, de forma uníssona, serem submetidos a revistas quase diárias pela PM. Referem-se a essa prática como dirigida a todos os jovens em geral, moradores de seus bairros.

É certo que a presença da Polícia Militar nas periferias (e os papéis por ela exercidos nesses territórios)está distante do caráter "comunitário" que é impresso nos discursos oficiais ou mesmo nas propostas de algumas bem intencionadas ONGs e entidades do terceiro setor. Nem mesmo é marcada pela austera imagem da proteção pessoal e patrimonial que caracteriza a presença dos policiais militares em bairros nobres da cidade.

O arbítrio e a violência policiais nas periferias não constituem exatamente novidade na área de discussões sobre a violência institucional e o mundo urbano, tendo integrado inclusive a pauta de denúncias e lutas de muitos movimentos sociais que se organizaram nesses locais desde os anos 80. A violência policial nas periferias assume, ainda hoje,

---

2 No Rio de Janeiro, a experiência militar ostensiva é ainda mais remota, traduzindo-se pelo concurso da PM com as Forças Armadas na ocupação das favelas cariocas, desde pelo menos os anos 90 (PERALVA, 2000). Mais recentemente, destaca-se a experiência das UPPs (unidades de polícia pacificadora) em diferentes favelas na capital, como uma proposta de ocupação mais duradoura, também combinando a presença das Forças Armadas e da PM. Furto-me aqui a uma discussão sobre essa atualíssima experiência, cuja heterogeneidade de elementos presentes me impossibilitam de uma sequer referência mais qualificada, remetendo o leitor aos artigos de Luis Antonio da Silva Machado (2010), autor que tem empreendido análises consistentes sobre as UPPs e seus impactos junto aos moradores locais.

diferentes expressões que vão das revistas abusivas a moradores, os ingressos ilegais nas residências (sem mandado judicial), até os espancamentos e as verdadeiras execuções sumárias, algumas travestidas em ações de grupos de extermínio cuja identidade recai sobre membros da PM, havendo uma grande parte delas atribuída a supostos confrontos entre policiais e criminosos.

Essa última modalidade de violência policial, que no estado de São Paulo é operacionalizada e legitimada pelo sistema de justiça através da categoria antijurídica *resistência seguida de morte*, consiste ainda hoje na prática mais recorrente de violência letal promovida pela PM contra civis, não apenas nas periferias da cidade, mas sobretudo nesses territórios. Por tal categoria, concebida em tempos flagrantemente autoritários a partir da doutrina da segurança nacional, aciona-se toda uma estrutura judicial que opera no sentido de acatar seu processamento,[3] convertendo a vítima em réu e conferindo aos agentes repressores do Estado uma espécie de "'licença irrestrita para matar", algo muito próximo a um "estado de exceção permanente" (AGAMBEN, 2004; SANTOS, 2007). Mas referida imunização dos agentes policias não ocorre somente através dessa categoria antijurídica, ela está ainda mais arraigada na cultura judicial, como demonstra o estudo de Affonso (2004) a partir de inquéritos e processos judiciais relativos a homicídios praticados por policiais militares contra civis na cidade de São Paulo no ano de 1999. Mesmo em tais casos, em que foi superada a classificação ilegal da "resistência seguida de morte", diferentes expedientes são postos a operar a imunização dos agentes do Estado envolvidos nesses crimes[4] – o arquivamento de inquéritos, a não propositura da ação criminal, sua absolvição recorrente a pedido do Ministério Público, sempre sob o argumento da *legítima defesa*, mesmo diante, é certo, das evidências periciais flagrantes sobre a intenção de matar (múltiplos tiros desferidos nas costas, nas mãos das vítimas, etc) e não raro exaltando as qualidades e a bravura dos agentes policiais no seu alegado cumprimento do dever legal.

---

3 No estado do Rio de Janeiro essa categoria recebe o nome de "auto de resistência", remontando, no caso carioca, especificamente ao instrumento (o auto) que era lavrado nos eventos de morte de civis em supostos contextos de enfrentamento policial, durante o regime militar. Verani (1996) foi o primeiro a abordar a origem autoritária e a permanência perversa desse instrumento na dinâmica judicial, mesmo após a redemocratização do país, analisando diferentes inquéritos e processos cuja categoria da resistência era suscitada para impedir o processamento ou garantir a absolvição de policiais, entre as décadas de 60 e 80.

4 Além dos casos de homicídios envolvendo policiais (com a rubrica ou não da *resistência seguida de morte*), o sistema de justiça criminal opera a imunização desses agentes também em outros delitos e violações de direitos humanos em geral, como no caso do crime de tortura praticado por agentes do Estado, como nos revela o estudo de Jesus (2009).

A novidade, contudo, da atuação da PM nas periferias da cidade estaria menos na violência promovida, e sim no caráter cada vez mais ostensivamente militar de sua presença nesses territórios. Do mesmo modo, destaca-se a legitimidade que essa atuação tem conquistado junto à opinião pública, advinda do local estratégico que ocupa no interior das políticas públicas, não apenas as de segurança, mas de um modo geral de todas aquelas que gerem o *social* (assistência e *promoção* ou *desenvolvimento* social, saúde, trabalho, renda, etc).

Um exemplo destacável desse novo marco simbólico da atuação da PM nas periferias da cidade está na estratégia de ocupação desses territórios desenvolvida pelo estado de São Paulo em parceria com a prefeitura da capital, entre os anos de 2005 e 2009, que levou o sugestivo nome de Operação Saturação.[5] Durante esse período, onze territórios na periferia (a maioria deles compreendendo favelas) foram ocupados por variadas tropas da PM que lá se mantiveram pelo tempo médio de sessenta dias.

Em se tratando de uma *operação*, evidencia-se o caráter militar, belicoso, que está ínsito ao próprio léxico dessas práticas, cujo código norteador certamente não se encontra entre os protocolos da política, ou sequer dos *programas* salvacionistas. Trata-se antes de mobilizar a ideia de urgência, aqui traduzida por uma ameaça permanente traduzida na imagem difusa de uma *criminalidade violenta*, cuja repressão e prevenção (nessa ordem) é imperiosa, autorizando-se, portanto, as medidas de exceção. Ao mesmo tempo, também a construção da noção de *vulnerabilidade* das populações residentes nesses territórios permite que a lógica intervencionista se opere, e que ela se instale, no lugar da política, para restaurar a ordem ameaçada (TELLES, 2010; GROS, 2006).

No transcorrer de sua execução, a Operação Saturação combinou, de um lado, ações pirotécnicas cujo caráter bélico fazia-se notório, como o ingresso de diferentes tropas da PM (ROTA, tropa de choque, corpo de bombeiros, entre outros) nos territórios "inimigos", via de regra alardeado pela utilização de helicópteros e portando pesados armamentos e ações de constrangimento permanente como a abordagem maciça da população local. De

5 Tanto a Operação Saturação, desenvolvida pelo estado de SP, como o *programa de proteção a pessoas em situação de risco*, desenvolvido pela prefeitura de SP nas áreas centrais da cidade (que será abordado adiante) enunciam uma miríade de questões que os qualificam certamente como objetos fecundos a trabalhos que porventura venham a tematizá-los de forma prioritária. Logicamente essa não é a pretensão deste estudo, o que implica dizer que, se optei por apresentá-los aqui, tratando-os analiticamente de modo pontual, é porque julguei imprescindível sua inserção neste momento, dado o fato de terem sido diretamente mencionados pelos adolescentes entrevistados como experiências com as forças de ordem que ultrapassam seu cotidiano criminal e que marcam profundamente a vida social e as formas identitárias por esses jovens assumidas. Do mesmo modo, os dois "programas" tangenciam questões fundantes a este trabalho, que dizem respeito certamente a renovadas formas de gerir a lei e os ilegalismos, no contexto da cidade de São Paulo.

outro lado, as ditas ações "integradas de cidadania", que se traduziram, na verdade, pela improvisação da prestação de serviços públicos inexistentes ou precariamente providos nesses locais (assistência odontológica, fornecimento de documentos, etc).

Durante o período mencionado, é de supor que a operação saturação consistiu em verdadeira plataforma política assumida pelo governo do estado na área de segurança pública. Angariando um apoio notável da mídia – como de regra ações dessa natureza costumam conquistar no país – a cobertura da operação saturação, em suas diferentes edições, foi também minuciosamente realizada pelo próprio governo do estado que mantinha em seu portal informações detalhadas e atualizadas sobre os eventos. Transcrevo uma delas que é bastante elucidativa:

> PM faz até parto durante a 11ª Operação Saturação na capital
>
> A Polícia Militar do Estado de São Paulo divulga balanço da 11ª Operação Saturação por Tropas Especiais, no Jardim Rio Claro, na região de São Mateus, zona leste da capital. Durante 99 dias, de junho a setembro, a PM realizou no bairro 50.170 buscas pessoais, fiscalizou 884 pontos de comércio, vistoriou 8.295 veículos e 13.407 motos, apreendeu 203,426 quilos de entorpecentes, 24 armas e 640 munições. Prendeu ainda 141 pessoas em flagrante e outras 31 foragidas da Justiça. Foi a mais longa de todas as ações do tipo até agora.
> A Operação Saturação, realizada desde 2005 em bairros diferentes da cidade, objetiva combater o tráfico de drogas, roubos, furtos e fazer a prevenção de outros crimes. Também oferece assistência social, como tratamento odontológico, juizado itinerante, veículo do Poupatempo Móvel, para emissão de documentos, palestras sobre assuntos domésticos e ambientais e atrações infantis. Participam da iniciativa todas as unidades da PM.
> Moradores do Jardim Rio Claro presenciaram ações cinematográficas de soldados em helicópteros, viaturas da Rota, homens da Tropa de Choque, do Gate, do Corpo de Bombeiros e até da Cavalaria. A cada dia, aproximadamente 400 policiais encontravam-se em trabalho no bairro, ocupando área de 37 quilômetros quadrados e atendendo a 338 mil pessoas.
> Quem presencia a chegada das tropas imagina tratar-se de uma operação de guerra. Porém, o capitão Sardilli prefere usar a expressão "tomada tática". "Não há guerra, não há inimigo específico. Apenas uma operação de segurança, para mostrar a presença do Estado, reduzir a criminalidade e atender às pessoas carentes[6]".

6 Disponível em <www.saopaulo.sp.gov.br/spnoticias>. Acesso em 15 abr. 2010. A Operação Saturação no Jardim Rio Claro, descrita acima, foi realizada entre os meses de junho e setembro de 2008, tendo sido a mais longa dessas operações, perdurando 99 dias.

Na notícia oficial enfatizam-se, entusiasticamente, as descrições sobre o caráter "cinematográfico" das ações (tratadas segundo a gramática bélica como "ocupações" e "tomadas táticas"); sobre os resultados em números que tendem a evidenciar o constrangimento imposto aos moradores, entre outras razões, pelas múltiplas "abordagens" sofridas (50.170 "buscas pessoais") e sobre o caráter salvacionista dessas intervenções junto à "população carente" local.

Mas não é apenas a periferia que convive com práticas de caráter notoriamente militar, voltadas à *intervenção* em territórios e sobre populações, designadas como "de risco", e acionando dispositivos de exceção, sempre sob o argumento da restauração da ordem e da prevenção da violência. Na região central da cidade, tem-se assistido diuturnamente a medidas ostensivamente voltadas à higiene social, que promovem a *remoção* de populações "em situações de risco", ou em "situações de vulnerabilidade" do espaço "saudável" da urbe: os usuários de drogas (não por acaso, muitos deles *menores*) e os moradores de rua que insistem em evidenciar as mazelas do mundo social do qual também fazem parte, nos espaços visíveis da cidade.

A fim de conferir um enquadramento "técnico" e normativo a referidas práticas, a prefeitura de São Paulo elaborou, em 2009, um autêntico *programa de intervenção,* para definir as populações alvo, caracterizadas por atributos de *vulnerabilidade* que as constituem, por consequência, não como sujeitos de direitos, mas por indivíduos atravessados por "situações de "risco" (GROS, 2006; TELLES, 2010). Designado como Programa de Proteção a Pessoas em situação de Risco, as ditas "situações de risco" não são descritas ou definidas, mas sim as "medidas" estratégicas para geri-las eficazmente, que combinam novamente ações ostensivas de vigilância e repressão (a abordagem e o eufemismo "encaminhamento") com medidas de "proteção social", cujo horizonte aqui desenhado é, no entanto, o de um suposto tratamento tutelar.

> Programa de Proteção a Pessoas em situação de Risco – Portaria SMSU 105/2010 (secretaria municipal de segurança urbana)
>
> O Programa de Proteção a Pessoas em Situação de Risco da Guarda Civil Metropolitana tem por objetivo, proteger crianças, adolescentes, adultos, idosos em situação de risco na cidade de São Paulo, além de criar mecanismos de ações preventivas integradas à Rede de Proteção Social, formada pelas Secretarias de Segurança Urbana, SMADS, SMS e SMPP e demais órgãos envolvidos no atendimento a essas pessoas, dando lhes o devido encaminhamento. Contribuir para diminuir e evitar a presença de pessoas em situação de risco nas vias e áreas públicas da cidade e locais impróprios para permanência sau-

> dável das pessoas. Atuar integrado a Rede de Proteção Social, formada pelas Secretarias: Secretaria Municipal de Segurança Urbana (SMSU), Secretaria Municipal de Assistência e Desenvolvimento Social (SMADS), Secretaria Municipal de Participações e Parcerias (SMPP), Secretaria Municipal de Saúde (SMS), Subprefeituras, Conselho Tutelar e Conselhos Comunitários de Segurança (CONSEGs), SAMU, Polícias Civil e Militar, e organizações sociais, objetivando a abordagem e o encaminhamento adequado para cada caso e situação de vulnerabilidade encontrada.[7]

Por esse pequeno texto que sintetiza as diretrizes dos programas de intervenção implementados pela prefeitura de SP nos últimos anos, vê-se desenhar nitidamente as inquietações que Castel, já em 1983, apresentou num artigo que já traz em seu título os deslocamentos que se configuram em tempos pós-disciplinares: "do perigo ao risco". É a partir da noção de *risco* que Castel decifra a erosão da figura do *sujeito patologizado*, ínsito ao mundo das disciplinas, e a emergência de uma categoria menos concreta: *as populações em risco*. Assim, prossegue Castel, no lugar do sujeito ou indivíduo perigoso e suas determinações (físicas, psíquicas, morfológicas), uma combinação de fatores de riscos (um *cálculo de probabilidades*), eles mesmos talhados por uma abstração tal, de modo a intensificar as possibilidades de *intervenção* não mais sobre indivíduos concretos, mas sobre *populações* que são o resultado dessa multiplicidade de fatores e suspeições. Como resume Telles (2010):

> O foco são as "populações de risco" – ou como se diz atualmente, "populações em situações de risco" – definidas a partir de um feixe abstrato de fatores acessíveis á análise dos especialistas. Em operação, novas formas de controle e vigilância que não passam mais pela repressão e pelo intervencionismo assistencial prevalecentes até o final dos anos 60 (TELLES, 2010, p. 157).

No caso de referido programa de intervenção sobre as *populações em situações de risco* de São Paulo, para dar consecução às finalidades de *diminuir* ou *evitar a presença* de *determinadas* pessoas nas vias públicas, a prefeitura previu a consecução de medidas constritivas de liberdade ("abordagem" e "encaminhamento forçado", inclusive à prisão), bem como destacou sua Guarda Civil para tal tarefa. Embora não guarde em sua previsão originária funções dessa natureza, é certo que a Guarda

7 O texto, extraído da seção de notícias do portal da prefeitura, sintetiza o conteúdo das portarias que instituíram e regulamentaram o programa (portaria 79/2010 e 105/2010). Disponível em <www.prefeitura.sp.gov.br> Acesso em: 30 mar. 2010.

Civil Metropolitana (CGM) tem sido recrutada, ao longo dos anos, a desempenhar atividades de polícia, notadamente a militar, que não estão, contudo, entre suas atribuições constitucionais.

Em verdade o município, enquanto unidade administrativa, nunca consistiu, ao menos formalmente, uma instância competente à segurança pública, área que sempre foi assumida pelos estados e pela União. No estado de São Paulo, a extinta Guarda Civil dividia desde o início do século XX as tarefas de policiamento em todo o estado com a Força Pública, até serem ambas extintas com a criação da PM, em 1970. Em 1986 foi então criada, na cidade de São Paulo, a atual Guarda Civil Metropolitana (GCM), para a "vigilância dos próprios municipais" (Lei nº 10.115/86, art. 1º). A Constituição Federal de 1988 reafirmou a competência dos Estados, em concorrência à União, para executar a política de segurança pública, cabendo aos municípios tão somente a possibilidade de constituírem "guardas municipais destinadas à proteção de seus bens, serviços e instalações" (art. 144 §8º), ou seja, de zelarem pelo patrimônio público municipal, vedada assim sua atuação na segurança pública.

Não obstante as restrições constitucionais, o movimento de criação das guardas municipais, a partir da redemocratização, dirigiu-se no sentido de reclamar um protagonismo dos municípios na área da segurança pública, tendo como modelo a militarização das PMs, e não o policiamento civil voltado restritivamente à proteção do patrimônio público. Foram como "exércitos municipais" que muitos desses destacamentos acabaram por se constituir pelo país desde então, tendo o modelo das PMs como horizonte de atuação, inclusive no caso da GCM paulistana. Ganha renovado sentido assim, tomando o exemplo das guardas civis metropolitanas criadas com a redemocratização, a ideia do militarismo como uma força propulsora que penetra deferentes âmbitos e domínios do Estado, estendendo a noção de vigilantismo para além do repertório de ação da PM, a força estadual militar por excelência.

A partir de meados dos anos 90, começou a ganhar força um outro movimento no âmbito das ações de segurança nos municípios: o da criação de secretarias autônomas, que pudessem subsidiar administrativa e politicamente as atividades de policiamento ostensivo, as quais, aliás, as guardas municipais já vinham exercendo, irregularmente, desde sua criação. Na cidade de São Paulo, foi criada em 2002 a Secretaria de Segurança Urbana – SSU – (Lei 13.396/02), para executar *políticas de segurança pública para o município focadas na prevenção da violência* (art. 1º).

Referida noção de *prevenção da violência,* já em si plasmada, foi sendo reapropriada pelas sucessivas gestões municipais, para, no início do mandato de Gilberto Kassab (2009), ser transmutada para a nada preventiva "diminuição da criminalidade", seguida da tutelar "proteção das pessoas em risco" (Dec. 50.338 de 16 de janeiro de 2009, que reorganizou a SSU). Mencionado decreto foi rapidamente sucedido por outro, o Dec. 50.448 de fevereiro de 2009, pelo qual as atribuições da GCM foram alargadas, incluindo-se expressamente a *proteção de pessoas em situação de risco, encaminhando-as e apoiando as ações sociais, em conformidade com os programas e ações integradas* (art. 2°), o que abriu caminho para a formulação de diferentes programas de intervenção junto a essas ditas populações em risco, como o acima descrito.

Constituindo-se assim como força armada, de caráter repressivo e militarizado, a GCM tem ao longo dos últimos anos se destacado por uma atuação "interventora" bastante direcionada às tais populações "em situação de risco", populações essas que, embora abstratamente mencionadas nos instrumentos normativos, apresentam nome e "endereço" certo: os moradores de rua e os usuários de drogas (em geral *menores*), ambos ocupantes da área central da cidade. É por essa razão que os adolescentes entrevistados foram uníssonos ao descreverem, na divisão do trabalho policial, o quinhão concernente à GCM: a repressão aos *meninos de rua*, sobretudo quando usuários de crack (os *nóinhas*). Também em tais descrições há sempre menção à truculência desse destacamento municipal e à semelhança de seus métodos aos da PM.

Além dos relatos dos jovens entrevistados, em alguns processos da vara especial da infância e juventude aos quais tive acesso, os depoimentos dos guardas civis metropolitanos chamados a testemunhar em juízo as circunstâncias da apreensão dos adolescentes deixaram antever, ora expressamente, ora de modo mais constrangido, os desígnios da política a qual são reclamados a executar. Cito dois desses depoimentos:

> Processo 1
>
> Testemunha compromissada e inquirida pelo mm juiz de direito, na forma e sob as penas da lei, respondeu: Sou guarda civil metropolitano. No momento dos fatos, avistamos quatro indivíduos junto a um colchão, sendo que por ali também havia bolsas, trouxas e coisas assim em quantidade. Resolvemos nos aproximar dos quatro indivíduos, para oferecer-lhes os serviços da Prefeitura, precisamente aqueles reservados aos moradores de rua. Quando da nossa aproximação, dois daqueles quatro saíram correndo e foram embora. Ficaram apenas dois, entre os quais o menor P. que está aqui presente. Tratamos de abordá-los. Vistoriando as trouxas e mochilas que estavam ali no chão, em uma delas encontramos uma trouxinha de maconha. Os garotos e a droga foram apresentados à autoridade.

Processo 2

Testemunha compromissada e inquirida pelo mm juiz de direito, na forma e sob as penas da lei respondeu: Quando dos fatos trafegávamos com nossa viatura quando avistamos um garoto pela rua, que ao nos ver deu a volta para esquivar-se de nós e esboçou entrar numa lanchonete ou mercadinho. Desembarcamos e tratamos de abordá-lo mandando o garoto abrir a mão, quando então ele o fez e apreendemos 7 pedras de crack. Nessa época[8] nossa ordem era abordar transeuntes que entendêssemos suspeitos, para limpar aquela área, conhecida como cracolândia. Agora ali limpou, já que eles migraram para outro lugar. As reperguntas do Ministério Público respondeu: A ordem era para abordar qualquer pessoa suspeita, até porque, naquele lugar gente de bem não transita em dia de domingo.

8 Ambos os processos mencionados foram instaurados e encerrados entre novembro de 2009 e março de 2010. A região da cracolândia tem sofrido intervenções do poder público municipal desde 2005, ainda sob o mandato de José Serra na prefeitura da cidade. Nesse ano, teve início o projeto Nova Luz, o qual, ao pretender a revitalização da região compreendida pela cracolândia e adjacências, deu consecução às primeiras medidas de remoção da população lá residente e de moradores de rua em geral.

BIBLIOGRAFIA

ADAMS, Robert. *Prison Riots in Britain and the United States.* Londres: Macmillan Press, 1994.

ADORNO, Sérgio; FISHER, Rosa Maria, *Análise do sistema penitenciário do Estado de São Paulo: o gerenciamento da marginalidade social.* São Paulo: CEDEC, 1987.

ADORNO, Sérgio; CARDIA, Nancy. *Dilemas do controle democrático da violência: execuções sumárias e grupos de extermínio em São Paulo.* São Paulo: Núcleo de Estudos da Violência (NEV/USP), 1997.

ADORNO, Sérgio; PASINATO, Wânia. "Violência e impunidade penal: da criminalidade detectada à criminalidade investigada". *DILEMAS: Revista de Estudos de Conflito e Controle Social*, v. 3, n. 7, p. 51-84, jan./mar. 2010.

ADORNO. Sérgio. "A prisão sob a ótica de seus protagonistas. Itinerário de uma pesquisa". *Tempo Social Revista de Sociologia da USP*. v. 3, n. 1-2, p. 7-40, 1991.

______. "A experiência precoce da punição". In: MARTINS, José de Souza (org.). *A criança sem infância no Brasil* (org. MARTINS, José de Souza). 2ª edição. São Paulo: Hucitec, 1993.

______. *A gestão urbana do medo e da insegurança:* violência, crime e justiça penal na sociedade brasileira. Tese apresentada para o concurso de livre-docência junto ao Departamento de Sociologia da FFLCH – USP em março de 1996.

______. "A ciência da tortura". *Folha de S. Paulo*, Jornal de resenhas, 12 jan. 2002.

AFFONSO, Beatriz Stella de Azevedo. *O controle externo da polícia: a implementação da Lei Federal nº 9.229-96 no Estado de São Paulo.* Dissertação Mestrado em Ciência Política – FFLCH/USP, São Paulo 2004.

AGAMBEN, Giorgio. *O Poder soberano e a vida nua*. Lisboa: Editorial Presença, 1998. (Homo sacer, I)

ALVAREZ, Marcos César. *A emergência do Código de Menores de 1927: uma análise do discurso jurídico e institucional da assistência e proteção aos menores*. Dissertação (Mestrado em Sociologia) – FFLCH – USP, São Paulo, 1989.

______. *Bacharéis, criminologistas e juristas: saber jurídico e a nova escola penal no Brasil*. São Paulo: IBCCRIM, 2003.

ARTIÈRES, Philippe; QUERO, Laurent; ZANCARINI-FOURNEL, Michelle. *Le Groupe D'Information sur les Prisons – archives d'une lutte*, 1970-1972. Paris: L'IMEC, 2003.

BARCELLOS, Caco. *Rota 66 a história da polícia que mata*. 10ª ed. Rio de Janeiro/ São Paulo: Record, 2009.

BATIBUGLI, Thaís. *Polícia, democracia e política em São Paulo (1946-1964)*. São Paulo: Humanitas, 2010.

BAYART, Jean-François. "Le crime transnational et la formation de l'État". *Politique Africaine*, n. 95, p. 93-105, 2004.

BENEVIDES, Maria Vitoria; FERREIRA, Rosa Maria Fisher. "Respostas populares e violência urbana: o caso dos linchamentos no Brasil". In: PINHEIRO, Paulo Sérgio (org.). *Crime, violência e poder*. São Paulo: Brasiliense, 1983.

BÉRARD, Jean; CHANTRAINE, Gilles. *80.000 Détenus en 2017? Réforme et dérive de l'institution pénitentiaire*. Paris: Éditions Amsterdam, 2008.

BERNARDI, Celia de. *O legendário Meneghetti: imprensa, memória e poder*. São Paulo: Annablume; FAPESP, 2000.

BICUDO, Helio Pereira. *Meu depoimento sobre o Esquadrão da Morte*. 10ª ed. São Paulo: Martins Fontes, 2002.

BIONDI, Karina. *Junto e misturado: imanência e transcendência no PCC*. Dissertação (Mestrado em Antropologia), UFSCar, São Carlos, 2009.

BONDUKI, Nabil. *Origens da habitação social no Brasil: arquitetura moderna, Lei do Inquilinato e difusão da casa própria*. 4ª ed. São Paulo: Estação Liberdade, 2004.

BRANT, Vinicius Caldeira (org.). São Paulo: trabalhar e viver. São Paulo: Brasiliense; Comissão Justiça e Paz, 1989.

BRETAS, Marcos Luiz. *Ordem na cidade: o exercício cotidiano da autoridade policial no Rio de Janeiro –1907-1930*. Rio de Janeiro: Rocco. 1997.

CALDEIRA, Teresa P. R. "Ter Medo em São Paulo". In: BRANT, Vinicius Caldeira. *São Paulo: trabalhar e viver.* São Paulo: Brasiliense; Comissão Justiça e Paz, 1989. p. 151-167.

______. "Direitos Humanos ou 'privilégios de bandidos'". *Novos Estudos,* São Paulo, CEBRAP, 1991.

______. *Cidade de muros: crime, segregação e violência em São Paulo.* 2ª ed. São Paulo: Edusp, 2003.

CANCELLI, Elizabeth. *O mundo da violência: a polícia da era Vargas.* 2ª ed. Brasília: Editora da UnB. 1993.

CASTEL, Robert. "De la dangerosité au risque." *Actes de la Recherche en Sciences Sociales*, v. 47, n.1, p. 119-127, 1983.

______. *As metamorfoses da questão social.* Petrópolis: Vozes, 1999.

CATANZARO, R. "La Mafia et les recherches sur la Mafia en l'Italie". *Déviance et Société*, v. 19, n. 2, p. 201-213, 1995.

CAVALLIERI, P.F. et al. *Delinquência juvenil na Guanabara: uma introdução sociológica.* Guanabara:Tribunal de Justiça da Guanabara, Juizado de Menores, 1973.

CEBRAP, Centro Brasileiro de Análise e Planejamento. *A criança, o adolescente, a cidade.* São Paulo, 1972.

CHALHOUB, Sidney. *Trabalho, lar e botequim: o cotidiano dos trabalhadores do Rio de Janeiro da belle époque.* São Paulo: Brasiliense, 1986.

CHANTRAINE, Gilles. *Par-delà les murs: expériences et trajectoires em Maison d'arrêt.* Paris: Presses Universitaires de France, 2004.

CISCATI, Maria Regina. *Malandros da Terra do Trabalho: malandragem e boêmia na cidade de São Paulo (1930-1950).* São Paulo: Annablume; FAPESP, 2001.

CLEMMER, Donald. *The Prison Community.* 2ª ed. Nova York: Holt, Rinehart & Winston, 1958.

COELHO, Edmundo Campos. *A criminalidade urbana violenta.* Rio de Janeiro: Iuperj, 1987a. (Série Estudos)

______. *Oficina do Diabo*. Rio de Janeiro: Iuperj; Espaço e Tempo. 1987b.

CORDEIRO, Simone Lucena. "Moradia Popular Na Cidade De São Paulo (1930-1940) – Projetos e Ambições". *Histórica: Revista Eletrônica do Arquivo do Estado,* São Paulo. n.1, abr. 2005. Disponível em: <www.historica.arquivoestado.sp.gov.br/materias/anteriores/edicao01/materia03/>. Acesso em 24 nov. 2011

CORRÊA, Mariza. "Antropologia e medicina legal: variações em torno de um mito". In: VOGT, Carlos et al. (org.) *Caminhos cruzados: linguagem, antropologia e ciências naturais*. São Paulo: Brasiliense, 1982, p.53-63.

CUNHA, Manuela I. *Entre o bairro e a prisão: tráfico e trajectos*. Lisboa: Fim de Século, 2002.

DAS, Veena; POOLE, Deborah. "The State and its Margens". In:______(org.). *Antropology in the margens of the state*. Santa Fé: SAR Press, 2004.

DELEUZE, Gilles. "Post-scriptum sobre as sociedades de controle". In:______. *Conversações*. São Paulo: Ed. 34, 1992.

______. *Foucault*. 2ª ed. Lisboa: Vega, 1998.

______. "A ascensão do social". In: DONZELOT, Jacques. *A polícia das famílias*. Rio de Janeiro: Ed. Graal, 3ª edição, 2001.

DIAS, Camila Caldeira Nunes. *Da pulverização ao monopólio da violência: expansão e consolidação do Primeiro Comando da Capital (PCC) no sistema carcerário paulista*. Tese Doutorado em Sociologia – FFLCH – USP, São Paulo, 2011.

DONZELOT, Jacques. *L'invention du social: essai sur le déclin des passions politiques*. Paris: Fayard, 1984.

FAUSTO, Boris. *Crime cotidiano: a criminalidade em São Paulo (1880-1924)*. 2ª ed. São Paulo: Companhia das Letras, 2000.

______. *História do Brasil*. 13ª ed. São Paulo: Edusp, 2009.

FELDMAN, Sarah, *São Paulo: metrópole em mosaico*. São Paulo: CIEE, 2010.

FELTRAN, Gabriel de Santis. *Fronteiras de tensão: um estudo sobre política e violência nas periferias de São Paulo*. Tese (Doutorado em Ciências sociais) – Unicamp, Campinas, 2008.

FERNANDES, Heloisa Rodrigues. *Política e segurança*. São Paulo: Alfa-Omêga, 1973.

FERREIRA, Maria Emília Guerra. *A produção da esperança em uma situação de opressão. Casa de Detenção de São Paulo, Carandiru.* São Paulo: Educ, 1996.

FERREIRA, Rosa Maria Fisher. *Meninos de rua: valores e expectativas de menores marginalizados em São Paulo.* São Paulo: Comissão Justiça e Paz; CEDEC, 1979.

FIGUEIREDO, Adherbal de Oliveira. *Tenente Galinha, caçador de homens: eu sou a lei.* São Paulo: Exposição do Livro, 1965.

FISHER, N.; SPIRE, A. 2009. "L'État face aux illégalismes". *Revue Politix,* v. 22, 209/3

FOUCAULT, Michel. *Surveiller et punir: naissance de la prision.* Paris: Gallimard, 1975.

______. *Dits et écrits,* III. Paris: Galimard, 1994

______. *Microfísica do poder.* 15ª ed. Rio de Janeiro: Graal, 2000.

______. *Em defesa da sociedade.* São Paulo: Martins Fontes, 2002.

______. *Ditos e escritos,* IV. Rio de Janeiro: Forense Universitária, 2003.

______. *Naissance de la biopolitique.* Paris: Gallimard, 2004.

______. *La société punitive.* Paris: Gallimard, 2013.

FRANCO, Alberto Silva. *Crimes hediondos.* 4ª ed. São Paulo: Editora Revista dos Tribunais, 2000.

FRONTANA, Isabel C. R. Cunha. *Crianças e adolescentes nas ruas de São Paulo.* São Paulo: Loyola, 1999.

FRY, Peter; CARRARA, Sérgio. "As vicissitudes do liberalismo no direito penal brasileiro". *Revista Brasileira de Ciências Sociais,* vol. 1, nº 2, out. 1986.

FUNDAÇAO DO BEM ESTAR DO MENOR – FEBEM – UNIEMP, 2006. Disponível em: <www.fundacaocasa.sp.gov.br/pesquisas>. Acesso em: 19 out. 2011.

FUNDAÇÃO DE AMPARO AO TRABALHADOR PRESO – FUNAP; SECRETARIA DE ADMINISTRAÇÃO PENITENCIÁRIA DE SÃO PAULO – SAP. *Censo Penitenciário do Estado de São Paulo.* São Paulo: 2002

GAMBETTA, D. *La Mafia siciliana: Un' industria della protezione privata.* Turin: Einundi, 1992.

GARLAND, David. *La Cultura del Control: Crimen y orden social en la sociedad contemporânea.* Barcelona: Gedisa, 2005.

GODEFROY, Thierry. "La mobilization contre le criminalité organisé, entre criminalités ordinaires et capitalisme clandestin". In: KOKOREFF, M., PÉRALDI, M. WEINBERGER, M.(org.). *Économies criminelles et mondes urbaines.* Paris: Press Universitaires de France, 2007.

GOES, Eda Maria. *A recusa das grades: rebeliões nos presídios paulistas, 1982-1986.* Dissertação (Mestrado em História) – UNESP, Assis, 1991.

______. *Imagens da polícia.* Tese (Doutorado em História). UNESP, Assis, 1999. Disponível em: <www4.fct.unesp.br/grupos/gasperr/pub/tese/eda/HTMLversion>. Acesso em 22 out. 2011.

GOFFMAN, Erwing. *Manicômios, prisões e conventos.* 5ª ed., São Paulo: Perspectiva, 1996.

GREGORI, Maria Filomena. *Viração: experiências de meninos nas ruas.* São Paulo: Companhia das Letras, 2000.

GROS, Frederic. *États de violence: essai sur la fin de la guerre.* Paris: Gallimard, 2006.

HAYNER, Norman S.; ASH, Ellis. "The Prisioner community as a social group". *American Sociological Review*, v. 4, n. 3, p. 362-369, 1939.

HIRATA, Daniel Veloso. *Sobreviver na adversidade: entre o mercado e a vida.* Tese (Doutorado em Sociologia) – FFLCH - USP, São Paulo: 2010.

HOBSBAWN, Eric, *Rebeldes primitivos: estudo sobre as formas arcaicas dos movimentos sociais nos séculos XIX e XX.* Rio de Janeiro: Zahar, 1970

______. *Bandidos.* 4ª ed. São Paulo: Paz e Terra, 2010.

HOLLOWAY, Thomas H. *Polícia no Rio de Janeiro: repressão e resistência numa cidade de século XIX.* Rio de Janeiro: Editora Fundação Getúlio Vargas, 1997.

HUGGINS. Martha K. "O vigilitantismo e o Estado: uma vista para o Sul e para o Norte". *Revista da Polícia Militar de Minas Gerais*, Belo Horizonte, Academia de Polícia, n. 11/p. 18-39, 1992.

INSTITUTO GALLUP DE OPINIÃO PÚBLICA. *A violência em São Paulo* (relatório de pesquisa). São Paulo: Forense, 1980. (Ciência Penal 1).

JESUS, Maria Gorete Marques de. *O crime de tortura e a justiça criminal: um estudo de processos de tortura na cidade de São Paulo.* Dissertação (Mestrado em Sociologia) – FFLCH - USP, São Paulo, 2009.

JOANIDES, Hiroito de Moraes. *Boca do Lixo*. São Paulo: Edições Populares, 1978.

JUSTIÇA GLOBAL; IHRC – Internacional Human Rights Clinic. *São Paulo sob achaque: corrupção, crime organizado e violência institucional em maio de 2006*. São Paulo: Human Rights Program at Harward Scholl. 2011.

KANT DE LIMA, Roberto. "A cultura jurídica e as práticas policiais". *Revista Brasileira de Ciências Sociais*, v. 4, n. 10. 1989.

KANT DE LIMA, R.; MISSE, M.; MIRANDA, Ana Paula M. "Violência, Criminalidade, Segurança Pública e Justiça Criminal no Brasil: uma Bibliografia". *BIB: Revista Brasileira de Informação Bibliográfica em Ciências Sociais*, Rio de Janeiro, n. 50, p. 45-123, 2000.

KOERNER, Andrei. *Judiciário e cidadania na constituição da república brasileira*. São Paulo: Hucitec, 1998

______. "O Impossível panóptico tropical-escravista: práticas prisionais, política e sociedade do século XIX". *Revista Brasileira de Ciências Criminais*, n. 35, jul./set. 2001.

KOKOREFF, Michel. "Mythes et realités des économies souterraines dans le monde des banlieus populaires françaises". In: KOKOREFF, M., PÉRALDI, M. WEINBERGER, M. (org.). *Économies criminelles et mondes urbaines*. Paris: Press Universitaires de France, 2007.

KOSELLECK, Reinhart. *Futuro Pasado: para uma semântica de los tiempos históricos*. Barcelona: Paidós, 1993.

KOWARICK, Lúcio. *Capitalismo e marginalidade na América Latina*. São Paulo: Paz e Terra, 1975.

______. *A espoliação urbana*. São Paulo: Paz e Terra. 1979

______. *Trabalho e vadiagem: a origem do trabalho livre no Brasil*. 2ª ed. São Paulo: Paz e Terra, 1994.

LASCOUMES, Pierre. *Les Affaires ou l'art de l'ombre. Les delinquances économiques et finacières et leur controle*. Paris: Le Centurion, 1986

______. "L'Ilegalisme, outil d'analyse". *Societè et representation*, p. 78-84, 1996.

LEAL, Victor Nunes. *Coronelismo, enxada e voto*. São Paulo: Alfa-ômega, 1975.

LÉVI, Primo. *É isto um homem?* Rio de Janeiro: Rocco, 1988.

_______. *Os afogados e os sobreviventes: os delitos, os castigos, as penas e as impunidades.* 2ª ed. São Paulo: Paz e Terra, 2004.

LIMA, Renato S. *Criminalidade urbana: conflitos sociais e criminalidade urbana.* São Paulo: Sicurezza, 2002.

LISPECTOR, Clarice. *Para não esquecer.* Rio de Janeiro: Editora Record, 1978.

LOUZEIRO, José. *Infância dos mortos.* São Paulo: Círculo do Livro, 1977.

_______. *Pixote, a lei do mais fraco.* Rio de Janeiro: Civilização Brasileira, 1993.

LYRA, Roberto. *Comentários ao Código de Processo Penal*, v. 4. Rio de Janeiro: Edição Revista Forense, 1944.

MACHADO DA SILVA, Luis Antonio. "Um problema na interpretação da criminalidade urbana violenta". *Sociedade e Estado*, Brasília, v. 10, n. 2, 1995.

_______. "Sociabilidade Violenta: por uma interpretação da criminalidade contemporânea no Brasil urbano". *Sociedade e Estado*, Brasília, v. 19, n. 1, p. 53-84, jan./jun. 2004.

_______. "Afinal, qual é a das UPPs?" Disponível em: <www.observatoriodasmetropoles.ufrj.br>. Acesso em mar. de 2010.

MARQUES, Adalton. *Crime, proceder, convívio-seguro: um experimento antropológico a partir da relação entre ladrões.* Dissertação (Mestrado em antropologia). FFLCH - USP, São Paulo, 2009.

MARQUES, João B. *Marginalização, menor e criminalidade.* São Paulo: McGraw – Hill, 1976.

MARQUES, José Frederico. *Elementos de Direito Processual Penal.* 2ª ed. Campinas: Millennium, 2000.

MARTINS, José de Souza. "Linchamento, o lado sombrio da mente conservadora". *Tempo Social*, São Paulo, v. 2, n. 8, p. 11-26, 1996.

MARTINS, Sérgio Mazina. "Justiça e transição". *Boletim IBCCRIM.* São Paulo, ano 18, n. 215, p. 2, out., 2010.

MARTINS, Silvia Helena Zanirato. *Artífices do ócio: mendigos e vadios em São Paulo (1933-1942).* Tese (Doutorado em História), UNESP, 1996.

MATSUDA, Fernanda Emy. *A medida da maldade: periculosidade e Controle Social no Brasil.* Dissertação (Mestrado em Sociologia), FFLCH-USP, São Paulo, 2009.

MENDES, Luiz Alberto. *Memórias de um sobrevivente*. São Paulo: Companhia das Letras, 2001.

______. *Às cegas*. São Paulo: Companhia das Letras, 2005.

MISSE, Michel. *Crime e violência no Brasil contemporâneo: estudos de sociologia do crime e da violência urbana*. Rio de Janeiro: Lumen Juris, 2006.

______. "Sobre a acumulação social da violência no Rio de Janeiro". *Civitas*, Porto Alegre, v. 8, n. 3, p. 371-385, set./dez. 2008.

MUCCHIELLI, Laurent. "Are we living in a more violente society? A Social-History Analysis of Interpersonal Violence in France, 1970s–Present". *Britsh Jornal Criminology, n.* 50, p. 808-829, abr. 2010.

NAIM, M. *Ilícito: o ataque da pirataria, da lavagem de dinheiro e do tráfico à economia global*. Rio de Janeiro: Jorge Zahar, 2005.

O'DONNELL, G. *Contrapontos: autoritarismo e democratização*. São Paulo: Vértice, 1986.

OFFE, Claus. "Trabalho: a categoria-chave da sociologia?". *Revista Brasileira de Ciências Sociais*, São Paulo, v. 4, n. 10, p. 5-20, 1989.

OLIVEIRA, Francisco de. "Privatização do público, destituição da fala e anulação da política: o totalitarismo neoliberal". In: OLIVEIRA, Francisco; PAOLI, Maria Célia (org.). *Os sentidos da democracia*. 2ª ed. Petrópolis: Vozes, 2000.

PAIXÃO, Luis Antonio. "Crimes e criminosos em Belo Horizonte, 1932-1978". In: PINHEIRO, Paulo Sérgio (org.). *Crime, violência e poder* . São Paulo: Brasilense, 1983.

______. "A violência urbana e a sociedade: sobre crenças e fatos, mitos e teorias". *Religião e Sociedade*, Rio de Janeiro, v. 15, n. 1, 1990.

PAOLI, Maria Celia. *Desenvolvimento e marginalidade*. São Paulo: Pioneira, 1974.

PASSETI, Edson. "Crianças carentes e políticas públicas". In: DEL PRIORE, M. (org.). *História das crianças no Brasil*. São Paulo: Contexto , 1999, p. 347-375.

PERALDI, Michel. "Economies criminelles et mondes d'affaire à Tanger". *Culture & Conflits*, n. 68, p. 111-125, 2007.

PERALVA, Angelina. *Violência e democracia: o paradoxo brasileiro*. São Paulo: Editora Paz e Terra, 2000.

PERLMAN, Janice E. *O mito da marginalidade: favelas e a política no Rio de Janeiro*. Rio de Janeiro: Paz e Terra, 1977.

PERROT, Michelle. *Mulheres públicas*. São Paulo: Ed. da UNESP, 1998.

PIERUCCI. Antônio Flávio. *Ciladas da diferença*. São Paulo: Ed. 34, 1999.

PINHEIRO, Paulo Sérgio. "Polícia e a Crise Política. O caso das Polícias Militares". In: DA MATTA, Roberto (org.). *A violência brasileira*. São Paulo: Brasiliense, 1981.

______. *Crime, violência e poder*. São Paulo: Brasiliense, 1983.

______. "Polícia e Consolidação Democrática: o caso brasileiro". In: PINHEIRO, Paulo Sérgio et. al. (org.). *São Paulo sem medo: um diagnóstico da violência urbana*. Rio de Janeiro: Garamond, 1998.

PINHEIRO, Paulo Sérgio; BRAUN, Eric (org.). *Democracia x Violência: reflexões para a Constituinte*. Rio de Janeiro: Paz e Terra, 1986.

PINHEIRO, Paulo Sérgio et. al. "Violência fatal: conflitos policiais em São Paulo". *Revista USP*, São Paulo, v. 9, p. 95-112, mar. 1991.

RAMALHO, José Ricardo. *O mundo do crime: a ordem pelo avesso*. 3ª ed. São Paulo: Instituto Brasileiro de Ciências Criminais, 2002.

REIS, Nestor Goulart. *São Paulo: vila, cidade, metrópole*. São Paulo: Bankboston; PMSP, 2004.

REVISTA DOS TRIBUNAIS, v. 181, fascículo n. 592, p. 569 –576. São Paulo: Editora Revista dos Tribunais, set. de 1949.

RIBEIRO, Otavio. *Barra Pesada*. Rio de Janeiro: Codecri, 1977.

ROSE, Nicolas. "The death of de social? Refigurind the territoriy of government." In: MILLER, Peter; ROSE, Nikolas. *Governing the present*. Cambridge: Polity Press, 2008, p. 84-113.

ROSEMBERG, Andre. *De chumbo e festim: uma história da polícia paulista no final do Império*. São Paulo: Edusp; FAPESP, 2010.

RUGGIERO, Vicenzo; NIGEL, South. "The late city as a bazaar: drug markets, illegal enterprise and barricades". *The British Journal of Sociology*, v. 48, n. 1, p. 54-70, 1997.

RUGGIERO, Vicenzo. "Sécurité et criminalité économique". In: KOKOREFF, M., PÉRALDI, M.; WEINBERGER, M. (org.). *Économies criminelles et mondes urbaines*. Paris: Press Universitaires de France, 2007.

______. *Crimes e mercados: ensaios em anticriminologia.* Rio de Janeiro: Lumen Juris, 2008.

SALLA, Fernando *As prisões em São Paulo: 1822-1940.* São Paulo: Annablume; FAPESP, 1999.

_____"Casa de Detenção de São Paulo. Passado e Presente". *Revista Brasileira de Ciências Criminais,* São Paulo, n. 32, out./dez. 2000.

______. "As rebeliões nas prisões: novas reflexões a partir da experiência brasileira". *Sociologias,* n. 16, jul./dez. 2006.

______. "De Montoro a Lembro: as políticas penitenciárias em São Paulo". *Revista Brasileira de Segurança Pública,* São Paulo, n. 1, p. 72-90, 2007.

SALLA, Fernando e Alvarez, Marcos. "Apontamentos para uma história das práticas de tortura no Brasil". *RBCCRIM,* n. 63, p. 277-308, nov./dez. 2006.

SALLA, Fernando; ALVAREZ, Marcos César; SOUZA, Luis Antonio Francisco. *Aspectos comparativos das políticas de segurança em São Paulo em períodos de transição.* Relatório de Pesquisa relativo ao ano de 2003, Projeto CEPID 2 – Construção das Políticas de Segurança e o Sentido da Punição, 1822-2000. São Paulo: Núcleo de Estudos da Violência, Universidade de São Paulo (NEV/USP), 2010.

SANTOS, Laymert Garcia dos. "Brasil contemporâneo: estado de exceção?" In: OLIVEIRA, Francisco e RIZEK, Cibele. *A era da indeterminação.* São Paulo: Boitempo, 2007, p. 289-352.

SCIARRONE, Rocco. "Mécanismes de reproduction des máfias". In: KOKOREFF, M., PÉRALDI, M.WEINBERGER, M. (org.). *Économies criminelles et mondes urbaines.* Paris: Press Universitaires de France, 2007.

SCIRE, Claudia D'Ipolitto de Oliveira. *Consumo popular, fluxos globais: práticas, articulações e artefatos na interface entre a pobreza e a riqueza.* Dissertação (Mestrado em Sociologia) – FFLCH-USP, 2009.

SKOLNICK, Jerome H. *Justice without Trial: Law Enforcement in democratic society.* 4ª ed. Nova Orleans: Quid Pro, 2011.

SILVA, Edivaldo Vieira. *Mídia, sujeito e poder: O Bandido da Luz Vermelha.* Dissertação (Mestrado em Ciências Sociais), PUC-SP, São Paulo, 2001.

SINGER, Helena. *Discursos desconcertados: linchamentos, punições e direitos humanos.* São Paulo: Humanitas, 2003.

SINHORETTO, Jacqueline. *Os justiçadores e sua justiça: linchamentos, costume e conflito.* São Paulo: IBCCRIM, 2002.

SOUZA, Luís Antônio Francisco. "Autoridade, violência e reforma policial. A polícia preventiva através da historiografia de língua inglesa". *Estudos Históricos*, Rio de Janeiro, v. 12, n. 22, p. 265-294, 1998.

______. *Lei, cotidiano e a cidade: polícia Civil e práticas policiais na São Paulo republicana (1889-1930).* São Paulo: IBCCRIM, 2009.

SOUZA, Otavio Tarquinio de, *Bernardo Pereira Vasconcellos e seu tempo.* Rio de Janeiro: José Olympio, 1937.

SOUZA, Percival; FAERMAN, Marcos; PORTELA, Fernando. *Violência e repressão.* São Paulo: Símbolo, 1978.

SYKES, Gresham M. *The Society of Captives:* a study of Maximum Security Prision. 11ª ed. Nova Jersey: Princeton University Press, 1999.

TEIXEIRA, Alessandra. *Do sujeito de direito ao estado de exceção: o percurso contemporâneo do sistema penitenciário brasileiro.* Dissertação (Mestrado em Sociologia) – FFLCH/USP – São Paulo, 2006.

______*Prisões da exceção: política penal e penitenciária no Brasil contemporâneo.* Curitiba: Juruá, 2009a.

_____."Muito Além da Prisão". *Liberdades: Revista Eletrônica do IBCCRIM*, n. 1, maio 2009b. Disponível em: <www.revistaliberdades.org.br>. Acesso em 1 ago. 2011.

TELLES, Vera S. *Pobreza e cidadania.* São Paulo: Editora 34, 2001.

_____."Debates: A cidade como questão". In: TELLES, Vera; CABANNES, Robert (org.). *Nas tramas da cidade: trajetórias urbanas e seus territórios.* São Paulo: Humanitas, 2006a.

______. "Trabalho, cidade e os elos perdidos da política". In: *A tarefa da crítica* (org. RIZEK, Cibele, ROMÃO, Wagner M. e OLIVEIRA, Francisco). Belo Horizonte: Editora UFMG, 2006b.

______. *A cidade nas fronteiras do legal e do ilegal.* Belo Horizonte: Argumentum, 2010.

TELLES, Vera S.; HIRATA, Daniel. "Cidade e práticas urbanas: nas fronteiras incertas entre o ilegal, o informal e o ilícito". *Revista Estudos Avançados da USP*, São Paulo, v. 21, n. 61, 2007.

TILLY, Charles. "La guerre et la constrution de l'État en tant crime organisé". *Politix*, v. 13, n. 49, p. 97-1222, 2000.

UFRJ/UNB – Faculdade Nacional de Direito da Universidade Federal do Rio de Janeiro e Faculdade de Direito da Universidade de Brasília. *Tráfico de drogas e Constituição* (Relatório de pesquisa). Projeto Pensando o Direito. Secretaria de Assuntos Legislativos do Ministério da Justiça, jul. 2009.

USEEM, Bert; KIMBALL, Peter A . "A Theory of Prison Riots". *Theory and Society*, v. 16, p. 87-122, 1987.

______. *States of Siege: U.S. prison riots, 1971-1986*. Nova York: Oxford University Press, 1991.

VENTURA, Zuenir. *A cidade partida*. São Paulo: Companhia das Letras, 1994.

VERANI, Sérgio. *Assassinatos em nome da lei*. Rio de Janeiro: Aldebarã, 1996.

VEYNE, Paul. *Foucault: seu pensamento, sua pessoa*. Rio de Janeiro: Civilização Brasileira, 2011.

ZALUAR, Alba. "Condomínio do Diabo: as classes populares urbanas e a lógica do "ferro" e do fumo". In: PINHEIRO, Paulo Sérgio (org.). *Crime, violência e poder*. São Paulo: Brasilense, 1983.

______. *A máquina e a revolta*. São Paulo: Brasiliense, 1985.

______."Para não dizer que não falei de samba, os enigmas da violência no Brasil". In: SCHWARTZ, Lilian(org.). *História da vida privada*. São Paulo: Companhia das Letras, 1998.

______. "Violência e Crime". *O que ler na ciência social brasileira 1970-1995*. São Paulo: Sumaré; Anpocs; Brasília: CAPES. 2002.

______. *Integração perversa: pobreza e tráfico de drogas*. Rio de Janeiro: Ed. da FGV 2004.

FONTES PRIMÁRIAS

A Estatística policial-criminal do Estado de São Paulo. Departamento Estadual de Estatística, Serviço de Estatística policial do Estado de São Paulo - Brasil, anos 1939, 1940, 1941, 1942 e 1943.

Anuários Estatísticos do Estado de São Paulo. Departamento de Estatística do Estado, Polícia do Estado de São Paulo, anos 1951, 1960, 1961, 1962, 1967, 1968 e 1972.

Anuários Estatísticos do Estado de São Paulo. Fundação Sistema Estadual de Análise de Dados (FSEADE), 1976 a 1996.

Banco de Dados da Imprensa sobre as graves violações de Direitos Humanos NEV/USP.

Comissão Parlamentar de Inquérito (CPI) sobre o Sistema Prisional de São Paulo. Assembléia Legislativa, CPI instaurada em 23 de maio de 2001. Presidente: Deputada Rosemary Corrêa.

Estatísticas Criminais Trimestrais. Secretaria de Estado da Segurança Pública–SSP, Delegacia Geral de Polícia–DGP, Departamento de Administração e Planejamento–DAP/Núcleo de Análise de Dados, 1996 a 2007.

Relatório do Gabinete de Investigações relativo ao ano de 1936. Secretaria de Negócios da Segurança Pública (RELGAB, 1936)

Relatório das atividades da Polícia Civil no exercício de 1939 apresentado pelo Chefe de Polícia ao interventor do Estado (RCPPOLSP).

JORNAIS CONSULTADOS

O Estado de S. Paulo, exemplares diversos a partir de 1961.

Jornal da Tarde, exemplares diversos.

Folha de S. Paulo, exemplares diversos.

Folha da Tarde, exemplares diversos.

Jornal do Brasil, exemplares diversos.

Correio da Manhã, exemplares diversos.

ANEXO

Mineirinho
Clarice Lispector, *Para não esquecer*, 1978

É, suponho que é em mim, como um dos representantes de nós, que devo procurar por que está doendo a morte de um facínora. E por que é que mais me adianta contar os treze tiros que mataram Mineirinho do que os seus crimes. Perguntei a minha cozinheira o que pensava sobre o assunto. Vi no seu rosto a pequena convulsão de um conflito, o mal-estar de não entender o que se sente, o de precisar trair sensações contraditórias por não saber como harmonizá-las. Fatos irredutíveis, mas revolta irredutível também, a violenta compaixão da revolta. Sentir-se dividido na própria perplexidade diante de não poder esquecer que Mineirinho era perigoso e já matara demais; e, no entanto, nós o queríamos vivo. A cozinheira se fechou um pouco, vendo-me talvez como a justiça que se vinga. Com alguma raiva de mim, que estava mexendo na sua alma, respondeu fria: "O que eu sinto não serve para se dizer. Quem não sabe que Mineirinho era criminoso? Mas tenho certeza de que ele se salvou e já entrou no Céu". Respondi-lhe que "mais do que muita gente que não matou".

Por quê? No entanto a primeira lei, a que protege corpo e vida insubstituíveis, é a de que não matarás. Ela é a minha maior garantia: assim não me matam, porque eu não quero morrer, e assim não me deixam matar, porque ter matado será a escuridão para mim.

Esta é a lei. Mas há alguma coisa que, se me fez ouvir o primeiro tiro com um alívio de segurança, no segundo e no terceiro me deixa alerta, no quarto desassossegada, o quinto e o sexto me cobrem de vergonha, o sétimo e o oitavo eu ouço com o coração batendo de horror, no nono e no décimo minha boca está trêmula, no décimo primeiro digo em espanto o nome de Deus, no décimo segundo chamo meu irmão. O décimo terceiro tiro me assassina - porque eu sou o outro. Porque eu quero ser o outro.

Essa justiça que vela meu sono, eu a repudio, humilhada por precisar dela. Enquanto isso durmo e falsamente me salvo. Nós, os sonsos essenciais. Para que minha casa funcione, exijo de mim como primeiro dever que eu seja sonsa, que eu não exerça a minha revolta e o meu amor, guardados. Se eu não for sonsa, minha casa estremece. Eu devo ter esquecido que embaixo da casa está o terreno, o chão onde nova casa poderia ser erguida. Enquanto isso dormimos e falsamente nos salvamos. Até que treze tiros nos acordem, e com horror digo tarde demais - vinte e oito anos depois que Mineirinho nasceu - que ao homem acuado, que a esse não nos matem. Porque sei que ele é o meu erro. E de uma vida inteira, por Deus, o que se salva às vezes é apenas o erro, e eu sei que não nos salvaremos enquanto nosso erro não nos for precioso. Meu erro é o meu espelho, onde vejo o que em silêncio eu fiz de um homem. Meu erro é o modo como vi a vida se abrir na sua carne e me espantei, e vi a matéria de vida, placenta e sangue, a lama viva. Em Mineirinho se rebentou o meu modo de viver. Como não amá-lo, se ele viveu até o décimo terceiro tiro o que eu dormia? Sua assustada violência. Sua violência inocente - não nas consequências, mas em si inocente como a de um filho de quem o pai não tomou conta. Tudo o que nele foi violência é em nós furtivo, e um evita o olhar do outro para não corrermos o risco de nos entendermos. Para que a casa não estremeça. A violência rebentada em Mineirinho que só outra mão de homem, a mão da esperança, pousando sobre sua cabeça aturdida e doente, poderia aplacar e fazer com que seus olhos surpreendidos se erguessem e enfim se enchessem de lágrimas. Só depois que um homem é encontrado inerte no chão, sem o gorro e sem os sapatos, vejo que esqueci de lhe ter dito: também eu.

Eu não quero esta casa. Quero uma justiça que tivesse dado chance a uma coisa pura e cheia de desamparo e Mineirinho - essa coisa que move montanhas e é a mesma que o faz gostar 'feito doido' de uma mulher, e a mesma que o levou a passar por porta tão estreita que dilacera a nudez; é uma coisa que em nós é tão intensa e límpida como uma grama perigosa de radium, essa coisa é um grão de vida que se for pisado se transforma em algo ameaçador - em amor pisado; essa coisa, que em Mineirinho se tornou punhal, é a mesma que em mim faz com que eu dê água a outro homem, não porque eu tenha água, mas porque, também eu, sei o que é sede; e também eu, não me perdi, experimentei a perdição. A justiça prévia, essa não me envergonharia. Já era tempo de, com ironia ou não, sermos mais divinos; se adivinhamos o que seria a bondade de Deus é porque adivinhamos em nós a bondade, aquela que vê o homem antes de ele ser um doente do crime. Continuo, porém, esperando que Deus seja o pai, quando sei que um homem pode ser o pai de outro homem. E continuo a morar na casa fraca. Essa casa, cuja porta protetora eu tranco tão bem, essa casa não resistirá à primeira ventania que fará voar pelos ares uma porta trancada. Mas ela está de pé, e Mineirinho viveu por mim a raiva, enquanto eu tive calma.

Foi fuzilado na sua força desorientada, enquanto um deus fabricado no último instante abençoa às pressas a minha maldade organizada e a minha justiça estupidificada: o que sustenta as paredes de minha casa é a certeza de que sempre me justificarei, meus amigos não me justificarão, mas meus inimigos que são os meus cúmplices, esses me cumprimentarão; o que me sustenta é saber que sempre fabricarei um deus à imagem do que eu precisar para dormir tranquila, e que os outros furtivamente fingirão que estamos todos certos e que nada há a fazer. Tudo isso, sim, pois somos os sonsos essenciais, baluartes de alguma coisa. E sobretudo procurar não entender.

Porque quem entende desorganiza. Há alguma coisa em nós que desorganizaria tudo - uma coisa que entende. Essa coisa que fica muda diante do homem sem o gorro e sem os sapatos, e para tê-los ele roubou e matou; e fica muda diante do S. Jorge de ouro e diamantes. Essa alguma coisa muita séria em mim fica ainda mais séria diante do homem metralhado. Essa alguma coisa é o assassino em mim? Não, é o desespero em nós. Feito doidos, nós o conhecemos, a esse homem morto onde a grama de radium se incendiara. Mas só feito doidos, e não como sonsos, o conhecemos. É como doido que entro pela vida que tantas vezes não tem porta, e como doido compreendo o que é perigoso compreender, e como doido é que sinto o amor profundo, aquele que se confirma quando vejo que o radium se irradiará de qualquer modo, se não for pela confiança, pela esperança e pelo amor, então miseravelmente pela doente coragem de destruição. Se eu não fosse doido, eu seria oitocentos policiais com oitocentas metralhadoras, e esta seria a minha honorabilidade.

Até que viesse uma justiça um pouco mais doida. Uma que levasse em conta que todos temos que falar por um homem que se desesperou porque neste a fala humana já falhou, ele já é tão mudo que só o bruto grito desarticulado serve de sinalização. Uma justiça prévia que se lembrasse de que nossa grande luta é a do medo, e que um homem que mata muito é porque teve muito medo. Sobretudo uma justiça que se olhasse a si própria, e que visse que nós todos, lama viva, somos escuros, e por isso nem mesmo a maldade de um homem pode ser entregue à maldade de outro homem: para que este não possa cometer livre e aprovadamente um crime de fuzilamento. Uma justiça que não se esqueça de que nós todos somos perigosos, e que na hora em que o justiceiro mata, ele não está mais nos protegendo nem querendo eliminar um criminoso, ele está cometendo o seu crime particular, um longamente guardado. Na hora de matar um criminoso - nesse instante está sendo morto um inocente. Não, não é que eu queira o sublime, nem as coisas que foram se tornando as palavras que me fazem dormir tranquila, mistura de perdão, de caridade vaga, nós que nos refugiamos no abstrato.

O que eu quero é muito mais áspero e mais difícil: quero o terreno.

AGRADECIMENTOS

Agradeço a Sérgio Adorno, meu orientador, por mais uma oportunidade conferida e por sua revisão crítica, sem a qual este estudo estaria incompleto.

Fernando Salla, a quem devo tantas horas de conversas, de apoio, somadas às suas sempre indispensáveis contribuições. Sua presença amiga foi vital para a realização deste trabalho. A ele devo também as contribuições tecidas junto à banca de defesa da tese e, ainda mais especialmente, a prontidão e o carinho em aceitar o convite para escrever o prefácio deste livro.

Luís Antônio Francisco de Souza, além das valiosas sugestões bibliográficas durante o doutorado e na defesa da tese, agradeço por ter me acolhido na UNESP durante o pós-doutorado e também no Observatório de Segurança Pública, sempre com generosidade e incentivo.

A Marcos Alvarez, também presente durante o percurso da pesquisa, sou grata pelas conversas travadas, pelo muito que aprendi com sua crítica aguçada.

Vera Telles, presença marcante em diversas etapas da minha formação acadêmica, devo o agradecimento por ter partilhado suas ideias, descobertas, seu pensamento crítico e sua vivacidade.

Fernanda Matsuda, pela cumplicidade que acompanha nossos caminhos cruzados na pesquisa, na militância, e nas coisas boas da vida. Sou imensamente grata ao seu apoio sempre indispensável, inclusive nos momentos de finalização deste trabalho.

À Kenarik Boujikian, por sua permanente disposição em contribuir com pesquisadores, e, especialmente no meu caso, ainda por não ter medido esforços a me ajudar em outros momentos desta pesquisa, como no contato feito junto ao desembargador José Gaspar Gonzaga Franceschini, a quem também sou grata por ter me recebido gentilmente para uma entrevista.

À Lilian Konishi, companheira de longa data em pesquisas, pelo excelente trabalho que realizou no processamento de muitos dos dados apresentados neste livro. Também à

Eliana Bordini, por ter me socorrido em diferentes oportunidades, dirimindo as constantes dúvidas sobre os nebulosos caminhos que podem elucidar o sistema de informações criminais do Estado.

Aos meus entrevistados, sobretudo àqueles cuja trajetória foi aqui relatada, devo um agradecimento especial, por terem se predisposto a me prestarem seu testemunho. A Luiz Alberto Mendes, esse agradecimento se estende ao tempo no qual ele me permitiu acompanhá-lo em seu percurso literário, militante e, enfim, de homem livre.

Ao padre Valdir Silveira, da Pastoral Carcerária, para além do fato de também ter me concedido uma longa entrevista, sou grata por sua pronta disposição em sempre me fornecer contatos, informações, não medindo esforços para contribuir a este estudo.

No NEV (Núcleo de Estudos da Violência), registro meu agradecimento especial à Jucília Pereira, em memória, por sua disposição em resolver os problemas burocráticos, sempre com presteza e carinho. Também agradeço a Sérgia, também muito dedicada nesses favores e à Cecília, responsável pelo Banco de Dados da Imprensa.

Agradeço ainda aos (às) funcionários (as) da Fundação Seade e do Arquivo do Estado, pela boa vontade por eles (as) dispensada na procura e no fornecimento de materiais para esta pesquisa.

Com Gabriel Feltran e Camila Nunes Dias travei boas discussões sobre nossos temas e suas intersecções. Com a amiga Beatriz Affonso (Beka), pude discutir o objeto deste trabalho em algumas oportunidades.

Laurindo Dias Minhoto tem sido por demais generoso ao indicar este trabalho em seus cursos, conferindo um importante apoio pelo qual sou muitíssimo grata.

À Amelinha Teles, meu agradecimento é pelo papel desempenhado ao longo dos anos à minha formação política e feminista, e pelo afeto sempre renovado.

Fernanda Castro Fernandes e Aline Yamamoto pelo apoio em diferentes momentos da trajetória, e pela amizade que permanece.

Eliane Alves, cuja amizade foi um presente que a vida me deu. Sua presença e seu apoio formam um importante alicerce nesta minha jornada

A Angelina Peralva, sou grata pelo carinho em que me acolheu no seu curso na pós-graduação.

Ao CNPq agradeço a concessão de bolsa durante praticamente todo o período da pesquisa, sem a qual este trabalho teria sido praticamente inviável.

À família querida Santos Veríssimo, Carla, Fla, Mari, Rafa e o pequeno Mat, o agradecimento por fazerem parte da minha vida, por revigorarem minha esperança no mundo.

Da minha família, pelo afeto renovado dos irmãos Adriana e Ricardo, que têm trilhado comigo o caminho do companheirismo e da cumplicidade, não me fazendo esquecer a promessa que juntos fizemos ao nosso pai. Aos sobrinhos queridos, os mais velhos Bruno e Guilherme, e os mais novos, João Pedro e Bruna, que conferem todo um colorido às relações familiares.

Maria Emília, que partiu cedo demais, quando eu concluía a tese que deu origem a este livro, agradeço por ter me mostrado, lá atrás, um mundo novo, pelo qual ela patrocinava a "produção da esperança" nos espaços mais improváveis, convertendo a estética dos discursos em práxis transformadoras, e por ter me trazido ao seu lado até sua partida.

*****

Por fim, devo os agradecimentos mais essenciais a três grandes homens, ou melhor, a dois grandes e um pequeno-grande, que são meu lugar no mundo.

Sérgio Mazina, meu companheiro, meu grande amor, que me ensinou desde há muito a máxima do pensar coletivamente. Com a generosidade que lhe é a marca e com sua mente e seu coração sempre abertos, dispostos a compartilhar, ouvir, ensinar, aprender. O tanto que devo a ele não caberia nessas páginas, nem em página alguma. Está escrito em nossa história, que segue trilhada em conjunto e na qual este trabalho também está escrito e é dela tributário.

Theo, meu filho amado, com quem aprendo tanto e que enche meu coração de alegria, sobretudo ao ver o ser humano que vai se tornando, solidário, afetuoso, curioso. Ser sua mãe é a mais desafiadora e divertida empreitada, e para a qual imprimo o maior sentido. A ele agradeço a compreensão pelas horas tiradas de nossas brincadeiras, e o apoio que, ao seu modo, sempre me ofereceu, esperando no fim, aquilo que toda criança merece e almeja: ser amada e estar feliz ao lado de quem ama.

Meu pai, Roberto, meu amor mais antigo, o primeiro a fincar meu pilar no mundo. Sua existência acolhedora e seus ombros sempre dispostos a me amparar fizeram dele mais que um pai, um amigo, um grande homem a quem tive o privilégio de permanecer ao lado. Sua presença foi marcante durante todo o percurso do doutorado, inclusive no árduo momento da defesa da tese, através de seu olhar confiante e seu sorriso arrebatador, dirigidos a mim da primeira fileira. Ele ainda esteve presente na entrega da primeira menção honrosa que ganhei por este trabalho, ocorrida poucos dias antes de sua partida. Percorrer os sinais deixados por sua memória tem sido mais que um mecanismo alentador, mas uma verdadeira grade de inteligibilidade do mundo, pela qual redefino escolhas, olhares, percepções. Este livro traz a marca e a força dessa memória.

Alameda nas redes sociais:
Site: www.alamedaeditorial.com.br
Facebook.com/alamedaeditorial/
Twitter.com/editoraalameda
Instagram.com/editora_alameda/

Esta obra foi impressa em São Paulo no outono de 2017. No texto, foi utilizada a fonte Garamond Premier Pro em corpo 10,5 e entrelinha de 15 pontos.